Aquí nunca pasó nada

Ciudad Real entre líneas
(ss. XIII a XXI)

Juan Carlos Buitrago Oliver
Alfonso Caballero Klink
Juan Crespo Cárdenas
José Domingo Delgado Bedmar
Mónica Felipe Martínez
Pedro González Coello
Miguel Ángel Hervás Herrera
Pilar Molina Chamizo
Diego Peris Sánchez
Ángel Antonio Pozuelo Reina
José Rivero Serrano
Rafael Sánchez Espinosa
Isidro Sánchez Sánchez
Ángel Ramón del Valle Calzado

CIUDAD REAL
ENSAYO

© 2025 Serendipia Editorial
© 2025 de los textos: sus autores

Edita: Serendipia Editorial
www.serendipiaeditorial.com
contacto@serendipiaeditorial.com

Juan Carlos Buitrago Oliver
Alfonso Caballero Klink
Juan Crespo Cárdenas
José Domingo Delgado Bedmar
Mónica Felipe Martínez
Pedro González Coello
Miguel Ángel Hervás Herrera
Pilar Molina Chamizo
Diego Peris Sánchez
Ángel Antonio Pozuelo Reina
José Rivero Serrano
Rafael Sánchez Espinosa
Isidro Sánchez Sánchez
Ángel Ramón del Valle Calzado

Diseño y maquetación: Sobrino comunicación gráfica
Producción: Las Ideas del Ático

ISBN: 978-84-19793-90-4
Depósito legal: CR 18-2025

Primera edición: abril 2025
Segunda edición: octubre 2025
Impreso en España - *Printed in Spain*

En cubierta: escudos históricos de Ciudad Real.

Agradecemos expresamente la colaboración
documental del Centro de Estudios de
Castilla-La Mancha (CECLM), Universidad de
Castilla-La Mancha. www.uclm.es/ceclm

*Dedicado a todas las personas que investigan;
a las que protegen y gestionan nuestros archivos, bibliotecas,
patrimonio... nuestra cultura;
a los que desinteresadamente buscan poner luz en las sombras
de los tiempos y traernos a la actualidad,
como lecciones de aprendizaje, lo que realmente fuimos, lo que
vivimos, desarropado de mitos y leyendas,
pues solo desde la verdad y el conocimiento
construiremos un futuro mejor.*

Serendipia Editorial

Índice

NOTA DEL EDITOR

Llevamos tantos años trabajando con investigadores, de las más diversas ramas del conocimiento, que ya nos parece un acto de normalidad la divulgación de lo que, con esfuerzo y dedicación, son capaces de arrancarle al tiempo, al olvido o al propio entendimiento.

En estos años, sin embargo, hemos sido testigos en no pocas ocasiones de las dificultades de cruzar el *puente de la transferencia*, que sitúa a los científicos y sus hallazgos en un lado y a la sociedad, sin entrar en sus pormenores, en el otro. Unas veces, por desidia; otras, por reserva; a menudo, por elitismo -la cultura y el conocimiento son cosas de élites, hemos llegado a oír-, o por practicidad -la divulgación no da puntos y sí quebraderos de cabeza-, se bloquea un lado del puente. En el otro extremo es frecuente hallar, con los brazos abiertos, el más procaz desinterés -ser analfabeto parece estar de moda, hace gracia-: nada se puede comparar con las herramientas tecnológicas, las redes y, ahora, la IA que «nos va a resolver la vida». Y todo esto sin entrar en que el puente, de momento, aguanta; las estructuras de difusión, los costes, los canales que hacen viable la *transferencia*, son cada vez más inestables frente a los empellones del mercado, de lo tecnológico, de lo social.

Volviendo al *román paladino*, trabajar por tanto tiempo con estas mentes inquietas -que buscan y, a veces, hayan-, despertó en nosotros el interés por las pequeñas «historias» -o quizá no tanto-, que nunca darían para una tesis o para un enjundioso libro, pero que, sin embargo, constituyen en buena parte la base de nuestra Historia, esta vez con mayúscula.

Este proyecto nació, precisamente, de la intención de que no se diluyeran y la sorpresa ha sido enorme: catorce autores, –experimentados investigadores y divulgadores todos ellos–, diecisiete artículos, 500 páginas y aún mucho, muchísimo, en el tintero, pendiente por pasar al *negro sobre blanco* de la divulgación. El título tomó cuerpo más tarde, *Aquí nunca pasó nada,* pues frente a esta pacata posición, sostenida en el tiempo por la masa social y la «superioridad», los archivos, los museos, las bibliotecas, los investigadores no paran de arrojar a la luz del día una realidad pretérita bien distinta. A modo de bofetada ideológica, échese un vistazo a la edición *Atémpora Ciudad Real. Un legado de 350.000 años* (catálogo de la exposición del mismo nombre –Fundación Impulsa Castilla-La Mancha / JCCM– que se inauguró en el Museo de Ciudad Real-Convento de la Merced el 21 de marzo de 2023 y que, cuando este libro sale a distribución, aún está abierta al público). Y nos hemos contenido de llegar al «aquí nunca pasa nada» por respeto a una importante masa crítica que, creemos y esperamos, está transformando esta tendencia.

Dejó escrito Jorge Wagensberg (*El gozo intelectual. Teoría y práctica sobre la inteligibilidad y la belleza*, Tusquets, 2007), que «... las historias no acaban necesariamente porque uno las escriba». «Todas las historias tienen que ver con la ganancia de conocimiento, pero con una especial voluntad de ejercitar las nociones de estímulo, conversación, comprensión y gozo intelectual». En este afán, que compartimos plenamente, diecisiete ensayos van, con toda seguridad, a llamar poderosamente la atención de los ciudadanos que quieren conocer en profundidad su pasado. Los artículos abordan acontecimientos sucedidos en Ciudad Real entre el siglo XIII y el XXI; de algunos de ellos, ya había literatura científica; de otros, nada; pero en todos se amplían los conocimientos ya sabidos con nuevas aportaciones que nos van a enriquecer sin duda como sociedad.

El más sincero agradecimiento a nuestros amigos Juan Carlos Buitrago Oliver, Alfonso Caballero Klink, Juan Crespo Cárdenas, José Domingo Delgado Bedmar, Mónica Felipe Martínez, Pedro González Coello, Miguel Ángel Hervás Herrera, Pilar Molina Chamizo, Diego Peris Sánchez, Ángel Antonio Pozuelo Reina, José Rivero Serrano, Rafael Sánchez Espinosa, Isidro Sánchez Sánchez y Ángel Ramón del Valle Calzado por el enorme esfuerzo realizado, sin más interés que conocer, comprender, aprender y divulgar.

José Luis Sobrino Pérez
Serendipia Editorial

Carta Puebla de Villa Real, Alfonso X el Sabio.
Ayuntamiento de Ciudad Real

1

Víctima, asesino y juez:
Afonso Eanes, Pero da Ponte y Alfonso X
(s. XIII)

Pedro González Coello

¿Sabe, acaso, Ciudad Real que sus setecientos años descansan sobre los huesos de un poeta?
(Álvaro Cunqueiro, 1955)

De Pozuelo Seco a Villa Real

ALFONSO VIII (DE ALARCOS A LAS NAVAS DE TOLOSA)
Se cumple en este 2025 el 770 aniversario de la fundación de Ciudad Real, que se remonta al año 1255, cuando Alfonso X el Sabio decidió que la pequeña aldea conocida como Pozuelo de Don Gil se desarrollase y se convirtiese en una población que quedase bajo su dominio con la denominación de Villa Real.

La Orden de Calatrava, desde su fundación en 1158, había mantenido el dominio cristiano de la zona sur de la meseta hasta la batalla de Alarcos (1195). Tras este infausto suceso, con la trágica y humillante derrota de Alfonso VIII, todo este conjunto de territorios volvió a caer en manos musulmanas. Los almohades se adueñaron de todas las tierras que habían estado defendidas, además de por el propio castillo de Alarcos (que aún estaba sin terminar cuando se produjo la batalla), por las fortalezas de Salvatierra, Dueñas, Caracuel, Benavente, Calatrava la Vieja, Malagón, etc., e incluso llegaron a las cercanías de Toledo, donde se habían resguardado los guerreros cristianos que habían sobrevivido a la batalla, y hasta se extendieron por algunas zonas de Extremadura.

Reconstrucción virtual del castillo de Salvatierra según Juan Zapata, Jesús Molero y David Gallego. Levantamiento virtual realizado por 3DStoa y Jorge García de Pedro. *Salvatierra y el castillo de los Cristianos. Patrimonio Cultural Calatravo*, 2021, Juan Zapata Alarcón (ed.)

Transcurrirían diecisiete años hasta que todos estos dominios fueran recuperados por los reinos cristianos. En todo este tiempo, solo la Orden de Calatrava -que había quedado reducida a su mínima expresión-, mediante una memorable incursión en el dominio almohade, realizada por un pequeño contingente de caballeros y peones, logró reconquistar el castillo de Salvatierra en 1198. Convirtieron la fortaleza en sede de la que, durante aquel periodo, pasaría a llamarse Orden de Salvatierra y se hicieron

Reconstrucción de Alarcos durante el breve periodo de ocupación almohade (1195-1212), con el castillo al fondo y la *maqbara* en primer término. Antonio de Juan, Diego Lucendo, Lucía Muñoz y Juan Torrejón –la recreación virtual es obra de este último–. 2023

fuertes allí, a pesar de estar aislados en un punto que estaba rodeado del dominio musulmán en un perímetro de cien kilómetros. Conservaron la fortaleza hasta 1211, cuando el califa almohade An-Nasir, con un enorme ejército y poderosas máquinas de guerra, tras más de cincuenta días de asedio, consiguió que los calatravos rindieran el castillo.

La reacción cristiana llegaría al año siguiente, cuando Alfonso VIII de Castilla, con el apoyo de Pedro II de Aragón y de Sancho VII de Navarra, convertiría la guerra contra los almohades en una cruzada. Para ello, logró el beneplácito del papa Inocencio III y la colaboración de numerosos caballeros de toda Europa, en especial, de Francia. Fue entonces cuando se produjo la batalla de las Navas de Tolosa (1212), en la que se obtuvo una victoria trascendental para la consolidación definitiva del dominio cristiano en todos los territorios al norte de Sierra Morena, que serviría de base para la conquista de al-Ándalus, desarrollada a lo largo de este siglo XIII y de los sucesivos. Con este triunfo, Alfonso VIII se resarcía y recuperaba el prestigio perdido en la calamitosa derrota de Alarcos.

La fortaleza de Alarcos había quedado maldita para la repoblación, tras la masacre cristiana que supuso la batalla de 1195. A unos nueve kilómetros al nordeste, en el camino que unía Toledo con Andalucía había desde tiempo atrás un caserío, con su propia ermita dedicada a la virgen, llamado Pozuelo Seco. Los habitantes supervivientes de la batalla de Alarcos trasladaron sus casas a esta aldea vecina. Una de las personas más ricas y nobles que construyó allí su casa fue don Gil Ballesteros, a quien, por su participación destacada en la batalla de las Navas de Tolosa, el rey Alfonso VIII le concedió el señorío de la aldea, que pasó a llamarse desde entonces Pozuelo de Don Gil. Con el aumento de población alrededor de la ermita, el cortijo se fue convirtiendo en aldea y la aldea en pueblo.

EL REY FERNANDO III Y EL PRÍNCIPE ALFONSO

Fernando III fue proclamado rey de Castilla en 1217, pero hasta 1230 no consiguió investirse también como rey de León. En torno a 1225 ya empezó sus primeras campañas de conquista en al-Ándalus, logrando algunas plazas en tierras cercanas a Córdoba y a

20

Fernando III de Castilla –el Santo–.
Miniatura del *Tumbo A*, Catedral de Santiago de Compostela

Jaén, pero cuando se unificaron bajo su corona los reinos de Castilla y León, en tanto que el rey Jaime I de Aragón avanzaba hacia Levante y conquistó Valencia (1238), se iniciaron dos décadas en las que Fernando III, además de incorporar buena parte del territorio de Extremadura, conquistó Córdoba (1236), Jaén (1246) y Sevilla (1248).

Durante esas campañas, entre marzo y abril de 1245, el rey Fernando III se reunió con su madre (y abuela de Alfonso X), doña Berenguela, en Pozuelo de Don Gil. No se sabe con certeza si el príncipe Alfonso coincidió allí con su padre y con su abuela. Lo cierto es que ya en 1243 se hizo cargo de la campaña de la conquista de Murcia y, en representación de su padre, firmó el tratado de Alcaraz (1243) con el emir de Murcia, y el tratado de Almizra

(1244) con Jaime I de Aragón, para limitar la expansión de los aragoneses hacia el sur de Levante. La contraprestación consistió en el acuerdo de boda entre el príncipe Alfonso y Violante, la hija del rey Jaime I. La campaña de Murcia se prolongó hasta 1245 por la rebeldía de Mula y Lorca (conquistadas en la primavera de 1244) y de Cartagena (sometida a principios de 1245).

Por tanto, cabe la posibilidad de que estuviera en Pozuelo de Don Gil, puesto que antes de la primavera de 1245 habría regresado de Cartagena y desde agosto de ese año hasta febrero de 1246, el príncipe participaría también con su padre en el asedio de Jaén. De ahí, pasó a apoyar a Sancho II de Portugal contra su hermano y rival, Alfonso de Bolonia, entre 1246 y 1247. Una vez vencido este cerca de Leiría, abandonó Portugal para intervenir, junto con su padre, en la conquista de Sevilla entre 1247 y 1248. Al año siguiente, se celebró su boda en Valladolid con Violante de Aragón.

Tres años después, el 30 de mayo de 1252, falleció en Sevilla el rey Fernando III, que recibiría el apelativo de «el Santo». Y el día 1 de junio fue coronado allí mismo su primogénito, el rey Alfonso X, a quien la Historia recordaría como «el Sabio». Alfonso, que ya en su mocedad había tenido varios hijos naturales antes de su boda con Violante, estuvo a punto de repudiar a esta porque no le dio su primera hija hasta cuatro años después de su boda; tras tener una segunda hija al año siguiente, por fin sería en 1255 cuando nació su primogénito Fernando, conocido como Fernando de la Cerda.

Mientras tanto, la Orden de Calatrava, con su nueva sede en el castillo-convento de Calatrava la Nueva desde 1218 –reconstruido sobre la base del antiguo castillo de Dueñas (frente al de Salvatierra)–, había alcanzado un enorme protagonismo en el dominio y repoblación de estas tierras de la meseta sur conquistadas a los almohades, que se mantendría a lo largo del tiempo bajo los reinados de Alfonso VIII y de sus sucesores, sobre todo, de Fernando III y de Alfonso X.

La Orden de Calatrava se convirtió en una de las principales instituciones militares y políticas de la península. Su influencia se extendió primero en toda la meseta central; llegó a adquirir vastos territorios y a ejercer su poder sobre numerosas pobla-

Sacro convento-castillo de Calatrava la Nueva. JCCM

ciones, con enorme autonomía frente a los monarcas de Castilla y Aragón. Más tarde, también fortaleció su presencia en el sur de la península, mediante la concesión de nuevas plazas que el rey Fernando III le otorgó por su colaboración en la conquista de Córdoba, Jaén y Sevilla.

El rey Alfonso X y la fundación de Villa Real

Así que, poco tiempo después de su coronación, el rey Alfonso X consideró que entre Toledo -donde se situaba la capitalidad del reino- y Andalucía -donde mantendría las campañas de conquista realizadas por su padre- necesitaría un lugar desde el que desarrollar el poder de la Corona y restringir la amplitud del territorio que se encontraba en posesión de las órdenes militares, principalmente, de la de Calatrava. Esta necesidad daría lugar a que el nuevo soberano posase su mirada en una pequeña localidad que él ya conocía y que debía su nombre a la existencia de una fuente de agua, más concretamente, un pozo. Se trata, por supuesto, de Pozuelo de Don Gil, a la que el rey Alfonso X le otorgó su Carta Puebla fundacional el 20 de febrero de 1255, con la que pasaría a llamarse desde ese momento Villa Real.

23

Según el propio rey manifiesta en la Carta Puebla, su voluntad inicial de repoblar Alarcos y de convertirla en una importante población se vio frustrada, como les ocurrió a otros monarcas anteriores, porque nadie quería permanecer allí por miedo a morir. De ahí que decidiese orientar su intención repobladora a Pozuelo de Don Gil, para que se convirtiese en una importante villa que fuese la cabeza de aquel territorio, bajo el dominio de la Corona, con el nombre de Villa Real. A sus habitantes les concedió a perpetuidad el Fuero de Cuenca. Y a los caballeros hidalgos que allí habitaran les otorgó, además, el Fuero de los Caballeros de Toledo y les eximió de pagar Portazgo en todos sus reinos, salvo en las ciudades de Sevilla, Toledo y Murcia. Al término municipal de Villa Real le añadió las aldeas de Ciruela, Villar del Pozo, Poblete y Albalá, con todas sus tierras. Aunque en 1420 sería el rey Juan II quien otorgaría a Villa Real el rango de ciudad, estableciendo el nombre definitivo de Ciudad Real, el rey que ha quedado históricamente más vinculado a esta localidad ha sido, definitivamente, Alfonso X el Sabio.

Como queda dicho antes, en el mismo año de la fundación de Villa Real, nació en Valladolid Fernando de la Cerda, el hijo primogénito de Alfonso X de Castilla y de su esposa Violante de Ara-

Castillo de Alarcos.
Archivo de Alarcos-JCCM

Detalle de la Carta Puebla de Villa Real. Archivo Municipal de Ciudad Real

gón. Tuvo una vida muy acelerada. A los catorce años se casó con Blanca de Francia, tres años mayor que él, e inmediatamente fue armado caballero por su padre. A los dieciséis años fue nombrado Adelantado mayor de Murcia. A los dieciocho, debido a la ausencia del rey, que marchó a Europa para reclamar la corona imperial, quedó como Gobernador del reino. Ejerciendo como tal, cuando iba a encabezar el ejército para combatir a los benimerines en el sur de la península, *«de gran dolencia et veyéndose quexado de la muerte»*, falleció de forma repentina en el Alcázar de Villa Real en el verano de 1275, sin haber llegado a cumplir los veinte años, y dejó huérfanos a sus dos hijos, Alfonso y Fernando.

Pero no sería esta la única muerte trágica ocurrida en Villa Real pocos años después de su fundación y relacionada con el rey Alfonso X el Sabio. Él mismo, en dos de sus cantigas de escarnio, se hacía eco de la muerte violenta de uno de los trovadores de su corte, Afonso Eanes do Cotón, a manos de su amigo y discípulo Pero da Ponte, en una taberna de Villa Real.

26

DOS POETAS GALLEGOS
Pero, ¿quién es este personaje al que menciona el rey Alfonso X en sus cantigas? Se sabe de la existencia de este poeta porque su nombre –escrito de diferentes formas: Affonss'Eanes, Affonso Anis o Anes, Affonso Añes, Affonso do Cotom...– aparece en los principales cancioneros de la poesía gallego-portuguesa. Los especialistas en este periodo literario usan generalmente el nombre de Afons'Eanes do Coton, constituido (como es habitual entre los hidalgos de su tiempo) por el nombre de pila –Afonso–, el patronímico –Eanes, o sea, hijo de Johan (muy frecuente en su época y con otras variantes peninsulares como Yañes o Yáñez)–, y el apellido –do Coton (un topónimo que suele indicar el señorío de la familia o la procedencia)–.

El nombre de Afonso con la grafía de uno de los copistas de su obra

Por el topónimo de Cotón se cree que pudo ser natural de Negreira (A Coruña), al noroeste de Santiago de Compostela, donde está el Pazo do Cotón. Podría haber nacido a finales del siglo XII o principios del XIII. De su origen social solo sabemos que en sus cantigas se presenta como escudero, por lo que quizá perteneció a una familia de la pequeña nobleza de las tierras de Trastámara. Posiblemente, la familia de los Cotón (o alguna rama de ella) habría estado vinculada a esa área geográfica, lo que no excluye la presencia de ese linaje en Santiago de Compostela. En un documento compostelano de 1192 aparece mencionado un Joan do Cotón (Iohannes Cothonis), que se supone que pudo ser el padre del trovador. Según esa escritura, poseía una casa en la *rúa de Faiariis* (Porta Faxeira), donde también podría haber vivido Afonso Eanes. Debía ser aficionado a la poesía desde joven y se ejercitaría como trovero en su tierra; quizá por este motivo conoció al compostelano Bernal de Bonaval, así como a otros juglares y *segreles*, antes de partir rumbo a Castilla.

Un hecho documentado es que varios poetas gallegos habrían dejado sus tierras para acudir como guerreros en la leva del conde de Traba -don Rodrigo Gómez, que gobernaba las tierras de Trastámara (entre ellas, Negreira)-, ante la llamada de Fernando III a sus súbditos para entrar en guerra contra los musulmanes. Entre esos trovadores se encontraría Afonso Eanes y también Pero da Ponte (otro poeta gallego, nacido quizá en Pontevedra o en Pontedeume), que empezaría oficiando como escudero en las campañas bélicas, aunque luego abandonaría el oficio de las armas para dedicarse de lleno a la profesión lírica, buscando el éxito alrededor de las esferas del poder con sus plantos y elogios. Acabaría convirtiéndose en amigo y discípulo aventajado de Afonso Eanes y teniendo una gran vinculación con él en su vida y su muerte. La vida y la obra de ambos transcurrirían de forma paralela y, a través de los poemas de uno y de otro (y de otros trovadores gallegoportugueses con los que coincidieron), tenemos referencias cruzadas que nos proporcionan datos de sus biografías e impresiones respecto a las diferencias de carácter de cada uno de ellos.

La poesía en la corte de Fernando III y Alfonso X
Quizá fue la superior cultura y sensibilidad que mostraba el príncipe Alfonso, mucho mayor que la de sus contemporáneos, lo que hizo que su padre, Fernando III, se convirtiera en defensor y protector de trovadores y juglares. Se esmeró para que en su corte se le diera importancia a la música y al buen hablar literario. Organizaba torneos y fiestas que eran amenizadas por trovadores y juglares. Las trovas y canciones gallegas, aprendidas por él durante su juventud en Galicia, eran sus favoritas. Además, fue mecenas de artistas.

Su hijo Alfonso, que fue un gran literato por su obra religiosa, histórica, jurídica, científica y lingüística (en la que no entraremos ahora aquí), consideraba que su saber se lo debía, en gran parte, al interés que su padre tenía por que su instrucción fuera la mejor posible. Por ello, en su *Setenario* dedica a su padre un amplio panegírico de su carácter, virtudes y hechos: inteligente, piadoso, bien hablado, de costumbres moderadas al comer y beber, buen jinete y cortesano, respetado por todos...

En cuanto a él mismo, desde su juventud, escribió en galle-goportugués cantigas de escarnio y maldecir, y otras profanas, de las que se han conservado más de cuarenta. El príncipe, para combatir su aislamiento, se vio rodeado de una corte de literatos, trovadores, juglares, *segreles*, juglaresas y soldaderas, que mostraban cierta feroz libertad en el lenguaje y sus costumbres, dando lugar a un espíritu de desahogo que fue un estímulo, desde los años juveniles, para Alfonso.

Respecto a la relación entre «juglar» y «trovador», el tipo arcaico del juglar, como inferior socialmente al del trovador, tenía relaciones de dependencia con este. El juglar era el que, tañendo un instrumento, cantaba los versos del trovador, o el que con su música acompañaba a este en el canto. A veces, el juglar viajaba solo, fuera por su cuenta o por encargo del trovador. A menudo este nombraba en su canción al juglar encargado por él de difundirla; por esta mención, conocemos a muchos juglares que vinieron a España a cantar. En ocasiones, el trovador escarnecía en la canción a su juglar, el cual se complacía humorísticamente, como tipo aficionado a la sátira y a la maledicencia, en cantar burlas de sí mismo. El trovador no desdeñaba escribir una tensón poética, alternando sus estrofas con las que redactaba un juglar; es decir, reconocía calidad de poeta en este, aunque siempre le trataba altanera o desdeñosamente. En opinión de los trovadores, el juglar carecía por naturaleza de toda poética inventiva; si aspiraba al arte de trovar, tendría que hurtarlo, pues de suyo no lo tenía.

Según un decreto real, se distinguía al trovador que inventaba del juglar que ejecutaba ante una corte de valía. Esta separación era corriente en la vida cortesana de entonces: el juglar pedía al trovador las canciones; el trovador las componía y, para publicarlas, tomaba a su servicio al juglar. Esta es la gran diferencia y la íntima relación que existía entre estos dos tipos en los usos más corrientes de la poesía cortesana del siglo XIII; y así continuó, porque, aunque el poeta cortesano perdiera su dignidad caballeresca y hasta su independencia, aunque la poesía viniera a ser para él un oficio del cual vivía, aunque se convirtiera en un hombre asalariado y pedigüeño como un juglar, se le seguiría llamando trovador, porque su oficio no era tañer y cantar como el juglar. Por otra parte, la distinción no desaparecía, aunque el juglar compusiera canciones, si él seguía siendo un ejecutante público.

También existía el *segrel*, que era una clase intermedia entre el trovador y el juglar, al parecer exclusiva de la escuela gallegoportuguesa. El *segrel* era superior al juglar porque, mientras que este sería villano, el *segrel* solía ser escudero; es decir, sería un hidalgo de última clase que, no teniendo medios para aspirar al estado caballeresco, buscaría en la poesía un medio de vivir, viajando de corte en corte, o acompañando a las huestes del rey, más para ejercitar su oficio que para entrar en batallas. Su principal cualidad artística, la única que el trovador le exigía, era cantar bien, o sea, la misma que al juglar. De hecho, el trovador confundía con frecuencia ambos términos. Sin embargo, el *segrel* era un juglar trovador, que se distinguía del trovador en que recibía paga por sus canciones, y del juglar en que era hidalgo y en que componía canciones cortesanas por su profesión misma, no de forma accidental como el juglar. Por último, podría ser que la prerrogativa de pedir don, en lugar de esperar a que se lo diesen, era otra diferencia que elevaba al *segrel* por encima del juglar.

Además de estos tipos de artistas, en el ámbito femenino se podían encontrar en la corte tanto juglaresas como soldaderas. La juglaresa era, en el siglo XIII, el tipo más corriente de mujer errante, que se ganaba la vida con la paga del público y que se podía encontrar tanto en los palacios de los reyes y prelados como en las diversiones del pueblo. El nombre «soldadero» designaba a quien vivía de la soldada diaria y, aunque el femenino «soldadera» tuviese también este sentido general, solía restringir su significado para aplicarse a la mujer que vendía al público su canto, su baile y su cuerpo mismo. Las soldaderas aparecían en las ordenanzas de los palacios del siglo XIII con oficio análogo al de los juglares y juglaresas, pero en la poesía cortesana de entonces son mencionadas solamente como mujeres de vida alegre, sin alusión alguna a sus artes histriónicas, que al parecer eran muy secundarias al lado de las otras artes cortesanas. Por ello, a menudo se utilizaba la palabra soldadera como equivalente a meretriz.

En las dieciséis miniaturas del *Cancioneiro de Ajuda*, la música y el canto están presididos por la figura del trovador, vestido con brial largo (a diferencia del juglar que lleva sayo más corto)

«*Nobre, jogral com cítola, rapariga*» (Noble, juglar con cítola, niña). *Cancionero da Ajuda*, originalmente conocido como *Cancionero del Colegio de Nobles*, es la recopilación más antigua que se conoce de las letras gallegoportuguesas

y, a veces, con manto; aparece sentado en un escabel cubierto con alcatifa y en ademán de enseñar, marcar el compás o escuchar. La importancia del papel de la soldadera en la ejecución de la poesía gallegoportuguesa se deduce de que únicamente en cuatro de estas miniaturas figura el juglar solo o acompañado de otro juglar o de un muchacho cantor. En las doce restantes, aparece la figura femenina, generalmente tocando unas castañuelas en forma de tejoletas planas, cantando y bailando con los brazos en alto, mientras el juglar la acompaña con el sonido del salterio o de la guitarra; en tres de ellas, la cantora toca el pandero, de pie o sentada, y el juglar tañe la vihuela de arco o la guitarra.

Como príncipe ilustrado y libertino, Alfonso de Castilla conectaría de forma amplia con las inquietudes del mundo de los juglares y toda su diversidad bien delimitada. Entre esas inquietudes estaba la búsqueda de un nuevo orden social y de una nueva moralidad, en la que prevaleciese la libertad espiritual y el deseo de disfrutar de la vida y del amor a fondo. Los diversos subgéneros poéticos y sus variantes temáticas habían arrancado con el desarrollo de la lírica provenzal en lengua romance, que se fue extendiendo, a través de Occitania, hacia Cataluña y, por medio de la ruta de peregrinación del Camino de Santiago, hacia Galicia. Así, los juglares españoles del siglo XIII, con la influencia del espíritu de la poesía goliardesca europea (escrita en latín), veían en el amor, más que sentimentalismos y romanticismos, una pura pasión y goce carnal.

La poesía de los goliardos alcanzó su mayor esplendor durante los siglos XII y XIII. Si el renacimiento carolingio fue limitado y relativamente pobre, en estos dos siglos hubo mucha mayor riqueza. Las lenguas romances empezaron a convertirse en el vehículo de expresión de los juglares, pero el latín seguía siendo la lengua de la mayoría de los poetas en toda Europa. Las colecciones conservadas, que parecen ser los repertorios de los goliardos, constaban de toda clase de composiciones, tanto religiosas como profanas. El mismo autor podía escribir versos de profunda inspiración religiosa y sátiras crueles o composiciones de un realismo sorprendente.

Entre sus cultivadores se encontraban hombres de letras, que vivían de la bondad de príncipes y obispos. No eran, en realidad, poetas vagabundos, aunque cambiaban con frecuencia de lugar en busca del favor y protección de los poderosos. Se trataba de clérigos y estudiantes errabundos que vivían al margen y fuera de toda disciplina, burlando leyes eclesiásticas y civiles, y contra los cuales obispos y concilios promulgaron continuos decretos sin aparentes resultados. Estos clérigos y estudiantes, amantes de la libertad, bebedores y mujeriegos, abundaban por toda Europa, frecuentando los centros universitarios y los palacios de príncipes y obispos. Su número creciente, la comunidad de ideas y la semejanza de su manera de vida dio origen y cuerpo al mito de la Orden de Golías o Goliardos. El espíritu independiente, indisciplinado y aventurero de sus hipotéticos miembros haría imposible todo conato de organización.

El nombre «goliardo» se explica, unas veces, como derivado de gula, a la que tanto culto rendían, y otras, como derivado de Golías, nombre del gigante filisteo Goliath según la Biblia Vulgata, y que aparecía constantemente en la patrística como símbolo y síntesis de la maldad y sinónimo del mismo demonio. Más tarde, Goliardi y Vagantes se usaban indistintamente para describir a clérigos y estudiantes de mala vida; y, por extensión, a las composiciones que ellos escribían y que llegaban a constituir un género bien definido, al que también contribuían eclesiásticos de sólida formación y buenas costumbres.

El cuerpo de poesía goliardesca es vario y multiforme. En sus repertorios se encuentran himnos de cruzada, versos genuina-

El mundo del vino, el juego y las mujeres; el mundo de lo goliardos.
Miniatura de un manuscrito de finales del siglo XII

mente religiosos y algunas reelaboraciones de temas clásicos. Pero la nota predominante y definidora era la actitud irreverente y ofensiva hacia la estructura social y eclesiástica en todos sus aspectos. En general, trataba de rebelarse contra la autoridad y sus representantes civiles y eclesiásticos, y al hacerlo confundía al oficio propiamente dicho con los funcionarios. Según ellos, los príncipes eran crueles y rapaces. Los obispos eran simoníacos sin excepción, muy lejos de la perfección evangélica, más interesados en su comodidad que en la caridad cristiana. Hay en esta poesía una cruel crítica de la sociedad, justa en cuanto que los vicios criticados eran reales y abundantes. Pero era una crítica interesada y envidiosa, pues generalmente era el resultado de esperanzas defraudadas, más que de un celo reformador.

Sus sátiras se dirigían con frecuencia a los religiosos, monjes y monjas, criticando su falta de caridad, su falta de observancia, su afición desmedida a los placeres de la gula y sus escarceos con el amor. Los laicos y la gente sin cultura eran víctimas frecuentes de sus invectivas, tanto por su ignorancia como por su falta de generosidad en socorrer las perennes necesidades de estos vagabundos. Entre los temas más frecuentes de sus composiciones profanas, figuraban los placeres de la carne y los vicios de la gula e, íntimamente unidos a ellos, los temas de la taberna y del camino.

La vida libre y licenciosa llevaba necesariamente a la constante indigencia. El poder satisfacer las necesidades primarias era motivo de gran alegría. En la taberna se jugaba a los dados, se ganaba el vino o se perdía la camisa. La taberna era el centro de su culto y, en ella, se cantaban atrevidas parodias de la liturgia y de los oficios divinos que eran, a veces, verdaderas blasfemias. La misa, los oficios divinos, las órdenes religiosas ofrecían una tentación irresistible a la parodia, y a ella cedían con gozo y fruición. Los placeres de la carne eran cantados con mucha frecuencia y con gran libertad. Se acercaban a estos temas de una manera directa y, si en algunas composiciones encontramos pasajes de lírica belleza, en otras hallamos escenas muy bajas, procaces y abiertamente sucias.

La época áurea de los goliardos coincidió con la primera importante manifestación literaria de las lenguas romances, y los contactos entre una y otra corriente eran indudables. Composiciones latinas fueron pronto vertidas al romance y, probablemente, algunas latinas son versiones de otras populares. La literatura vernácula comenzaba su periodo ascendente y, desde el siglo XIII, adquirió indudable superioridad. Así pues, la eclosión de la lírica galaico-portuguesa se debió a la confluencia de este espíritu goliardesco con la transmisión incesante de la lírica provenzal.

La afluencia de peregrinos a Santiago de Compostela fue la razón fundamental que explica la poderosa impronta provenzal en el desarrollo de la rica y peculiar cultura galaica y de su gozosa expresión literaria. La lírica profana galaico-portuguesa puede dividirse en tres categorías. Dos de ellas –las cantigas de amor y

Moro y cristiano tañendo el laud.
Libro de la Música de las Cantigas de Alfonso X el Sabio

las cantigas de escarnio y maldecir- son de evidente inspiración provenzal, mientras que la tercera -las cantigas de amigo- es deudora de la técnica occitana.

Mientras que las cantigas de amor procedían de la *cansó* provenzal -que era fundamentalmente una canción de amor cortesano (el llamado *«fin amors»*)-, las cantigas de escarnio y maldecir, se apoyaban a todas luces en la tradición del *sirventés* provenzal -que era, sobre todo, una canción satírica en la que se realizaban invectivas procaces, elaboradas ingeniosa y cómicamente, y que se dirigían, en su forma típica, contra una víctima a la que se nombraba-. De las cantigas de escarnio se derivó el subgénero de la «tensón», que era una cantiga de carácter dialogado, generalmente entre trovadores o entre trovador y juglar, en la que cada uno hablaba en una estrofa, lanzándose críticas mutuas sobre la forma de hacer poesía, sobre sus diferencias sociales o culturales, etc., con el objetivo de ridiculizar públicamente al otro.

Precisamente al periodo del reinado de Alfonso X corresponden la mayoría de la treintena de tensones galaico-portuguesas que se conservan, de temática burlesca casi en su totalidad. Un mismo poeta solía alternar poemas de amor idealizado y sátiras procaces. El propio rey Alfonso X, autor de las devotas *Cantigas de Santa María*, compuso a su vez poemas profanos, de los que se conservan un buen número de cantigas de escarnio, que muestran una obscenidad tan acusada como la de cualquier otro poeta. No es necesario suponer falta de sinceridad en los poemas de amor o religiosos de estos escritores. Simplemente, escribían dentro de diversas convenciones y seguían impulsos distintos en variados momentos. Este era el entorno en el que se integraron aquellos poetas gallegos que fueron incorporados a las huestes de don Rodrigo Gómez de Trastámara para luchar en las campañas de Fernando III contra los musulmanes de al-Ándalus.

La relación personal y literaria
entre Afonso Eanes y Pero da Ponte

Afonso Eanes y Pero da Ponte constituyen dos ejemplos de lo que fueron los nobles hidalgos, bohemios de vida azarosa, que dibujaron el entorno de los ambientes cortesanos en que estos personajes se desenvolvían en el culmen de la Edad Media. Sus trayectorias biográficas discurren de forma paralela (o quizá mejor, entrecruzada). Ambos eran de origen gallego y procedían de un cierto linaje nobiliario de carácter menor. Participaron de la doble faceta de intervenir en las contiendas de la época (luchas territoriales e hispano-musulmanas), combatiendo al lado de sus reyes y, por otra parte, de poseer un genio lírico de primera línea. Sus vidas estuvieron marcadas por los continuos viajes y aventuras a través de tierras castellanas. Fueron «hombres de Palacio», que frecuentaron con gran dinamismo las cortes de los monarcas, en donde mostraban sus composiciones, aunque no por ello se ha de olvidar su entroncamiento en el medio rural y popular. Su paisanaje y amistad debió de pasar por distintos momentos: desde la relación literaria maestro-discípulo, hasta las competencias, disputas sociales y artísticas y, muy posiblemente, el hecho de que Pero da Ponte diera muerte a Afonso Eanes.

La doble condición de guerreros y poetas de Afonso Eanes y Pero da Ponte («Nunca la lanza embotó la pluma, ni la pluma a la lanza»), les facilitaría el acceso a la corte, en primer lugar, de Fernando III y, luego, de Alfonso X. Aunque se consideraba que Eanes escribía con más calidad que da Ponte, en lo que este aventajaba a su maestro era en escribir poemas de circunstancias (plantos y cantigas de elogio), con los que ganarse el apoyo y mecenazgo de los monarcas en cuyas cortes servía. Por eso, a través de este tipo de poemas se puede seguir las andanzas de Pero da Ponte y, probablemente, por extensión, las de Afonso Eanes.

Ambos poetas (aunque no hay datos explícitos de ello en el caso de Eanes) debieron llegar a la corte de Fernando III en torno a 1235, pues ya en ese año hay constancia de un *«planto»* (poema elegíaco) compuesto por Pero da Ponte, en el que lamenta la muerte de la reina Beatriz de Suabia, primera esposa del rey Fernando III y madre del príncipe Alfonso.

Em forte ponto e em forte hora	*¡En áspero punto y en terrible hora*
fez Deus o mundo, pois nom leixou i	*hizo Dios el mundo, pues no dejó allí*
nẽum conorto e levou daqui	*ningún consuelo y se llevó de aquí*
a bõa rainha, que ende fora,	*a la virtuosa reina, que así era*
dona Beatrix! Direi-vos eu qual:	*doña Beatriz! ¡Yo os diré que tal*
nom fez Deus outra melhor nem tal,	*no hizo Dios otra mejor ni igual,*
nem de bondade par nom lh'acharia	*y de bondad par no la hallaría*
home no mundo, par Santa Maria!	*hombre en el mundo, por Santa María!*
Pero da Ponte	

Por octubre de 1236, escribía da Ponte otro planto a la muerte de don Lope Díaz de Haro, alférez del rey; su dolor es el dolor manifiestamente interesado de un juglar, acostumbrado a recibir dones:

Ora já nom poss'eu creer	*¡Ahora ya no puedo yo creer*
que Deus ao mundo mal nom quer [...]	*que Dios no quiere mal al mundo,* [...]
leixou-lhi tant'home sem prez	*dejó en él tanto hombre sin mérito*
e foi-lhi dom Lopo tolher! [...]	*y fue a llevarse de él a don Lope!* [...]
E oimais quen'o manterá,	*Y en adelante, ¿quién lo mantendrá,*
por dar i tanto rico dom,	*dándole tantos ricos dones,*
caval'e armas a baldom?	*caballos y armas en abundancia?*

Ou des oimais quen'o dará,	*O desde ahora, ¿quién se los dará,*
pois dom Lopo Diaz mort'é [...]?	*pues está muerto don Lope Díaz [...]?*

Pero da Ponte

También participarían activamente en las campañas militares y, entre batalla y batalla, compondrían sus obras. Es posible que intervinieran en la capitulación de Córdoba (1236). Parece que, poco después, Pero da Ponte viajó a la corte aragonesa (no se puede precisar si con o sin Eanes), pues también dedicó un elogioso poema al rey de Aragón, Jaime I el Conquistador, por la toma de Valencia (1238).

El rei que Valença conquis,	*¡El rey que Valencia conquistó*
que de valença est bem fiz	*que de valentía está bien dotado*
e per valença quer obrar,	*y por valentía quiere actuar,*
rei de razom, rei de bom sem,	*rey de la razón, rey de la sensatez,*
rei de prez, rei de todo bem	*rey del prestigio, rey de todo bien*
est, e rei d'Aragon, de pram!	*y rey de Aragón es de verdad!*

Pero da Ponte

En el mismo año, da Ponte compone su elegía a la muerte de don Tello Alfonso de Meneses, en la que se repite la idea capital de los otros plantos: Dios se ríe de este mundo y lo escarnece al llevarse a don Tello.

E a dom Telo Deus x'o amou	*Y a don Tello Dios le amó*
pera si e x'o quis levar;	*y se lo quiso llevar para sí;*
e nom se quis de nós nembrar,	*y no se quiso acordar de nosotros,*
que nos assi desemparou.	*ya que así nos desamparó.*
E mailo fez por se riir	*E incluso lo hizo por reírse*
deste mal mund'e escarnir,	*y escarnecer a este mundo malo,*
que sempre com aleiv'andou.	*que siempre con engaño anduvo.*

Pero da Ponte

Más elocuente inspiración historial alcanzó da Ponte cuando cantó la conquista de la frontera musulmana «de mar a mar», con ocasión de la rendición de Sevilla, el día de san Clemente (23 de noviembre de 1248); desde que Cristo nació, nunca tan noble presente recibió como el que ese día le fue ofrecido por manos del rey Fernando; este llevó a cabo la mayor conquista de cuantas hicieron todos los otros reyes que hubo de las tres religiones.

O mui bom rei que conquis a fronteira
e acabou quanto quis acabar
e que se fez, com razom verdadeira,
em tod'o mundo temer e amar,
este bom rei de prez, valent'e fiz,
rei dom Fernando, bom rei que conquis
terra de mouros, bem de mar a mar.

El muy buen rey que conquistó la frontera
y alcanzó cuanto quiso alcanzar
y que se hizo, con verdadera razón,
temer y amar en todo el mundo,
este buen rey glorioso y valiente lo hizo,
rey don Fernando, buen rey que conquistó
tierra de moros, de mar a mar.

A quem Deus mostrou tam gram maravilha
que já no mundo sempr'ham que dizer
de quam bem soube conquerer Sevilha
per prez e per esforç'e per valer.
E da conquista mais vos contarei:
nom foi no mund'emperador nem rei
que tal conquista podesse fazer.

Pero da Ponte

A quien Dios le mostró tan gran maravilla
que ya en el mundo siempre han de hablar
de lo bien que supo conquistar Sevilla
por fama y por esfuerzo y por valor.
Y de la conquista más os contaré:
no hubo en el mundo emperador ni rey
que tal conquista pudiese hacer.

El último planto de Pero da Ponte fue el dedicado a la muerte de Fernando III, ocurrida el 31 de mayo de 1252; el poeta -según su modo de concebir a Dios como un buen señor, que desde que nació recibe dones de los reyes y que se entretiene en escarnecer a este mundo desdichado-, piensa ahora, aludiendo claramente a la santidad del difunto, que Dios se llevó a don Fernando para tenerlo de agradable compañero, poniéndolo «consigo par a par». Las grandes conquistas de Andalucía sirven también para glorificar a este, que fue el rey que mejor supo ensalzar la ley de Cristo y menguar la de los musulmanes; pero, al lado de estos dos grandes motivos de elogio, no olvida otro tercero: la virtud de la generosidad, la más estimada por los juglares. Los lugares comunes se abren paso en este planto, que termina con el consabido «a rey muerto, rey puesto», habitual en los plantos provenzales: «Dios se apiadó de nosotros, pues si nos llevó buen señor, nos dejó muy buen rey en su hijo don Alfonso».

Que bem se soub'acompanhar
Nostro Senhor esta sazom!
Que filhou tam bom companhom,
de qual vos eu quero contar:
rei dom Fernando, tam de prez,
que tanto bem no mundo fez
e que conquis de mar a mar! [...]

Mais u Deus pera si levar
quis o bom rei, i log'entom
se nembrou de nós, poilo bom
rei dom Afonso nos foi dar
por senhor. E bem nos cobrou:
ca, se nos bom senhor levou,
mui bom senhor nos foi leixar!

Pero da Ponte

¡Qué bien se supo acompañar
Nuestro Señor en esta ocasión!
Que recibió tan buen compañero
del cual os quiero hablar:
el rey don Fernando, tan glorioso,
que tanto bien hizo en el mundo
y que conquistó de mar a mar! [...]

Pero Dios quiso llevarse
para sí al buen rey, y luego
se acordó de nosotros, pues al buen
rey don Alfonso nos fue a dar
por señor. Y bien nos compensó:
¡que, si buen señor se nos llevó,
muy buen señor nos fue a dejar!

Con todos estos últimos ejemplos, se puede percibir claramente el carácter interesado de Pero da Ponte, que con sus poemas se intentaba ganar el favor de cuantos reyes y nobles podía, para poder integrarse en sus cortes o en sus palacios. Un carácter muy diferente al de Afonso Eanes, que tenía cierto orgullo y un sentido de la dignidad que intentaba defender, tanto en su faceta militar de escudero, como en su faceta literaria de trovador. Es posible que, en la mayoría de los momentos que reflejan los textos anteriores de Pero da Ponte, estuviera también Afonso Eanes, aunque no escribiera sobre ello.

Donde sí es seguro que estuvieron juntos los dos poetas fue en el asedio de Jaén (1246) –al que también se incorporó, junto a Fernando III, el príncipe Alfonso, tras sus campañas por tierras de Murcia–, pues hay testimonio de que acudieron tanto Eanes como da Ponte, por la mención de los siguientes versos del trovador de Cotón:

Pero da Ponte, ou eu non vejo ben
ou de pran essa cabeça* non é
a que vos antano, per boa fe,
levastes, quando foma a Jeen,

Pero da Ponte, o yo no veo bien
o de verdad que esa cabeza no es
la que tú llevaste, de buena fe,
el año pasado cuando fuimos a Jaén,

e cuido-m'eu que adormecestes	*y yo creo que te dormiste*
e roubador ou ladron [...]	*y (vino) un maleante o un ladrón* [...]
Afonso Eanes do Cotón	

* Estos seis versos son los únicos que se conservan de una posible *tensón* entre Afonso Eanes y Pero da Ponte, lo que dificulta mucho su interpretación. Es posible que donde se dice *cabeça* se quiera decir *calça* (prenda de vestir equivalente a calzones o leotardos), y teniendo en cuenta que después se hace mención a robos y ladrones, puede ser que, aprovechándose de su sueño, le robaran la ropa. Por eso, tiempo despúes, Eanes encuentra a da Ponte con otra *calça*, difícilmente con otra *cabeça*.

Se puede apreciar en estos versos que ya hay cierta relación burlesca entre Afonso Eanes y Pero da Ponte, puesto que le acusa de no mantenerse despierto durante una guardia en el asedio de Jaén, por lo que, además de que le pudieran robar, demuestra que no cumplió adecuadamente con su deber militar.

Aunque conocemos a Afonso Eanes como poeta alfonsino, la época dorada le llegó ya en el periodo anterior. Así, ya de vuelta de la campaña de Jaén (1246; quizás también antes, en 1236, en la de Córdoba), vemos a nuestro poeta muy bien relacionado con personalidades, con artistas y con soldados que frecuentan la corte de Toledo. En estos años trabó cierta amistad con varios nobles portugueses, también poetas, que visitaron la corte castellana en diversos momentos. Entre ellos pudieron estar Martim Soares, Joan Soares Coelho y Rui Gomes de Briteiros. Con ellos compartió las burlas a un mismo personaje, un moro portugués miope, al que estos trovadores portugueses le dedicaron cantigas de escarnio que podrían fecharse entre 1241 y 1244, lo que da una pista posible de las andanzas de Cotón en esos tiempos de entreguerras.

A mim dam preç', e nom é desguisado,	*A mí me dan fama, y no es disparatado,*
dos maltalhados, e nom erram i;	*de contrahecho, y no se equivocan en eso;*
Joam Fernandes, o mour', outrossi,	*a Joam Fernandes, el moro, también,*
nos maltalhados o vejo contado;	*entre los contrahechos lo cuentan;*
e pero maltalhados semos nós,	*y, aunque contrahechos somos nosotros,*
s'homen visse Pero da Ponte em cós,	*si alguien viese a Pero da Ponte en cueros,*
semelhar-lh'ia moi peor talhado.	*le parecería mucho más contrahecho.*
Afonso Eanes do Cotón	

Afonso Eanes tenía fama de no ser muy agraciado, como reconoce en este poema, en el que también sigue la burla de los poetas portugueses hacia Joam Fernandes; sin embargo, en lugar de cebarse con este personaje, aprovecha para dirigir la invectiva por su aspecto hacia su «amigo» Pero da Ponte. De modo que la escalada del enfrentamiento entre ambos, no se sabe si solo literario o también personal, iba aumentando. No obstante, también tenían motivos de coincidencia, como cuando ambos –y también otros poetas– comparten la crítica a un mismo trovador, Sueiro Eanes, por la mala calidad en su forma de trovar. De él dice Cotón que nunca hizo cantar igual (es decir, con igualdad métrica) ni rimó (o sea, con rimas que coincidieran). Y también da a entender que, si alguien escuchara un «cantar igual» de Sueiro Eanes, sería porque el juglar que lo interpretaba, se habría equivocado y con el error lo habría arreglado.

E, amigos, outra rem vos direi:	*Y, amigos, otra cosa os diré:*
polo jograr a cantiga dizer	*por decir la cantiga igual el juglar,*
igual, nom dev'o trobador a perder,	*no la debe perder el trovador,*
eu por Sueir'Eanes vo-lo hei:	*yo por Sueiro Eanes os lo diré;*
ca dê'lo dia em que el trobou	*porque desde el día en que él trovó*
nunca cantar igual fez nem rimou,	*nunca hizo cantar igual ni rimó,*
ca todos os seus cantares eu sei.	*ya que conozco todos sus cantares.*
Afonso Eanes do Cotón	

Da Ponte consideraba que Sueiro Eanes se dio cuenta de que no sabía nada de trovar cuando él le trovó, y sugiere que tuvo que sufrir ante el rey la humillación de que le metieran en un cantar como el peor trovador que se conocía.

Sueir'Eanes, nunca eu terrei	*Sueiro Eanes, yo nunca juzgaré*
que vós trobar nom entendedes bem,	*que tú no conoces bien el trovar,*
pois entendestes, quando vos trobei,	*pues consideraste, cuando yo te trové,*
que de trobar nom sabíades rem; [...]	*que de trovar no sabías nada;* [...]
Entendestes um dia ant'el-rei	*Escuchaste un día ante el rey*
como vos meterom em um cantar	*cómo te metieron en un cantar*
polo peior trobador que eu sei.	*como el peor trovador que conozco.*
Pero da Ponte	

Músico tocando
la flauta travesera.
*Libro de las Cantigas
de Santa María*

En realidad, mucha debió ser la impericia artística de Sueiro Eanes, pues actualmente no se conserva en los cancioneros ninguna composición suya y, si su nombre ha pasado a la Historia, solo es recordado por las críticas poéticas recibidas. El otro maldiciente de la corte de Fernando III, el portugués Martim Soares, que se burlaba de un supuesto viaje a Tierra Santa del caballero

Sueiro Eanes, alude muy probablemente también a este mal trovador en otra sátira donde desprecia, no sin dejos de amargura, la gran popularidad de cierto caballero poeta que solo sabía hacer cantares desiguales. «Con ellos –dice Martim Soares– vos, caballero, afrentáis a los trovadores, pues agradáis más a las gentes. Los concejos y los aldeanos, todos os estiman, pues sus hijos y sus jornaleros gustan de esos cantares de amor que vos hacéis. Sois bienquisto de los curtidores, de los molineros, de los sastres; también son de vuestro partido los tromperos y los juglares de atambor, porque vuestros sones les caben en las trompas y no hallan cosa más delicada para los tambores. Pero los trovadores y las damas, cuyo juicio estimo algo más que el de aquellos otros que os alaban, se enojan, a cual más, de vuestros cantares, pues quieren buenos dichos y buenos sones, quieren versos hermosos y rimados, y todo esto es difícil de concebir para el que suele hacer cantares desiguales».

Los años que median entre la toma de Córdoba y la conquista de Sevilla debieron ser de plenitud para Cotón: además de medrar como hombre de armas y de ser bien considerado como hombre de letras, lo vemos relacionado con la flor y nata de las cortes portuguesa y castellana. Debido a esto, Afonso Eanes siente que pertenece a la nobleza, aunque sea en el escalón más bajo, como escudero y hombre de armas. Por tanto, en el ámbito literario, no se considera *segrel* sino trovador y, como tal, juzga indigno pedir y recibir dones por sus canciones. Esto nos lleva al principal punto de fricción entre él y Pero da Ponte, que se observa en la tensón que comparten estos dos poetas acerca de si alguien que se considera escudero puede pedir y recibir pago por sus composiciones, cosa propia de un *segrel*, pero que sería rechazada por un trovador. El propio Eanes se niega a darle don a da Ponte y le recrimina sus exigencias.

Tensão entre Afonso Eanes do Coton y Pero da Ponte	*Tensón entre Afonso Eanes do Cotón y Pero da Ponte*
–Pero da Pont', em um vosso cantar, que vós ogano fezestes d'amor,	*–Pero da Ponte, en un cantar tuyo de amor, que tú hiciste este año,*

foste-vos i escudeiro chamar.
E dized'ora tant', ai trobador:
pois vos escudeiro chamastes i,
porque vos queixades ora de mi,
por meus panos, que vos nom quero dar?

–Afons'Anes, se vos en pesar,
tornade-vos a vosso fiador;
e de m'eu i escudeiro chamar,
e por que nom, pois escudeiro for?
E se peç'algo, vedes quant'há i:
nom podemos todos guarir assi
come vós, que guarides per lidar.

–Pero da Ponte, quem a mi veer
desta razom ou doutra cometer,
querrei-vo-lh'eu responder, se souber,
como trobador deve responder:
em nossa terra, se Deus me perdom,
a tod'o 'scudeiro que pede dom
as mais das gentes lhe chamam segrel.

–Afons'Anes, est'é meu mester,
e per esto dev'eu a guarecer
e per servir donas quanto poder;
mais la rem vos quero [eu] dizer:
em pedir algo nom dig'eu de nom,
a quem entendo que faço razom,
e alá lide quem lidar souber.

–Pero da Ponte, se Deus vos perdom,
nom faledes mais em armas, ca nom
vos está bem, esto sabe quem quer.

–Afons'Anes, filharei eu dom,
e lidade vós, ai cor de leom,
e faça quis cada quem seu mester.

te fuiste en él a llamar escudero.
Y ahora dices tanto ¡ay, trovador!:
pues tú te llamaste escudero allí,
¿por qué te quejas ahora de mí
por que no te quiero dar mis ropas?

–Afonso Eanes, si esto te pesa,
retorna con tu fiador;
y en cuanto a lo de llamarme escudero,
¿por qué no, pues escudero soy?
Y si pido algo, ya ves cuánto hay aquí:
no todos podemos mantenernos así
como tú, que te mantienes por combatir.

–Pero da Ponte, a quien a mí me viniere
a acometer con esta razón o con otra,
yo le querré responder, si supiere,
como un trovador debe responder:
en nuestra tierra, así Dios me perdone,
a todo escudero que pide don,
las más de las gentes le llaman segrel.

–Afonso Eanes, este es mi oficio,
y de esto me debo yo mantener
y de servir damas cuanto pudiere;
pero una cosa te quiero yo decir:
a pedir algo no digo yo que no,
a quien entiendo que lo hago con razón,
y a la batalla, quien batallar supiere.

–Pero da Ponte, así Dios te perdone,
no hables más sobre armas, que no
te es apropiado, esto lo sabe cualquiera.

–Afonso Eanes, yo recibiré don,
y lucha tú, ¡ay Corazón de León!,
y haga cada quien su oficio.

Afonso Eanes le critica a Pero da Ponte que ni se está portando como un escudero en el ámbito militar, ni le hace honor al oficio de trovador, pues al pedir pago por ello se está comportando como un *segrel*. Da Ponte justifica que vive de lo que obtiene de su oficio y de servir a las damas cuanto puede y contraataca a Eanes impulsándole a la batalla, ya que sabe luchar y puede vivir de ello, no sin cierta ironía sobre su capacidad militar cuando le aplica el apelativo de «Corazón de León». En todo caso, a Afonso Eanes do Cotón la mayor parte de los estudios lo presentan como un escudero que se ganaría la vida con el trabajo de las armas. Si eso es cierto, nuestro poeta sería un escudero orgulloso que no aceptaría ningún pago a cambio de sus artes musicales, y que no veía con buenos ojos que tales pagos se efectuasen en otros casos.

EL ENVILECIMIENTO DE AFONSO EANES DO COTÓN.
SUS PRINCIPALES CANTIGAS DE ESCARNIO

El noble caballero Martim Soares, al que habría conocido Cotón sobre 1241 en la corte portuguesa y con quien habría coincidido también en el asedio de Jaén en 1246, debió regresar de nuevo a tierras castellanas en la década de 1250 y en esa ocasión fue, posiblemente, cuando compuso esta durísima cantiga en la que se burla de la ajuglarada vida y costumbres de nuestro poeta en esos años en torno al medio siglo. Como parte de su abundante repertorio de maledicencia, trazó, con la deformidad propia de su sátira, la imagen de un personaje que parecía absorbido por el espíritu goliardesco. Y lo hace poniendo en boca del propio Afonso Eanes, como si se tratase de una autodescripción suya, los siguientes versos:

Nostro Senhor, com'eu ando coytado	*Nuestro Señor, cómo ando preocupado*
con estas manhas que mi quisestes dar:	*con estos vicios que me quisiste dar:*
son muy gran putanheyro afficado	*soy un muy gran putañero obstinado*
e pago-me muyto dos dados jogar;	*y me precio mucho de jugar a los dados;*
des y ar ey muy gran sabor de morar	*y además me gusta mucho frecuentar*
per estas ruas e vyvend'apartado.	*estas calles y vivir apartado.*

46

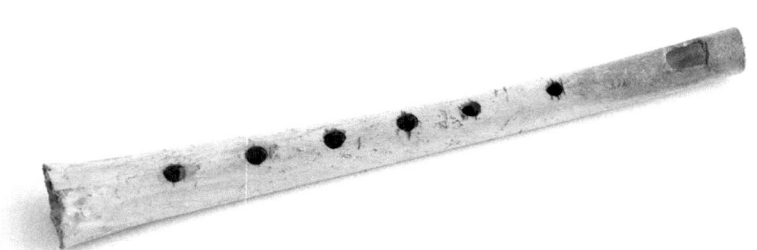

Flauta fabricada con un hueso de buitre negro, encontrada entre los restos del basurero almohade de Alarcos (1195-1212). Museo de Ciudad Real, exposición *Atémpora Ciudad Real. Un legado de 350.000 años.* Fotografía: David Blázquez

Podera-m'eu ben, se foss'avegosso,
caer en bon prez e omrado seer;
mays pago-m'eu d'este foder astroso
e d'estas tabernas e d'este beber;
e pois que eu ja mais non posso valer,
quiero-m'andar per u seja viçoso.

Yo bien podría, si fuese venturoso,
alcanzar buena fama y ser honrado;
pero me ufano de este joder miserable
y de estas tabernas y de este beber;
y puesto que yo ya no puedo valer más,
quiero andarme por donde sea deleitoso.

E poys eu entendo que ren non valho,
nen ey por outra bondade a catar,
non quereu perder este fodestalho,
nen estas putas, nen este entençar,
nen quer'eu per outras fronteras andar,
perdend'o viç'e dando-mi gran trabalho.

Y pues yo entiendo que nada valgo,
ni tengo que mirar por otra virtud,
no quiero perder esta jodienda,
ni estas putas, ni este polemizar,
ni quiero andar por otras fronteras,
perdiéndome el placer y dándome
[gran trabajo.

Ainda eu outras manhas avya
per que eu non posso ja muyto valer:
nunca vus entro na taffularia
que lh'i non aja algún prey t'a volver,
porque ei poys en gran coyta a seer
e a fugir guarir na putaría.

Incluso tengo otros vicios
por los que ya no puedo valer mucho:
nunca entro en el garito de juego
sin que vuelva a tener alguna pendencia
por las que luego me veo en gran aprieto
y he de huir y refugiarme en el burdel.

E poys, quando me vejo en meu lezer,
m'i rendo logo e poys vou mha vya,
e leixo i putas de mi ben dizer,
e de mhas manhas e mha folya.
Martim Soares

Y después, cuando me veo a salvo,
luego me río y después sigo mi camino,
y dejo a las putas hablando bien de mí
y de mis vicios y de mi locura.

Esta sátira se refiere a la segunda etapa de la vida de Afonso Eanes do Cotón, en que este se había envilecido, decayendo de un estado anterior más digno. Estaba viviendo un periodo de degradación y pobreza, marcado por su afección a la bebida y al juego. Fue un asiduo frecuentador de tabernas y gustaba de alternar con mujeres de la vida. La crítica de Martim Soares no deja muy bien parada la figura del gallego, sobre todo porque no pretende crear una pieza humorística, sino burlesca; según el portugués, en Cotón no hay nada que se salve, y ni siquiera existe el menor propósito de reinserción.

Aunque las palabras de Soares revelan una gran intransigencia, o una gran desilusión por su parte, no aportan datos nuevos sobre la vida que llevaba nuestro hombre en Castilla. Sin embargo, sí se pueden entrever en los propios versos de Afonso Eanes sus andanzas por tierras castellanas. Según uno de sus poemas, recorrió buena parte del camino francés, yendo de Castrojeriz a Burgos y a Palencia, y de Palencia a Carrión y a Castro, andando estas afanosas jornadas, alegre en apariencia, pero con el corazón herido por una dueña que no se sabe si es casada, viuda o soltera, si toquinegra, freira o monja.

As mias jornadas vedes quaes som,
meus amigos, meted'i femença:
de Castr'a Burgos e end'a Palença,
e de Palença sair-mi a Carrion
e end'a Castro; e Deus mi dê conselho,
ca vedes: pero vos ledo semelho,
muit'anda trist'o meu coraçom.

E a dona que m'assi faz andar
casad'é, ou viúv'ou solteira,
ou touquinegra, ou monja ou freira;
e ar se guarde quem s'há por guardar,
ca mia fazenda vos dig'eu sem falha;
e rog'a Deus que m'ajud'e mi valha
e nuncas valh'a quem mi mal buscar.

Afonso Eanes do Cotón

Ya veis cuáles son mis jornadas,
amigos míos, poned atención:
de Castro a Burgos y luego a Palencia,
y de Palencia marcharme a Carrión
y por fin a Castro; y Dios me dé consejo,
pues veréis: aunque os parezca contento,
muy triste anda mi corazón.

Y la mujer que así me hace andar
es casada, o viuda o soltera,
o toquinegra, o monja o freira;
y más se guarde quien se haya de guardar,
que yo os cuento mis obras sin mengua,
y ruego a Dios que me ayude y me valga
y nunca valga a quien busque mi mal.

Iluminación de las *Cantigas de Santa María* (Biblioteca de El Escorial)

En el conjunto de las cantigas de Afonso Eanes están representadas todas las principales modalidades vigentes en su tiempo: cantigas de amigo, cantigas de amor y cantigas de escarnio y maldecir. Pero el genio de Cotón se mostró más agudo y prolífico en el último grupo, en aquellas cantigas de tipo satírico que le permiten una mirada crítica sobre el mundo que le rodea.

En los cancioneros solo se conservan tres cantigas de amigo con su nombre, de las cuales solo dos serían de Afonso Eanes, mientras que hay más probabilidades de que la tercera perteneciera a Pai Soares de Taveirós, comparándolas con otras de este autor. Las de Cotón no se ajustan mucho al prototipo del género de las cantigas de amigo, en las que es una mujer joven quien expresa su amor (a menudo truncado) por el «amigo» ausente, o bien quien confiesa sus sentimientos amorosos a la hermana o madre. Eanes, sin embargo, convierte estas cantigas en algo más parecido a una tensón amorosa en las que la joven protagonista, inquieta por el comportamiento del «amigo», decide interrogarlo sobre lo que siente; de este modo, los dos poemas se convierten en diálogos entre los enamorados. Solo una cantiga de amor se conserva de Afonso Eanes, y tampoco se adapta a la norma habitual de este género. En las cantigas de amor típicas, es el caballero (trovador o juglar, no importa su categoría social) quien expresa un apasionado amor por una dama de belleza singular y posición distinguida (aquí, en cambio, sí importa), que le somete a una cruel desconsideración, por lo que él se lamenta y llora la imposibilidad de realizar su amor. En su única cantiga de este género, sin embargo, Cotón nos presenta a un hombre que lamenta haber abandonado su amor. Este simple enunciado contradice todas las normas del amor cortés que regían las relaciones de aquel tiempo, y debido a las cuales el caballero enamorado debía someterse a cualquier prueba a la que su dama quisiese exponerlo, mostrando siempre una buena disposición frente a las muchas adversidades de su amor, y siempre dispuesto a servirla en cualquier trance.

Sin embargo, en las cantigas de escarnio y maldecir que se conservan de Afonso Eanes es donde se expresó con mayor libertad –y también con mayor agudeza–, hasta el punto de llegar a indignar a sus contemporáneos por el desenfado con que en ellas se expresaba. La temática es muy variada: incluye todo tipo de asuntos críticos, satíricos, burlescos o humorísticos, que vayan desde la sátira moral a la crítica personal, pasando por las parodias de otros géneros (como el amoroso).

También es característica de este género tan diverso la riqueza de registros. Las composiciones amorosas (de amigo y de amor) manejan un lenguaje limitado primero por el tema (sentimental), y también por la fijación de los modelos: las cantigas de amor deben expresar siempre los tópicos del «amor cortés», usando giros elegantes, mientras que las de amigo usan un lenguaje más simple y natural, como correspondería a sus protagonistas villanas. Sin embargo, las de escarnio y maldecir suelen presentarse simplemente como una crítica por parte del propio poeta, por lo que es libre de utilizar el lenguaje que mejor le cuadre. La variedad de vocabulario es mucho mayor porque las críticas irán dirigidas contra cualquier objetivo de su entorno: situación social o política, anécdotas reales o falsas de personajes públicos, defectos físicos o costumbres de individuos conocidos, de poetas, de soldaderas, de clérigos, etc.

Estas canciones salen a la luz sin ningún tipo de normas en su mayoría, por lo que hablan con toda naturalidad de hechos o situaciones que nuestra cultura actual considera de «mal gusto»: son muy abundantes las alusiones a defectos y vicios y, sobre todo, a las funciones corporales (relativas a las defecaciones y el sexo). Otra de las constantes de estas piezas es la agudeza con la que los autores producen el efecto humorístico, que nace por sorpresa en los contrastes, por artificio del poeta y, sobre todo, por repetición de palabras groseras y procaces.

De las veinticuatro composiciones suyas que se conservan, diecisiete pertenecen a este grupo satírico. Este sería el género en el que su genio poético se sentiría más plenamente realizado. Es bastante evidente que, en esta segunda época de su vida, Afonso Eanes sería un incondicional de los ambientes prostibularios, entre los que parecía moverse con enorme familiaridad. El tema que Afonso Eanes trabajó fundamentalmente fue la obscenidad. Bastantes de sus cantigas de escarnio se dirigen a figuras femeninas diversas, entre las que predominan las soldaderas, algunas de las cuales también son satirizadas por otros poetas del clan de los gallegos.

Entre estas soldaderas nos muestra varios casos: el de Mariña, a la que en una cantiga nos muestra con la intención de ir a combatir contra los moros –quién sabe si para conquistar tierras fronterizas, o para no perder posibles «clientes» entre los caballeros, soldados y escuderos que se marchaban al frente–, y en otra cantiga nos la muestra en plena faena sexual, con un nivel de detalle y un vocabulario tan explícito que no es raro que Eanes llegara a ser calificado de «desvergonzado» por las generaciones posteriores. Otro caso es la cantiga que dedica a Maior o María García, con la que tiene relaciones sexuales que no solo no paga, sino que –en otra vuelta de tuerca de su degradación moral– él le dice que si quiere volver a tenerlas de ahí en adelante, ella tendrá que pagarle por ello.

En otras cantigas satiriza a estas mujeres por otros motivos: a María Mateu, porque la acusa de gustarle las mujeres (parece que la homosexualidad femenina no es algo tan reciente, teniendo en cuenta esta cantiga del siglo XIII: *¡María Mateu, María Mateu / tan deseosa estás de coño como yo!*); a Urraca López, por su vejez y cercanía a la muerte (*A Urraca López vi enferma un día / y le pregunté si se curaría./ [...] / «Soy vieja, pero me pienso curar". / Y le dije yo: «Piensas gran desatino, / porque yo veo morir un mar de viejas»*). Y con respecto a otros tipos de mujeres, Eanes tampoco deja títere con cabeza; desde viejas criadas a respetables abadesas, a todas las acusa de tener experiencia con los asuntos del «foder» y de querer perjudicarle a él.

De sus cantigas de escarnio y maldecir, las que están dedicadas a satirizar tipos masculinos son inferiores en número e intensidad, pero acabarían teniendo malas consecuencias para él. En ellas, Cotón desarrolla diversos asuntos: hace burla de diversos tipos masculinos concretos, bien sea por su oficio (contra un médico, el maestro Nicolás, al que considera un «buen médico» porque, aunque no sabe curar a la gente, lleva un sombrero de Ultramar y trae de Montpellier libros en latín que no sabe traducir); bien sea por su miseria (contra un infanzón, don Facundo, que pretende invitar a comer a dos caballeros, a pesar de las estrecheces en que vive, para mantener las apariencias); bien sea por algún suceso ridículo (contra un falso peregrino a Tierra Santa, Paai Rangel, según el que, en una cruenta batalla, estuvieron a punto de morir y se salvaron de milagro él y dos compañeros de viaje, y al que Cotón no cree porque confunde nombres de lugares santos con otros de la península); bien sea a una persona concreta por sus defectos (ya vimos el caso del «contrahecho» moro portugués Joam Fernandes).

Y, por último, estarían aquellas cantigas y tensones que dedicaría a criticar a otros poetas, ya se trate de Sueiro Eanes, que fue diana de las burlas de diversos trovadores por la mala calidad de sus versos; o ya se trate de su amigo y discípulo Pero da Ponte, al que acusaba de su falta de integridad en su desempeño militar como escudero, o de su falta de dignidad en su oficio de trovador, actuando como un *segrel* al pedir pago o regalos por sus composiciones, de lo cual ya hablamos con detalle más atrás.

Las canciones de Afonso Eanes do Cotón estuvieron perdidas durante muchos años. Los cancioneros originales fueron repro-

Cantigas de escarnio y maldecir de Afonso Eanes do Cotón, numeradas como 1579, 1580 e inicio de la 1581.
Cancionero de la Biblioteca Nacional de Lisboa

ducidos en otras copias, y estas nuevamente copiadas a mano. Las veinticuatro cantigas que se atribuyen a nuestro poeta figuran en el *Cancionero Portugués de la Vaticana* (V) y además en el *Cancionero de la Biblioteca Nacional de Lisboa* (B) (también llamado *Cancionero Colocci-Brancuti*). Las cantigas, aun no siendo idénticas, presentan pocas diferencias de una a otra compilación, y las más notables suelen parecer simples errores por parte de los amanuenses italianos del siglo XVI que copiaron en estos dos volúmenes algún cancionero anterior, hoy perdido. La lectura resulta unas veces fácil, y otras, casi impracticable, según el esmero del copista. Respecto de las otras dos composiciones que se le atribuyen, estas formarían parte del tercer gran cancionero de los conocidos hasta el momento: el *Cancionero de Ajuda* (siglo XIII), el más breve y antiguo de los tres. Se trata de dos cantigas de amor que llegaron hasta nosotros como obra de autor anónimo; de todos modos, su identidad está todavía por determinar.

EL CASO CRIMINAL MÁS ANTIGUO DE LA HISTORIA DE CIUDAD REAL

¿Y qué fue, finalmente, de Afonso Eanes do Cotón? ¿Cuándo, dónde y cómo murió? Las únicas referencias que existen respecto al destino final de este poeta se encuentran en estas dos cantigas de escarnio que el propio rey Alfonso X el Sabio le dedicó a Pero da Ponte, el amigo y discípulo de Cotón:

Pero da Ponte á feito gran pecado
de seus cantares, que el foi furtar
a Coton, que, quanto el lazerado
ouve gran tempo, el xóx quer lograr,
e doutros muitos que non sei contar,
por que oj'anda vestido e onrado.

E poren foi Coton mal día nado,
pois Pero da Ponte erda seu trovar;
e mui mais lhi valera que trobado
nunca ouvess'el, assí Deus m'ampar,
pois que se de quant'el foi lazerar
serve Don Pedro, e non lhi dá en grado.

E con dereito ser enforcado
deve Don Pedro, por que foi filhar
a Coton, pois-lo ouve soterrado,
seus cantares, e non quis en dar

Pero da Ponte cometió un gran pecado
con sus cantares, que él le fue a robar
a Cotón, ¡cuánto tiempo el miserable
los oye!, los cuales él se los quería quitar,
y a otros muchos que no puedo contar,
por los que hoy anda vestido y honrado.

Y por eso, en mal día nació Cotón,
pues Pero da Ponte hereda su trovar;
y mucho más le valiera que trovado
él nunca hubiese, así Dios me ampare,
pues de cuanto él pudo padecer
se aprovechó Don Pedro, sin agradecerlo.

Y con derecho debe ser ahorcado
Don Pedro, porque, tras enterrarlo,
se atribuyó los cantares de Cotón,
y no quiso ni ofrecer

un soldo pera sa alma quitar	*un sueldo para liberar su alma,*
sequer do que lhi avía emprestado.	*ni siquiera de lo que le había procurado.*
E porend'é gran traedor provado,	*Y por eso es un gran traidor probado,*
de que se já nunca pode salvar,	*de lo que ya nunca se puede salvar,*
come quen a seu amigo jurado,	*como quien a su amigo jurado,*
bevendo con él, o foi matar:	*bebiendo con él, lo acabó matando:*
todo polos cantares del levar,	*todo por llevarse los cantares de él,*
con os quaes oj'anda arrufado.	*con los cuales hoy anda satisfecho.*
E poys non á quen no poren retar*	*Y pues no hay quien por ello acusarle*
queira, será oi-mais por min retado.	*quiera, desde hoy será por mí acusado.*
Alfonso X el Sabio	

*Retar: acusar de alevosía ante el rey a otro cortesano

Vos non trobades come proençal,	*Vos no trováis como un provenzal,*
mais come Bernaldo de Bonaval;	*sino como Bernaldo de Bonaval;*
por ende non é trovar natural,	*por eso no es un trovar natural,*
pois que o del e do Dem' aprendestes.	*pues lo aprendisteis de él o del demonio.*
E ben vej'ora que trovar vos fal	*Y bien veo ahora que no sabéis trovar,*
pois vós tan louca raçon cometestes.	*pues vos tan loca acción cometisteis.*
E por en, Don Pedr', en Vila Real,	*Y por eso, Don Pedro, en Villa Real,*
en mao ponto vós tanto bevestes.	*en mal momento vos tanto bebisteis.*
Alfonso X el Sabio	

A partir de estos dos poemas se genera «la leyenda del trovador» asesinado en Villa Real, que, como todas las leyendas, tiene una base real que el paso del tiempo y el ingenio colectivo van completando con detalles que concretan la historia. Empecemos por las premisas: los protagonistas, Afonso Eanes do Cotón y Pero da Ponte, eran ambos escuderos y trovadores gallegos que habían compartido muchas situaciones tanto en las campañas de conquista como en las cortes de Fernando III y Alfonso X. Cotón tenía mejor consideración tanto en el ámbito militar como en el de su dedicación literaria (cosas que llevaba a gala), mientras que da Ponte, a pesar de su interés por ganarse el favor de reyes y nobles dedicándoles plantos y cantigas elogiosas, no obtuvo el mismo reconocimiento de su calidad como poeta. La relación entre ellos, que fue de amistad, con el matiz de que eran considerados maestro y discípulo, se pudo resentir con algunas críticas que Eanes le lanzó a da Ponte, tanto en su desempeño militar, inadecuado para un escudero, como en la indignidad de pedir pago por sus composiciones, cosa propia de un *segrel*, pero no de un trovador.

Desde mitad del siglo XIII, sus vidas fueron derivando hacia unos ambientes más degradantes de tabernas, dados, pendencias y burdeles, en el entorno de unas tierras de repoblación donde cada uno sobrevivía como podía. Así llegamos al hecho que denuncia Alfonso X en sus cantigas: Afonso Eanes do Cotón fue asesinado por Pero da Ponte en una taberna de Villa Real, en la que estaban juntos bebiendo vino -mucho vino-, para robarle sus cantares, con los cuales, tras haberlo enterrado, el vivió después satisfecho, más honrado y mejor vestido, y sin apiadarse siquiera del alma de su víctima benefactora. Con lo cual, no parece que sirviera de mucho ni la acusación de traidor y asesino a Pero da Ponte, ni la sentencia de que debía de ser ahorcado por ello, ambas escritas en la cantiga, pero no llevadas a la práctica en la vida real.

No hay certeza sobre otros detalles de la muerte, aunque se dice que Cotón fue acuchillado en una reyerta, tras una discusión provocada por el exceso de vino; tampoco la hay sobre si fue enterrado bajo la misma taberna o en algún lugar indeterminado más allá de la muralla de la villa. Imprecisa es también la fecha de la muerte, aunque se cree que pudo producirse hacia 1266, pocos años después de la fundación de Villa Real, llevada a cabo por Alfonso X el Sabio en 1255. La mayor dificultad estriba en saber cuánto hay de cierto y cuánto de invención en las palabras que los poetas nos legaron, y esto porque el carácter satírico de los escarnios implica siempre una buena dosis de retranca, muy difícil de detectar a setecientos años de distancia.

En cualquier caso, resulta al menos curioso conocer las circunstancias que confluyeron para que Ciudad Real, la Villa Real del siglo XIII, fuera el escenario donde se acabaran cruzando los destinos de Afonso Eanes do Cotón (la víctima), Pero da Ponte (el asesino) y Alfonso X el Sabio (el juez acusador), y que precisa-

La puerta de Toledo en construcción.
Ilustración para la cubierta del libro *El abrigo de la Corona*, de Domingo
Sánchez Parra (2014), José Luis Sobrino, Serendipia Editorial

mente este fuera, pocos años antes de los hechos que dan pie a esta leyenda, el fundador de nuestra ciudad.

Epílogo

A finales de 1993, Joaquín González Cuenca, gran filólogo medievalista y profesor universitario, de quien tuve el honor de ser alumno en los primeros años ochenta (cuando aún no existía la UCLM y en Ciudad Real solo existía un Colegio Universitario adscrito a la Universidad Complutense de Madrid), publicó en *La Tribuna de Ciudad Real* un artículo titulado «La leyenda del trovador» –que me ha servido de arranque para la investigación y redacción del presente capítulo de este libro–, en el que reivindicaba a Afonso Eanes do Cotón como una figura mítica de los orígenes de Ciudad Real, y aireaba brevemente su historia con la intención de que alguien se atreviera a solicitar para la toponimia urbana una calle que guardara la memoria de aquel trovador que se dejó la vida en una taberna de la más temprana Ciudad Real.

Pues bien, diez años después, en octubre de 2003, pudo ver cumplido su deseo y se bautizó con el nombre de Afonso Eanes la calle anteriormente conocida como Juan de Villaseca, situada en la nueva zona de expansión de Ciudad Real que va desde el Hospital General Universitario hacia la Vía Verde. Esta relación de Joaquín González Cuenca con Afonso Eanes y con Ciudad Real ha estado muy vinculada a los años acabados en 3, puesto que veinte años después, en 2023, desgraciadamente falleció este ilustre profesor en Ciudad Real. Sirva este epílogo como pequeño homenaje a su figura.

Para profundizar

ARIAS Y ARIAS, R. (1970), *La poesía de los goliardos*, Madrid, Ed. Gredos.

DEYERMOND, A. D. (1979 -6.ª ed.), *Historia de la literatura medieval. I. La Edad Media*, Barcelona, Ed. Ariel.

GASPAR, S. (1995), *Libro dos cantares de Afons'Eanes do Coton*, Santiago de Compostela, Concello de Negreira.

HOFMEISTER DE AGUIAR, R. (2023), *Cantigas dos trovadores medievais no portugués contemporâneo: tenções*, Vigo, Universidade de Vigo. I Cátedra Internacional José Saramago.

MENÉNDEZ PIDAL, R. (1991 -9.ª ed.): *Poesía juglaresca y juglares. Orígenes de las literaturas románicas*, Madrid, Ed. Espasa Calpe, Col. Austral (159).

MIGUEL RODRÍGUEZ, J. C. de, MUÑOZ FERNÁNDEZ, Á. y SEGURA GRAÍÑO, C. (1989), *Actas del Congreso Internacional Alfonso X el Sabio, vida, obra y época I*, Madrid, Sociedad Española de Estudios Medievales.

RUIZ GÓMEZ, F. (1992), «La Repoblación de Ciudad Real en los siglos XII y XIII», en SÁNCHEZ SÁNCHEZ, I. (coord.): *La provincia de Ciudad Real II. Historia*. Diputación de Ciudad Real-Área de cultura, Biblioteca de autores y temas manchegos, sección Ensayo.

Artículos

BELTRÁN, V.: «Los trovadores en la corte de Castilla y León (II): Alfonso X, Guiraut Riquier y Pero da Ponte», en *Romania*, tomo 107, n.º 428, 1986 (pp. 486-503).

COTA, R.: «El trovador asesino», en *Diario de Pontevedra*, 14.07.2020

GONZÁLEZ CUENCA, J.: «La leyenda del trovador», en *La Tribuna de Ciudad Real*, 24.12.1993.

FERNÁNDEZ AMIL, I.: «Pero da Ponte, el mujeriego y borracho trovador gallego de Alfonso X que asesinó a su maestro», en *El Español*, 11.08.2024.

MARCENARO, S.: «La tradición manuscrita de Afonso Anes do Coton (s. XIII): Problemas de atribución», en ALVAR, C. (coord.):

Estudios de literatura medieval en la Península Ibérica, La Rioja, Fundación de San Millán de la Cogolla, 2015, (pp. 901-916).

NAVAS, E. Z.: «Entre lances de juego y jarras de vino, a manos de un amigo la muerte le sobrevino», en *Mi Ciudad Real*, 03.03.2014.

VENTURA RUIZ, J.: «El insulto literario entre trovadores y juglares como instrumento de defensa gremial. Su reflejo en la lírica medieval gallego-portuguesa», en *Medievalia* 20/1 (2017) (pp. 61-86).

VENTURA RUIZ, J.: «Trovadores, segreles y juglares: La profesionalización del espectáculo», en MARTÍNEZ PÉREZ, A. y BAQUERO ESCUDERO, A. L. (eds.): *Estudios de literatura medieval. 25 años de la Asociación Hispánica de Literatura Medieval*, Murcia, Universidad de Murcia, 2012 (pp. 839-847).

VERDADERO RETRATO DE N. S. DEL PRADO,
PATRONA DE CIUDAD-REAL,
en su nueva carroza, por   Juan J. Muñoz, Fotógrafo.

Fotografía de la antigua imagen de la Virgen del Prado (hacia 1885).
Colección del autor

2 Santa María versus San Pedro

Estrategias de *marketing* y competitividad desleal en Ciudad Real

(Siglo de Oro)

Juan Crespo Cárdenas

Según la tradición el origen de la aparición de la Virgen del Prado, en el llamado Pozo Seco, se remonta al siglo XI cuando un caballero al servicio del rey Sancho el Mayor de Navarra, de nombre Mosén Ramón Floraz, encontró milagrosamente, dentro de una cueva en Velilla de Jiloca (Aragón), una bella imagen mariana escondida en aquel lugar en los primeros tiempos de la invasión musulmana. Trasladada a la Corte, aquella talla se convirtió en la favorita de los reyes acompañándolos primero en torneos y después en batallas, por lo que fue conocida por los sobrenombres de «Virgen de los Torneos» y «Virgen de las Batallas». La imagen fue pasando de generación en generación hasta que, en 1086, el rey Alfonso VI perdió la batalla de Zalaca (Badajoz). Achacando su derrota al olvido de la imagen, el monarca envió al capellán Marcelo Colino de vuelta a Toledo para recuperarla y, con ella, continuar la campaña. En el viaje de regreso se produciría un hecho portentoso: habiendo realizado un descanso en el mencionado Pozo, la Virgen fue mostrada a los lugareños quienes rogaron al clérigo que la dejara en aquel lugar. Temiendo la ira del rey, Colino continúo su viaje hasta el cercano castillo de Caracuel para hacer noche. Al examinar la caja donde se encontraba la imagen descubrió su ausencia, volviendo rápidamente sobre sus pasos porque temía que aquellos aldeanos la hubiesen hurtado. Mientras tanto la Virgen ya se había aparecido a sus habitantes, quienes habían hecho un humilde cobijo para venerarla. Al llegar el capellán, intentó infructuosamente recobrar la imagen, esta se había vuelto tan pesada que no había manera humana de levantarla. La Virgen había elegido ya su definitiva morada y desde aquel momento, según esta misma tradición, recibió culto en aquella aldea con el nombre de «Virgen del Prado»[1].

De manera muy general esta sencilla leyenda se ha ido trasmitiendo de generación en generación llegando hasta nuestros días. En realidad esta milagrosa historia es muy similar a otras leyendas que han conformado varias tradiciones marianas por todo nuestro territorio peninsular, incluyendo elementos comunes como cuevas, pastores, caballeros, reyes y batallas. Sin embargo, independientemente del poderoso componente devocional que envuelve y configura este relato, ya desde el siglo XVIII, algunos cronistas locales evidenciaron su falta de rigor histórico, achacando esta subjetividad a un intento, por parte de algunos sectores de la sociedad ciudadrealeña del momento vinculados a la parroquia de Santa María, de impulsar el protagonismo de aquella devoción sobre las demás que tradicionalmente se venían venerando en la ciudad: Nuestra Señora de la Blanca en Santiago y Nuestra Señora de Alarcos en San Pedro.

Pero ¿qué causas pueden explicar este curioso fenómeno de *marketing* iniciado en el reinado de los Reyes Católicos y cuáles fueron las estrategias llevadas a cabo para conseguir sus objetivos?

Remontémonos hasta la fundación de Villa Real (1255) para comprender la génesis de este proceso. El rey Alfonso X el Sabio, con su carta puebla, creó un verdadero oasis de realengo dentro de un territorio controlado por la poderosa orden militar de Calatrava. Para favorecer la repoblación y garantizar el éxito de la nueva villa el monarca estableció, dentro de un amplio perímetro de murallas, una triple división urbana, con sus tres barrios adscribiendo cada uno a una parroquia (Santa María, Santiago y San Pedro). Así nacieron tres colaciones administrativas, en torno a las que comenzaron a asentarse los repobladores atraídos por unas ventajosas condiciones fundacionales.

La sociedad que los habitaba en estos siglos era eminentemente rural, pero existía una cierta idiosincrasia y diferencias concretas entre sus moradores[2]. Una gran parte de la población del barrio de Santiago eran judíos, seguramente con alto nivel económico y no bien vistos por el resto. El barrio de San Pedro giraba en torno a tres grandes hitos: la iglesia de San Pedro, el

Ciudad Real, limitada por su muralla, con la representación de sus dos altozanos y de la plaza del Pilar (en el centro). José Rivero Serrano. Traído de RIVERO SERRANO, J. (2020), *Plaza Mayor. Permanencia y transformación*, Ciuad Real, Serendipia -Colección Ciudad Real Ensayo, n.º 6. Serendipia

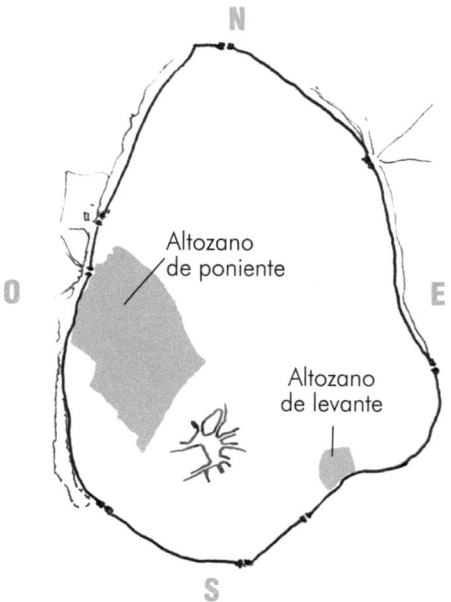

Alcázar, mandado construir por el rey sabio como su lugar de residencia, y el convento de San Francisco, sede de la Hermandad Vieja y lugar de prestigio donde enterrarse las familias nobles que se asentaron en este lugar. Los últimos estudios planteados cuestionan el crecimiento de la nueva villa alrededor del mencionado Pozo, cuyo perímetro se inundaba fácilmente debido a sus características orográficas. Actualmente prevalece la hipótesis de la existencia de al menos dos zonas de crecimiento urbano, las situadas en los altozanos del Alcázar y del prado[3].

A finales del siglo XV, en 1494, tuvo lugar un acontecimiento insólito que cambió el devenir de la villa: los Reyes Católicos decidieron crear una nueva chancillería en este emplazamiento. Durante los 10 años que estuvo vigente, propició la llegada a Ciudad Real de un nuevo grupo poblacional formado por funcionarios vinculados a esta institución. Algunos de ellos, pertenecientes a ilustres apellidos, emparentaron con linajes establecidos desde época medieval en la ciudad, convirtiéndose así en el germen de una minoría privilegiada económica y socialmente y siendo los abanderados de esta peculiar campaña de *marketing* en torno a la imagen del Prado, a pesar de la influencia que seguía ejerciendo

Rúbrica del licenciado Juan de Mendoza y Porras

la colación de San Pedro con nuevos escenarios como la capilla del Chantre o el atrayente convento de Dominicos.

Mientras las colaciones de San Pedro y Santiago tenían sus iglesias ya concluidas en su casi totalidad, la de Santa María poseía todavía un templo de origen medieval y del que desconocemos su aspecto. Es en este momento cuando se produce una reforma integral del edificio, sustituyendo lo que ya existía por la nave que conocemos actualmente. Algunas de las familias llegadas de fuera y mencionadas anteriormente, seleccionaron esta fábrica como morada para su descanso definitivo. Con sus fortunas financiaron la construcción de capillas erigidas alrededor del presbiterio, como las capillas de los Loaisa, de los Treviño o de los Torres.

Un miembro del linaje Loaisa, llamado Juan de Mendoza y Porras, va a ser el responsable de escribir la primera crónica sobre la historia de la aparición de la Virgen del Prado, elemento que va a favorecer la difusión de su culto frente a los otros existentes en la ciudad y que ya hemos citado.

El arqueólogo e investigador Rafael Ramírez de Arellano, que llevó a cabo diversos estudios sobre Ciudad Real, su patrimonio y el culto a Santa María, manifestó sus dudas sobre si Mendoza y Porras escribió un libro en torno a la aparición de la Virgen del

Rúbrica de fray Diego de Jesús María

Prado o, por el contrario, había sido una invención del religioso carmelita fray Diego de Jesús María, del que posteriormente explicaremos. Esta incertidumbre, que llevaría a Ramírez de Arellano a calificar aquella mítica crónica como «burda invención», tenía mucho que ver con las escasas y controvertidas noticias que sobre el licenciado Mendoza habían manejado los cronistas de la ciudad ya desde finales del siglo XVIII[4]. Sin embargo, gracias a la aparición de nuevos documentos, ahora podemos afirmar su existencia real y aportar muchos datos sobre su biografía que nos ayudarán a contextualizar el papel ejercido por este hasta ahora desconocido personaje.

El licenciado Mendoza y Porras era hijo del matrimonio formado por Juan de Espinosa y Mendoza y doña María de Porras. Él, un capitán, conquistador y repoblador de Nueva España. Ella, emparentada con los Loaisa, una estirpe propietaria de una capilla en Santa María que hizo fortuna en el Nuevo Mundo llegando a ostentar cargos importantes en la audiencia de Méjico.

Juan de Espinosa Mendoza era hermano de un bachiller llamado Juan de Ortega que llegó a ser justicia mayor en la audiencia de Méjico, recibiendo de la corona por pago a sus servicios prestados el goce o repartimiento de los indios de los pueblos de Tuzantlan y Tepoztlan. También fue alcalde mayor de Méjico, además de amigo y protector de Hernán Cortés, a quien protegió en un juicio de residencia celebrado en 1529, por lo que el marqués le benefició[5].

Cuando la pareja contrajo matrimonio, el bachiller Ortega decidió regalarle como dote a su hermano dicho repartimiento. Sin embargo, hacia 1540 la cesión todavía no se había producido y tuvo que ser reclamada. Pasados unos años, el rey promulgó una cédula en la que prohibía el disfrute de estos beneficios para los sucesores, por lo que al fenecer, su mujer y su hijo Juan tuvieron que solicitar al rey alguna renta para poder subsistir en el Nuevo Mundo. Pero la ayuda no llegaba y doña María, llevada por la necesidad, decidió regresar a España buscando la protección de su familia, asentándose en la colación de Santa María[6]. Finalmente el rey les concedió una renta anual de 500 pesos, a cambio de residir en Nueva España, a lo que la viuda se negó alegando que, además de estar enferma, no tenía manera de volver a América. María debió morir poco después de 1585 pues figuraba en los repartimientos de esa colación en esa fecha, siendo enterrada en la capilla de los Loaisa[7].

Juan tuvo una formación humanística, fue abogado y trabajó durante dieciocho años al servicio del rey; estuvo vinculado a Madrid y al Consejo de Hacienda. Llegó a realizar diversos viajes por Andalucía para llevar cuentas y participar en procesos relacionados con las campañas militares de la guerra de Granada, así como con la conquista de Portugal. No obstante nunca perdió de vista su ciudad natal, su vinculación a la parroquia de Santa María y su devoción a la Virgen del Prado.

Mendoza y Porras, llevado por su propia devoción y por la estrecha vinculación que la familia materna tenía con la parroquia de Santa María, redactó la primera crónica conocida sobre la aparición de la Virgen del Prado en 1587, a partir de los legajos y documentos antiguos entregados por el cabildo y la cofradía. No se ha conservado el manuscrito original, sin embargo conocemos su aspecto externo:

> un coaderno en folio cubierto de pergamino arrugado que constava de diez y seis fojas mano escritas con una armas del S. Rey Don Fernando en la primera cara del pergamino y constan de solos dos coarteles de un león y castillo. Con un rotulo pequeño arriba que dieze: A Nuestra Señora del Prado. Y tiene de señas una presilla y botón de cabritilla con que se cierra en que se contenía el milagroso aparecimiento de la imagen de Nuestra Señora del Prado[8].

El licenciado mantuvo inquebrantable esta predilección hasta el último momento de su vida. El 7 de noviembre de 1596 redac-

CIUDAD REAL. Camarín de la Virgen del Prado.

Imagen de la Virgen del Prado en su camarín realizada en 1940
por Vicente Navarro y policromada por Carlos Vázquez.
Fotografía 1940-1950. Colección del autor

69

tó su primer testamento[9]. La gran favorecida fue la Virgen del Prado y su cofradía. Ordenó vender todos sus bienes e invertirlos en rentas y, una vez pagadas sus posibles deudas, destinarlas al gasto de su fiesta. Nombró como heredera universal a la cofradía de Nuestra Señora del Prado. Igualmente dotó a varios capellanes con una renta anual de treinta ducados, con exclusiva dedicación para servir en el coro de Santa María diariamente, igual que lo hacían los capellanes de la capellanía de Vergara, para que la virgen «sea más servida y honrada». Estos también debían decir misas en la capilla de los Loaisa en el caso de que sus sobrinos, propietarios de ella, permitieran enterrar allí su cuerpo.

Además dejó numerosas joyas y ornamentos de plata a la Virgen entre las que se encontraban: un jarro de plata de 200 reales, dos candeleros de 500 reales de peso, un anillo de oro con seis rubíes, un diamante, varias amatistas, tres esmeraldas, dos zafiros y otras piedras.

Falleció el 15 de noviembre de ese mismo año; en la partida de defunción figura como Juan de Porras, sin especificar el lugar exacto de enterramiento[10].

Coincidiendo con este proceso devocional en torno a la imagen del Prado, la parroquia de Santa María veía completar la construcción de las últimas bóvedas de su única nave gracias a la labor del maestro Antonio Fernández[11].

Sin embargo, los problemas estructurales del edificio no tardaron en aparecer, vinculados a las obras derivadas de la instalación de un gran regalo a la virgen: Juan de Villaseca, natural de Ciudad Real, secretario del virrey de México, por su gran devoción a la imagen del Prado donó, entre otros presentes, un retablo que presidiera el altar mayor. Su asiento y anclaje causó graves daños a la fábrica, localizados en las bóvedas de los primeros tramos de la nave[12]. A estas quiebras, durante la segunda y tercera década del siglo XVII, se uniría la amenaza real de hundimiento de todo el hastial del oeste por la excesiva altura de la nave y la escasez de contrafuertes donde apoyar los empujes de sus bóvedas. Para contener la amenaza se acometieron diversas intervenciones, destacando la construcción de un primer estribo junto a la puerta del mediodía[13]. Al mismo tiempo que avanzaban los proyectos de reparación también se propusieron otros nuevos

Cuidad Real. - Interior de la Catedral.

Tarjeta postal circulada en 1916. En la que se aprecia el antiguo retablo de Santa María del Prado, parte del lado de la epístola con la entrada a la antigua capilla de los Loaisa y su reja (hoy trasladada a la escalera del camarín) y el arco conopial que adornaba la entrada a la sacristía.
Colección del autor

como la construcción de una nueva sacristía (1632), un primer camarín o la apertura de una nueva capilla privada para el regidor Juan Bautista Vélez, que albergara la imagen de la Virgen y que nunca llegó a prosperar[14].

En estos momentos de zozobra para la parroquia de Santa María entró en escena un segundo personaje cuya intervención será clave para comprender toda esta campaña de *marketing*. Se trata de fray Diego de Jesús María, carmelita descalzo, natural de Ciudad Real y prior de convento carmelitano de Guadalajara quien, en 1643, por una profunda devoción a Santa María del Prado y movido por el interés de «entregarlo a las generaciones futuras», redactaría la segunda y definitiva crónica sobre la historia de esta imagen mariana[15]. Para ello inició un proceso de recopilación de todas las noticias alusivas a la Virgen, solicitando permiso a las autoridades eclesiásticas y civiles para que le mostrasen y facilitasen la consulta de los archivos pertinentes. Entre esa documentación recibió el antiguo manuscrito del licenciado Mendoza que se guardaba entre los papeles de la cofradía del Prado. El resultado de su trabajo llegó a primeros de 1648. El 4 de febrero de ese mismo año el rey Felipe IV, mediante cédula real con validez de diez años, concedió permiso para su impresión, llevándose esta a cabo en la madrileña imprenta de Teresa Junti, en 1650[16]. Cinco años más tarde, el 22 de septiembre de 1655, manifestando ser prior del convento de Ciudad Real, devolvió a sus propietarios los documentos originales, incluyendo el manuscrito original de Mendoza y la copia de este que él había hecho para evitar su perdida que, según sus palabras, tenía este aspecto: «coaderno de viente fojas de pergamino, forrado en terciopleo carmesí, cantos y chapas de plata y unas colonias de color plateado, encendido para cerrarse». Al mismo tiempo entregaba los originales manuscritos de su nuevo libro «escritos de mi propia mano y encoadernados en dos tomos de coarto en pequeño volumen, en pergamino vitelado amarillo, con presillas de cabretilla», pero no al cabildo y cofradía de Santa María sino a don Martín Bermúdez Mesía de la Cerda, como heredero de su protector don Luis Bermúdez, recientemente fallecido, señor de Santa María de Guadiana y alguacil mayor perpetuo de la ciudad, para que formaran parte

Ubicación del sillar que tuvo la inscripción «Santa María la Mayor año de 1653», prácticamente perdida en la actualidad. Arriba, a la izquierda del detalle, aún se puede apreciar el arranque de la «S» de Santa y abajo el de la «M» de Mayor

de los bienes vinculados al mayorazgo de su linaje, con la esperanza de que jamás se perdieran[17].

Por tanto, el segundo empuje, decisivo para el triunfo de esta campaña, llegó con la difusión del libro del religioso carmelita y coincidió con otro momento constructivo de la iglesia. La excesiva altura de la única nave seguía presentando un gran problema para su estabilidad. Después de muchos informes y tasaciones, por el año de 1652, Ignacio Vélez Calderón inició una ardua y costosa obra de refuerzo para la que había de levantar cuatro enormes estribos que flanquearan la antigua puerta del perdón, en la fachada de los pies[18]. Durante la ejecución de la obra dispusieron en el segundo estribo de la derecha un sillar blanco con la siguiente inscripción: «Santa María la Mayor año de 1653».

Esta inscripción fue vista por Ramírez de Arellano, sin embargo, debido a las intervenciones realizadas se borró y ningún investigador la había localizado, se pensaba que se había perdido. Hace escasos años la doctora Molina Chamizo localizó lo que quedaba de ella.

Este hecho, junto a otras acciones que estaba llevando a cabo el cabildo de Santa María, sumado al fervor que estaba consiguiendo la imagen, incomodó a la parroquia de San Pedro, pues estaban intentando demostrar que Santa María era la más antigua, cosa que era incierta. La rivalidad entre las dos parroquias era evidente.

Durante décadas la parroquia de San Pedro esgrimió una serie de argumentos para intentar demostrar la falta de veracidad de Santa María, entablando una gran polémica que llegó hasta bien entrado el siglo XVIII. En 1739 Francisco Antonio García de Ruescas, como cura propio de la parroquial de San Pedro, emprendió acciones legales ante el arzobispado de Toledo para que tomara parte en el asunto, formulando una serie de acusaciones. Debido a lo curioso y minucioso de las apelaciones hemos decidido pasar a comentarlas.

En primer lugar manifestó que, mediante Bula de la Santa Cruzada, tenían concedido el privilegio de celebrar la misa el día del Corpus sin que tuvieran que turnarse las dos parroquias, como se venía haciendo. Por otro lado, también argumentó razones para demostrar la antigüedad de su templo: en su colación se encontraban los conventos y edificios más antiguos como los conventos de Franciscanos y Dominicos, la Santa Hermandad Vieja, las casas consistoriales, los hospitales de la Santa Hermandad o la plaza del Pilar, origen de Ciudad Real. Así mismo declaró que la ermita de Alarcos se situaba dentro de su jurisdicción y en ella estaba la pila bautismal más antigua de Ciudad Real. Del mismo modo explicó que las armas de la ciudad se encontraban en la manga parroquial y en la clave de la bóveda de la capilla mayor.

En segundo lugar indicó que cuando se juntaban todos los cabildos parroquiales en actos religiosos como funciones y cortejos procesionales, la posición que ocupaba la cruz parroquial de Santa María siempre era inferior al resto de las otras dos. Así mismo, en las procesiones la cofradía de la Virgen del Rosario, perteneciente al convento de Dominicos, y la del Santo Cristo, perteneciente a San Pedro, ocupaban lugares privilegiados a diferencia de la cofradía de la Virgen del Prado. Finalmente tuvo lugar una alegación muy entrometida e hiriente al revelar que los clérigos de Santa María, estando en la sacristía del templo, llegaron a decir al unísono: «vivan los clérigos de Santa María mueran los de San Pedro»[19]. Sin embargo todas estas exposiciones no llegaron a buen puerto. La campaña de publicidad y *marketing* que se había iniciado en Santa María no fracasó. Lo que comenzó siendo fruto de la voluntad de una selecta minoría formada por el cabildo de Santa María, apoyado por familias nobles y materializado en dos manuscritos, se transformó en un fenómeno de masas que nadie pudo parar. Era ya tarde para extirpar de los vecinos de Ciudad Real la profunda devoción a Santa María del Prado. El culto a Santa María de Alarcos y a la Virgen de la Blanca había pasado a un segundo lugar.

Notas

1 GÓMEZ MORENO, H. (1969), *Notas históricas alrededor de la imagen Santísima Virgen del Prado, patrona de Ciudad Real*, Ciudad Real, pp. 35-41.

2 PILLET CAPDEPÓN, F. (1984), *Geografía urbana de Ciudad Real*, Madrid, Akal, pp. 9-4.

3 RIVERO SERRANO, J. (2020), *Plaza Mayor, permanencia y transformación*, Ciudad Real, Ciudad Real Ensayo-Serendipia, pp. 48-53.

4 RAMÍREZ DE ARELLANO, R. (1914), *Al derredor de la Virgen del Prado*, Ciudad Real, pp. 228.

5 MARTÍNEZ MARTÍNEZ, M.ª C. (2003), *Hernán Cortés, cartas y memoriales*, Junta de Castilla León, León, Consejería de Cultura y Turismo, Universidad de León, pp. 285.

6 Figuran residiendo en este barrio en un repartimiento realizado a la población en 1550. AGS EXH 0081 0024 Alcabalas 1550.

7 LÓPEZ SALAZAR, J. (1977), «Estructura socio profesional de Ciudad Real en la mitad del siglo XVI», *revista Veinte mil kilómetros cuadrados*, n.º 10, pág. 83.

8 APSMP. Sig. 529; *Libro de la aparición de la Virgen de Nuestra Señora del Prado.*

9 AHPCR, protocolos notariales, Juan Arias Ortega, sig. 55, fols. 212-221v.

10 APSMP, Libro de entierros 1585-1602, s/f.

11 HERVÁS Y BUENDÍA, I, *Diccionario histórico geográfico biográfico y bibliográfico de la provincia de Ciudad Real*, Tomo I, Facsímil, Ciudad Real, pp. 337.

12 MOLINA CHAMIZO, P. (2018), *El sueño americano: el legado español de Juan de Villaseca*, Ciudad Real, pp. 114-127.

13 AHPCR, protocolos notariales, Juan Arias Ortega, 64B, folios 57-58v y 251-257v.

14 APSMP, legajo 262.

15 FRAY DIEGO DE JESÚS MARÍA (1650), *Historia de la imagen de Nuestra Señora del Prado de Ciudad Real*, facsímil 1985, Ciudad Real.

16 La impresión de libros era un privilegio que concedía el rey. Felipe IV creó los oficios de informaciones en derecho y memoriales de pleitos. Teresa Junti pertenecía a una dinastía de origen florentino que se estableció en la península en el siglo XVI, primero en Salamanca y después en Madrid. Cuando Teresa enviudó, en 1624, se hizo cargo de la imprenta real de su marido. GÓMEZ GONZÁLEZ, I. (2020), «El privilegio de impresión de alegaciones jurídicas y memoriales ajustados en Castilla». En *Tiempos Modernos, n.º 41*, ISSN. 1699-7778. pp. 283-294.

17 APSMP. Sig. 529.

18 AHPCR, protocolos notariales, Miguel Gerónimo Ureña, 99, fol. 174-175v.

19 ADCR, libro mudo, sig. 210, fol. 683.

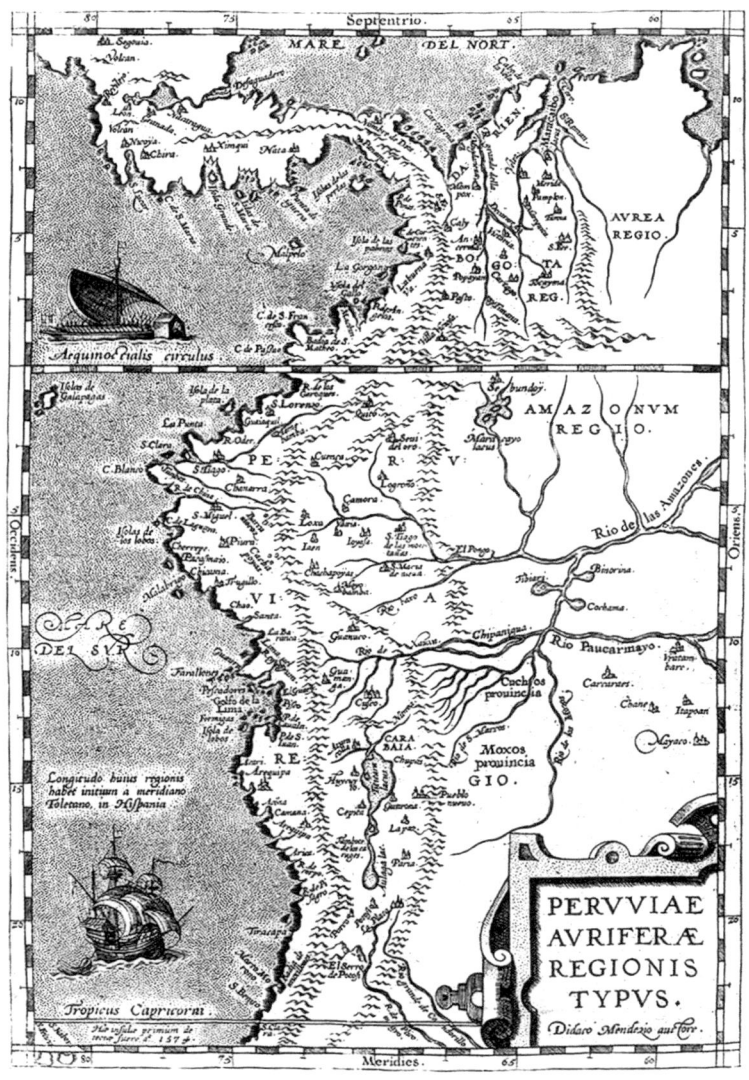

Mapa del virreinato de Perú (ca. 1584), realizado por Diengo Méndez.
Theatrum Orbis Terrarum, Amberes

3 | El décimo mandamiento:
No codiciarás la imagen
de la Virgen del Prado
(s. XVI)

Pilar Molina Chamizo

Esta es la historia de una ambición desmedida, la de un hombre llamado Juan Bautista Vélez nacido en Ciudad Real, en la segunda mitad del siglo XVI, en el seno de una humilde familia vinculada a la colación de la parroquia de Santiago[1]. Su padre, Alonso de la Reina, cuidaba las viñas de la ciudad; su madre, Leonor Vélez, limpiaba domicilios ajenos. Vivían, como tantos otros, arrastrando la sombra de un pasado incierto, amenazados por un apellido de recuerdos conversos en una sociedad en la que la valía del linaje se medía por la limpieza de la sangre[2].

Juan comenzó trabajando, como criado, en unas tiendas de la ciudad regentadas por Francisco de la Zarza, entrando en contacto con en el mundo de las mercadurías, las compras y las ventas. En la primavera de 1582 se convertiría en un inmigrante más, acompañando como sirviente al capitán Lucas Lobo, natural de Sevilla, pero instalado en la ciudad de los Reyes (Lima), que retornaba a América aquel año después de realizar algunos negocios en España[3]. Los Lobo habían prosperado en el virreinato de Perú desde que Alonso, padre de Lucas, comenzara también su propia aventura americana más de veinte años atrás. En 1560, su esposa María Hernández, junto a su cuñado Lázaro, había cruzado el océano para reunirse con su marido, llevando con ella a sus dos hijos menores de edad: Juan y Lucas[4]. Con el paso de los años, Lucas emprendería sus propios negocios por aquel territorio, participando también de los beneficios obtenidos de la explotación de minas de oro y plata, debiendo viajar frecuentemente desde América hasta España[5].

Pero en agosto de 1584 estando en Lima, Lucas Lobo enfermó. Intuyendo la cercanía de su muerte redactó un testamento entre cuyas cláusulas dejaba ordenado a sus albaceas fundar un patronato para dotar doncellas huérfanas en su Sevilla natal, dependiente de la Hermandad de la Anunciación[6]. Para poder financiarlo, dispuso el envío a España de 7.000 pesos, para que su hermano Juan, convertido en fraile dominico del convento de Regina Angelorum de Sevilla, los invirtiese sabiamente de forma que de sus rentas pudiesen obtenerse los beneficios anuales necesarios para nutrir aquella obra pía.

¿Cuál sería el verdadero papel desempeñado por Juan Bautista Vélez durante aquellos años de su aventura americana en la maquinaria de la familia Lobo? Es indudable que, por lo que veremos después, nuestro personaje prosperó considerablemente, obteniendo unos rendimientos económicos lo suficientemente abultados para decidir, una vez muerto Lucas, su retorno definitivo a España, eligiendo instalarse nuevamente en la ciudad que le había visto nacer, pero ahora desde una perspectiva muy diferente, la de un «perulero», es decir, la de un indiano que volvía rico del Perú.

A partir de su llegada, Vélez comenzaría a invertir sus ganancias sabiamente, comprando casas, tierras y molinos, obteniendo juros sobre las alcabalas reales de la villa de Almagro, realizando préstamos a muchos vecinos apurados en un momento en que la crisis económica comenzaba a sentirse incluso en las familias más nobles y reputadas de la ciudad[7].

Pero el dinero por sí solo no bastaba. Juan Bautista quería formar parte de la élite social de la ciudad, y para ello necesitaba silenciar su pasado, sus orígenes manchados con la sospecha de la conversión. Para lograrlo solo había que buscar una oportunidad, usando aquello de lo que disponía para conseguir lo que deseaba.

La ocasión surgiría en la primavera de 1594 cuando don Fernando Valdés y Mendoza decidió renunciar a su oficio de regidor perpetuo en el concejo de Ciudad Real en favor de Juan Bautista, recibiendo por ello seis mil reales, a cambio del título real conseguido el 13 de abril de aquel año[8]. Los acontecimientos que aquella venta desencadenaría pueden servir de ejemplo para entender las tensiones vividas en muchas otras ciudades entre los oficia-

«Ciudad Real: el mercado» (1904). Resaltado, el edificio de las viejas Casas Consistoriales. Centro de Estudios de Castilla-La Mancha (CECLM)

les pertenecientes a la vieja nobleza, orgullosa de su herencia de cristianos viejos, y las nuevas generaciones de ricos indianos miembros de los estados más bajos de la sociedad, favorecidos por la venalidad de cargos en la corte de los Austrias.

El 26 de abril de ese año de 1594, Juan Bautista se personó en el cabildo que el concejo realizaba aquel día en su ayuntamiento con la intención de presentar en el su título de regidor[9]. Como marcaba la ley, el documento real se leyó ante todos los oficiales presentes, ordenando el corregidor, don Pedro Castañón de Villafañe, que se escribiese un traslado en las actas capitulares. Tres días después, el 29 de abril, volvieron a reunirse para hablar sobre el tema. Fue entonces cuando don Francisco Gámez, el regidor más antiguo, con más de cuarenta años en el concejo, tomó la iniciativa dando un discurso que resume perfectamente el ambiente que estamos describiendo.

En primer lugar, don Francisco recordó a los presentes que fueron los mismos reyes los que siempre habían concedido mercedes de títulos y oficios a sus antepasados premiando así los servicios que estos les prestaban. Pero los monarcas también habían respetado el privilegio de no admitir en los cargos municipales de la ciudad a ningún converso ni a sus descendientes. Ahora se presentaba ante ellos la petición de un candidato indigno, pretendiendo nada menos que un regimiento:

> (...) de presente el dicho bautista velez, que pretende ser regidor, es de los proybidos por el derecho comun y leyes de estos Reynos, porque fulano de la Reyna, de quien pretende ser hijo el dicho juan bautista fue hombre tal bil y vaxo que en ninguna manera casi no fue conocido en esta çiudad, y tubo por oficio guardar las biñas en esta çiudad; y la belez, que dize que es su madre, sirbe actualmente y a serbido en las casas particulares de esta çiudad; y el dicho juan bautista a servido en las tiendas publicas desta dicha çiudad a françisco de la zarza y a otros, los quales aun en ellas no le querían tener ni dalle sueldo alguno por su condición (...)

Dados estos antecedentes, don Fernando Gámez suplicó a los demás miembros del concejo que se hiciese una información pormenorizada, con testigos, para determinar la limpieza de sangre del candidato y de su familia, consiguiendo finalmente con su ruego el beneplácito de sus compañeros y la conformidad del corregidor.

Pero Juan Bautista no se amedrentó, entrando en el proceso con sus propias armas, buscando demostrar que tenía las calidades suficientes para formar parte de aquella endogamia de privilegiados. El 13 de mayo volvió a presentarse ante el concejo aportando una segunda provisión, en la que el rey ordenaba nuevamente a los oficiales que obedeciesen sus mandatos. Después de un mes, y vistos los testimonios de ambas partes, el 4 de junio se emitió una tercera y última provisión real a favor de Juan Bautista, con la que este se presentó nuevamente ante el concejo el día 25 de junio.

Ante la insistencia del candidato y el triple respaldo del monarca que en aquel último documento amenazaba la rebeldía concejil con multas de considerable cuantía, el ánimo de algunos regidores comenzó a flaquear, dejando de lado sus recelos planteándose transigir. Sin embargo, una minoría, encabezada en esta ocasión por el regidor don Fernando Treviño, continuaba en sus trece. Como estrategia decidieron plantear una vía alternativa creyendo que si prosperaba podría solucionar el tema en favor de las costumbres tradicionales. Excusando evitar los daños y el más que probable escándalo que aquella situación podía originar entre los vecinos de la ciudad, ofrecieron pagar a Vélez una consistente cantidad: quinientos ducados con los que, por un lado, pensaban se resarciría al candidato de lo que había pagado para obtener aquel cargo y, por otro, se apaciguaría al rey por lo que podría recibir su cámara de los beneficios derivados de aquel trato. El puesto de regidor no quedaría vacante, sino que ellos buscarían un nuevo candidato más idóneo para ocuparlo.

Todo fue inútil. Juan Bautista no estaba dispuesto a perder lo que tanto ambicionaba, por lo que el corregidor, apoyándose en los regidores que habían planteado escrúpulos a desobedecer la provisión real decidió aceptar la candidatura y zanjar definitivamente aquel incómodo asunto[10].

No es difícil imaginar la tensión contenida en la ceremonia que siguió al juramento del nuevo regidor:

(...) y visto por el señor corregidor el dicho juramento fecho por el dicho juan bautista, le tomo por la mano y le puso en el lugar que a de thener, que es el mas moderno asiento del dicho cavildo, adonde, en señal de posesion, el susodicho se sentó con los demas cavalleros rregidores y pidió testimonio de todo para guarda de su derecho (...)

Y de esta forma Juan Bautista comenzó su andadura como regidor, participando, a partir de este momento, en las decisiones más importantes de la vida de la ciudad.

Paralelamente, continuaba desarrollando sus negocios, incrementando poco a poco su patrimonio personal, comprando incluso esclavos –considerados como bienes muebles de gran valor–. Así, en 1595 adquirió de un comerciante portugués, por cien ducados, una esclava negra de diecisiete años[11]. En las condicio-

Obras en las antiguas Casas Consistoriales, 1887.
Traída de *Plaza Mayor. Permanencia y transformación*, José Rivero Serrano,
Serendipia Editorial 2020

nes de la venta podemos ver la terrible situación que esta lacra conllevaba para los pobres desgraciados objeto de estas transacciones:

> (...) para que sea vuestra propria e de los dichos vuestros herederos e subçesores, y la podais thener, poseer, dar, donar, vender, trocar y cambiar y enaxenar y hacer della y en ella lo que quisieredes e por bien tubieredes a vuestra voluntad, como de cossa conprada por vuestros proprios dineros, como esta lo es (...)

Pero en agosto de 1612, Juan Bautista decidió vender el cargo de regidor que tantos esfuerzos le había costado conseguir en favor del licenciado Francisco de Jove y de su esposa Ana Mexía de Aguilera[12]. Realmente nos sorprende aquella arriesgada decisión, aunque, si analizamos con detenimiento la escritura, podemos intuir algunos detalles que quizás nos aporten un poco de luz al respecto. En primer lugar, los compradores se obligaban a pagarle una buena compensación, setecientos ducados, una cantidad claramente superior a los seis mil reales que él había invertido para obtenerlo. En segundo lugar, en el contrato se especifica que el dinero debía pagarse en cuatro pagas iguales, durante los siguientes cuatro años, hasta finalizar la última en el mes de agosto de 1616, debiendo los compradores llevar a su costa el dinero todos los años hasta la ciudad de Granada, donde se supone estaría residiendo Juan Bautista. ¿Qué haría Vélez residiendo en Andalucía durante cuatro años? De momento no podemos dar una explicación definitiva, aunque esta estancia se produjo realmente, como puede comprobarse en otros pagos enviados en aquellos años desde Ciudad Real hasta aquella ciudad andaluza e incluso en las declaraciones que el propio Juan hará posteriormente en su testamento[13].

Es posible que, además de los negocios en los que se ocupaba, aquel cambio temporal de residencia tuviese que ver con el deseo de huir de un oscuro suceso en el que nuestro protagonista se vería envuelto por entonces, cuyas consecuencias le perseguirían el resto de su vida e incluso después de su muerte, poniendo en jaque el bien más preciado que hasta entonces había conseguido: su honor.

En 1614 una doncella de Ciudad Real llamada Estefanía Poblete Molina, hija de Pedro Molina y de doña María de Poblete, lo denunció ante la audiencia de la Chancillería de Granada acusándole de haber incumplido una promesa de matrimonio[14]. Consumido por las vejaciones que, según sus propias palabras, le estaba causando la denuncia y agobiado por las presiones que alguno de los familiares de aquella mujer ejercía sobre él, estando todavía en Granada decidió otorgar una escritura por la que se obligaba a casarse con ella en el plazo de un año y, en caso contrario, a pagarle mil cuatrocientos ducados. Pero poco después se arrepintió de haber escriturado aquel pacto, ofreciéndole directamente, de contado, varias cantidades de dinero siempre que renunciara a sus pretensiones y se apartaba del pleito. Estefanía se negó a aceptar ni un solo maravedí, dejando entrever que solo aceptaría la solución del matrimonio para reparar su mancillada honra. Aquella negativa se mantendría firme hasta la muerte de Vélez, consiguiendo comprometer parte de la herencia del regidor al lograr, tras el fallecimiento de este, que la fábrica de Santa María, como su universal heredera, le pagase una pensión durante todos los días de su vida hasta el 7 de octubre de 1641, fecha de su propia muerte.

Todo cambiaría a partir de diciembre de 1616. A finales de aquel año, Juan Bautista, desde Granada, comenzó a realizar gestiones para poder comprar nuevamente un oficio en el concejo de Ciudad Real. En este caso el cargo vacante por muerte de Bernabé Núñez era doble: regidor y alférez. Después de negociar con los distintos herederos, y tras pagar nueve mil reales, nuestro protagonista recobró su hueco en el cabildo volviendo a primera línea en la vida política y social de la ciudad, continuando con sus negocios habituales[15].

Pero durante este primer tercio del siglo XVII los vecinos habían visto aumentar exponencialmente sus problemas económicos, sobre todo tras la expulsión del importante contingente morisco que vivía en la ciudad, cultivando sus campos y arrendando rentas y casas que ahora quedaban desiertas y baldías. Frente a esta situación de pesimismo generalizado, para defenderse de tantas calamidades, los fieles buscaban refugio en sus imágenes de devoción más queridas. Entre todas ellas, la pequeña escultura medie-

Nuestra Señora de la Blanca. *Catálogo monumental artístico-histórico de la provincia de Ciudad Real,* Bernardo Portuondo, 1917. Edición facsimilar, BAM, 2007

val de la Virgen del Prado venerada en la parroquia de Santa María había ido cobrando poco a poco mayor importancia frente a otras de gran peso tradicional como Nuestra Señora de la Blanca, cuya talla, custodiada en el Castillo de Calatrava la Vieja, se había traído ancestralmente hasta la ciudad en épocas de penurias y rogativas.

Algunos vecinos, movidos por el deseo de conseguir el favor mariano, comenzaron a realizar donaciones de distinto tipo para engrandecer la iglesia en la que se custodiaba aquella imagen independientemente de vivir o no bajo la colación parroquial de Santa María. Muchas de estas dádivas llegaban de ultramar,

Grabado de Gregorio Fosman con la imagen de la Virgen del Prado
(ADCR, Santa María, bautismos, años 1544 a 1552)

procedentes de indianos enriquecidos con el comercio y la explotación de las minas de plata del Potosí. Sirvan como ejemplo los diez mil quinientos ducados invertidos por Juan de Villaseca, secretario del virrey de México, en labrar el magnífico retablo mayor, los mil ducados destinados también por su testamento para fabricar una corona imperial para la imagen de la Virgen del Prado o los 500 pesos que Gaspar Mena donó para labrar un trono de plata[16].

Lógicamente Juan Bautista no iba a ser menos decidiendo, en los últimos años de su vida, apoyar aquel imparable fenómeno devocional. Por eso el 13 de marzo de 1633 participó como testigo en un acontecimiento que cambiaría para siempre el equilibrio de poderes entre las tres parroquias de la ciudad: la conversión de la antigua cofradía de Nuestra Señora de la Pedrera en la nueva Cofradía y Hermandad de Esclavos de la Virgen del Prado[17].

Seis meses más tarde, Juan Bautista Vélez enfermó. Su situación se agravó al final de aquel verano, decidiendo redactar un testamento que entregaría cerrado al escribano Pedro Dávila Mora, para abrir en caso de fallecer y así facilitar que sus albaceas pudiesen cumplir sus últimas voluntades y el destino de su hacienda[18]. La muerte le sobrevino uno de los días más importantes en la vida de la ciudad: el 29 de septiembre, fiesta de san Miguel, en la que, según la costumbre, se elegían los nuevos cargos municipales. Pero en aquella ocasión el corregidor Marco Antonio de Oviedo, debió ocuparse primero de iniciar los trámites de apertura del testamento buscando a los testigos que lo habían rubricado, pues debía darse sepultura al cuerpo del regidor fallecido y, para ello, era necesario desvelar el lugar y los detalles del enterramiento contenidos en la escritura.

La primera cláusula hablaba sobre el sitio que Juan había elegido para sepultarse: su cuerpo debía depositarse transitoriamente en la iglesia de Santa María del Prado, en el lugar elegido por sus albaceas, hasta que fuera fabricada en dicha parroquia una capilla particular con los bienes que para eso dejaba dotados, momento en el que debían trasladar hasta ella sus restos, debajo de las gradas del altar que en ella debía construirse.

Para asegurar que su voluntad se cumpliría Juan Bautista tomó dos decisiones: la primera elegir varios albaceas (los pres-

CIUDAD-REAL: RETABLO DEL ALTAR MAYOR DE LA CATEDRAL
I, Serie N.º 5. Perez Hermanos.—Ciudad-Real

Presbiterio de la iglesia de Santa María, antes de las reformas realizadas
con motivo del nombramiento como sede de Priorato. Tarjeta postal
editada por Hermanos Pérez en Ciudad Real.
Colección de Juan Crespo Cárdenas

91

bíteros Bartolomé de León y don Antonio Sarmiento, Antonio Fernández de Mena, Juan de la Cerda y su esposa Ana Vélez); la segunda dejar como única y universal heredera de toda su fortuna a la fábrica de la iglesia de Santa María del Prado, con las inexcusables condiciones de cumplir una serie de misas y memorias por su alma y la de sus familiares, así como de fabricar la mencionada capilla.

En el testamento se especificaba también que, una vez conseguida la correspondiente licencia, el lugar elegido para abrir la puerta de dicha capilla sería el arco que existía entre los altares de Nuestra Señora del Socorro y de Nuestra Señora de Loreto, sacando todo su cuerpo hacía el lugar donde estaba el cementerio, buscando obtener la mayor capacidad posible. Además, el mayordomo debía procurar adornarla suntuosamente, gastando todo lo necesario para abrir sus ventanas, que debían cerrarse con vidrieras, hacer retablo con su tabernáculo y comprar todo tipo de ornamentos, ropas, frontales, etc. Su voluntad era que nadie osara poner límite en los gastos, ni persona ni juez, buscando conseguir la mayor perfección y lucimiento pues, una vez terminada, Juan Bautista ordenaba que se trasladara hasta ella la imagen de la Virgen del Prado, cerrando la portada con buenas rejas «para su seguridad».

Para mantenerla limpia y bien reparada, Juan Bautista determinó que la fábrica de la iglesia, a la que dejaba todo su dinero, se encargara de realizar cualquier obra que fuese necesaria, poniendo especial cuidado en mantener despejados sus tejados. Por lo que respecta a la conservación de ropas y vasos litúrgicos, esta misión se dejaba en manos de los sacristanes de la parroquia, a los que se les pagaría por su trabajo cuatro ducados anuales, debiendo adornarla para las festividades. Su trabajo estaría vigilado por el mayordomo a quien se le daba la potestad de no pagarles el salario estipulado en caso de incumplir sus tareas.

Como era habitual, el regidor ordenó que en aquel espacio privado debía decirse perpetuamente todos los días del año una misa rezada, con su responso, por su alma y la de sus difuntos, tanto en invierno como en verano, siempre a las once de la mañana. Para celebrarla se turnarían todos los clérigos del coro de aquella parroquia, empezando por el cura al que seguiría el sacerdote más antiguo y así, en rueda, sucesivamente hasta el más moderno, y vuelta a empezar. Para anunciarla, el sacristán tendría obligación de tocar a su hora la campana para que pudiera congregarse gente a oírla.

Por último, para evitar que alguna autoridad quisiera intervenir sobre la hacienda y bienes que dejaba, prohibió expresamente que jamás ningún juez, ni prelado, ni pontífice, ni rey, ni cualquier otra persona, pudieran exigir pago alguno, impuesto ni contribución sobre ella. Tampoco la suya debía mezclarse con otras haciendas dejadas para la fábrica, debiendo llevarse un libro en el que se apuntasen claramente todas las cuentas, de forma que los vicarios pudiesen examinar los gastos e ingresos, recibiendo por este trabajo de inspección seis reales anuales. En caso de incumplirse estas últimas cláusulas Juan Bautista ordenaba al mayordomo que repartiera todos sus bienes entre los pobres y obras pías de la ciudad, a su elección, desheredando a la fábrica de la iglesia de Santa María.

Y así fue, tal como había dejado dispuesto, al acabar aquel mes de septiembre de 1633 se enterró su cuerpo en la iglesia de Santa María, eligiendo sus albaceas como sepultura temporal un hueco debajo del altar mayor, custodiándolo el cura y beneficiados de la parroquia, a son de la campana y con el acompañamiento de la música tocada por Francisco Fernández, maestro de capilla[19].

Pero una sucesión de acontecimientos fortuitos ocurridos en el segundo tercio del siglo XVII, todos relacionados con la imagen de la Virgen, su adorno y mantenimiento de su templo, provocarían que todo lo contenido en aquel testamento se convirtiese en papel mojado, no llegándose a construir jamás la deseada capilla.

En primer lugar, la fábrica de la iglesia recibió una dádiva inesperada, procedente de otra fortuna hecha en América, por un emigrante nacido en el barrio de Santiago que también tendría que maquillar sus orígenes conversos: don Gaspar de Mena Loyola, teniente de capitán en la ciudad de Mariquita y su provincia, y alférez real. Este rico indiano determinó enviar 500 pesos de plata para que se labrase un trono donde se asentase para mayor lucimiento la Virgen del Prado cuando procesionaba. El párroco de Santa María, cegado por el ofrecimiento, pensando que no tendría otra oportunidad como aquella, buscó maestros plateros para que le hiciesen una traza, eligiendo el dibujo hecho por el platero y contraste toledano Antonio de Velasco. Pero el maestro advirtió que el tamaño de la escultura era muy grande y que serían necesarios más de ochenta marcos de plata, cantidad para la que no alcanzaban los quinientos pesos donados. Para solucionarlo, con la ayuda del vicario representante del arzobispo de Toledo en la ciudad y su partido, en nombre de la fábrica ofreció ampliar la plata aportando unos pocos relicarios viejos de oro y plata propiedad de la parroquia, así como completar lo correspondiente a los gastos de manos del platero, hierros y maderas del trono con unas deudas que reclamarían al concejo de la ciudad. Con todas estas condiciones se firmó una escritura el 7 de mayo de 1644 y el platero comenzó su trabajo[20]. El problema vino cuando los depositarios del dinero de Mena se negaron a librar el dinero comprometido, peligrando la entrega de la pieza. Mientras se pleiteaba con ellos, la fábrica de Santa María buscó una solución de urgencia, encontrando el apoyo institucional necesario para «tomar prestadas» distintas cantidades de la herencia dejada por Juan Bautista Vélez[21]. Finalmente, el pleito se ganó, el trono se hizo y la Virgen del Prado lució una de sus joyas más famosas, perdida por desgracia durante la Guerra Civil.

En segundo lugar y paralelamente, el edificio de la iglesia de Santa María del Prado comenzó a manifestar grandes problemas de estabilidad en los tramos finales de sus muros y bóvedas, presentando unas inquietantes grietas en el lado oeste. A pesar de realizarse algunas intervenciones de urgencia, la situación se agravó progresivamente. Pronto las distintas autoridades eclesiásticas comprendieron que se necesitarían muchos fondos para poder atajar las tremendas quiebras en muros y bóvedas, y que eso supondría reclamar ayuda a los partícipes en las rentas decimales de aquella iglesia, es decir, tanto el rey como a los canónigos y racioneros de la catedral de Toledo, que no estaban por la labor. Y, como era de suponer, la herencia de Vélez parecía ser la solución más fácil.

Sin embargo, en los años cercanos a la muerte del regidor, los primeros mayordomos de fábrica se mostraron muy reacios a utilizar la herencia en otros fines que no fuesen los ordenados

Contrafuertes de refuerzo de la obra de la iglesia de Santa María (catedral de Ciudad Real), en su fachada oeste

en las cláusulas del testamento, sobre todo en lo referente a la capilla que todavía no se había iniciado.

Todo fue inútil, el tiempo y la necesidad terminarían con aquellos escrúpulos. En el año 1650 el consejo de la gobernación del arzobispado ordenó al mayordomo, Juan Romero, y al vicario del partido que hiciesen una exhaustiva información al respecto, indicando las necesidades de la obra y los fondos con los que contaba la iglesia, incluyendo el estado de la hacienda de Vélez[22]. Las conclusiones del informe fueron altamente esclarecedoras: las obras necesarias realizadas por el maestro Ignacio Vélez Calderón pasaban por reforzar todo el lado oeste construyendo enormes contrafuertes, con un coste superior a diez mil ducados, debiendo pagarse aquella inabarcable cantidad en el plazo de tres años. Por otro lado, se afirmaba que desde la muerte del regidor hasta ese momento se había construido un «camarín» (sin duda obra menor y anterior al que luego se construiría gracias a Felipe Muñiz Salcedo, que es el que hoy se conserva) muy capaz para alojar la imagen de la Virgen del Prado y completar su retablo mayor. Por supuesto en aquel subjetivo informe se insinuaba que el dinero de Juan Bautista no sería suficiente para labrar la capilla que había dejado ordenada (aunque, ironías del destino, sí les bastaba para acometer las obras). Por último, aseguraban que si apoyaban el deseo del difunto y se llevaba la imagen de la Virgen hasta una capilla privada, el pueblo entero se levantaría contra ellos.

Como era de esperar la herencia americana de Juan Bautista Vélez, a pesar de la cláusula de incompatibilidad de uso para otros fines estipulada en su testamento, se empleó esa y muchas veces después (como las de otros mecenas como Juan de Villaseca o Pedro Sanz Correa) para atajar las carencias constructivas y ornamentales que iban sucediéndose con el paso de los siglos. Curiosamente, poco antes de la desamortización eclesiástica, los mayordomos seguían llevando cuadernos de ingresos y gastos de la herencia Vélez en los que podemos observar cómo, doscientos años después, seguían rentando las viejas tierras, el molino, las casas y los censos dejados con tanto celo por aquel descendiente de judíos conversos, y como, gracias a ellos, se nutrían muchas necesidades de aquella ingrata parroquia que había negado a un hombre enterrado, ya para siempre, en un hueco debajo del altar mayor, su mayor anhelo: «poseer la imagen de la Virgen del Prado»[23].

Notas

1 Archivo Municipal de Ciudad Real (AMCR), cuentas de padrones, 1546, sign. 522; y Archivo General de Simancas (AGS), alcabalas, 1550, sign. AGS-EXH-0081-0024.

2 AMCR, Actas del concejo, 29 de abril de 1594, pp. 205 a 206, sign. 1594b.

3 MEJÍA GODERO, A. (2014), *La provincia de Ciudad Real en el Nuevo Mundo, ss. XVI-XVII*, Ciudad Real, Ed. C&G, p. 185.

4 Archivo General de Indias (AGI), Contratación, 5219, N.4, R.5, relación de pasajeros, 28 de noviembre de 1560.

5 AGI, Indiferente, 2083, n.111, año 1568; Archivo de la Biblioteca Nacional de Bolivia (ABNB), BO ABNB, EP.19.30 enero 1573, La Plata, fol. 173v-174v.

6 DURO GARRIDO, R. (2020), «La hermandad de la Anunciación en la Sevilla Moderna: el patronato de Lucas Lobo», en *Coleccionismo, mecenazgo y mercado artístico: Orbis terrarum*, Universidad de Sevilla, pp. 513 a 522.

7 APSMP, leg. 229, 230, 232, 243, 256, 267, 280, 403, 489, 584, 596.

8 Archivo Parroquial Santa María del Prado (APSMP), sign. 221.

9 AMCR, Actas del concejo, 26 abril de 1594, pág. 190, sign. 1594b.

10 AMCR, Actas del concejo, 25 junio de 1594, pp. 266 a 272, sign. 1594b.

11 APSMP, leg. 283.

12 APSMP, leg. 210.

13 APSMP, leg. 216.

14 APSMP, leg. 217 y 651.

15 APSNP, leg. 227, 228 y 618.

16 MOLINA CHAMIZO, P. (2018), *El sueño americano: el legado español de Juan de Villaseca*, Ciudad Real, ed. Corte de Honor de la Virgen del Prado.

17 APSMP, legajo 546.

18 Archivo Histórico Provincial de Ciudad Real (AHPCR), protocolos notariales, Ciudad Real, Pedro Dávila Mora, 12 de septiembre de 1633, fol. 252r a 264v., sign. 165 bis.

19 APSMP, leg. 234.

20 APSMP, leg. 603.

21 APSMP, leg. 235.

22 APSMP, leg. 665 y 262

23 APSMP, leg. 1036.

Postal de la fachada sur de la iglesia de San Pedro a principios del siglo XX.
Colección del autor

4

Los conventos de Ciudad Real
en los libros del
Archivo Histórico Nacional
(ss. XVI-XIX)

José Domingo Delgado Bedmar

La base documental de este artículo se encuentra en los fondos de la sección de Clero del Archivo Histórico Nacional. Aquí se integra todo lo recogido en los monasterios, iglesias catedralicias y parroquiales, colegiatas, cofradías, oratorios, etc. cuyos bienes pasaron a propiedad del Estado en el siglo XIX por estar incursos en las medidas desamortizadoras. Los documentos se recogieron en las Contadurías Provinciales de Bienes Nacionales, y allí estuvieron hasta 1850, año en el que la Real Academia de la Historia recabó y obtuvo el derecho a custodiarlos, siendo Bravo Murillo ministro de Hacienda. Por iniciativa de esta misma Academia, este depósito de los archivos monacales se elevó a la categoría de Archivo Histórico Nacional en 1866.

El fondo primitivo que dio origen al archivo se incrementó muy pronto con la documentación de la misma procedencia y carácter que había ido a parar al Archivo General Central de Alcalá de Henares y a otros establecimientos, como la propia Biblioteca Nacional. La falta de espacio, principalmente, impidió la incorporación de otros archivos que habían quedado dispersos por las oficinas provinciales. En 1896 se trasladó el Archivo a los locales destinados para él en el Palacio de Bibliotecas y Museos, y se inició una campaña sistemática para recoger todos estos fondos en la Sección, que queda definitivamente constituida cuando en 1898 se obliga a las Direcciones Provinciales de Hacienda que se hubieran quedado con documentación monástica a remitirla al Archivo Histórico Nacional. A todo esto se han unido después fondos sueltos procedentes de donativos y adquisiciones.

En esta sección de Clero pueden encontrarse datos referentes a 53 órdenes regulares, de monjas y frailes, con un total de 2.923 archivos eclesiásticos, de muy desigual valor y volumen, pero que son la casi totalidad de los archivos monásticos españoles. Puede decirse, por tanto, que es una sección básica para el estudio del patrimonio histórico-artístico eclesiástico a nivel nacional.

De los casi 20.000 libros que guarda, proceden de la actual comunidad castellanomanchega un total de 2.905; tan sólo 120 de la provincia de Ciudad Real y son bastante recientes, como recientes son las fundaciones de los conventos. Tres de ellos, curiosamente los tres de Ciudad Real capital, son del siglo XVI; 21, del siglo XVII; 68, del siglo XVIII, y 28, del siglo XIX.

Son libros muy útiles para quienes investiguen en historia del arte, pero son muchas las disciplinas y materias que pueden ser estudiadas a través de ellos: economía, geografía urbana, demografía, oscilaciones de precios, historia local, historia de la medicina, genealogía, fundaciones, cofradías, etnología, ermitas, biografías, historia de la Iglesia, etc. No son libros, por último, redactados en un solo momento, sino que se van escribiendo a lo largo del tiempo. Alguno de ellos, incluso, comenzó a escribirse en el siglo XVII y sólo dejaron de realizarse anotaciones en él cuando el convento se desamortizó, ya en el siglo XIX.

De Ciudad Real capital hay un total de 23 libros.

De la iglesia parroquial de San Pedro se conservan seis libros. El más antiguo es el que se denomina *Libro de la cofradía de San Antón y de Nuestra Señora de Ureña*[1]. Comenzó a escribirse el 7 de agosto de 1574, pero no es esta la fecha de constitución de la cofradía, pues continuamente se hacen referencias en él a otro u otros anteriores. Fue esta una cofradía bastante pobre, que apenas si llegó, en los mejores momentos, a la treintena de cofrades. En el libro figuran varias cuentas de gastos e ingresos, visitas y las actas de las reuniones que se hacían, que eran dos al año: una antes del día de San Antón y otra antes de la fiesta de agosto, como aquí se la denomina. Estas reuniones se realizaban en la casa de la cofradía, en la calle de la Mata, o bien en la sacristía de la iglesia de San Pedro, iglesia en la que se conservaba el santo titular.

Primera página del primer libro de acuerdos de la Cofradía del Santo Crucifijo de San Pedro. AHN, Sección Clero, leg. 2895, p.1. Traído de TURRILLO MORAGA, F. J. (2020), *Orígenes de la Semana Santa en Ciudad Real. La Antigua Cofradía del Santísimo Crucifijo de San Pedro*, Colección Ciudad Real Ensayo n.º 4, Serendipia Editorial

El libro de mayor interés es el de la cofradía del Santo Cristo[2].

(Es el) libro donde se sientan los acuerdos de la cofradía del Santo Cristo de San Pedro, que se venera en el Camarín del Altar Mayor de la Parroquial de dicho señor San Pedro de esta mui noble y leal ciudad de Ciudad Real: la que fue erigida en dicha parroquial y aprobada por los señores del Consejo de Governación de este Arzobispado en el día 16 del mes de Marzo del Año del Señor de 1599 años.

Así, pues, en 1599 hay que situar el origen de la cofradía, que actualmente sigue saliendo en la procesión del Silencio de la Semana Santa ciudadrealeña. Lo primero que aparece en el libro son sus ordenanzas, siendo interesantes la segunda, porque fija el día de la Invención de la Cruz como fiesta titular de dicha cofradía; la tercera, porque ordena que doce cofrades con hachas encendidas recen rogativas ante el crucifijo todos los viernes de Cuaresma; y la cuarta, en la que se estipula que el Viernes Santo se saque el Santo Crucifijo con la Virgen y San Juan, siendo precedido de doce cofrades con hachas encendidas y con túnica morada. También se dice que los demás cofrades, hasta el total de treinta y uno que había, fuesen con cruces a cuestas y sogas a la garganta y ceñidas al cuerpo. La procesión debía comenzar a las cinco de la mañana y se hacía recorriendo todas las iglesias y conventos de la ciudad, empezando por el de San Francisco, el más cercano a la iglesia.

Los otros cuatro libros de la parroquia de San Pedro[3] pertenecen a la propia administración de la misma, y en ellos se hace referencia a las más de dos mil personas que se enterraron en la iglesia o sus alrededores en los siglos XVII y XVIII, así como al número de misas que dejaron dispuesto se dijeran en sus memorias. Un ejemplo interesante es el de doña Josefa Barahona y Rozas, marquesa de Villater, que fue enterrada en el altar mayor de la iglesia el 30 de noviembre de 1706 y dejó estipulado en su testamento que se dijeran en su memoria 3.000 misas. Un caso mucho más curioso es el que con su magnífica letra relata el cura párroco don Juan Agustín Muñoz:

... en nuebe días de el mes de mayo de mil setezientos y veinte y dos años se enterró en esta yglesia el cuerpo de María de la

Púlpito de San Pedro, a cuyos pies fue enterrada
la beata María de la Cruz Doncel. Postal, colección del autor

Cruz Doncel, Beata del horden terzera. No hizo testamento, porque teniendo su habitazión en el hospital la hecharon de menos
un día y me abisaron a mí como administrador de dicho hospital,
y buscando quien quebrantase la puerta del aposento que es el
que está en el descanso de la escalera a la mano derecha como se
sube al corredor de dicho hospital se encontró a dicha Beata con
un accidente de apoplegía muy rezio. Diósele el santo olio y permaneció con el dicho azidente hasta el otro día cerca de amanecer
que espiró. Quando se halló fue tendida en el suelo quasi vestida
y a la novedad acudieron muchas mugeres beatas, haciendo gran
sentimiento y contando milagros y profecías muchas de esta difunta, por lo qual yo me enfadé y las corregí y las reprendí dicién-
dolas que era una buena muger tonta y no más, que es lo que yo
pude entender y conocer en el tiempo que la traté, y de esta suerte
atagé de aquellas mugeres la simpleza. Y como administrador de
aquella casa me tocó despender los trastillos que se le allaron, y
no puedo decir la ansia de muchas mugeres por lograr reliquias
como ellas decían y por esto quitaron muchas cosillas como estampas y cuentas. Se allaron instrumentos de penitente, cilicios y

103

«Parroquia de San Pedro». Litografía de J. Donon –grabador–;
F. J. Parcerisa –dibujante– y Urrabieta –figuras–. *Recuerdos y Bellezas de
España. Castilla la Nueva*. Segunda mitad del siglo XIX.
Biblioteca Regional de Madrid

disciplinas, y esto se lo llevó el marqués de Villater, dos cruces de
madera grandes como las que lleban los nazarenos, una calavera
y una vola grande como la mayor que yo he visto de jugar a los
volos. Lo que hubo vendible, que fue poco, se reduxo a misas y
funeral de que tengo quenta. Se enterró en la sepultura que dize
la partida de su entierro debajo del púlpito, y poner esto a tan

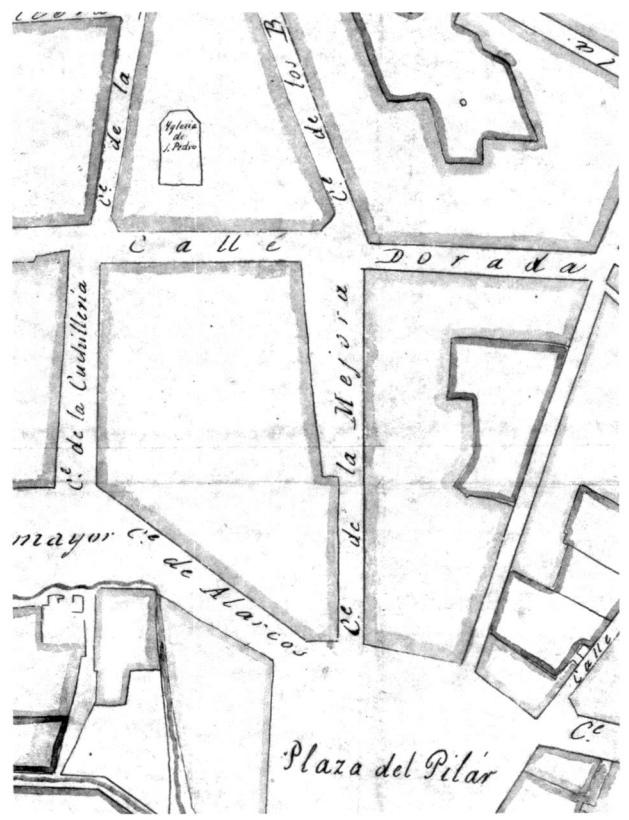

Calle de La Mejora en el plano de Pedro Sánchez de Moya, original
de 1819. Ministerio de Defensa. Instituto de Historia y Cultura Militar.
Archivo Cartográfico y de Estudios Geográficos
del Centro Geográfico del Ejército

largo es por no despreziar en él toda la buena fama que dejó en
vida esta difunta.

Esta «presunta» santa, como hemos visto, residía en el hospital de la Concepción, que estaba radicado en la calle de La Mejora, hoy Ramón y Cajal, lindando con las casas del regidor Antonio Galiana Bermúdez, fundador de los carmelitas descalzos en
Ciudad Real como veremos más adelante. Del resto de los libros
pueden extraerse multitud de datos interesantes: el elevadísimo

índice de mortalidad infantil, las nulas disponibilidades económicas de la mayoría de la población para poder pagar un entierro o los lugares donde se decían las misas: el altar mayor o las capillas del Santo Cristo, San Juan y la de «los Beras». Pero, sin duda alguna, el dato de mayor relevancia es el que hace alusión a algunas de las cofradías que había en Ciudad Real en 1637: San Antón, San Sebastián, San Ildefonso, San Blas, de la Purificación, Santa Quiteria, Ánimas del Purgatorio, Santísimo Sacramento, Santo Cristo y Concepción. También se hace alusión a la existencia de la ermita de Santa Quiteria y de la capilla de la Concepción, que estaba situada en el hospital de igual nombre.

De una de esas cofradías, concretamente de la de San Sebastián, se ha conservado un libro[4]. En el catálogo del Archivo Histórico Nacional figura que es el libro de la cofradía de San Sebastián de la Pedrara, que estaba radicada en una para nosotros desconocida «iglesia de Santa Ana». Está muy mal conservado y es el más antiguo de todos, pues contiene datos del siglo XVI: de 1511 a 1588. Las cofradías de San Sebastián abundaron mucho por toda la geografía provincial en la Baja Edad Media, pues sabido es que es el santo protector contra las epidemias de peste, que tanto proliferaron por la zona en los siglos XIV y XV. La cofradía de Ciudad Real desapareció a finales del siglo XVII o principios del XVIII, no citándosela ya en el Censo del conde de Aranda de 1770. La celebración de San Sebastián se realizaba en su propia ermita, saliendo hacía la actual puerta de Santa María. En cuanto a ese apellido, «de la Pedrara», parece tener su origen en que la casa de la cofradía estaba, según se cita en el libro, en la calle de «la pedrera».

Pasemos ya a los conventos. Del que más noticias hay es del de San Francisco, que seguramente es el más antiguo de todos. De este convento se conservan ocho libros[5], que abarcan desde mediados del siglo XVII hasta la Desamortización. Sin duda alguna el más interesante es el más antiguo: el llamado «libro de inventarios de entrega»[6], que comienza en 1642, concretamente el 31 de mayo, fecha en la que el convento queda «sin deuda ni empeño y pagados todos los oficiales y criados del convento, como son médico, boticario, barbero, mozo de mulas, pastor, lavandera y erra-

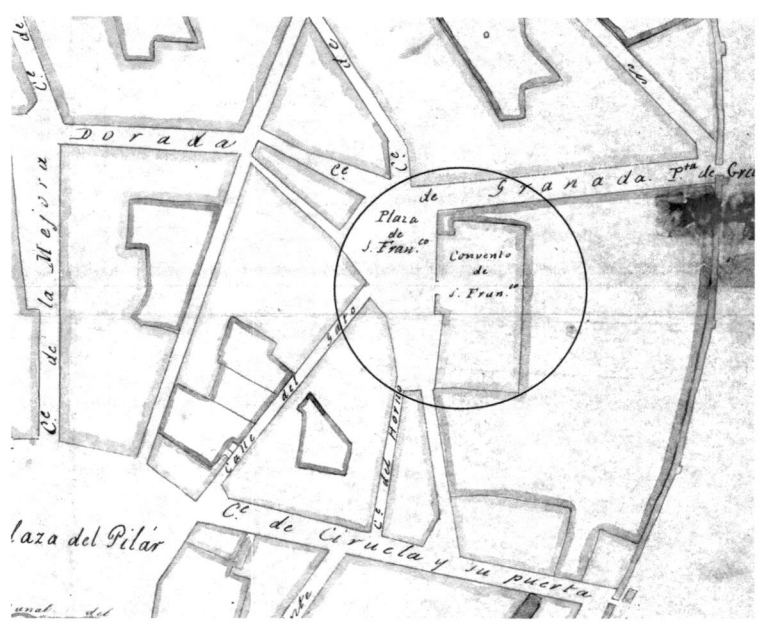

Localización del convento de San Francisco, 1819. Ministerio de Defensa

dor». A continuación, y a lo largo de sus 700 densas páginas de tamaño cuartilla, comienza una larga relación de todo lo que ha sucedido, se ha comprado, añadido o reparado en las diferentes dependencias del convento: sacristía, enfermería, librería, portería, ropería, refectorio, hospicio, bodega, granero y oficina del padre vicario. Son relaciones de carácter anual, a las que hay que añadir las que dan cuenta del número de carneros que poseía el convento y de las obras realizadas durante el año. Estas obras solían consistir en reparaciones del tejado, de las tapias o de la cerca del huerto, pero, en ocasiones, tienen una mayor importancia. Así, las realizadas en 1652 supusieron un gasto total de 16.964 reales y fueron numerosas las mejoras logradas: se trastejó todo el convento, se blanqueó la portería por dentro y por fuera, se levantó una nueva tapia con sus antepechos, se allanó la plazuela del convento, se abrió una ventana entre el coro y la capilla de la Soledad, se macizó el arco de la pared maestra de la capilla de los Pedrazas, se derribaron tapias viejas que había entre la capilla de la Soledad y la esquina de la calle Granada y se hicieron de nuevo, se macizó el arco de la capilla del licenciado Burgos, se hizo un altar en el cuerpo de la iglesia, se pintaron las rejas de la capilla mayor y la de la Soledad, se hizo un altar a Santa Catalina en la capilla mayor y otro a San Antonio en la capilla de Nuestra Señora de las Aguas, se pintó el púlpito y las barandillas del altar mayor, se esteró la capilla del Santo Cristo del Consuelo, se hizo una ventana en la capilla de los Bultos, se arreglaron los bancos, se blanqueó la celda del padre guardián y el coro, se arregló el órgano, se arregló y subió el campanario y se fundió una nueva campana. Además, se da cuenta de que «en tiempos de el Rey D. Phelipe el Segundo se hundió la Capilla Mayor de este Convento» y, tras la reconstrucción, se pusieron en ella las armas reales y las de la Orden franciscana. También, por último, se nos dice que se han pintado dos crucificados en otras tantas paredes y que se han comprado y colocado en la iglesia nueve cuadros: *La Virgen de la Concepción y San Juan Capistrano*; *San Francisco sacando las almas del purgatorio*; *San Francisco en el sepulcro*; *San Antonio*; *La Virgen María*; *Santa Clara*; *San Buenaventura*; *San Bernardino* y *San Ildefonso*.

Así, pues, los datos que sobre el arte de este convento se contienen en este libro son importantísimos, pero no lo son menos los datos económicos: a través de sus páginas tenemos noticias sobre precios, salarios, administración, etc. Por poner un ejemplo, en 1673 la arroba de aceite costaba veinticuatro reales, la fanega de trigo veinte, la de lentejas sesenta y la de sal veintiocho. También pueden obtenerse datos sobre el número de frailes del convento, sus nombres y lugares de procedencia, sus cargos y los lugares donde predicaban o pedían limosna. Y no menos curioso, por último, es un folio doblado e intercalado entre las páginas del libro que copia las ocho ocasiones en las que el convento se vio obligado a reparar la muralla de la ciudad que lindaba con sus muros, ante la desidia del concejo, que es fuertemente criticado.

Del convento de la rama femenina de la orden, es decir, de franciscanas, se conservan tres libros en Madrid: el de las posesiones del monasterio, que comienza en 1711[7]; el de los censos, que abarca el siglo XVIII[8]; y el de depósito, que comprende datos de 1832 a 1836[9]. Este último es un libro donde constan los gastos

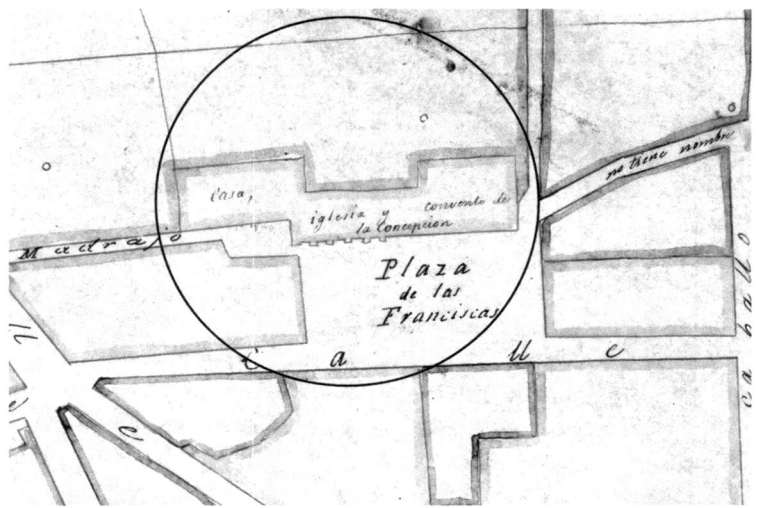

Localización del convento e iglesia de la Concepción –franciscanas–
(Terreras), 1819. Ministerio de Defensa

del convento en ese período, pero a través de él podemos saber otros datos como que las diez religiosas que ocupaban el convento hubieron de abandonarlo el 1 de febrero de 1837, por estar incurso en la Desamortización. Estas religiosas estaban obligadas a dar cinco misas cantadas al mes por el alma del fundador: don Luis del Mármol. Otro dato, muy curioso, es el que nos revela la dieta de las monjas: los principales gastos en alimentos se producían en trigo, aceite, garbanzos, cerdos y uno que es común a todos los conventos y cuya compra importaba elevadas sumas: el de chocolate y bizcochos.

A mi modo de ver el libro más importante de cuantos se conservan de Ciudad Real es el de la fundación y obra del convento de mercedarios descalzos[10]. Sus setenta y un bien conservados folios comienzan así:

De las casas que se an comprado para sitio del convento asta principio de marzo de 1621 años y de todo lo que se gastó en derriballas y juntar materiales y sacar piedra y traella al dicho sitio y arena y lo que se pagó al oficial Juan Díaz que es el que face la obra y de cal y todo lo demás que se gastó desde que se tomó posesión desta casa por la probincia de andalucía conforme al licenciado diego martínez de aguilera, administrador del patronazgo, a dado y gastado por su orden nuebe mil y quinientos y quarenta reales.

La piedra a la que se hace alusión se trajo de Carrión de Calatrava y se la llama «de calatrava» (de la «cantera de Calatrava»), porque se cogía de las ruinas del antiguo castillo de Calatrava la Vieja. Costaba ocho reales una carreta de la misma. El resto de materiales fueron traídos desde Torralba, Carrión y Pozuelo y eran, ante todo, cal, arena y ladrillos.

Las obras se realizaron a buen ritmo durante todo 1621 y a fines de ese año se contrató con el cantero Juan de Espinosa la hechura de una imagen en piedra blanca para poner en el nicho de la portada, por precio de treinta ducados. Luego, en enero de 1622, se compró en Sevilla un buen cuadro de San Ramón, que costó cien reales.

El sábado 26 de febrero de 1622 se puso la primera piedra de la iglesia. En este acto «se echo en oro y plata diez y seis reales y medio en el gueco de la piedra, con la ceremonia acostumbrada». Su autor fue el mismo del convento: Juan Díaz, aunque en septiembre de ese año se contrató a otro, Gabriel Ramírez, que era especialista en obras de ladrillo. Como el propio libro apunta,

se dio principio a la obra de el claustro de este convento en último de febrero de 1639 años. Diéronse a Esteban Díaz Romero, maestro de la obra, mil reales a quenta de seis mil en que se concertó a toda costa el claustro desde los cimientos inclusive asta lebantarle bara y media de alto, todo de piedra.

También se ajustó con Juan Ruiz que acabase la sacristía por 565 reales. Los pagos se van haciendo más espaciados y el 25 de agosto de 1656 se concierta con Juan Gómez y Félix López, maestros de obra, que hagan la cocina alta y el corredor. En 1658 se concertaron las cuatro pinturas del claustro con el pintor local Pedro Rijel en novecientos reales de vellón. Las últimas obras que constan son las derivadas de empedrar la plazuela que había ante el convento y el propio claustro, que se acabaron de pagar en abril de 1662.

Claustro del convento de la Merced. Fotografía: Pilar Molina Chamizo

Libro también muy importante es el que da cuenta de la fundación y primeros gastos del convento de San Ángelo, de carmelitas descalzos[11]. Este convento pudo construirse gracias a que Antonio de Galiana Bermúdez, caballero del hábito de Montesa, vecino y regidor de Ciudad Real, dejó en su testamento la astronómica cantidad de 25.500 ducados para que se fundase. Se edificó extramuros de la ciudad, sobre un terreno perteneciente a doña Magdalena Triviño, y otro comprado más tarde a Juan Manchado. Siempre se le llama a lo largo del libro «de Nuestra Señora del Carmen», a pesar de que su advocación oficial es la de San Ángelo.

Además del dinero que Antonio de Galiana dejó para edificar el convento y dotarlo de todo lo necesario, quiso que durante los tres primeros años de su vida, es decir, de 1611 a 1613, se dieran 50.000 maravedís anuales para ayuda al sustento de los frailes. Por si todo ello fuera poco, en el libro aparecen con frecuencia cuentas de compras de trigo y cebada con destino al convento de monjas descalzas de la misma orden carmelita que también fundó Antonio de Galiana, así como cien arrobas de vino anuales y treinta de aceite. Este otro convento aún hoy subsiste y es el de El Carmen, ubicado en la plazuela del mismo nombre. Por último, el fundador dejó para el convento un molino propio: el molino del Pedregoso.

El último de los conventos de Ciudad Real de los que hay documentación en el Archivo Histórico Nacional es un convento-hospital: el del Espíritu Santo, perteneciente a la Orden de San Juan de Dios, del que se conservan dos libros. El primero de ellos es el de enfermería de los años 1814 a 1835[12] y comienza simplemente anotando nombres de ingresados: «Pedro Pérez, natural de Pozuelo de la Mancha, yjo de Juan y de María Gómez, soltero, edad 32 años, entró en éste en 9 de mayo de 1814». Al lado izquierdo figura una cifra que muy seguramente indica el número de la cama donde se le coloca: el más alto en 1814 es el 12 y en 1835 el 19. Al lado derecho, en su caso, figura la fecha del fallecimiento del enfermo. Todos los ingresados son hombres, y, aparte de los datos mencionados, no figuran otros importantes, como pueden ser la causa del ingreso o de la muerte. Curiosamente, una de las escasas excepciones la da el último anotado:

José Bastante, hijo de Esteban y Juliana Céspedes, casado con Bárbara de Mora, natural de Alcolea de Calatrava. Entró herido el día de la Virgen del Prado por los soldados del Regimiento 2.º de Ligeros. Falleció en 17 de agosto de 1835.

En algunas ocasiones figura anotada la palabra «salió» a la izquierda del nombre, aunque es raro. No figura dónde eran enterrados los fallecidos, pues tan sólo en una ocasión aparece el propio convento como lugar donde se sepulta, y ello en un caso inusual:

Agustín Campos, natural del lugar de Elche de la Sierra, fue sepultado en este convento-hospital de orden de la Justicia por haberlo encontrado en el Campo muerto y según aparenta tendrá 30 años, y fue conducido a éste en 22 de julio de 1817.

Aproximadamente un 15 % de los ingresados fallecía. También de las mismas fechas, de 1814 a 1835, hay otro libro de este

Normal de maestras en diciembre de 1919; en la calle Dorada esquina con calle de La Mejora. El edificio, a la derecha, era parte del convento-iglesia-hospital del Espíritu Santo (San Juan de Dios). En la esquina opuesta se vislumbra la casa de la Torrecilla, de la que se tratará en el artículo referido al cronista capitalino Julián Alonso.
Vida Manchega, 05.12.1919

convento-hospital, en este caso de gastos[13], que comienza con esta curiosa frase:

> Gasto Ordinario que ocurre en este Combento Hospital de Nuestro Padre San Juan de Dios de Ciudad Real desde hoy 25 de abril de 1814 en que yo Fray Vicente de la Chica me he restituido a esta Santa Casa a continuar exerciendo mi Prelacía, en la que sólo he hallado las paredes por haber destrozado los Enemigos (se refiere, claro está, a los franceses) todas las puertas, ventanas y demás peltrechos.

Hay un período en el que no figuran anotaciones: de diciembre de 1820 a septiembre de 1823, durante el Trienio Liberal. En el libro se dice:

> Gasto Ordinario y Extraordinario que ocurre en este Combento Hospital desde 1.0 de septiembre de 1823 en que tomé posesión

de esta Santa Casa para continuar en mi Prelacía, por habérseme despojado de ella por el pretendido (sic) Govierno Constitucional.

Nada se anota, sin embargo, cuando las medidas desamortizadoras acaban definitivamente con el convento. El edificio subsistió durante bastante tiempo y, al crearse el Obispado-Priorato de las Órdenes Militares, en noviembre de 1875, se pensó en ubicar en él el Seminario, pero pudo comprobarse que costaría más arreglarlo que hacer uno nuevo. El edificio también acogió las escuelas normales de maestros y maestras y otras instituciones municipales, siendo demolido todo el conjunto en los años 30 del siglo XX.

De los ocho conventos y dos hospitales que a principios del pasado siglo tenía Ciudad Real nos ha llegado muy poco. La piqueta y la «reconversión» dieron buena cuenta de la mayoría de ellos, y hoy tan solo quedan en pie dos conventos femeninos: el de franciscanas y el de carmelitas, aunque bastante modificados. También queda la iglesia y la estructura del convento de mercedarios, hoy convertido en museo. Sin embargo, de las obras de arte que en todos ellos se atesoraban, muy poco nos ha quedado.

Para finalizar, solo espero que de este somero conocimiento de cómo eran, qué guardaban en su interior, cuándo se construyeron y cuál era la importancia de algunos de ellos, se siga una mejor comprensión y valoración de cuanto nos ha quedado.

Notas

1 Archivo Histórico Nacional (AHN). Clero. libro 2.896.

2 AHN. Clero, libro 2.895.

3 AHN. Clero, libros 2.891, 2.892, 2.893 y 2.894.

4 AHN. Clero, libro 2.897.

5 AHN. Clero, libros 2.824, 2.825, 2.826, 2.827, 2.828, 2.829, 2.830 y 2.831.

6 AHN. Clero, libro 2.825.

7 AHN. Clero, libro 2.832.

8 AHN. Clero, libro 2.834.

9 AHN. Clero, libro 2.833.

10 AHN. Clero, libro 2.837. Otro libro (el 2.838) recoge las visitas que sufrió el convento de 1748 a 1833.

11 AHN. Clero, libro 2.823.

12 AHN. Clero, libro 2.835.

13 AHN. Clero, libro 2.836.

Para profundizar

BARRANQUERO, J. J. (2003), *Conventos de la provincia de Ciudad Real*, Ciudad Real, BAM.

MOLINA CHAMIZO, P. (2024), *Piedra, papel y Mecenas. Historia del convento mercedario de Ntra. Sra. de la Concepción. Ciudad Real, ss XVI-XX*, Ciudad Real, Fundación Impulsa Castilla-La Mancha.

Impactante imagen de la supercélula que se fijó sobre Ciudad Real el 11 de agosto de 2020 captada por Carlos García del Castillo y publicada por *miciudadreal.es*. 12.08.2020

5 | Tempestades, inundaciones, sequías
y plagas en Ciudad Real
(ss. XVI-XX)

Miguel Ángel Hervás Herrera

Entre finales del siglo XVI y mediados del siglo XIX se produjeron en toda Europa importantes cambios climáticos que dieron lugar a la generalización de fenómenos meteorológicos extremos a escala continental (Hervás, 2011: 22-27). El territorio municipal de Ciudad Real no fue ajeno a esta situación. Las fuentes escritas disponibles registran en esta demarcación episodios catastróficos inusualmente frecuentes entre los siglos XVI y XIX: desde nevadas excepcionales y temperaturas anormalmente bajas en invierno, hasta calores intensos y prolongadas sequías en verano, que en este último caso solían venir acompañadas de plagas de langosta que esquilmaban las ya de por sí exiguas cosechas.

La aparición de estos fenómenos se tradujo con frecuencia en severas crisis de subsistencia, a las que trataron de hacer frente los poderes y las instituciones locales mediante la adopción de medidas de muy diversa índole: desde la celebración de rogativas a la virgen del Prado, o la traída en procesión de la imagen de Nuestra Señora de la Blanca desde Calatrava la Vieja a la iglesia de Santiago, hasta el reparto de pan entre los más necesitados, o la contratación de personal para combatir en el campo las plagas de langosta asociadas a los episodios extremos de sequía.

En las páginas que siguen describiremos el contexto climático que dio lugar a la acumulación de fenómenos meteorológicos extremos, no solo en Ciudad Real, sino también en el resto de la península ibérica y en la mayor parte de Europa, y expondremos algunos de los episodios más destacables al respecto, según los relatan las fuentes consultadas.

Los diversos trabajos de climatología histórica disponibles han demostrado que, durante casi toda la Edad Moderna y a comienzos de la Edad Contemporánea, Europa conoció un enfriamiento generalizado del clima que los especialistas han dado en llamar *pequeña era glacial* o *pequeña edad de hielo* (Lamb, 1977; Le Roy, 1983; Grove, 1988; Font, 1988; Pfister, 1989; Fagan, 2008). Las causas de dicho enfriamiento aún no son del todo conocidas, en parte debido a que todavía no se comprende bien el sistema climático de nuestro planeta, ni la interacción entre la atmósfera y los océanos, que incide sobre el clima (Fagan, 2008: 100).

Según algunos autores, la Pequeña Edad de Hielo se debió a la coincidencia de una importante disminución de la actividad solar con un notable aumento de la actividad volcánica. En efecto, a partir del estudio de la evolución de las manchas solares, los científicos han documentado una fase de actividad solar anormalmente baja entre 1645 y 1715, conocida como mínimo de Maunder y reflejada en una prolongada ausencia de manchas solares que dio lugar, a su vez, al desplazamiento de la circulación ciclónica propia de áreas templadas hacia el sur (Cruz y Segura, 2001: 89). Antes, durante y después de dicha fase, además, se produjeron importantes erupciones volcánicas que arrojaron grandes cantidades de ceniza a las capas altas de la atmósfera, lo que dificultó durante años la llegada de la radiación solar a la superficie terrestre, y dio lugar a una disminución de la temperatura a escala global. Es el caso de la erupción del volcán Huaynaputina, en Perú, acontecida entre febrero y marzo de 1600, que provocó que el invierno de 1601 fuese el más frío en cuatro siglos desde Islandia a China y desde América del Norte a Suecia o Rusia (Fagan, 2008: 161-163). O la del volcán Tambora, en Indonesia, en 1815, cuyas emisiones de azufre borraron el verano de 1816 en la mayor parte del globo (Fagan, 2008: 245-262).

Otros investigadores vinculan la Pequeña Edad de Hielo a la última gran disminución de la corriente del Golfo, detectada a partir de diversos rastros geológicos. Según Wallace S. Broecker (1995: 62-68), los cambios cíclicos en la excentricidad de la órbita terrestre y en la orientación e inclinación del eje de la Tierra han

Nueva corónica y buen gobierno, Guaman Poma de Ayala, 1615 / 1616. Dibujo 373, La ciudad de Arequipa, cubierta de ceniza después de la erupción del volcán Huaynaputina. «Rebentó el bolcán y cubrió de zeníza y arena la ciudad y su juridición, comarca; treynta días no se bido el sol ni luna, estrellas. Con la ayuda de Dios y de la uirgen Santa María sesó, aplacó». Centro de investigación digital de la Biblioteca Real de Copenhague (Dinamarca).

provocado constantes variaciones en las dinámicas del clima, que a su vez causaron alteraciones repentinas en el sistema oceánico-atmosférico, y cambiaron profundamente la circulación oceánica y, por tanto, los modos en los que el calor viaja por el mundo. En la actualidad, la corriente del Golfo, o *circulación termohalina*, es la responsable de que Europa Occidental tenga un clima más benigno del que le corresponde por su latitud, por lo que un descenso apreciable de dicha corriente oceánica pudo haber provocado en el pasado, por sí mismo, un enfriamiento generalizado del continente (Broecker, 1995: 62-68; Fagan, 2008: 101-103).

En cualquier caso, está demostrado que a mediados del siglo XVI se produjo, a escala planetaria, uno de los cambios climáticos más notables dentro de los 2.500 años de vida del periodo subatlántico. Según el profesor Inocencio Font Tullot (1988: 71), «... durante ciento cincuenta o más años se registraron en diversas partes del mundo fríos tan intensos como para figurar entre los más severos que han ocurrido desde el final de la última edad glacial».

Numerosos indicadores corroboran la existencia de un clima más frío y lluvioso que el actual entre finales del siglo XVI y mediados del siglo XIX. Así, el crecimiento de los glaciares alpinos alcanzó su máximo histórico entre 1690 y las primeras décadas del siglo XVIII, y se cuenta con registros de progresión de los hielos y congelación del mar en Islandia entre 1601 y 1780 (Cruz y Segura, 2001: 89).

En la península ibérica existen evidencias de un régimen climático indudablemente más frío que el actual aproximadamente entre los años 1550 y 1895. El río Ebro se heló hasta en ocho ocasiones entre 1505 y 1891, permaneciendo helado más de quince días consecutivos tanto en 1788 como en 1789 (Quereda, 2001; Font, 1988). Los glaciares de Sierra Nevada, Picos de Europa y Pirineos se formaron en esta época.

En Ciudad Real se produjeron, durante ese mismo periodo, numerosos episodios de nevadas, inundaciones y tormentas, alternados con fases de sequía, que se sucedieron a veces con inusual frecuencia y proximidad en el tiempo. Las actas de Pleno y otros documentos conservados en el Archivo Histórico Municipal (AHMCR) contienen abundantes referencias a estos eventos, y describen tanto su gravedad y consecuencias para la vida econó-

Portada, en arco de medio punto, de la iglesia de San Pedro Apóstol de Alforque (Zaragoza, ribera baja del Ebro); en la dovelas, al exterior, presenta inscripciones talladas conmemorativas de tres heladas del río Ebro, las de los años 1658, 1694 y 1891

mica y social del municipio, como las soluciones adoptadas para hacerles frente.

Siglo XVI

En el s. XVI se documentan episodios de frío extremo en España desde 1512 a 1528, y entre 1540 y 1549, que se acentuaron a partir de 1560 (Font, 1988: 74-76). En el mes de enero de 1536, el río Tajo se heló a su paso por Toledo,

> ...con tanto rigor, que demás de los otros días señaladamente de cabo a rabo, le pasaron a nueve de enero más de cinquenta personas a la par, y corrieron y jugaron en él a los birlos y al herrón, e hicieron lumbre y asaron carne con ella en mitad del río... (relato del maestro Venegas, recogido por Font, 1988: 76)

A lo largo del siglo XVI se registraron en la península ibérica fríos intensos en más de cuarenta y cinco inviernos, especialmente agudos y generalizados a partir de 1560. En este periodo se documentan en la Meseta severas heladas y notables nevadas, como la acontecida en Toledo a comienzos de 1568. También fueron frecuentes las inundaciones, documentadas para la cuenca del Guadiana en los años 1504, 1508, 1544, 1545, 1554 y 1574. En agosto de este último año se produjo una colosal tormenta en la cuenca alta del río (Font, 1988: 77-79).

En Ciudad Real, las fuertes lluvias del año 1504 provocaron la ruina de numerosas casas, el encharcamiento de amplios sectores de la ciudad, y su despoblación parcial (Delgado, 1907: 276; Coronado, 2022: 19). La inundación se repitió como consecuencia de las grandes lluvias de 1508, lo que motivó la construcción, en ese mismo año, de una zanja de drenaje denominada Cava, que partía de la plaza del Pilar, salía extramuros de la ciudad por la puerta de Alarcos, y conducía las aguas pluviales a lo largo de la muralla hasta un sumidero excavado en mina que evacuaba, a su vez, en el río Guadiana (Feró, 1861: 77 y 126; Coronado, 2022: 19):

Tampoco faltaron los episodios de sequía. En Ciudad Real, la escasez de lluvia de los años 1545 y 1546 mermó severamente la cosecha de cereal, lo que obligó al Ayuntamiento a vender pan de las tercias concejiles por valor de 600 ducados, para con esa cantidad socorrer a los vecinos más necesitados (AHMCR, doc. n.º 107, de 31 de octubre de 1546).

En la reunión de la Cofradía de Nuestra Señora de la Blanca celebrada en la ermita homónima, en el alcázar de Calatrava la Vieja, el 24 de junio de 1596, el prioste y escribano Antonio Mexía de Mora dejó por escrito testimonio de la violenta tormenta caída sobre Ciudad Real el 20 de mayo de 1594. Según dicho autor, la imagen de Nuestra Señora de la Blanca había sido llevada en procesión desde Calatrava la Vieja a la parroquia de Santiago de Ciudad Real por falta de lluvias, y aquel mismo día se desató sobre la capital provincial una gran tempestad de agua, truenos y relámpagos. Un rayo impactó en el campanario de la iglesia, rompió la bóveda e hirió a dos sacristanes, llamados Nicolás Mejía y Juan, que habían subido a tocar las campanas para que cesase la tormenta. Los dos hombres fueron rescatados por el cura y su teniente, y llevados ante el altar donde estaba la imagen, frente a la cual retornaron a la vida (AHMCR, doc. n.º 150, de 24 de junio de 1596, citado por Rodríguez, 2021: 178).

Pese a la adversidad del clima, la población de Ciudad Real no dejó de crecer hasta la última década del siglo XVI: pasó de

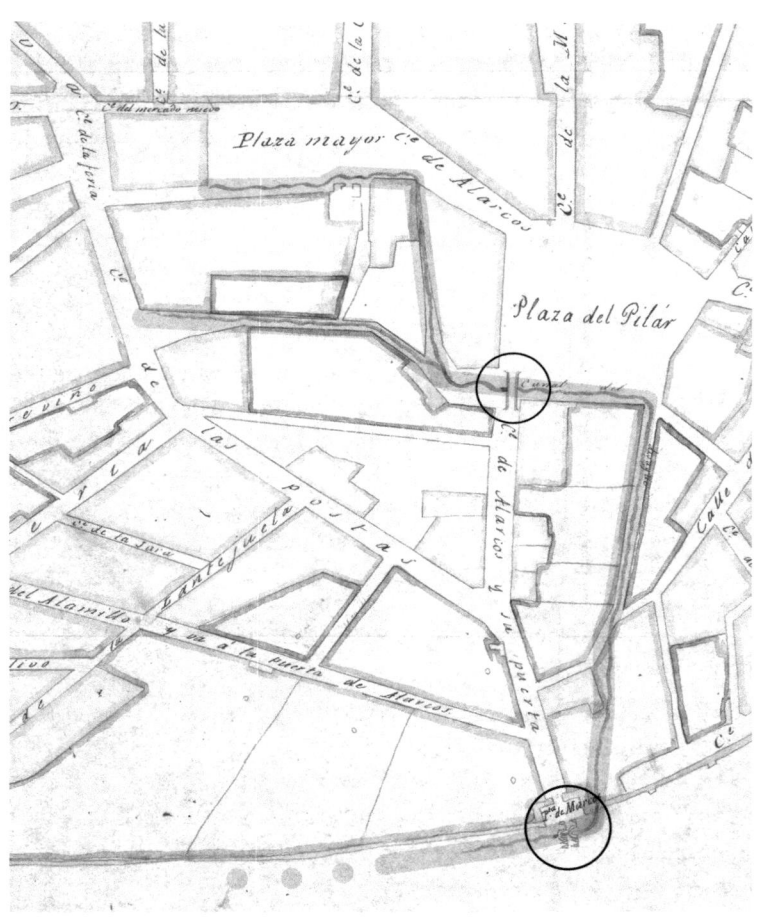

Detalle del plano de Ciudad Real de 1819 de Pedro Sánchez Moya, vecino y escribano de ciudad Real (copia del original de 1848), en el que se aprecia el trazado de la Cava –canal de desagüe– desde la Plaza Mayor hasta la puerta de Alarcos; no recoge su continuación hasta los Carmelitas, y de ahí al sumidero. Hemos remarcado los puentes existentes en la plaza de Pilar y en la puerta de Alarcos. España. Ministerio de Defensa. Instituto de Historia y Cultura Militar. Archivo Cartográfico y de Estudios Geográficos del Centro Geográfico del Ejército. Signatura: Ar.E-T.8-C.4-233

alrededor de 6.600 habitantes en 1530 a pocos menos de 9.000 en 1591. Este incremento se debió tanto al auge del sector industrial en la ciudad, que hacia mediados de la centuria ocupaba al 40% de la población activa, como a la llegada de contingentes de moriscos expulsados de las Alpujarras tras la rebelión de 1568-1571, quienes promovieron el desarrollo del regadío y mejoraron los rendimientos de la agricultura de huerta (Pillet, 1990: 8-9).

Siglo XVII

Durante el siglo XVII se agravaron los fenómenos climáticos extremos en toda la península ibérica, con un mayor contraste entre las sequías del verano y las riadas del invierno. Con respecto a los fríos, heladas y nevadas, las condiciones fueron en general similares a las de la segunda mitad del siglo XVI. En una carta personal dirigida a Juan de Sandoval el 18 de diciembre de 1644, el escritor Francisco de Quevedo y Villegas, que por entonces residía en su villa de Torre de Juan Abad (Ciudad Real), se hacía eco de la dureza de aquel invierno:

> ... Yo, Señor, por la rabia del hibierno, que es terrible, con hielos y nieve, sin apartarme de la chimenea, me quemo y no me caliento; y como mi salud es muy poca y los achaques molestos y porfiados, verdaderamente parece que sólo vivo para verme muerto... (recogido por Jauralde, 1998: 840)

Los fríos arreciaron en las décadas primera, tercera, quinta y novena del siglo XVII, pero la décima y última (1690-1699) fue la más fría del siglo, y también la más fría desde entonces hasta el momento actual (Font, 1988: 83). No obstante, la característica más sobresaliente del clima peninsular en el siglo XVII fue que, a tan insólitos fríos invernales, se contrapusieron veranos anormalmente calurosos, evidenciando el exagerado extremismo climático de la centuria. En opinión de Font Tullot (1988: 80), el clima del siglo XVII fue, en España, el más catastrófico de los tiempos modernos.

Un buen ejemplo de ello, para el ámbito que nos ocupa, es la gran tormenta de viento y granizo que se desencadenó en la

La Virgen de Alarcos, a cuyo socorro se recurría ocasionalmente. Traída de *Nuestra Señora de Alarcos. Estudio histórico e iconográfico de la Sagrada Imagen*, Jorge Sánchez Lillo, IEM 1984 (Ejecutoria de la Chancillería de Granada, junio de 1562, AHN)

aldea de Las Casas el 29 de junio de 1669, festividad de San Pedro. Como consecuencia de ella se perdieron por completo las cosechas de trigo y cebada, que en los años inmediatamente anteriores ya habían sido escasas debido a la sequía. Estas circunstancias dejaron a los vecinos tan pobres que no pudieron hacer frente al pago de sus deudas, por lo que solicitaron al rey -Carlos II- el aplazamiento de las mismas por un año. Para verificar los daños causados, el corregidor de Ciudad Real visitó el lugar, habitado entonces por unos 30 vecinos, y recogió los testimonios de los labradores, quienes afirmaron que la tormenta

... havía sido tan grande que havía destruido y arrasado todas las mieses de forma que no se esperaba cosecha ninguna de granos este año [...] havía sido de tanto rigor que la piedra desgajaba las ramas de las carrascas sin dejar sembrado alguno que no asolase y aniquilase... (AHMCR, doc. n.º 265)

Para el caso de Ciudad Real, sin embargo, son especialmente numerosas las noticias sobre episodios de sequía, que con frecuencia desembocaban en plagas de langosta, y casi siempre provocaban severa escasez de cereales panificables. Frente a estas situaciones, el Ayuntamiento recurría a encargar rogativas para que lloviese a la Virgen de Nuestra Señora de la Blanca, que residía en la iglesia fundacional de la Orden de Calatrava, en el entonces despoblado de Calatrava la Vieja, y era trasladada con estos fines a la iglesia de Santiago de la capital provincial, donde se le hacían novenarios. La documentación del Archivo Histórico Municipal recoge episodios de esta naturaleza en los años 1609[1], 1648[2], 1672[3], 1675[4], 1690[5], 1691[6], 1693[7] y 1694[8]. El acta de la sesión de Pleno del 13 de abril de 1690 lo expresa en los siguientes términos:

Don Juan de Aguilera [...] dijo que la necesidad del agua es tan grande, y las experiencias que tienen esta ciudad de faborecerla con el socorro del agua por la yntercesión de la imagen santísima de Nuestra Señora de la Blanca, que es forzoso recurrir a tan soberano remedio, y así suplica a este corregidor y pide [...] se determine el que para el domingo siguiente [...] se traiga a la dicha

ciudad, como se acostumbra, a la santísima imagen (AHMCR, Actas de Pleno, sesión del 13 de abril de 1690, folio 4r).

A pesar de las rogativas y los novenarios, las sequías persistieron durante meses, y terminaron derivando en plagas de langosta que no hacían sino agravar la situación de penuria económica. Estas plagas están documentadas en los años 1609, 1648, 1672, 1691 y 1693. Con el fin de combatirlas, los regidores municipales solían recurrir al repartimiento de peones entre los lugares o aldeas más afectados, para que acudiesen a matar los insectos invasores. Así, durante la plaga de la primavera de 1672, a la aldea de Ciruela le correspondió aportar 22 peones el día 4 de mayo, en tanto que la aldea de La Puebla tuvo que destinar a este menester entre 14 y 24 peones durante los días 2 a 10 de mayo (AHMCR, doc. n.º 743, de 2 de mayo de 1672).

La plaga de langosta de la primavera de 1694 fue especialmente persistente. Tras fracasar la traída de Nuestra Señora de la Blanca en el mes de febrero, se encargaron novenarios al Ecce Homo de los Carmelitas Descalzos y a la Virgen del Prado en el mes de abril (AHMCR, Actas de Pleno, sesión del 23 de abril, folios 15r-16r). A pesar de ello, la situación alcanzó su punto crítico en mayo. En la sesión de Pleno municipal del 11 de ese mes, se dictaron repartimientos entre los vecinos de la ciudad para exterminar la plaga, y se dio autorización para llevar hasta los campos las piaras de cerdos, con el objetivo de que los animales comiesen todo lo que pudiesen, en la esperanza de que el daño causado por estos últimos fuese menor que el que se preveía que podría causar la langosta en caso de persistir su presencia (AHMCR, Actas de Pleno, sesión del 11 de mayo, folio 18v).

Las adversidades meteorológicas y las plagas contribuyeron significativamente a la crisis económica y demográfica que padeció la ciudad a lo largo del siglo XVII, conjuntamente con la expulsión de los moriscos decretada por Felipe III, que desde 1609 a 1613 provocó la salida de la ciudad de entre dos y tres mil vecinos, y con ella, un severo quebranto de la economía local, manifestado en la drástica reducción de los sectores industrial y de servicios, y en una profunda ruralización que condujo al estancamiento (López-Salazar, 1986). Según el Censo de Aranda de 1768, la ciudad contaba en esa fecha con 8.087 habitantes, cifra ligeramente inferior todavía a la contabilizada en la última década del siglo XVI (Marina, 1987: 16-17).

Siglo XVIII

El siglo XVIII se inició en España con una aparente mejoría general de las condiciones climáticas. No obstante, el invierno de 1708-1709 fue similar a los más severos de la centuria anterior: en enero de 1709 se dieron fríos «... como jamás se conocieron en Sevilla...», y el río Ebro se heló en Tortosa (Font, 1988: 99). La documentación conservada en el Archivo Municipal de Daimiel revela la existencia de fuertes heladas en los meses de enero y febrero de 1716, y durante el invierno de 1725 (Díaz Pintado, 1988: 82-83).

Según refiere Font Tullot (1988: 99), en la década de 1760 «... se manifiesta más claramente la transición hacia una nueva fase fría marcada, entre otros sucesos, por las grandes heladas de diciembre de 1763 en el interior de la Península...». En la *Descripción y reconocimiento del Castillo y fortaleza de Manzanares*, fechada el 19 de abril de 1766, se hace referencia, entre otras dependencias, a una cámara grande orientada al norte, de la que se dice que «... tiene su tejado quebrantado a causa de las continuas y grandes nieves de este año...» (Archivo de Palacio, Encomienda de Infantes, legajo 92; recogido por Corchado, 1983: 312, 328, nota 41). Algunos documentos del Archivo Municipal de Almagro refieren importantes nevadas y heladas en el invierno de 1770-1771 (Díaz Pintado, 1988: 82-83).

De igual modo, para la década de 1780 se documentan en toda la península ibérica abundantes nevadas y heladas invernales, siendo 1788 «... un año realmente extraordinario por los intensos fríos invernales y por lo revuelto...» (Font, 1988: 100). La documentación histórica registra importantes heladas en Almagro (Ciudad Real) en los meses de enero y abril de 1780, y durante el invierno de 1785 (Díaz Pintado, 1988: 82-83).

Ciudad Real también padeció tempestades de lluvia y nieve a lo largo de todo el siglo XVIII. El 3 de febrero de 1708 se hizo una rogativa a la Virgen del Prado, patrona de la ciudad, para que cesasen los *malos temporales*, petición que se repitió el 1 de mayo de 1713 y el 30 de mayo de 1732, tal como recogen las Actas de Pleno del Ayuntamiento de la localidad (López-Salazar y Carretero, 1993: 188). También se hicieron rogativas a esa misma imagen por exceso de lluvia y granizo el 20 de junio de 1762, y para que finalizasen las incesantes lluvias el 3 de febrero de 1763, el 17 de abril de 1771 y el 5 de diciembre de 1766.

El 23 de noviembre de 1774, don José Mendoza Jordán, corregidor y justicia mayor de Ciudad Real, ordenó que se moliesen doscientas fanegas de trigo del Pósito municipal, «... ante el mal tiempo de nieve que hace...», para evitar perjuicios al abasto del Común por dicha causa (AHMCR, doc. n.º 1.208, de 23.10.1774).

Poco más de dos años después, el 8 de enero de 1777, los fieles de Ciudad Real interpusieron rogativas a su patrona, la Virgen del Prado, solicitando el cese de las nevadas, que debieron de ser muy persistentes, pues la acción de gracias por la concesión de lo solicitado no se produjo hasta diecisiete días más tarde (López-Salazar y Carretero, 1993: 189):

En este Ayuntamiento [de Ciudad Real] se hizo presente por el Sr. Corregidor los clamores de los vecinos para que se ponga en

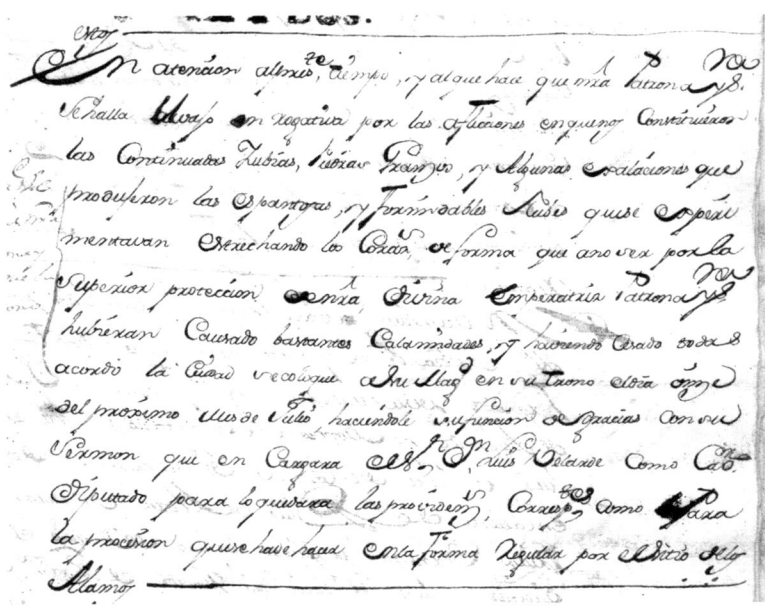

Rogativas a la Virgen del Prado por exceso de lluvia y granizo. Acta de Pleno del Ayuntamiento, sesión de 20 de junio de 1762.
Archivo Municipal de Ciudad Real

rogativa a Nuestra Señora del Prado, patrona de esta ciudad, para implorar el divino auxilio, que alcance de Dios la serenidad del tiempo, cesando la continuada nieve que hace tres días se está experimentando, con tanto exceso, que ya están las calles y caminos intransitables, y por ello constituido este vecindario en la mayor angustia y aflicción... (AHMCR, Actas de Pleno, 1777/0003, 08 de enero de 1777, folios 4-5)

Siguiendo la tónica general del clima del Setecientos en el resto de la península ibérica, el territorio municipal de Ciudad Real padeció también numerosos episodios de sequía, que daban lugar a la pérdida de las cosechas de cereal, al encarecimiento del pan, y a graves dificultades para el mantenimiento de la cabaña ganadera. Quedaron registrados en las Actas de Pleno del Ayuntamiento de las sesiones de 10 de mayo de 1703, 11 de febrero de 1715, 14 de mayo de 1717, 31 de octubre de 1718, 13 de mayo de 1722, 5 de marzo de 1723, 11 de noviembre de 1726, 4 de febrero de 1731, 19 de noviembre de 1736, 14 de enero y 25 de febrero de 1737, 11 de abril de 1738, 3 de marzo de 1739, 14 de abril de 1760, 25 de abril de 1765, 25 de noviembre de 1771, 7 y 26 de mayo de 1772, 11 de mayo de 1775, 30 de marzo y 27 de abril de 1779, 24 de abril y 17 de mayo de 1780, 16 de mayo de 1789, 19 de mayo de 1791, 6 de marzo de 1793, 1 de junio de 1797, 4 de marzo de 1798 y 2 de junio de 1799 (AHMCR, Actas de pleno). Como puede apreciarse, la amenaza de la sequía fue una constante a lo largo del siglo en el municipio, que sólo se libró de ella durante cuatro décadas completas: entre 1703 y 1715, entre 1739 y 1760, y entre 1780 y 1789. Por otra parte, en la sesión de Pleno municipal de 5 de febrero de 1750 se debatió acerca de la necesidad de habilitar lugares para construir balsas de hielo para abastecimiento de los pozos de nieve de la ciudad, por la falta de nevadas durante aquel invierno:

> ... Entendida la ciudad de no aver agua en parte alguna para recoger hielo para el tiempo de agosto, y que solo ai el recurso de echar agua en una valsa que se haze y otras vezes se ha dispuesto en la Plaza Pública zerca de los Arcos, y ser ya el tiempo mui adelante, permitió lizencia a Lorenzo Díaz de Porras, dueño del Pozo de la nieve, para que hagan la dicha valsa antes que se pase el tiempo de los yelos, dejando limpia después la plaza... (AHMCR, Actas de Pleno, año 1750, sesión de 5 de enero, folio 574).

Al igual que ante las inundaciones, frente a la sequía se recurría a la celebración de rogativas y novenarios, dirigidas en su mayor parte a la Virgen del Prado, que era bajada de su camarín en la catedral para que intercediese por los vecinos ante la falta de lluvias. Solo ocasionalmente se recurrirá al auxilio de la imagen de Nuestra Señora de la Blanca, o incluso al de la Virgen de Alarcos. La primera de estas dos fue traída en procesión hasta la iglesia de Santiago el 13 de mayo de 1722 en solicitud de auxilio por la persistente sequía y por una plaga de langosta, y por la falta de agua el 4 de febrero de 1731. El 5 de marzo de 1723 la que fue traída hasta la ciudad fue la imagen de Santa María de Alarcos, también en busca de remedio ante la sequía y la consiguiente plaga de langosta.

En efecto, los periodos de sequía solían venir acompañados por plagas de langosta. Así sucedió entre abril y mayo de 1722, y en la primavera de 1773. En 1789, las autoridades municipales de Ciudad Real declararon tener «... noticias ciertas de que en los sitios de El Batanejo, Las Navas, Santa María de Guadiana, Fuentillezgo y otros sitios del término de esta villa se hallan infestados de langosta...», situación ante la cual solicitaron peritos que fuesen a reconocer dichos lugares y dictasen las providencias necesarias para evitar los perjuicios que se pudieran seguir para el común (AHMCR, doc. n.º 1.234). En 1793, la plaga de langosta causó gravísimos daños a los vecinos de Ciudad Real, al igual que en años anteriores, en que no se habían repartido los peones necesarios para combatirla. Por ello, el pleno del Ayuntamiento decidió que,

> ... por haber nacido dicha langosta, se les reparta los peones que conbiniere a cada uno según el repartimiento fecho del perjuicio que se siguiere y se ha seguido de no aver cumplido con lo que ha sido de su obligación. (AHMCR, doc. n.º 926)

Con inusitada frecuencia, los episodios de persistente sequía alternaban con otros de tempestades devastadoras e inundaciones, separados entre sí a veces por tan solo unos pocos meses, lo que evidencia el carácter marcadamente catastrófico del clima del siglo XVIII en el territorio municipal de Ciudad Real. Así sucedió en la segunda mitad del siglo:

En abril de 1760, la ciudad se hallaba «... en la maior aflicción por la falta de agua con la que experimentan vastante ruina las siembras y los campos...» (AHMCR, Actas de Pleno, sesión de 14.04.1760, folio 8r). En cambio, en junio de 1762, la desesperación de los vecinos estuvo causada por «... las continuadas lluvias, piedras grandes y algunas exhalaciones que produjeron las espantosas y formidables nubes que se experimentavan, estrechando los corazones...» (AHMCR, Actas de Pleno, sesión de 20.06.1762, folio 5r). Las tormentas e inundaciones debieron de proseguir durante meses, pues en febrero de 1763 el Pleno municipal constató «... la continuación yncesante de llubias, arruinando éstas muchos edificios, de forma que, de no cesar, están todos expuestos además a una inundación por la corta vertiente...» (AHMCR, Actas de Pleno, sesión de 03.02.1763, folio 1v).

La sequía retornó al año siguiente, pues en la sesión de Pleno del 25 abril de 1764,

> ... se hizo presente cómo la Ciudad y su común se hallan en la mayor aflicción por las consecuencias tan melancólicas que experimentaron a causa de la falta tan grande de llubias, de forma que con la escasez de cosechas de los años anteriores, estava tomando el trigo y demás semillas prezios tan excesivos que se hazen insoportables... (AHMCR, Actas de Pleno, sesión de 25 de abril de 1764, folio 15r-v)

Exactamente un año después, el 25 de abril de 1765, el Pleno municipal expuso de nuevo la angustia de los vecinos por la pertinaz sequía:

> Viendo esta ciudad constituido a su común en la maior aflicción por la falta de agua, que de continuar aquella absolutamente queda aniquilado por la carestía de granos y fatalidad de cosechas de los años anteriores, sin intermisión, y estando a la vista una Cobrada, se va desvaneciendo en él todo, de cuias consequencias tan melancólicas no se obscurece a ninguna reflexión el que esta Ciudad en la maior parte se despueble... (AHMCR, Actas de Pleno, sesión de 25 de abril de 1765, folio 5v; reproducimos el documento en la página siguiente)

Pero en diciembre de 1766, las excesivas lluvias volvieron a causar estragos en el municipio:

> El Señor Intendente hizo presente a la Ciudad cómo, con el motivo de la continuación tan excessiva y sin intermisión de aguas que se experimenta, por la ninguna salida que estas tienen, es indispensable el que sus vezinos puedan traxinar y transitar, y lo que es más, que la maior parte de sus edificios se arruinen, no obstante de las repetidas probidencias que diariamente se dan para sostenerlas... (AHMCR, Actas de Pleno, sesión de 25 de abril de 1766, folios 69-70)

Curiosamente, las Actas de Pleno registran también, para el siglo XVIII, celebraciones de acción de gracias por abundancia

Angustia de los ciudadrealeños por la pertinaz sequía, Acta de Pleno del Ayuntamiento, sesión de 25 de abril de 1765.
Archivo Municipal de Ciudad Real

de aguas y buenos temporales, aunque tan sólo en dos ocasiones: el 24 de marzo y el 19 de abril de 1735, es decir, apenas un año y medio antes del comienzo de un nuevo ciclo de sequía que se prolongará hasta 1739.

La crisis demográfica heredada de la centuria anterior se mantuvo durante toda la primera mitad del Setecientos, como demuestra el muy elevado número de casas arruinadas que registró en Ciudad Real el Catastro de Ensenada en 1751 (Pillet, 1984; López-Salazar, 1986). Durante la segunda mitad del siglo, la ciudad experimentó un cierto crecimiento poblacional, que se vio favorecido por la traída del agua y por el saneamiento de los terreros de la zona oriental, en los que se acumulaban aguas pestilentes, si bien estuvo sujeto a los altibajos propios de la etapa demográfica preindustrial, (Pillet, 1990: 14-15). La población de Ciudad Real en el siglo XVIII era aún muy vulnerable: la meteorología adversa y la consiguiente pérdida de cosechas desencadenaban con frecuencia plagas, epidemias, inflación desbocada y severas crisis de subsistencia. Una de las más graves fue la de 1735-1740, provocada por una prolongada sequía que se había iniciado en 1732, y por la carestía del pan (Marina, 1987: 21). También fueron graves las crisis agrícolas de 1764, 1785-1787 y 1804, todas ellas debidas a las malas cosechas y a la vertiginosa subida del precio de los cereales (Espadas, 1964).

Las actividades agrícolas eran la base de la economía de la ciudad, pero las adversidades climáticas las perjudicaban severamente. Las malas cosechas desataban el pánico y provocaban el almacenamiento especulativo y la ocultación de reservas de grano por parte de los grandes propietarios, o las subidas artificiales de los productos de primera necesidad, entre otros efectos (Marina, 1987:212).

Siglo XIX

En el conjunto de la península ibérica, el siglo XIX resultó ser climáticamente más voluble que el anterior, pese a lo cual la sucesión de fases frías y cálidas estuvo bien marcada. La recuperación térmica iniciada hacia 1790 se mantuvo hasta finales de la década de 1820, y estuvo caracterizada por la frecuencia de los inviernos suaves y los veranos calurosos.

El año 1829 marcó el cambio brusco hacia una nueva fase caracterizada por la sucesión continua de severos fríos invernales e intensos calores estivales, llegándose a registrar en los inviernos de Madrid temperaturas mínimas de -12º C (Font, 1988: 108). Entre 1840 y 1880 se dio de nuevo una fase cálida, sin inviernos crudos aunque con olas de frío importantes de corta duración. En este periodo, los temporales de nieve fueron relativamente frecuentes: hubo notables nevadas en septiembre de 1849 y en enero de 1850, muy copiosas en la Meseta. Además, se dieron heladas importantes en uno de cada dos inviernos, aunque no se registraron temperaturas mínimas excepcionales (Font, 1988: 110).

La fase fría subsiguiente abarcó la década de 1880 y la primera mitad de la de 1890, con frecuentes oleadas de frío continental, entre las que cabe destacar la acontecida durante el invierno de 1890-1891: los grandes fríos se mantuvieron desde comienzos de noviembre de 1890 hasta mediados de enero de 1891, dando lugar a la congelación del río Ebro en Tortosa, fenómeno que no ha vuelto a producirse (Font, 1988: 110).

Las *Actas de Pleno* del Ayuntamiento de Ciudad Real registran la existencia de abundantes precipitaciones de nieve en el mes de marzo de 1803:

En este Ayuntamiento [de Ciudad Real] se trató de la necesidad que hay de socorrer a los jornaleros por la imposibilidad en que se hallan de trabajar por la mucha niebe, y se acordó dar comisión [...] para que dispongan darse por dos ó tres días comida en el modo... (AHMCR, Actas de Pleno, 1803/0051, 15.03.1803, folios 9-10).

Por esas mismas fechas se produjeron, además, importantes lluvias, que según el cronista José de Hosta (1865:69), provocaron la inundación de la plaza del Pilar con grave riesgo para sus vecinos. Sin embargo, tan solo cuatro meses después, en la sesión de Pleno del 20 de mayo de ese mismo año de 1803, se aprobó la celebración de rogativas a la Virgen del Prado ante la falta de agua. Lo mismo sucedió en 1805: el 2 de febrero se encargaron rogativas para que cesasen las lluvias, y el 9 de mayo para que volviesen las lluvias ante la pertinaz sequía y la aridez causada por los fuertes vientos:

... con motivo de la escasez de agua que se experimenta en este término y mucho mal que la aridez ocasionada de los fuertes y perjudiciales vientos que han ocurrido en el mes anterior de mayo, se ve atraso en los campos y una necesidad tan manifiesta de que se humedezcan los sembrados, que tiene ya a este común en un temor y sobresalto bien patente en semblantes e insinuaciones, de que no pueden desentenderse los suplicantes en consecuencia de la obligación de sus oficios, y el deseo de que no continúen por más tiempo las esterilidades que tanto han afligido a este y demás pueblos... (AHMCR, doc. n.º 1.275, 9 de mayo de 1805)

A comienzos de 1808 regresaron a Ciudad Real las fuertes lluvias y las inundaciones, pese a las obras de drenaje de la ciudad realizadas a finales del siglo XVIII:

En los años que Don Carlos 4.º reinó, lo único ocurrido en Ciudad Real fue el conflicto de una segunda inundación, atribuida a las muchas lluvias que sobrevinieron a principios de 1808 y al entorpecimiento de las minas o alcantarillas, destinadas para la salida del agua mediante a que por su situación llana y algún tanto profunda produce grande aglomeramiento de aquellas en semejantes casos (Feró, 1861: 126; citado por Coronado, 2022: 20).

Como tanto las calles cuanto las plazuelas son llanas, las aguas tienen muy poca corriente, y esto ha sido causa de que la ciudad haya estado varias veces expuesta a ser inundada. En 1508 estuvo a punto de perecer, pero a fines del siglo pasado se abrieron unas cloacas muy profundas para dar salida a las aguas hasta el Guadiana, lo que sin embargo no impidió que, habiéndolas dejado casi cegar, en 1803 que fue un año muy lluvioso, retrocediesen aquellas en términos, que habiendo inundado la plaza, sus habitantes corrieron grande riesgo (Hosta, 1865: 69; citado por Coronado, 2022: 21).

Las lluvias intensas provocaban con frecuencia inundaciones en la plaza del Pilar, que es el punto más bajo de la ciudad, aunque la escasa pendiente de las calles minimizaba los riesgos para los vecinos (Coronado, 2022: 112). En la noche del 24 al 25 de febrero de 1895, la ciudad sufrió una de las peores tempestades del siglo, según describió en su momento la crónica publicada en el periódico *La Unión Católica*:

> Tormentas en Ciudad Real. Anoche descargó sobre esta población una horrorosa tempestad, que produjo extraordinaria alarma. Los truenos eran tan intensos y el huracán tan formidable, que hacían trepidar los edificios. Los relámpagos iluminaban largos ratos el espacio. La lluvia era torrencial y acompañada de granizo, que rompió muchos cristales. Las calles se convirtieron en verdaderos ríos. En la plaza del Pilar el agua alcanzó más de un metro de altura. Merced a la corta duración de la tempestad, las calles están hoy desaguadas. La miseria aumenta. Gran número de obreros se ven precisados a implorar la caridad pública. El Carnaval está muy desanimado. (*La Unión Católica*, 25.02.1895, citado por Coronado, 2022: 112).

De nuevo, los periodos de fuertes precipitaciones alternaron con los de sequías persistentes, que están documentados por las Actas de Pleno de las sesiones de 15 y 29 de noviembre de 1856, 25 de marzo de 1868 (para que dios envíe agua a los campos), 27 de abril de 1874, 11 de mayo de 1882, 26 de mayo de 1887, y 2 de enero y 22 de noviembre de 1890 (AHMCR, Actas de Pleno). Y una vez más, la sequía vino acompañada por plagas de langosta, como la del mes de mayo de 1884 (AHMCR, Actas de Pleno, 1884/0078, 17 de mayo de 1884, folio 35v).

Siglo XX

El invierno de 1894-1895 marcó el final de la fase fría. Tras él se produjo una rápida recuperación térmica en el conjunto de la península ibérica, que alcanzó su máximo hacia finales del siglo XIX y que ha venido manteniéndose hasta nuestros días, aunque con notables fluctuaciones (Font, 1988: 110).

Pese a la mejoría general de las condiciones climáticas en la península ibérica y gran parte de Europa, a lo largo del siglo XX se documentan numerosos episodios de fuertes tormentas e inundaciones en el territorio municipal de Ciudad Real. El 31 de mayo de 1915, el diario *El Pueblo Manchego* recogía una noticia

Tormentas en Ciudad Real.

Ciudad Real 24.—Anoche descargó sobre esta población una horrorosa tempestad, que produjo extraordinaria alarma.

Los truenos eran tan intensos y el huracán tan formidable, que hacian trepidar los edificios.

Los relámpagos iluminaban largos ratos el espacio.

La lluvia era torrencial y acompañada de granizo, que rompió muchos cristales.

Las calles estaban convertidas en verdaderos ríos.

En la plaza del Pilar el agua alcanzó más de un metro de altura.

Merced á la corta duración de la tempestad, las calles están hoy desaguadas.

La miseria aumenta.

Gran número de obreros se ven precisados á implorar la caridad pública.

El Carnaval está muy desanimado.—*Miján.*

Montaje con la noticia publicada por *La Unión Católica* sobre las catastróficas tormentas sufridas en Ciudad Real. 25.02.1895

sobre la tormenta acaecida aquel mismo día en la ciudad, en los siguientes términos:

La tormenta de hoy. Esta mañana de doce y media a una descargó sobre nuestra capital [Ciudad Real] una horrorosa tormenta. Sobre las dos de la tarde tuvimos noticias que habían caído varias exhalaciones en diferentes edificios de esta capital, ignorando si habrían ocurrido desgracias personales. He aquí algunos interesantes detalles de la tempestad desencadenada esta mañana sobre nuestra población. En la torre de la Virgen de los Remedios cayó una exhalación, derribando una gran parte de la torre, la campana, que ha quedado en una de las bóvedas, y una pared

«Un aspecto de las inmediaciones de la Plaza del Pilar, con motivo de las torrenciales lluvias...». Fotografía: V. Rubio. *Vida Manchega*, 25.05.1915

próxima al citado templo [...] Otra chispa eléctrica ha caído en la casa número 4 de la calle de la Esperanza, donde habita el carabinero Sr. Ruiz y su familia [...] La exhalación salió por una de las paredes, las cuales se encuentran todas ellas agrietadas. Tenemos noticias de que han caído diversas chispas eléctricas: en los pararrayos del Instituto General y Técnico, Palacio Episcopal, en la iglesia parroquial de San Pedro y en el Hospicio provincial. (*El Pueblo Manchego*, 31 de mayo de 1915)

El 10 de junio de ese mismo año, la revista *Vida Manchega* publicó una instantánea tomada por el fotógrafo Manzanares en la que se muestra el estado ruinoso en que quedaron el campanario y la estructura de cubierta de la ermita de los Remedios de Ciudad Real tras las descargas eléctricas del 31 de mayo anterior.

También se publicaron noticias sobre inundaciones catastróficas en la ciudad en el diario *Ahora* el 25 de octubre de 1931 y en el *Heraldo de Madrid* el 24 de octubre de 1934:

Llueve torrencialmente en Ciudad Real. Ha descargado sobre esta capital una gran tormenta de agua. Las calles céntricas quedaron en un momento convertidas en caudalosos ríos. La plaza del Pilar

«Estado en que quedó el campanario y tejado de la ermita de los Remedios con motivo de las descargas eléctricas que produjo la última tormenta...».
Fotografía: F. Manzanares. *Vida Manchega*, 10.06.1915

ha quedado convertida en una inmensa laguna de cuatro metros de profundidad. En la calle Alarcos, por la altura que ha alcanzado el agua, esta amenaza invadir la sala de aparatos de la Central de Teléfonos, que está instalada en dicha calle. Los funcionarios de la Hidráulica del Guadiana cuyas oficinas están instaladas en un edificio de aquella calle, tuvieron que utilizar barcas para trasladarse a sus respectivos domicilios. En muchas calles han quedado abandonados varios automóviles particulares cubiertos hasta la carrocería por el agua. Se han registrado inundaciones en casas particulares. (*Heraldo de Madrid*, 24 de octubre de 1934, página 4, citado por Coronado, 2022: 114)

Las frecuentes inundaciones del sector central del núcleo urbano de Ciudad Real eran consecuencia no solo de las fuertes lluvias, sino también del muy precario estado de la red de saneamiento. Así lo declaró el entonces alcalde, Victoriano Rodríguez Velasco, al diario *Lanza*, tras las inundaciones del 24 febrero de 1964:

La situación es realmente apremiante y ello se debe en su mayor parte a la obstrucción del alcantarillado y emisario, que puede considerarse no desaguan más que un veinte por ciento de su normal capacidad debido a que desde su construcción hace treinta y dos años no se había procedido a su limpieza. El ayuntamiento, ante la gravedad del problema, inició hace más de dos meses los trabajos de desobstrucción a partir del lugar conocido por «la Celada», que es donde comienza el emisario descubierto y se ha logrado ya limpiar más de dos kilómetros en dirección a la capital. En estos días, los trabajos hubieron de suspenderse a causa del temporal de lluvias, y se reanudarán tan pronto se pueda, no obstante, el elevado costo de los mismos, alrededor de un millón de pesetas. Actualmente se estaba llegando casi al campo de deportes del nuevo Seminario, que es por donde va la conducción del alcantarillado. (*Lanza*, 24.02.1964, p. 2, citado por Coronado, 2022: 133).

A raíz de esta situación, se redactó el proyecto de saneamiento de Ciudad Real, y el 6 de octubre de 1971 comenzaron las obras del nuevo alcantarillado, que sustituyó por completo al existente

La Puerta de Toledo rodeada de agua tras una violenta tormenta. Fotografía: Manuel Cabezas Velasco, 08.09.2019. https://www.facebook.com/PTA.TOL.MCV15/photos/pb.100064502057676.-2207520000/3140511342656258/?type=3

hasta entonces, que no alcanzaba a todo el núcleo urbano y estaba formado por colectores de escasa pendiente y sección insuficiente (Coronado, 2022: 135-136).

Conclusión

El enfriamiento generalizado del clima entre finales del siglo XVI y mediados del siglo XIX dio lugar a una proliferación extraordinaria de eventos climáticos catastróficos en Ciudad Real que generaron, a su vez, gravísimas dificultades a la economía del municipio y sus gentes. Pero, por otra parte, vino a potenciar el desarrollo de la industria del frío natural, que ya había sido impulsada con anterioridad por la avalancha de literatura médica del Renacimiento, ampliamente difundida por la imprenta (Hervás, 2011: 18-21).

A lo largo de ese periodo, en efecto, funcionaron en la ciudad y su territorio hasta cinco pozos de nieve: el de la Huerta del Alcázar, el de la Puerta de Santa María, el del Convento de Carmelitas Descalzos, el de la Puerta de Toledo y el de Santa María de Guadiana. Los cuatro primeros estuvieron dentro de los límites del actual núcleo urbano de la ciudad, en tanto que el último se encontraba junto a la margen izquierda del río Guadiana, en el extremo septentrional del municipio (Hervás, 2011: 123-154). El pozo de nieve de la Huerta del Alcázar fue descubierto en el mes de septiembre de 2007, durante las obras de cimentación de un nuevo edificio de comedor y gimnasio para el Colegio Público Carlos Vázquez, situado en el n.º 4 de la avenida del Torreón del Alcázar. El hallazgo dio lugar a la posterior excavación arqueológica del interior del pozo de nieve, que finalmente quedó integrado en el nuevo edificio como elemento visitable (Hervás, 2011: 130-131).

Notas

1 AHMCR, doc. n.º 630, de 8 de mayo de 1609.

2 AHMCR, doc. n.º 230.

3 AHMCR, doc. n.º 743, de 2 de mayo de 1672.

4 AHMCR, Actas de Pleno, sesión del 4 de febrero de 1675, folio 3r-v.

5 AHMCR, Actas de Pleno, sesiones del 13 de abril (folio 4r) y del 26 de abril (folio 6r).

6 AHMCR, doc. n.º 907.

7 AHMCR, doc. n.º 304 y Actas de Pleno, sesión del 8 de mayo de 1693, folio 18r.

8 AHMCR, Actas de Pleno, sesiones del 22 de febrero (folios 6v-7r); del 23 de abril (folios 16r-17r); y del 11 de mayo (folio 18v).

Para profundizar

BROECKER, W. S. (1995), «Chaotic climate», en *Scientific American*, vol. 273, n.º 5, 1995, pp. 62-68.

CORCHADO SORIANO, M. (1983), *Las Jerarquías de la Orden con Rentas en el Campo de Calatrava*. Ciudad Real.

CORELLA SUÁREZ, M.ª del P. (1988), «El abastecimiento de nieve y hielo en Toledo durante los siglos XVII y XVIII». *Actas del I Congreso de Historia de Castilla-La Mancha*, tomo VIII, pp. 85-96. Toledo.

CORONADO TORDESILLAS, J. M.ª (2025), *Ciudad Real, la ciudad sin agua. Una historia de ingeniería para la supervivencia*. Ciudad Real, Serendipia Editorial.

CRUZ OROZCO, J. y SEGURA MARTÍ, J. M.ª (2001), «Hacia una metodología de estudio común de los depósitos de nieve», en *Las neveras y la artesanía del hielo. La protección de un patrimonio etnográfico en Europa*, actas del Seminario celebrado en Fuendetodos (Zaragoza), los días 16, 17 y 18 de septiembre de 1999. Zaragoza, Institución Fernando el Católico, pp. 81-113.

DELGADO MERCHÁN, L. (1907), *Historia documentada de Ciudad Real: la judería, la Inquisición y la Santa Hermandad*, Ciudad Real, editorial Enrique Pérez.

DÍAZ PINTADO, J. (1988), «Los problemas agrarios en Almagro en el siglo XVIII», en VV. AA.: *Historia de Almagro. Ponencias / Premios Ciudad de Almagro*, pp. 39-84. Ciudad Real.

ESPADAS BURGOS, M. (1964), «Ciudad Real, 1764. Una grave crisis agrícola», en *Boletín de Información Municipal*, agosto de 1964, Ayuntamiento de Ciudad Real.

FAGAN, B. (2008), *La Pequeña Edad de Hielo. Cómo el clima afectó a la historia de Europa, 1300-1850*. Barcelona, Editorial Gedisa, 2008.

FERÓ, B. (1861), *Anales de Ciudad Real*, [manuscrito]. Biblioteca Digital de Castilla-La Mancha: https://patrimoniodigital.castillalamancha.es/bidicam/es.

FONT TULLOT, I. (1988): *Historia del clima en España. Cambios climáticos y sus causas*. Madrid, Instituto Nacional de Meteorología.

GROVE, J. M. (1988): *The Little Ice Age*, Methuen, Londres.

HERVÁS HERRERA, M. Á. (2011), *Pozos de nieve de la provincia de Ciudad Real*, Puertollano, Ediciones C&G.

HOSTA, J. de (1865), *Crónica de la provincia de Ciudad Real*. Madrid, Aquiles Ronchi, (Imprenta de la Iberia).

JAURALDE POU, P. (1998), *Francisco de Quevedo (1580-1645)*. Madrid.

LAMB, H. H. (1977), *Climate. Present, past and future*. Londres.

LE ROY LADURIE, E. (1983), *Histoire du climat depuis l´an mil*. París. 2 vols.

LÓPEZ-SALAZAR PÉREZ, J. (1986): *Estructuras agrarias y sociedad rural en La Mancha (siglos XVI-XVIII)*, Ciudad Real, Instituto de Estudios Manchegos.

LÓPEZ-SALAZAR PÉREZ, J. y CARRETERO ZAMORA, J. M. (1993), «Ciudad Real en la Edad Moderna», en VV. AA.: *Historia de Ciudad Real*, pp. 155-260. Ciudad Real.

MARINA BARBA, J. (1987), *El Ayuntamiento de Ciudad Real a mediados del siglo XVIII*, Ciudad Real.

PFISTER, Ch. (1989), «Fluctuaciones climáticas y cambio histórico: el clima en Europa Central desde el siglo XVI y su significado para el desarrollo de la población y la agricultura». *Geocrítica. Cuadernos críticos de Geografía Humana*, n.º 82 (julio 1989). Universidad de Barcelona.

PHILLIPS, C. R. (1979), *Ciudad Real 1500-1750: Growth, Crisis and Readjustment in the Spanish Economy*, Cambridge, Harvard University Press.

PILLET CAPDEPÓN, F. (1984), *Geografía urbana de Ciudad Real (1255-1980)*, Ciudad Real, Diputación Provincial.
-(1990): *Ciudad Real 1751, según las respuestas generales del Catastro de Ensenada*, Madrid, Editorial Tabapress.

QUEREDA SALA, J. *et alii* (2001): *Nuestro porvenir climático, ¿un escenario de aridez?*, Universitat Jaume I, 2001.

RODRÍGUEZ JIMÉNEZ, J. (2021): *Nuestra Señora de la Blanca y Calatrava la Vieja*, Ciudad Real, Books Factory.

ROMERO FERNÁNDEZ, M. (1991): *Catálogo del Archivo Histórico Municipal de Ciudad Real*, Ciudad Real, Ayuntamiento.

CIUDAD-REAL - Iglesia de San Pedro

Iglesia de San Pedro Entre 1915 y 1920. Edición Rubisco, Centro de
Estudios de Castilla-La Mancha (UCLM)

6 La tierra tembló
a ritmo de fado
(1755)

Mónica Felipe Martínez

La mañana del 1 de noviembre de 1755 se turbó la tranquila vida de los habitantes de Ciudad Real, la tierra rugió desde el Atlántico con tal fuerza que sus consecuencias hicieron tambalearse no solo los edificios, sino los montes y los ríos de la llanura manchega.

El día de Todos los Santos de 1755 se recodaría en la capital como aquel en el que se cayeron los inmuebles y la vida se paró durante unos segundos. El terremoto de Lisboa se hacía presente y patente en la vida de los *ciudadrrealitas* de mediados del siglo XVIII, pero no solo de ellos, también de gran parte de España, del sur de Francia, del norte de Italia y de las costas septentrionales de África.

Aunque el grueso de los daños se ocasionaron en la zona sur de Portugal, que tuvo que recibir ayudas de otras monarquías, como la española de Fernando VI, en España también fueron cuantiosos aunque en menor medida y varios años después todavía se estaban presupuestando y ejecutando obras en distintas casas y edificios públicos, como prueba una Real Orden de Carlos III de 1771 que ordenaba la construcción en la villa de Rota (Cádiz) de un malecón y un muelle nuevos, destruidos a consecuencia del terremoto; incluso tuvo una influencia directa en la economía del país debido a los gastos que ocasionó la reparación de los inmuebles afectados por todo el territorio nacional y, como no podía ser de otra manera, en nuestra ciudad.

Pero vamos a acercarnos primero a la causa de este terremoto que se produjo varios cientos de kilómetros lejos de las costas del cabo de San Vicente, ya que nos ayudará a entender no solo este

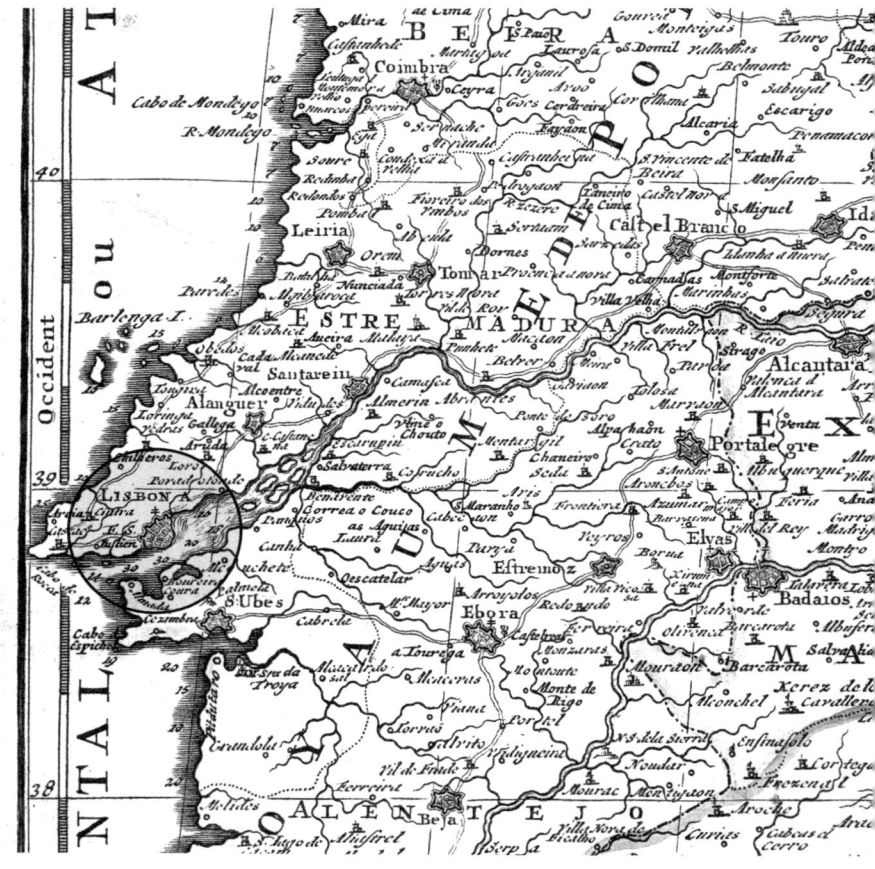

Detalle de mapa de España y Portugal [1725-1750]; Situación referencial de Lisboa y Ciudad Real. *Chez* R. & I. Ottens, Amsterdam. Biblioteca del Instituto Geográfico Nacional CC-BY 4.0 Gobierno de España

sino la gran cantidad de sismos que se sufren, de forma más o menos perceptible, en nuestro territorio.

La península Ibérica se halla situada en el borde sudoeste de la placa Euroasiática, en la zona de confluencia con la placa Africana. Así pues, el desplazamiento tectónico entre ambos continentes es la causa de la actividad sísmica de los países mediterráneos y del norte de África y, por tanto, de los grandes terremotos que ocurren en zonas como Grecia o Turquía. La parte

más occidental de la conjunción entre dichas placas es la fractura denominada de Azores-Gibraltar-Túnez y es esta la que afecta de forma más notoria al territorio peninsular, de hecho el 28 de febrero de 1969 se produjo otro sismo de intensidad VII en la misma zona del cabo de San Vicente, con un total de 19 víctimas en contraposición del ocurrido el 1 de noviembre de 1755, de intensidad X y un total de 1.275 víctimas.

Los daños causados por el terremoto de 1755 se inventariaron mediante una encuesta que Fernando VI ordenó realizar, el 8 de noviembre del mismo año, al gobernador del Supremo Consejo de Castilla, el obispo de Cartagena, Diego de Rojas y Contreras.

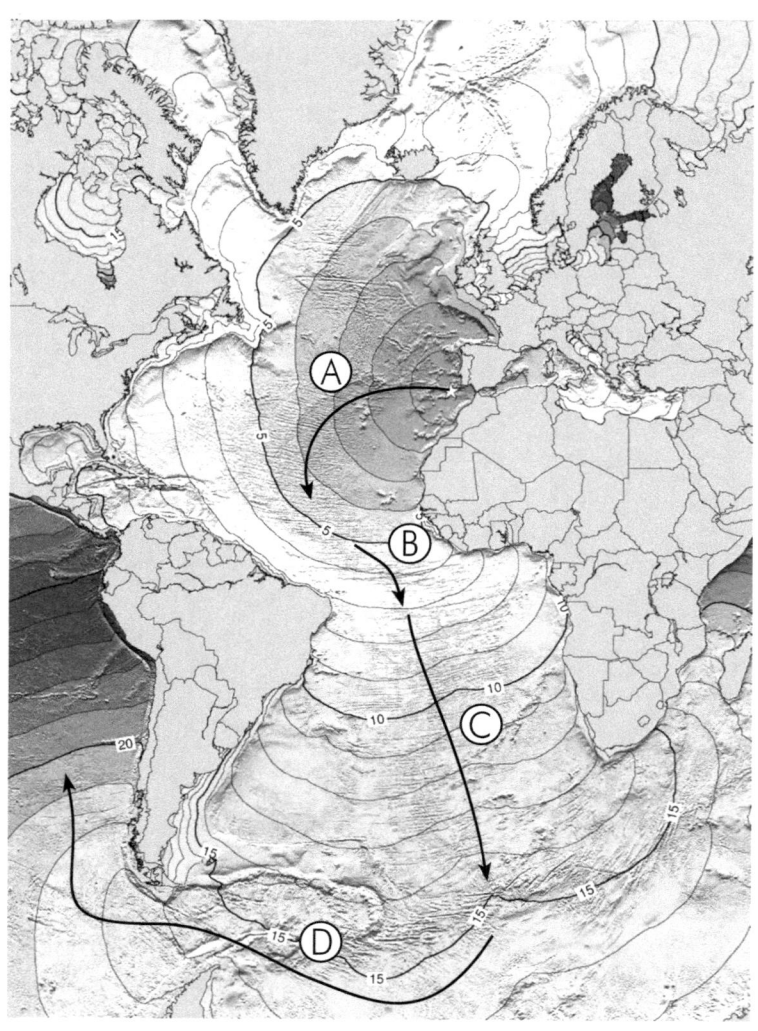

Tiempos de viaje del tsunami del terremoto de Lisboa de 1755, calculados con el software Tsunami Travel Times (TTT). A.- tiempos de llegada de 1 a 4 horas; B.- 5 a 6 horas; C.- 7 a 14 horas; D.-15 a 21 horas. Tomado de De NOAA's National Geophysical Data Center (NGDC) - NOAA's. http://www.ngdc.noaa.gov/hazard/icons/1755_1101.jpg, Dominio público, https://commons.wikimedia.org/w/index.php?curid=6846245

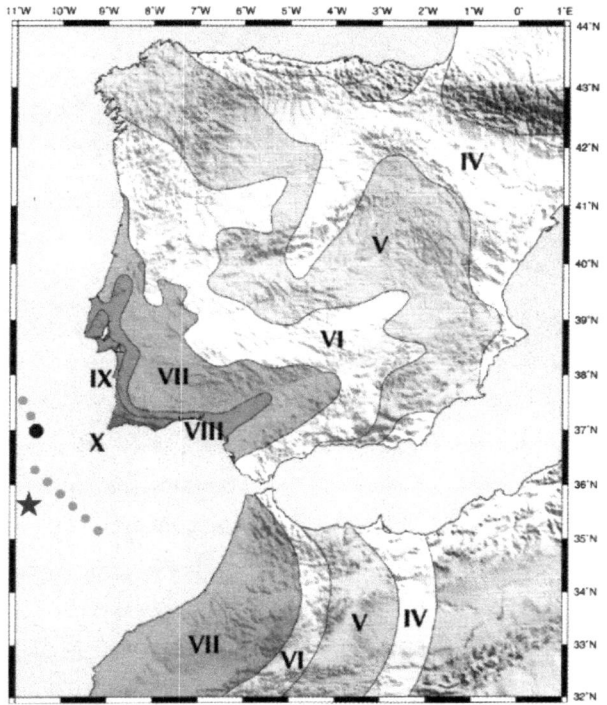

Mapa de isosistas (líneas que unen en un mapa todos los puntos de la superficie en los que es igual la intensidad de un terremoto) del terremoto de Lisboa. Basado en Martínez Solares et al. (1979); Levret (1991); Moreira (1984) y Mendes et al. (1999). (Según Oliveira, 2008)

Para llevar a cabo esta encuesta se confeccionó un cuestionario que se debía contestar sin dilación, dirigido a las personas de mayor razón de las capitales y pueblos de cierta importancia de toda España.

La encuesta contenía las siguientes preguntas:

1. ¿Se sintió el terremoto?
2. ¿A qué hora?
3. ¿Qué tiempo duró?
4. ¿Qué movimientos se observaron en los suelos, paredes, edificios, fuentes y ríos?

Praça da Patriarchal, Jacques Philippe Le Bas, 1757.Colleçao de algumas
ruinas de Lisboa causadas pelo fogo do primeiro de novembro do anno
1755. Fundaçao Biblioteca Nacional, bndigital@bn.br

5. ¿Qué ruinas o perjuicios se han ocasionado en las fábricas?
6. ¿Han resultado muertes o heridas en personas y animales?
7. ¿Ocurrió otra cosa notable?
8. Antes de él ¿hubo señales que lo anunciasen?

El problema que presentan estas preguntas no es tanto la información que podrían aportar de forma aséptica, sino que las respuestas no son todo lo ajustadas a la realidad que deberían y se pueden apreciar en ellas carencias importantes de información e incluso exageraciones, imprecisiones o faltas de coincidencia en cuanto a los datos ofrecidos por los encuestados.

Uno de los aspectos que presentan controversia es la hora de la ocurrencia, que se ve reflejada en la segunda de las preguntas de la encuesta. En general se trata de un dato que se recogió con un rango bastante grande, aun a pesar de tratarse de un día de fiesta muy arraigado entre la población y de que, durante el sismo, la mayoría de los vecinos se encontraba en las iglesias celebrando la misa de difuntos. La horquilla horaria va desde la 9 a las 11 de la mañana, lo que puede se puede explicar porque se refería al tiempo local, definido por el paso del sol por el meridiano del lugar.

En cuanto a la duración, este es uno de los aspectos más significativos, ya que sorprende la gran duración del terremoto –una media de siete u ocho minutos en las respuestas–, pero, en realidad, los estudios del terremoto distinguen tres fases:

La primera consistió en rápidas vibraciones muy ligeras que causaron alarma y duraron alrededor de un minuto. Después de unos treinta segundos, un movimiento consistente también en rápidas vibraciones, pero tan violento que las casas empezaron a caer. Esto duró poco más de dos minutos. Después de una pausa de menos de un minuto, la naturaleza del movimiento cambió y los edificios fueron sacudidos hacia arriba. Esta fase duró como dos o tres minutos. Por lo tanto, la duración total del seísmo fue de entre seis y seis minutos y medio.

Las víctimas fueron también objeto de las encuestas realizadas en el territorio peninsular perteneciente a la corona de Fernando VI. El número de muertos que la catástrofe causó en España también aparece confuso pero, al ser menor la cantidad y al disponer de una mejor documentación, la discrepancia entre las distintas fuentes también es menor. Lo que sí parece claro que el maremoto produjo muchas más muertes que el propio temblor.

Si recordamos la última de las preguntas que forman parte de la encuesta ordenada por el Consejo de Castilla se puede apreciar el interés que se tenía por parte de las autoridades por conocer qué señales habrían anunciado la catástrofe. La respuesta quedó bastante sesgada, ya que no fue contestada por todas las poblaciones debido a que, muy probablemente, no sucedió nada especial que advirtiese a la población. Lo que sí podemos inferir de las respuestas afirmativas es que se apreciaron dos aspectos relacionados con la predicción: el comportamiento anómalo de los animales y la alteración en el nivel de agua de los pozos o en el caudal de las fuentes, y ambos sucesos se produjeron desde el día anterior hasta pocos minutos antes de comenzar el terremoto.

Antes de ver las respuestas ofrecidas por las autoridades de nuestra ciudad, vamos a hacer un pequeño acercamiento a la situación política en España en el momento del terremoto.

El 1 de noviembre de 1700 fallece Carlos II, el último representante en España de la casa de Austria, iniciándose lo que conocemos como reformismo borbónico con la llegada de la casa de Borbón a través del acceso al trono de Felipe de Anjou, nieto de Luis XIV de Francia, como Felipe V, un cambio dinástico que fue interpretado como una grave amenaza en el orden político europeo que supuso es estallido de la Guerra de Sucesión (1702-1714).

En 1755, año del terremoto, reinaba en España Fernando VI (1713-1759), tercer borbón, que había accedido al trono en 1746 a la muerte por apoplejía de su padre Felipe V. Estuvo casado con la princesa portuguesa María Bárbara de Braganza (1711-1758), hija del rey de Portugal Juan V y al morir esta se sumió en una profunda depresión, retirándose al palacio que disponía en Villaviciosa de Odón, donde murió un año después sin descendencia, por lo que tras su muerte subió al trono su hermanastro Carlos III, rey de Nápoles y Sicilia, ejerciendo su madrastra, Isabel de Farnesio, como regente en ausencia de Carlos.

Fernando VI no es un rey muy conocido en la historia de España, en cierto modo ha estado eclipsado por su antecesor y también por su sucesor, pero se supo rodear de buenos colaboradores, siendo el primer gobernante que nombró dos ministros principales, José de Carvajal y Lancaster como Secretario de Estado y Zenón de Somodevilla y Bengoechea, marqués de la Ensenada, encargado de las secretarías de Hacienda, Guerra, Marina e Indias.

Este reinado se caracterizó por un período de paz para España, a pesar de la gran rivalidad con las grandes potencias y de los conflictos con los ingleses a causa de Gibraltar y Menorca. En los años de su reinado el país gozó de una cierta prosperidad económica y en política interior continuó con los programas de recuperación iniciados anteriormente por Felipe V, basados en el fortalecimiento del poder central y el engrandecimiento del Estado, estableciendo diversos programas de reforma de la economía y la administración.

A pesar de los avances conseguidos, el final de este reinado supuso un retroceso en las reformas causado, principalmente, por la muerte de Carvajal en 1754 y por la defenestración, el mismo año, del marqués de la Ensenada, artífice de la reforma en el sistema tributario y en la hacienda pública, además de ser el creador del célebre catastro.

Ricardo Wall y Devreux, quien se ocupó de la superintendencia general de Correos y de los archivos generales del reino, fue el responsable de la encuesta a causa del terremoto por encargo del rey.

En los ámbitos de la ciencia y la tecnología, se inició en este reino un desarrollo notable, de hecho en esta época se realizan las expediciones de Jorge Juan y Antonio de Ulloa, junto a marinos franceses, para realizar la medición del aro del meridiano en Perú y Ecuador, siendo ambos científicos los impulsores del desarrollo de las ciencias geográficas en España y los artífices de la instalación del Observatorio de Cádiz, después trasladado a San Fernando. Nos encontramos en el momento en el que se comienzan a trazar los mapas topográficos y catastrales de la costa española.

El hecho de que durante este reinado se sucedieran dos terremotos de una importancia destacable pudo influir en la sensibilización de la monarquía ante las ciencias de la tierra. Ensenada

Fernando VI de España. Embajada de España en Buenos Aires (depósito del Museo del Prado). Copia de Louis-Michel van Loo. Biblioteca Nacional, bndigital@bn.br. Dominio público, https://commons.wikimedia. org/w/index.php?curid=47526762

elevó un informe al rey Fernando VI aconsejándole la creación en las universidades de cátedras de física experimental y encargó a Ulloa la creación de un gabinete de historia natural y del primer laboratorio de metalurgia. También en este periodo se iniciaron el fomento de las comunicaciones y la construcción de grandes obras públicas, como el Camino de Guadarrama o el Canal de Castilla.

Durante el siglo XVIII se produjo un cambio en el modelo demográfico que comenzó con la desaparición paulatina de las grandes epidemias y de las crisis de alimentación que asolaban España; esto provocó que la población se duplique en tan solo setenta años.

Si se trabajan los datos demográficos del catastro de Campoflorido (1717) y el de Floridablanca (1787) la aproximación más fiable para hablar de población en España es de 9,5 millones de habitantes, lo que nos da una aproximación de la capacidad de destrucción del terremoto de 1755, que supuso la pérdida de 1.275 individuos, un 0,13% de la población.

El terremoto de Lisboa tuvo lugar entre las 9:30 y las 9:40 horas del 1 de noviembre de 1755, alcanzando aproximadamente un IX en la escala de magnitud del momento y los informes que llegan desde Ciudad Real por parte del Teniente Corregidor de la ciudad, Luis José Velarde y Viedma, indicaban la caída de muros, la rotura de grandes muros de las tres iglesias principales de la ciudad, así como la destrucción de parte de la muralla y de algunas de la puertas de acceso a la ciudad, también se mencionaba a destrucción de algunos conventos como el de San Juan de Dios o la ruina de parte del de Santo Domingo. Curiosamente en el informe que se envía a la Corona se indica que los daños más destacados se producen en los edificios notables, de buena factura, mientras que no se indican grandes pérdidas en las viviendas particulares, y que aquellos muros que se encontraban en peores condiciones de conservación, de forma previa al sismo, son los que menos daños parecen haber sufrido.

Una cosa curiosa, que no deja de ser un reflejo de la sociedad del momento, es la explicación religiosa que se da al suceso como forma de pseudocastigo divino debido a la vida licenciosa de gran parte de la población, al comercio con extranjeros y, por tanto, por la adopción de algunas costumbres poco adecuadas a ojos de Dios, a lo que sigue la recomendación de no volver a enojarlo para evitar así la repetición de este tipo de castigos.

Tras esto podemos hacernos una idea del poder de destrucción de un terremoto que sacudió las entrañas del océano y que tambaleó las vidas de los pobladores de una ciudad en la «nunca pasaba nada», que supuso la alteración en las rutinas y los quehaceres de los ciudadrrealitas, en su día a día pero también en

Ricardo Wall y Devreux, responsable de la encuesta nacional sobre el terremoto de Lisboa, retratado por Jean-Baptiste van Loo en 1753. Fuente: National Gallery Dublín

su hacienda, porque recordemos que la reconstrucción no solo salió de las arcas del Estado, sino que en gran medida fueron los propios vecinos, con impuestos municipales, donaciones y trabajos, los artífices de la reparación de Ciudad Real, sus calles y sus edificios.

Ciudad Real, 14 de noviembre de 1755

El teniente Corregidor

Que informará lo ocurrido con motivo del terremoto

Ilustrísimo Señor:

En obedecimiento de la Real Orden de V. I., de 8 del corriente, me dedicaré con la mayor puntualidad a informarme de los daños y efectos que ha causado en esta ciudad el temblor de tierra que se ha experimentado la mañana del día 1º del corriente, cuya noticia me persuado podré averiguar y remitir a V. S. I. el correo siguiente con la puntualidad que me manda, debiendo hacerle presente en el interin que, lo impensado continuado del temblor, dio sobrado motivo a todos los de este pueblo para creer que, en aquel día, se sumergía. Y no poder cumplir por lo respectivo a los pueblos que antes tenía de Partido esta ciudad, por hallarse agregado desde la creación de Intendentes a la villa de Almagro, si no es que V. S. I. para ello me comunique la Orden correspondiente.

Dios guarde a V. I. muchos años, como deseo.

Ciudad Real, y noviembre 14 de 1755.

Besa la mano de V. I. su más afecto y rendido servidor,

Don Luis Joseph Velarde y Viedma

Ilustrísimo Señor Obispo de Cartagena.

Ciudad Real, 21 de noviembre de 1755

El teniente Corregidor

Ilustrísimo Señor:

Para cumplir la Orden que me comunicó V. I., su fecha 8 del que sigue, además de lo que yo había visto y advertido del terremoto, o temblor de tierra, del día primero, he tomado informes de prelados eclesiásticos y personas las más advertidas de esta ciudad, para poder explicar exactamente lo acaecido.

Y fue que, a la hora de las diez de la mañana, estando gran parte del pueblo en las Parroquias e Iglesias de conventos en los extraño conceptuando se hundían sus fábricas, y para ello, atropelladamente, las desampararon, dejando los coros y altares los eclesiásticos y religiosos, respectivamente, saliendo a las calles con las sagradas vestiduras y, enterados de su movimiento nunca visto de la tierra fueron bastantes los clamores por los hijos de los padres, y de los familiares unos por otros, pues habiendo principiado a dicha hora, sido su duración de diez a catorce minutos, moverse las torres, Iglesias, y los más fuertes edificios, como si fuesen cipreses afectados de recio viento, todos conceptuaron los efectos de hundimiento y desgracias, que por la Misericordia de Dios Nuestro Señor no sucedieron en esta ciudad ni en su término.

En los suelos se sintieron movimientos al modo de hervidores, y un ruido contínuo, al modo de bramidos sordos, y de multiplicidad de coches, y los movimientos de los edificios, unos fueron de Levante a Poniente, y otros de Norte al Mediodía.

Y las señales que precedieron, aunque no se aplican a que fuesen indicativas de temblor de tierra, son las que enuncia el Comendador de Mercedarios descalzos de esta ciudad en su informe y relación, que paso a mano de V. I., y en lo recio del terremoto y algún tiempo antes fue un recio viento, y turbada la luz del Sol, sin haber nubes intermedias, siendo muchos de sentir que a durar un minuto más lo recio del temblor, no hubiera quedado edificio en pie.

Y los destrozos causados, y hasta ahora advertidos, y reconocidos por peritos, son:

— En la Parroquial de San Pedro, de fuerte y admirable fábrica bastante daño en machos, arcos, bóvedas, maderas, enyesados y demás partes que componen el todo de la fábrica, y para el reparo y seguridad se hacen precisos muchos gastos.

— En la Parroquial de Nuestra Señora del Prado se reconocen en su suntuosa fábrica, de una nave de grande elevación y correspondiente anchura, bastantes quiebras, quedando maltratada su armadura, quebrados dos de los estribos de la Puerta de la Umbría, y otros dos a la parte del altar mayor, para cuya ermita, y que se mantengan sin ruina de la Iglesia se hacen precisos muchos gastos.

— En la Parroquial de Santiago, el medio cuerpo de arriba de la torre se halla con aberturas y la bóveda, para que no se arruine, necesita mucho reparo, y por haberse hundido un arco de ladrillo de dicha torre sobre el tejado de dichas Iglesias se halla maltratado y con la precisión de repararse.

— En el convento de Santo Domingo se descubren grandes quiebras en sus capillas, coro y cuerpo de la Iglesia y su torre cuarteada, los dos cuerpos de ella, y su c[h]apitel, y sin repararla, y fortalecerla, no pueden usar de las campanas como antes y sí sólo tocarlas a pulso. En los claustros altos y bajos, en las celdas y demás oficinas se registran muchas quiebras y parte del tejado cayó sobre una de las capillas, causando mucho daño.

— En el convento de San Francisco, se descubren en su Iglesia, Capilla mayor y en las agregadas, bastantes quiebras, y lo mismo en las celdas y demás oficinas y, por haberse desprendido de la espadaña, o campanario, un remate de piedra, y caído sobre un tejado, causó destrozos.

— En la Iglesia de San Juan de Dios quedó tan ruinosa y destrozada, que ha sido preciso desalojarla de los altares y colocar al Santísimo Sacramento en la capilla de la enfermería, y poner los enfermos en su cuarto alto y, además de esto, los cuartos y oficinas no dejan de tener muchas quiebras.

— En los Carmelitas descalzos, extramuros de esta ciudad, además de otras quiebras, la de más consideración es el alzado donde está sentada la Capilla mayor, porque movidas las cuatro esquinas donde sentaba la armadura cayó sobre los tejados del convento uno de sus lienzos, causando mucho daño, en el colateral claustro, y celdas, y por estar movidos los otros tres lienzos, se hallan apuntalados, y agarrotados, porque con poco movimiento se vinieron a tierra.

— En el convento de religiosas Carmelitas descalzas, se descubren algunas grietas en él y la mayor en la media naranja o linterna de la capilla mayor, que por el gran quebranto de todos cuantos lienzos le están dados garrotes, además de haberlos apuntalados?

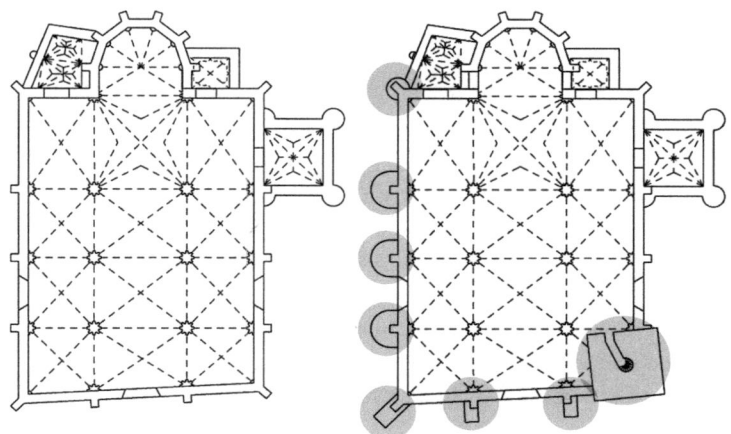

A la izquierda, planta de la iglesia de San Pedro a principios del siglo XVI; a la derecha, con los refuerzos que fueron necesarios –grandes contrafuertes de sección circular en el lado norte y prismáticos en el oeste– para frenar los empujes de las grietas producidas en las naves y muros de fachada; también tuvieron que intervenir en la torre que, tras el terremoto, quedó amenazando ruina. Tomado de: *San Pedro. Historias de su historia* (2023) Mónica Felipe Martínez, Colección Ciudad Real Ensayo n.º 12, Serendipia.

— En el convento de religiosas Dominicas se ve quebrantada una de las esquinas de la Capilla mayor, amovida [sic] parte de sus aleros, y lo interior de el convento muchas quiebras en celdas, claustro, y vistas, y en la cerca de la huerta lo mismo, con hundimiento de algunas tapias.

— En el convento de religiosas Franciscas, por lo que hace a la Iglesia se quebrantó el arco toral de la capilla mayor, y dos estribos, cayendo la mayor parte de los aleros a la parte interior, de que resultó destrozo de los tejados, y en lo interior del convento, algunas quiebras.

— En la ermita hospital del Santísimo Cristo del Refugio, son muchas las quiebras que se necesitan de pronto reparo.

— Y en casas particulares, y murallas, son muchas las quiebras que se han reconocido, que aunque no del todo arruinadas, serán muchos los gastos para repararlas.

Esto es únicamente lo que puedo y debo exponer a V. I. sobre el asunto de terremoto, y que después en diferentes días, según me informan personas fidedignas, se han sentido algunos movimientos de tierra, y, en atención a que esta ciudad aunque antes de ahora, como realenga, tenía la capitalidad de toda la Provincia, a el presente se halla reducida a su término, no fue comunicada la Orden de V. I. a otros pueblos, hasta nueva orden de V. I., que obedeceré como debo.

Nuestro Señor guarde la vida de V.I. los muchos años que puede y le suplico.
Ciudad Real, y noviembre 21 de 1755.
Ilustrísimo Señor:
Besa la mano de V. I. su más rendido y obligado servidor,
Don Luis Joseph Velarde y Viedma
Ilustrísimo Señor Obispo de Cartagena.
[Acompaña el documento que sigue].

Queriendo el Rey saber con alguna puntualidad los daños y efectos que ha causado en los pueblos el temblor de tierra que se experimentó en esta Corte la mañana del día 1.º del corriente, el cual, según las noticias que se van reconociendo parece abarcó también a otras ciudades, villas y lugares del Reino, ha resuelto S. M. se expida por mí la presente Orden a todas las Justicias de las capitales y pueblos de alguna consideración, tanto de Realengo como de Señorío y Abadengo, para que remitan por mi mano una noticia exacta de si en los lugares de su Jurisdicción se sintió dicho terremoto, a qué hora, qué tiempo duró, qué movimientos se observaron en los suelos, paredes, edificios, fuentes y ríos, qué ruinas o perjuicios ha ocasionado en las fábricas y si han resultado algunas muertes o heridas en personas y animales, y cualquier otra cosa notable que se considere como procedida o causada del expresado terremoto, y también si antes de él hubiese alguno previsto o reparado señales que lo anunciasen, de las que igualmente deberá hacer expresión y del fundamento con que cada uno las conceptuaba de tales. Y quiere S. M. que todo esto se ejecute sin hacer informaciones, procedimientos judiciales ni causar costas, sino oyendo los Corregidores y Justicias a las personas advertidas, así eclesiásticas como seculares, de sus respectivos pueblos y que

«Ciudad Real-Parroquia de San Pedro Apóstol». Edición Mur (1940-1950). Centro de Estudios de Castilla-La Mancha (UCLM). En la fotografía de L. Roisin se aprecian todos los refuerzos de los contrafuertes de los muros norte y oeste, levantados tras el terremoto para evitar el derrumbe de la iglesia

más razón puedan dar de lo ocurrido. Lo que prevengo a V., de su Real Orden, para su pronto cumplimiento, en todas sus partes, por lo tocante a ese pueblo y los que hubiere de alguna consideración en ese Partido de Jurisdicción y de Rentas, a los cuales, como también a los que sean de Señorío y Abadengo comprehendidos en él, comunicará esta Orden a la letra para que satisfagan a ella individualmente, dirigiéndome en derechura dichas noticias, para que yo pueda darlas a S. M. como me está mandado, procurando V. no dilatarlo por lo respectivo a esa capital, ejecutándolo sucesivamente de las que fuere adquiriendo de los demás pueblos de su Partido y Jurisdicción, sin detenerlas, según las fuere recibiendo.

Dios guarde a V. muchos años.

Madrid, 8 de noviembre de 1755. Diego, Obispo de Cartagena, = Señor Don Luis Joseph Velarde.

Respuesta que da el Comendador de Mercedarios descalzos de Ciudad Real:

El terremoto sobre que se pregunta fue en esta ciudad, en la hora misma que (según cartas y noticias) en todas las otras ciudades y lugares de nuestra España, a las diez, poco más, de la mañana. Su duración, como de diez minutos, aunque oyendo a algunos, que desde los principios notaron sus primeros movimientos (entonces no conocidos por los que eran, y sí después, que pudieron reflexionar sobre ellos) se entiende empezó algo antes del tiempo en que lo advertimos todos, y que su duración sería como quince minutos.

–Señales que le precedieron
= A la parte oriental fue vista en el aire, por personas fidedignas, una barra de fuego, iluminativo, la noche antes.

Y en el mismo día, como cuarto de hora antes, lo mismo; y a la misma parte no tan en figura de barra, y sí aglobado, y encendido de forma que religiosa del convento de Dominicas, que saliendo a un patio de su convento, vio de repente aquella novedad en el aire, cayó asustada al suelo.

–Efectos que le acompañaron
= Turbóse la luz del Sol, sin haber nube en el cielo, de modo que alumbraba como tímido y funesto, causando el mismo triste y melancólico efecto en los ánimos.

Al mismo tiempo corrió con bastante fuerza viento huracán y se oyó, y sintió, bajo la tierra, un ruido o rugido como de muchos coches y carros, que arrebatadamente corriesen juntos; a que se siguió moverse los edificios, y más los más pesados, y altos, y saliéndose hombres y mujeres al descubierto de las calles, y plazas, vimos blandear y moverse por su parte superior los edificios, especialmente los templos, cuyas torres, como si fuesen alguna caña o mimbre, se mecían de uno a otro lado, haciéndonos temer que cada viaje era el último que hacían para venir al suelo.

Deformación de las columnas a causa de los temblores sísmicos

En algunos edificios se vio con claridad separarse unas paredes de otras, y al siguiente movimiento volver a juntarse.

En la Iglesia parroquial de San Pedro, asegura sujeto que estaba oyendo misa (y que es perito en matemáticas, y arquitectura) vio separarse la bóveda del muro y pared en que estriba y descarga, y volver a unirse.

La torre de la Parroquial de Santiago fue vista de muchos que estaban en su plazuela y lonja, abrirse por la parte superior hasta el arco de las campanas en dos mitades, desprendiendo algún ripio y ladrillo del mismo arco, y volver a unirse y juntarse, dejando la hendidura desde el arco mismo hasta ambas, por señal.

En los pozos subió el agua hasta la boca, derramándose en algunos en mucha cantidad. Y en las tinajas se advirtió el mismo efecto, aún en las que están o asidas con madera y yeso, a las paredes y suelos.

Las aves domésticas, como gallinas y pavos, cayeron amortecidas en el suelo.

Estos son los más notables que durante el terremoto se sintieron.

–Efectos y destrozos que se siguieron
= Los más de los templos y parte de las murallas de la Cindra, que a las cercanías de las Puertas de Calatrava y Toledo, y de la de Granada, y la de la Mata, se han venido a tierra muchos torreones y cortinas o lienzos de muralla.

La Parroquial de San Pedro, que es de tres naves, toda la nave del Norte ha quedado inclinada a lo exterior de la lonja.

La de Santa María del Prado, vencido un estado grueso, y alto, que también la parte del Norte, tiene para sostener el empuje de bóvedas. Y el muro que está a Poniente, y se separó de los otros, ha quedado mal junto o unido con ellos, y el reparar ésta, y lo del estribo, es obras de mucho gasto.

La torre de Santiago, inclinada a los tejados el cuerpo de la Iglesia.

De las regulares: la de San Juan de Dios, inhabitable, han sacado de ella al Santísimo, y le han depositado en la enfermería.

La de Santo Domingo padeció una capilla, y su torre cuarteada de modo que su campana mayor, no se atreven a tocar a vuelo, temiendo se venga parte de la torre al suelo.

El chapitel de la iglesia de San Pedro se construyó durante las reparaciones ocasionados en el templo por el terremoto de Lisboa. Tomado de: *San Pedro. Historias de su historia* (2023) Mónica Felipe Martínez, Colección Ciudad Real Ensayo n.º 12, Serendipia

Las medias naranjas de las Iglesias, de los Padres y monjas Carmelitas descalzos, y descalzas, tan maltra[ta]das, que ha sido necesario coger sus paredes con cadenas de maderas, interin que se trata de repararla.

La Iglesia de este convento de Mercedarios descalzos, dedicado a la Purísima Concepción de María Santísima es (gracias a Dios y a la Gran Reina) lo que más bien ha resistido a las violencias del huracán [sic], y terremoto; no obstante, vimos su media naranja, y espadaña de campana, mimbrearse y moverse de uno a otro costado, amenazando a venirse al suelo todo el edificio; hasta lo de ahora sólo se ha notado fracturas, no división, y oyendo de una parte de su bóveda por medio del cuerpo de la Iglesia, que se ha desunido de los dos arcos, entre quienes estaba encarcelada.

De casas particulares no ha visto el que esto escribe cosa notable; pero sí ha advertido que los edificios y paredes, que estaban antes más maltratadas, y amenazando ruina, antes que viniese el terremoto, son los que menos han padecido.

–Juicio y dictamen del que esto escribe
Según principios filosóficos no dudo escriban muchos para establecer ha provenido de causa natural y que la sequedad suma de unos años y escasez de lluvias en otros, que hemos padecido desde el de 34 [1734], han podido hacer que en las entrañas de la tierra se formase betún con muchas partes sulfúreas, y otros de naturaleza, apta en formarse una pólvora, que con la fricación de unas y otras vino últimamente en encenderse, e inflamar el aire subterráneo, que principió en el movimiento tan violento del globo terráqueo de acusar los estragos dados, y otros más lastimosos, que de Andalucía y de Portugal hemos oído, y que los humos del material bituminoso y sulfúreo, cuando más próxima estaban a encenderse, exhalados por los pozos de la tierra, causaron los fuegos iluminativos que antes se tienen en el aire. Y estos mismos humos, que al tiempo de haberse ya encendido el enunciado material, habían de ser más espesos, y más impregnados de las cualidades nocivas de el material, trabaron la atmósfera, causando la turbación en la luz del Sol, el viento huracán y en las aves y otros vivientes, en quienes se impresionaron, el aturdimiento y como desfallecimiento que hemos dicho. Y en pozos y cuevas, por donde

Deformación visible de uno de los arcos del crucero de San Pedro, causada por el terremoto de Lisboa

más libres habían dichos humos de exhalarse y evaporar la elevación de las aguas y de los demás licores, que encontraron a ella. Si bien que al verterse el vino de las tinajas me inclino a que fuese efecto del golpe violento, que padeció la tierra y suelo sobre que ellas estaban. El ruido, verdaderamente espantoso, le juzgo sucesivo eco del trueno y estruendo que, en la parte donde el material se encendió, causó el aire por él inflamado, y corriendo sucesivo y brevísimamente, por todos los ramos y espacios del mismo aire subterráneo, el retumbo (como en el estruendo de trueno de las nubes se deja percibir de nuestros oídos) pudo rodar el estruendo violento que supongo instantáneo, durar en eco y retumbo los 10 ó 15 minutos del terremoto.

En lo que no me detengo más, considerando los muchos escritos que, con más extensión, y con más conocimiento de la Naturaleza, y de sus admirables efectos, presentaron algunos, para persuadir haya sido efecto de causa natural. Lo que no me empeñaré en contradecir; y sí conviniéndome con ellos en esta parte, y añadiendo que las lluvias tempranas de la presente estación, pudieron contribuir (o por cerrar los poros de la tierra, o por obligar a más inquieta confricación a las partículas bituminosas) a que el material causado de la anterior sequedad, se encendiese. Pero aún sentado que todo haya provenido de causa natural, debo en conformidad a mi estado, ministerio de púlpito y estudio (aun mal aprovechado) de los Libros Sagrados, decir:

Que la extensión dilatada del terremoto que hasta hoy sabemos ha llegado a toda nuestra Península, los destrozos tan lamentables que ha causado especialmente en los sagrados templos, exaltación de los mares hasta hacerlos en montañas de agua, tenderse por muchas leguas de tierra, rompiendo el coto y raya que el Criador les puso, para que se contuvieran, los fuegos no solamente iluminativos, sino también combustivos, conjurados con los demás elementos para que se vea que todo el orbe de la tierra, se armó contra este Reino, todo, pues, me hace entender y con bastante certidumbre creer que Dios Nuestro Señor se ha servido de las causas naturales, como de sus ministros y sirvientes, para manifestar su justo enojo contra los pecados de España. Y temo más: que nos avisa de que alguna herejía se intenta introducir en nuestra España.

Fúndome en que cuando Dios encadenó bajo del orden y concierto, que trae la naturaleza, que todas sus subordinadas particularidades Causas, no por eso dejó tomada la causalidad de ella los efectos que no reservase en sí, como Señor Supremo, el gobierno de todo. Y cuando por parte de los hombres se le dan mayores motivos para el justo enojo, sírvese el mismo Dios de los Elementos, y de la Naturaleza, como de instrumento y azote para el castigo, como así nos lo hizo entender en tiempo del profeta Amós, por cuya pluma y profecía estamos instruidos que las culpas graves de Israel, especialmente la idolatría, desolación de la verdadera Religión, motivaron a Dios a que sirviéndose de los elementos perturbados en otro terremoto como el nuestro, diese aquel infiel, corrompido pueblo (y por los mismos ya no suyo) el merecido castigo, en lamentables destrozos.

Y la Ley Evangélica que profesamos (por mayor dicha nuestra) nos informan las Historias Eclesiásticas que en Antioquía el año 458, en el Ponto el año 499 y en Dardania el de 518, hubo en cada una de esas ciudades horribles terremotos al introducirse la herejía, en Antioquía la de Nestorio, en el Ponto la de Eutiques, en Dardania la misma, y según estas noticias, que nos dan las Divinas

Letras y las Historias Eclesiásticas, son las herejías y corrupción de costumbre la causa de los terremotos.

En nuestra España, donde tan licenciosos viven los vicios todos, y más en los que por elevados a sus altos puestos son, con su ejemplo, el incentivo para el Bien o el Mal, a los plebeyos y vulgo. En tiempo en que el comercio con las naciones extranjeras, aún aquellas que conocemos manchadas con el borrón de la herejía, y con la deslealtad de inobedientes a la Iglesia Católica Apostólica Romana, ha introducido en el novelero genio de los modernos españoles tanta afición a las modas y modos de los extranjeros mismos que, olvidando los nuestros, el recato, modestia, templanza y compostura, con la veneración a lo sagrado, en que vivieron y educaron a sus hijos los españoles antiguos, se sigue ya tan al descubierto la licenciosidad de vida, que han traído los extranjeros, temerse debe que esa corrupción de costumbres y acaso alguna herejía que a espaldas de ella se introduce sean toda la causa del terremoto que hemos padecido, y que no sabemos, si volveremos a padecer, pues aun se han vuelto a sentir algunas señales de repetición.

Por lo que considero muy digno del cuidado de todos el desenojar a Dios, por los medios que nos dejó revelados, eran aptos a reconciliarlos con Su Divina Majestad. Y en los Superiores, de todas jerarquías y estados, el celo y vigilancia a procurar se haga así; como especialmente inquirir y procurar saber si por los puertos de comercio se ha introducido algún error o herejía en estos Reinos, para extirparla y extinguirla.

Este es mi saber (*salvo meliori*) en este convento de Mercedarios descalzos de Ciudad Real y noviembre 19 de 1755 años.

Pedro del Salvador (Lector Jubilado y Comendador)

Para profundizar

MARTÍNEZ SOLARES, J. M. (2001), *Los efectos en España del terremoto de Lisboa (1 de noviembre de 1755)*, Madrid, Dirección General del Instituto Geográfico Nacional.

Traza para el retablo de la capilla del Santo Cristo del convento de San Francisco de Ciudad Real, 9 de enero de 1645, Pedro de Rosales. AHPCR, protocolos notariales, Ciudad Real, Agustín Treviño de la Cerda, sign. 136, folio 3; En Pilar Molina Chamizo, *Piedra, papel y Mecenas. Historia del convento mercedario de Ntra. Sra. de la Concepción. Ciudad Real, ss XVI-XX*, Fundación Impulsa Castilla-La Mancha, 2024

7 ¿Qué fue de los conventos de Ciudad Real?
¿Desinterés? ¿Desidia? ¿Ignorancia?
(s. XIX)

Ángel Ramón del Valle Calzado (UCLM)

Si por algo se han caracterizado las élites dirigentes de esta ciudad ha sido por el escaso respeto que han demostrado hacia su patrimonio artístico, que ha sido especialmente maltratado y no únicamente en la segunda mitad del siglo XX. Ha sido un ataque sistemático, a lo largo del tiempo, que ha hecho de Ciudad Real una ciudad sin apenas patrimonio, con autoridades locales más aficionadas a la piqueta que a la conservación:

> ... entregó su inercia y (...) criminal apatía, a la piqueta insaciable del tiempo. (Delgado Merchán, 1907: 62)

Pero no fue solo la acción del tiempo, al que se dejaba actuar, sino de acciones y decisiones concretas, tomadas por aquellos que han malgobernado la ciudad. Se han demolido a lo largo del tiempo edificios históricos e incluso barrios enteros, sustituidos por construcciones públicas y privadas sin interés arquitectónico. En el siglo XIX y a raíz de la desamortización se iniciaron los primeros pasos para definir una ciudad burguesa y moderna, pero, por desgracia, partiendo de la destrucción de buena parte de su patrimonio histórico, los conventos. Veamos cuál fue su destino.

El siglo de la desamortización

La desamortización fue una de las medidas esenciales de la revolución liberal en el siglo XIX. Las normas desamortizadoras hundían sus raíces en el reformismo ilustrado del siglo XVIII, que incluso comenzó a finales del siglo XVIII, en 1798. A partir de 1808 comienza el establecimiento del Estado liberal, un nuevo sistema político de carácter constitucional y parlamentario, pero que también implica una nueva sociedad de clases y una economía capitalista. Los agentes económicos deben actuar «en libertad», bajo la única consideración que les marca el mercado y en una sociedad sin obstáculos jurídicos o institucionales que impidan la extensión de las relaciones capitalistas de producción. Por ello, desde el primer momento en Cádiz, los liberales percibieron que la riqueza general del país pasaba por extender la propiedad individual y libre. Cada decreto, cada ley promulgada y, entre ellas, las leyes desamortizadoras, tendrán la transformación de la propiedad como objetivo esencial. Sin propiedad libre «no hay revolución política liberal, no hay revolución burguesa». Se pone en marcha la abolición del régimen señorial (real decreto de agosto de 1811 y ley de agosto de 1837), la desvinculación (decreto de octubre de 1820, repuesto en agosto de 1836) y la desamortización que a partir de 1833 se consolidará con el decreto de 19 de febrero de 1836 de Mendizábal, completado años después con la ley de 2 de septiembre de 1841, ya en plena regencia de Espartero. Finalmente, los progresistas completan el ciclo con la Ley de Desamortización General de 1855. En ambos, la venta de los bienes se llevó siempre a cabo en pública subasta tras los anuncios en los boletines oficiales de la época como el *Boletín Oficial de la Provincia de Ciudad Real* o el *Boletín Oficial de Ventas de Bienes Nacionales de la Provincia de Ciudad Real*.

La propiedad urbana eclesiástica
y los conventos en la provincia

La tierra era la base fundamental de la economía eclesiástica siendo las propiedades urbanas de la Iglesia en La Mancha meramente residuales. Según el Diccionario de Madoz el clero poseía 294 fincas urbanas, valoradas en solo 3.508.390 reales, lo que pone de manifiesto, sobre todo en comparación con su patrimonio rústico, su relativa importancia. La Iglesia poseía muy limitados bienes urbanos que, prácticamente, no iban más allá de la propia casa conventual o parroquial. No obstante, las ventas de

BOLETIN OFICIAL DE CIUDAD-REAL.

Se publica este periódico todos los Lunes, Miércoles y Viernes del presente año.

Las suscriciones particulares son: 8 rs., mes, en esta Ciudad, y para fuera 10 idem.

ARTICULO DE OFICIO.

PRESIDENCIA DEL CONSEJO DE MINISTROS.

La Reina Nuestra Señora (Q. D. G.) y su Augusta Real Familia continúan sin novedad en su importe salud.

GOBIERNO DE PROVINCIA.

Circular número 19.

La Direccion General de Contribuciones, con fecha 22 de Diciembre último me dice lo que sigue:
El Excmo. Sr. Ministro de Hacienda ha comunicado á esta Direccion general con fecha 15 del actual la Real órden siguiente: — «Ilmo. Sr. —La Reina (q. D. g.) se ha enterado del espediente instruido en esta Direccion general acerca de la pretension de algunas Diputaciones provinciales de estar facultadas por la ley de 3 de Febrero de 1823 para oir y fallar definitivamente las reclamaciones de agravio que promuevan los pueblos y particulares por esceso de los cupos de contribucion que se les señale. En su vista y considerando:
1.º Que si bien los artículos 90 y 91 de la citada ley confieren á dichas corporaciones esa facultad, el actual sistema de impuestos es distinto del que entonces rigiora, siendo por lo mismo, muy diferentes las órdenes secundarias relativas á su administracion y repartimiento.
2.º Que si el restablecimiento de la ley de 3 de Febrero concedió á las Diputaciones facultades mas amplias que la ley de municipalidades de 5 de Enero de 1845 para que su accion administrativa fuese mas desembarazada é independiente, no pudo alterar las leyes de fecha posterior relativas al sistema vigente de con-

tribuciones, como son la de 23 de Mayo de 1845 y la de presupuestos de 1849; asi como tampoco pudo derogar las instrucciones y órdenes generales espedidas en su consecuencia, para el planteamiento y administracion de la imposicion directa territorial.
3.º Que si por el restablecimiento de la citada ley se accediese á las pretensiones de las Diputaciones provinciales, no podia la Administracion cumplir con lo prescrito en el art. 5.º de la de 1849, actualmente vigente, de que el gravamen de los cupos y cuotas no esceda del 12 por 100 indemnizándose, en otro caso, comprobada que sea la exactitud de las quejas del esceso de contribucion que hubiesen satisfecho.
4.º Que obligados los administradores de provincia á examinar y aprobar los repartimientos que le presénten los pueblos, imposible les seria verificarlo, si á la vez pudieran conocer de las quejas de agravio, que deberán acompañar á dichos documentos, si el gravamen escediese del mencionado tipo.
5.º Que los trabajos estadísticos practicados por las referidas oficinas desde 1845 hasta el dia, los datos y antecedentes, reunidos acerca de la capacidad tributaria de cada municipalidad, como la práctica adquirida en estas operaciones les coloca en disposicion de resolver con imparcialidad con conocimiento de causa y con satisfaccion de los mismos reclamantes tales quejas.
6.º Que obrando las Administraciones de Hacienda bajo unos mismos principios y reglas, su marcha y resultado han de ser uniformes para todos los pueblos y provincias, lo cual no se podria conseguir corriendo á cargo de las iputaciones provinciales la instruccion y resolucion de semejantes recursos, porque cada uno adoptaria naturalmente base y procedimientos diferentes.
7.º Que por mas imparcialidad que las corporaciones citadas tuvieran, tratándose de intereses locales de su respectiva demarcacion, se verian imposibilitadas de hacer frente á las quejas de agravio, ya comprobándolas ó acordando la indemnizacion correspondiente por

Diccionario Geográfico-Estadístico-Histórico de España
y sus posesiones de ultramar de Pascual Madoz, Madrid, 1847

bienes urbanos tendrán una importante incidencia en la morfología urbana de los grandes centros urbanos, especialmente de la capital. Entre 1836 y 1854 llegaron a venderse 138 fincas urbanas del clero, 97 del clero regular y 41 del secular, teniendo un impacto limitado, sobre todo, en la capital de la provincia donde únicamente se vendieron ocho fincas urbanas frente al mayor peso de las ventas en algunas otras poblaciones como Almagro o Villanueva de los Infantes, cabeceras de Órdenes Militares (Valle, 1996: 76-84).

En la provincia de Ciudad Real existían, en 1835, en el momento previo a la desamortización, 54 conventos, el 3 % del total nacional lo que la sitúa en el nivel de las provincias de su entorno como Toledo (56 conventos), Guadalajara (39) o Cuenca (37). La inmensa mayoría, 52, pertenecen a 17 órdenes mendicantes (33 masculinas y 19 femeninas), uno a la Orden de Calatrava (convento de frailes calatravos con sede en Almagro-Calzada) y otro (Agonizantes de Santa Cruz de Mudela) a la Orden de clérigos regulares. La mayor parte de estos conventos se ubican en solo cinco poblaciones, y sobresalen el número de ellos en la propia capital y Almagro. Las casas de religiosos se sitúan en los mayores centros de población que coinciden, además, con los centros administrativos y políticos de la provincia. Las fechas de su creación señalan cómo la implantación de las casas religiosas se inicia, plenamente, en el siglo XVI alcanzando en el XVII cierto dinamismo. Parece ser que el más antiguo, de mediados del siglo XIII, es el de Franciscanos de Ciudad Real (Pillet, 1984: 27). La fundación más tardía, fue la del convento de Capuchinos de Calzada en 1769. La construcción de un convento respondía esencialmente al interés de los propios miembros de las órdenes religiosas o de la clase dirigente del Antiguo Régimen, en busca de un mayor prestigio social. Los fundados por las órdenes mendicantes fueron fruto del ambiente místico que rodeaba la vida religiosa en los siglos modernos y, en ocasiones, sus fundadores estaban ligados por algún vínculo a las poblaciones donde los crearon. Este es el caso del convento de las Carmelitas Descalzas de Malagón fundado por la misma Santa Teresa; o el de Trinitarios Descalzos de Valdepeñas erigido, en 1596, por el beato Juan Bautista de la Concepción (Madoz, 1845: 433).

Desde 1836 y hasta 1855, la administración subastó en la provincia 23 conventos (valorados en 2.671.051 reales) de los que, no obstante, solo llegó a vender doce que, tasados en 1.213.157 reales, fueron rematados en 1.418.709 reales. En este periodo no llegaron a venderse ninguno de los situados en la capital, aunque si se sacó a subasta el de Frailes Carmelitas de Ciudad Real. Los conventos de monjas siguieron subsistiendo como los de Franciscanas, Dominicas y Carmelitas de Ciudad Real. La riqueza patrimonial de toda la provincia se vio mermada considerablemente al perderse buena parte de estos edificios históricos. Debemos tener en cuenta que los masculinos quedaron vacíos en 1835. Cerrados y sin dedicación alguna, fueron deteriorándose progresivamente. Antes se les habían requisado sus bienes artísticos y culturales que ascendieron a 16.118 libros, 750 pinturas y 45 esculturas, que quedaron en posesión de comisionados locales. De igual forma, se subastaron para sufragar gastos de guerra, en febrero de 1837, las campanas de sus iglesias e, incluso, el 17 de septiembre de 1840, se enajenaron sus retablos y maderas doradas bajo el tipo de 2 reales y 17 maravedíes la arroba. Las consecuencias artísticas del abandono fueron realmente trágicas al no arbitrar el gobierno una fórmula que permitiera salvar los efectos culturales y artísticos lo que, a la postre, significó la pérdida de las bibliotecas de los conventos y de sus bienes artísticos, que, salvo casos excepcionales, se perdieron irremediablemente (Valle, 1996: 84-88).

El Ciudad Real conventual

A la altura de 1836, Ciudad Real es una capital de exiguo dinamismo económico y demográfico con alrededor de 10.000 habitantes. Encerrada en su muralla y con grandes espacios interiores vacíos, su estructura urbana es de un tipo claramente conventual careciendo de edificios públicos suficientes para acoger a las nuevas instituciones liberales. Todo ello permitió que Almagro aspirase, en los primeros momentos de la Revolución Liberal, a sustituirla en la capitalidad al contar con numerosos edificios públicos, estar libre de muralla y disponer de una estructura urbana más compacta pese a ser, al igual que Ciudad Real, una ciudad de tipo conventual. Este tema se resolvió en 1837 al dirimir las Cortes el conflicto a favor de Ciudad Real y ello implicó que la Junta de enajenación de bienes de conventos suprimidos se decidiera, como veremos, más por la cesión de los conventos capitalinos masculinos que por la venta.

Convento	Cedido	Uso	libros	Pinturas	Esculturas
Franciscanos	Si	Cuartel/Hospital	2639	56	-
F. Carmelitas	Si	Hospital	300	19	-
Dominicos	No	Demolido/Vendido	600	73	-
Mercedarios	Si	Instituto Enseñanza	1151	17	-
S. Juan de Dios	Si	Hospital	-	19	-
Franciscanas	No	Subsiste	-	-	-
Dominicas	No	Subsiste	-	-	-
M. Carmelitas	No	Subsiste	54	-	10

Cuadro 1. ¿Qué fue de los conventos de Ciudad Real?.
Fuente: Valle Calzado, 1996: 309

A finales del siglo XVIII la capital contaba con nueve conventos, pero en 1788 se cerró el de Canónigos Antoninos, uno de los más antiguos. En 1835 en el momento de la exclaustración solo subsistían ocho, cinco masculinos y tres femeninos. Su origen, en muchos casos, está relacionado con iniciativas de la clase dirigente local, casi siempre nobles, a través de disposiciones testamentarias como iremos viendo.

En el caso de Ciudad Real los cinco conventos masculinos fueron o demolidos o cedidos para otros usos, perdiéndose en su transformación su riqueza patrimonial, y los tres femeninos siguieron subsistiendo, aunque uno de ellos fue finalmente también demolido.

EN LAS PÁGINAS SIGUIENTES: plano de Ciudad Real con el nombre de las plazas, calles y edificios más importantes. Delineado y formado por Pedro Sánchez de Moya, vecino y escribano de la ciudad, capital de la Mancha; concluido el 30 de noviembre de 1819. El documento es copia del original que existía en Ciudad Real, de 1848. Firmado por el comandante del Cuerpo del Estado Mayor del Ejército Juan de Dios Sevilla. Escala: ca. 1:1750. Escalas gráficas de 600 pies castellanos y 200 varas (= 9,6 cm). España. Ministerio de Defensa. Instituto de Historia y Cultura Militar. Archivo Cartográfico y de Estudios Geográficos del Centro Geográfico del Ejército. Signatura: Ar.E-T.8-C.4-233

IGLESIAS
A.- San Pedro; B.- Santiago;
C.- Santa María;
D.- Iglesia-hospital de los Remedios

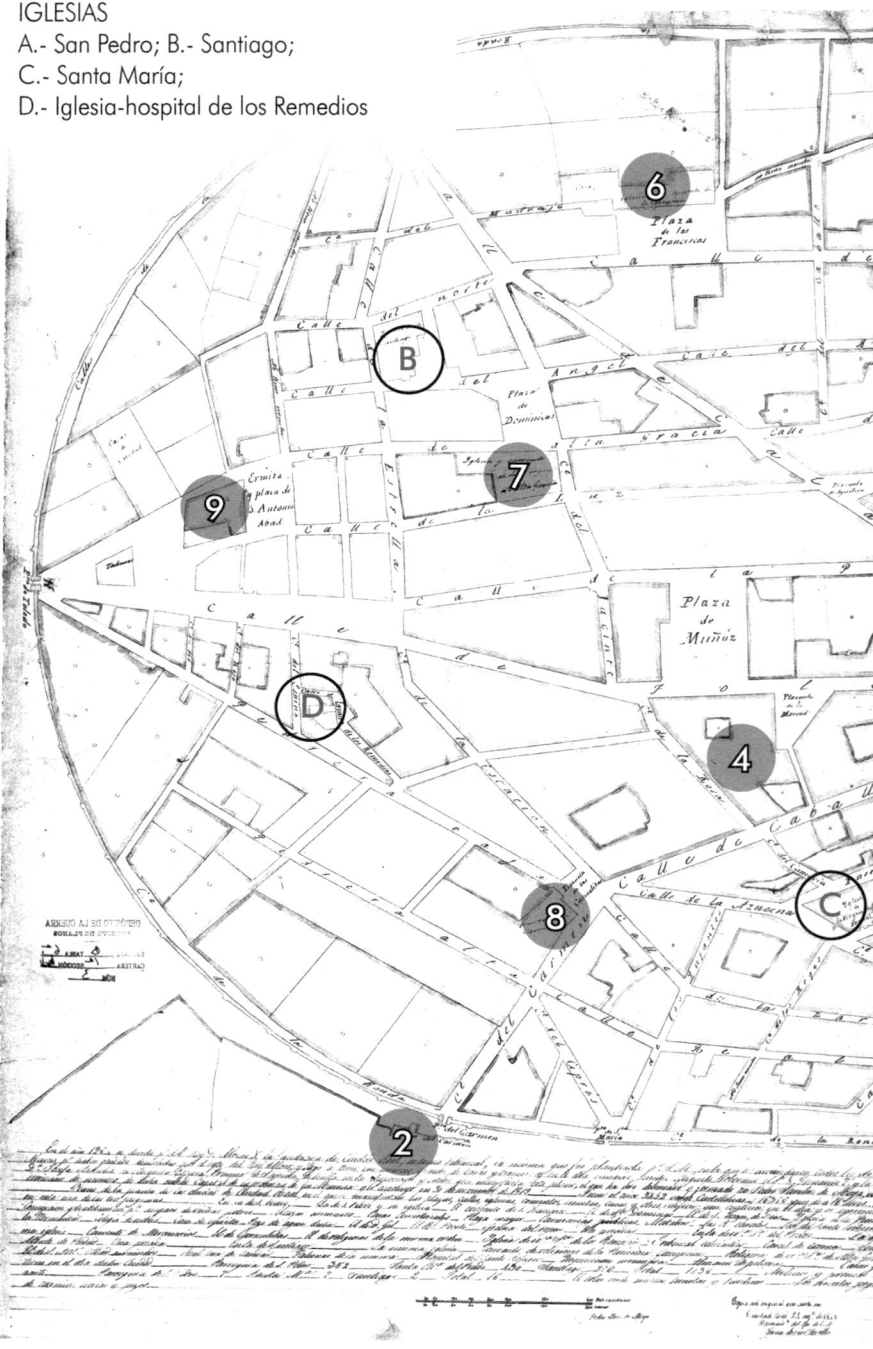

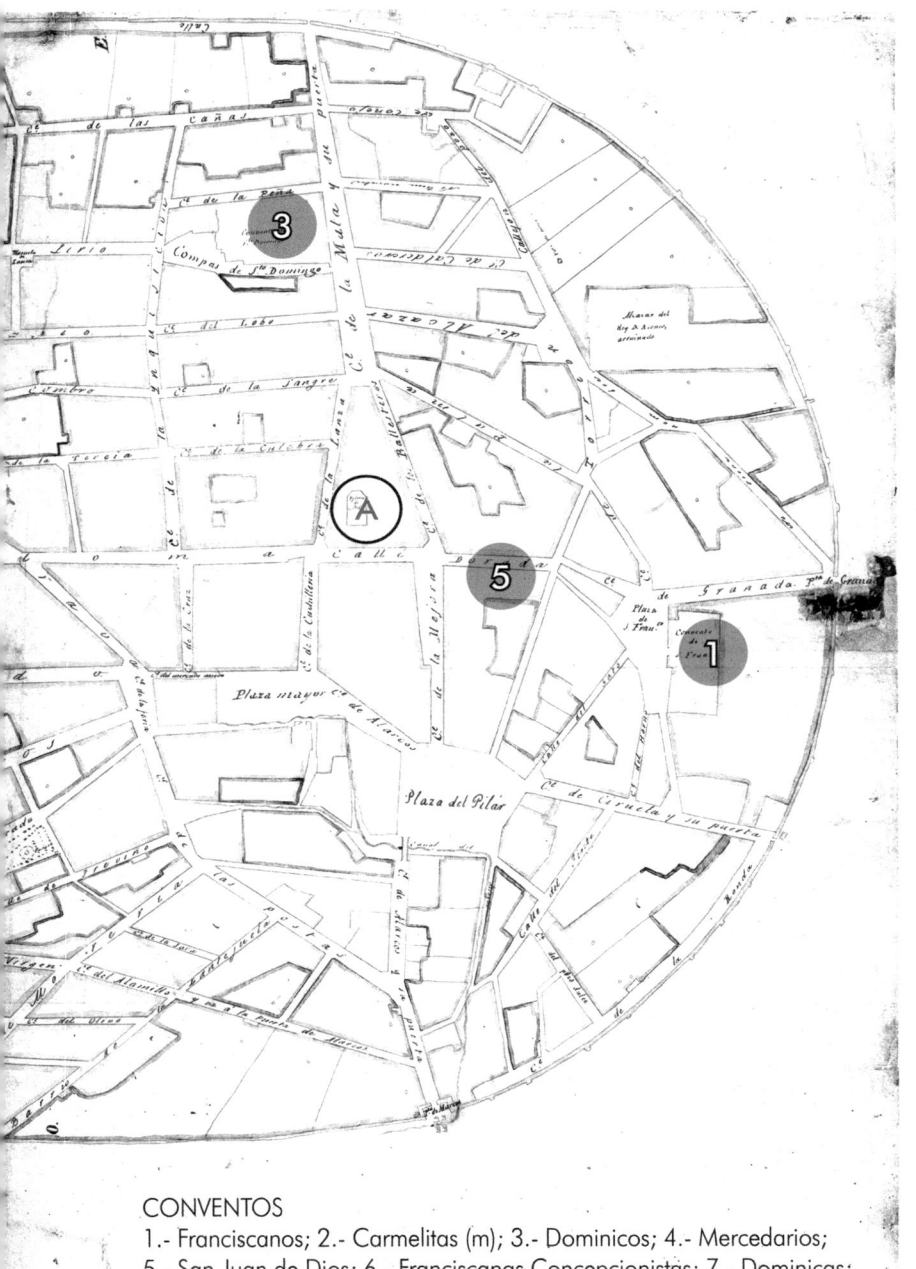

CONVENTOS
1.- Franciscanos; 2.- Carmelitas (m); 3.- Dominicos; 4.- Mercedarios;
5.- San Juan de Dios; 6.- Franciscanas Concepcionistas; 7.- Dominicas;
8.-Carmelitas (f); 9.- Convento-hospital de Agustinos de san Antonio Abad

La destrucción de los espacios conventuales supone un desastre por la pérdida de un rico y valioso patrimonio, pero, al tiempo, fue un posible elemento para la transformación urbana al permitir la posibilidad de abrir nuevos espacios que podían ser utilizados con otros usos para renovar y modernizar la ciudad pasando de ese modelo conventual a un modelo burgués.

Convento-Hospital de la Orden Hospitalaria de Canónigos Regulares Agustinos de San Antonio Abad

El desaparecido Convento-Hospital de la Orden Hospitalaria de Canónigos Regulares Agustinos de San Antonio Abad, llamados Antonianos, se encontraba ubicado en torno al actual colegio alcalde José Cruz Prado, en la antigua plazuela de San Antón, entre las actuales calles de Altagracia, Don Quijote, Luz y San Antón. Era uno de los más antiguos al fundarse en la segunda mitad del siglo XIII, gracias al patrocinio de frey Sancho Sánchez Dávila (caballero del hábito de Calatrava y comendador de Benavente), de frey Pedro González de Finestrosa (caballero también de Calatrava y comendador de Almadén) y de la familia Villalobos. Tenía además de la iglesia, un hospital para enfermos con dolencias contagiosas, una gran huerta y claustros con pinturas murales cuya temática versaba sobre las tentaciones. Esta orden fue suprimida en 1787, y parece ser que fue expropiado tras ser cerrado en 1788. Por desgracia no tenemos más noticias sobre el mismo y de las circunstancias de su demolición, y tampoco se conservan imágenes de este. Ciudad Real perdía así un gran edificio conventual, una de las primeras pérdidas de riqueza patrimonial de la ciudad.

Según Rafael Cantero se pensó dedicar al edificio a finales del siglo XVIII a fines sociales como cederlo a la Congregación del Refugio, o crear en él una Casa Corrección de Mujeres Delincuentes. Lo que es evidente es que se demolió en algún momento del siglo XIX y en el solar que quedó el Ayuntamiento decidió construir una escuela infantil que se inauguró finalmente en 1924 con el nombre de José Cruz Prado –presidente de la Cámara de Comercio, diputado provincial y presidente del Casino Artístico–. En 1965, el edificio primitivo de la escuela fue demolido

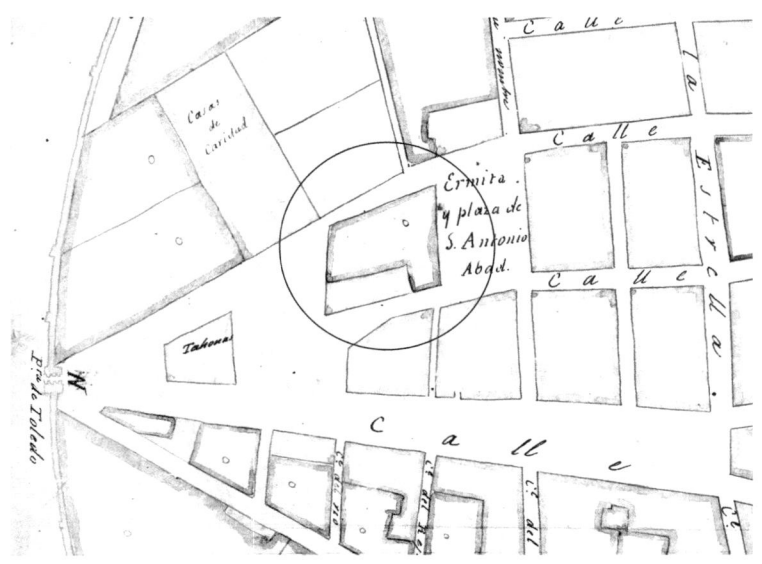

Localización del convento hospital de la Orden Hospitalaria, 1819.
Ministerio de Defensa

y se construyó en el mismo lugar un nuevo centro, también con fines escolares, que también recientemente ha sido renovado totalmente.

Convento de la Orden de Santo Domingo (Dominicos)

El nacimiento de este establecimiento conventual está relacionado con los sucesos contra la persecución de los judíos de 1391, que en Ciudad Real supuso la conversión de la sinagoga en iglesia bajo la advocación de San Juan Bautista. Entre 1393 y 1399 pasó por diversas manos hasta que, en esa última fecha, Juan Rodríguez de Villa, su último dueño, cedió la antigua sinagoga y unas casas anejas a los dominicos con la obligación de crear un convento. Por fortuna, se decidió no destruir la sinagoga sino adaptarla al nuevo uso. El convento ocupó una amplia zona situada entre las actuales calles de la Mata y Libertad. Es indudable, por tanto, el valor arquitectónico de este edificio. La iglesia, formada por tres naves en las que se abrían las diferentes capillas tenía dos portadas y era muy amplia. Contiguo a la iglesia, se

Puerta de la Sinagoga Mayor de Ciudad Real. *Catálogo monumental artístico-histórico de la provincia de Ciudad Real*, 1917, Bernardo Portuondo; Edición facsimilar, BAM, 2007

encontraba un gran patio cuadrado con, según el historiador Delgado Merchán, espaciosos claustros sostenidos por pilares, que formaban arcos combinados de herradura y apuntados. Además, en 1407, el Concejo de Ciudad Real les había cedido lo que ahora conocemos como Compás de Santo Domingo, espacio al que se abría la puerta de la iglesia.

Fúndase esta en las dimensiones, en la figura, en la forma y elevación de las techumbres, en la construcción y estilos de sus columnas y capiteles, en los arcos de herradura de sus portadas, una de Norte y otra de Poniente, formadas por semicírculos en degradación con sus correspondientes arquivoltas, de muy semejante parecido a las artísticas en igual en la fabricación de sus muros, todos de ladrillo y tapial conforme al gusto árabe de aquella época (...). Los testigos que vieron el derribo del convento señalan la existencia de un gran patio cuadrangular que llega la calle la Mata: pilares, arcos combinados de herradura y apuntados seme-

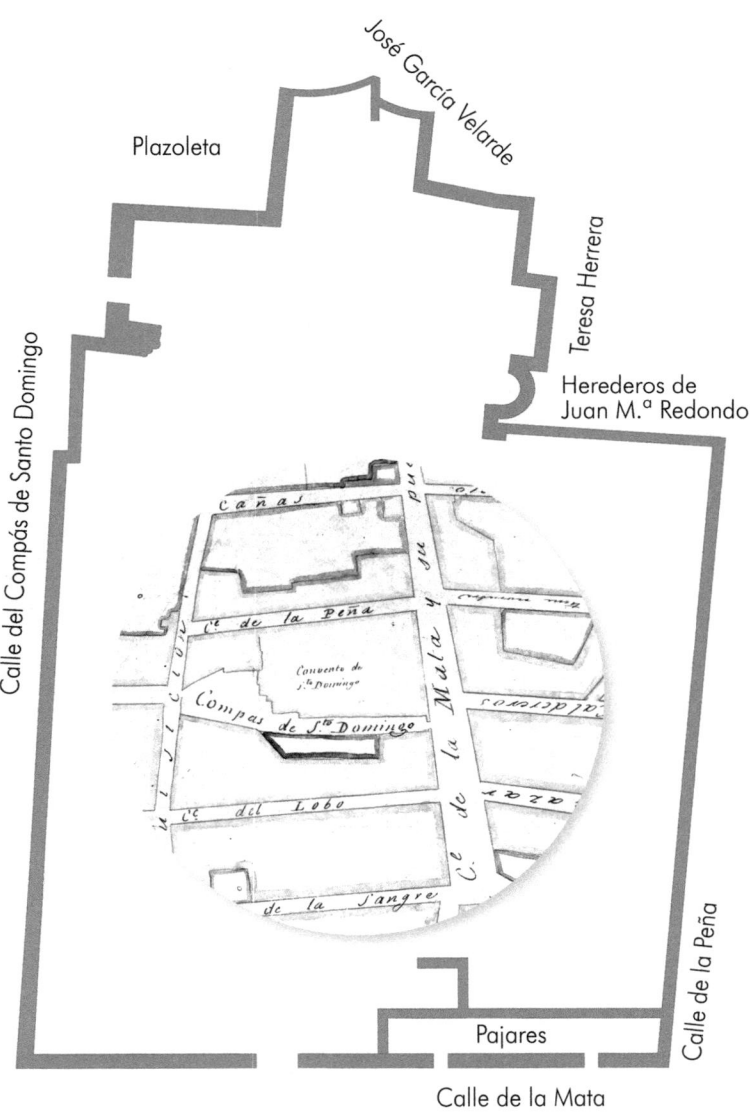

José García Velarde

Plazoleta

Teresa Herrera

Herederos de
Juan M.ª Redondo

Calle del Compás de Santo Domingo

cañas

Ce de la Peña

Convento de
Sto Domingo

Compas de Sto Domingo

Ce del Lobo

Ce de la Mula y su pu

Ce de la Sangre

Ce de la azar

Calle de la Peña

Pajares

Calle de la Mata

Planta del convento de Santo Domingo (en solar). Fuente: Diego Peris
Sánchez, a partir de la documentación original del AHPCR.
En el interior de la traza, detalle de la localización del convento en 1819,
en el plano de Pedro Sánchez de Moya, Ministerio de Defensa

Puerta de la sinagoga mayor de Ciudad Real, actualmente expuesta en el Museo de Ciudad Real-Convento de la Merced. Fotografía David Blázquez, Fundación Impulsa Castilla-La Mancha

jantes a las esbeltas y airosas de la puerta de Toledo. Delgado Merchán, 1907: 64-65

Fue suprimido en 1821, y parte de sus enseres pasaron a las Dominicas y su valiosa sillería a la parroquia de Torralba de Calatrava. La Iglesia estuvo abierta al culto hasta 1836. El desinterés municipal facilitó su demolición y que sus materiales fueran usados para la construcción de los nuevos edificios que se iban construyendo en la ciudad como la Plaza de Toros y el Teatro de la Amistad (luego Teatro Cervantes) frente al palacio de la Diputación. Según Delgado Merchán las esculturas de yeso de los claustros fueron quemadas y usadas como combustible por un particular. En el plano de Coello de Ciudad Real de mediados del siglo XIX ya se indica que está en ruinas:

> ... las altas cúpulas y las robustas columnas y pilares del santuario, y los sólidos y macizos muros del asilo de la paz, todo (...) fue rendido. (Delgado Merchán, 1907: 62)

Lo que quedaba del mismo, el solar de 5.446 metros cuadrados, se subastó en 1872. Posteriormente, a principios del siglo XX se dividió en dos manzanas, con una calle divisoria llamada de las Delicias. Estaba ya parcelado en diferentes propiedades privadas de pequeñas dimensiones que señalan el olvido total del antiguo convento de los dominicos.

Convento de las Dominicas
Su construcción se remonta a mediados del siglo XV gracias a la iniciativa del abogado Alfonso Pérez de Ledesma y su esposa Mencía Alonso de Villaquirán, cediendo su casa para levantar un convento de dominicas bajo la advocación de Nuestra Señora de Alta Gracia. Ocupaba parte de las actuales calles Jacinto, Altagracia, Estrella y Luz. Era de los más ricos de la ciudad y, por fortuna, se han conservado testimonios fotográficos del mismo. Sobresalía un mirador con celosía y su iglesia con altos y redondos contrafuertes. La puerta de la iglesia estaba blasonada con el escudo de la orden, y coronada por la imagen de la Virgen con el Niño Jesús franqueados a ambos lados por dos animales. En el interior había una interesante colección de pinturas de interés y contaba con dos patios, uno de ellos con columnas de piedra y capiteles con el escudo de la orden y del fundador del monasterio. En varias dependencias había valiosos artesonados del siglo XVI y cerámicas con imágenes de santos de la orden.

El convento y la iglesia no se vieron afectados por la desamortización del siglo XIX. En 1936, al estallar la Guerra Civil, las monjas fueron expulsadas, y se destruyó parte de su patrimonio al ser usado primero como cárcel y luego como refugio. Al terminar la Guerra Civil, fue ocupado de nuevo por las Madres Dominicas. Nadie se preocupó de afrontar las reformas necesarias y el con-

Fotografía del desaparecido monasterio de Dominicas.
(Archivo Loty, Ministerio de Cultura)
Arriba, el conjunto de iglesia, convento y huerto,
recogido en el plano de Sofí de 1925

junto fue deteriorándose y tuvo que ser abandonado. En 1968 se
cerró la iglesia y fue declarada en estado de ruina. Fue derruido en
1970 siendo sustituido por bloques de viviendas. Parece ser que
un constructor convenció a las monjas para demoler las dependencias conventuales, para edificarlas en otro extremo del solar, con
fachada a la calle Altagracia, conservándose la iglesia y, en la parte
que daba a calle Luz, viviendas. En marzo de 1967 se presentaba el
proyecto pero, un año después, el promotor solicitó al Ayuntamiento el cambio de ubicación de la construcción del nuevo convento e
iglesia, en el camino de Alarcos. El Ayuntamiento, en 1968, de manera incomprensible le concedió la licencia y convento e Iglesia se

Detalle de la portada de la Iglesia del convento de Dominicas montada en la rotonda de la Puerta de Santa María

demolieron. Un ejemplo de la actitud de las élites locales, incluidas, en este caso, también las eclesiásticas. Aquí no se puede recurrir al latrocinio desamortizador. Los únicos restos que se conservan son la portada, integrada en la actual Puerta de Santa María, una parte del artesonado en la sacristía del Camarín de la Virgen del Prado y algunas pinturas en el Museo Diocesano.

LOS CONVENTOS CEDIDOS PRIMERO Y DEMOLIDOS DESPUÉS

Una capital de provincia y más aún si se había puesto en cuestión su capitalidad, como es el caso, necesitaba edificios para poder instalar en ellos las nuevas instituciones que se iban a ir precisando. Por desgracia, en ese proceso de cambio, muchos de los edificios conventuales o fueron también demolidos o sufrieron un enorme proceso de renovación, que hace casi imposible reconocer su antigua fisonomía. La reestructuración del espacio urbano supuso al tiempo una significativa pérdida de patrimonio.

Convento de Frailes Carmelitas Descalzos

Este convento es un ejemplo del patrocinio de la nobleza local en la fundación de este tipo de instituciones. En este caso fue un caballero de la Orden de Montesa y regidor de la villa, Antonio

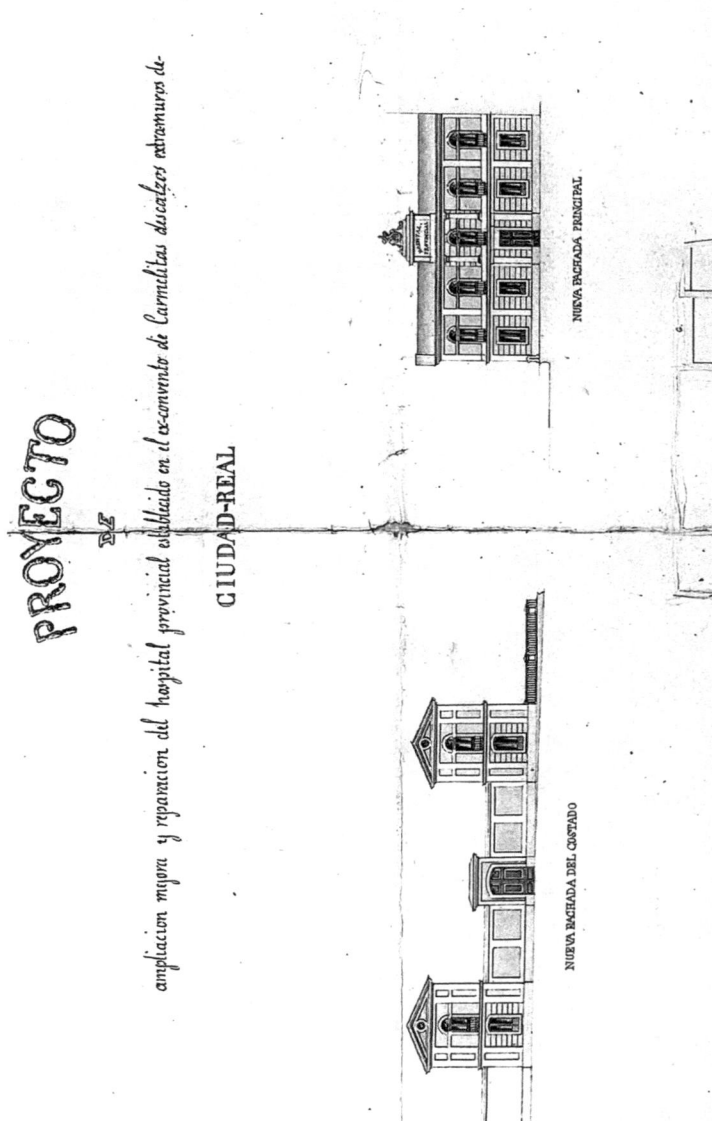

Plano del convento, iglesia y hospital provincial del Carmen. Cirilo Vara, 1859. ADPCR; En Diego Peris Sánchez, *Ciudad Real. El hospital y la ciudad. Dos siglos de Historia*, Serendipia Editorial, 2024

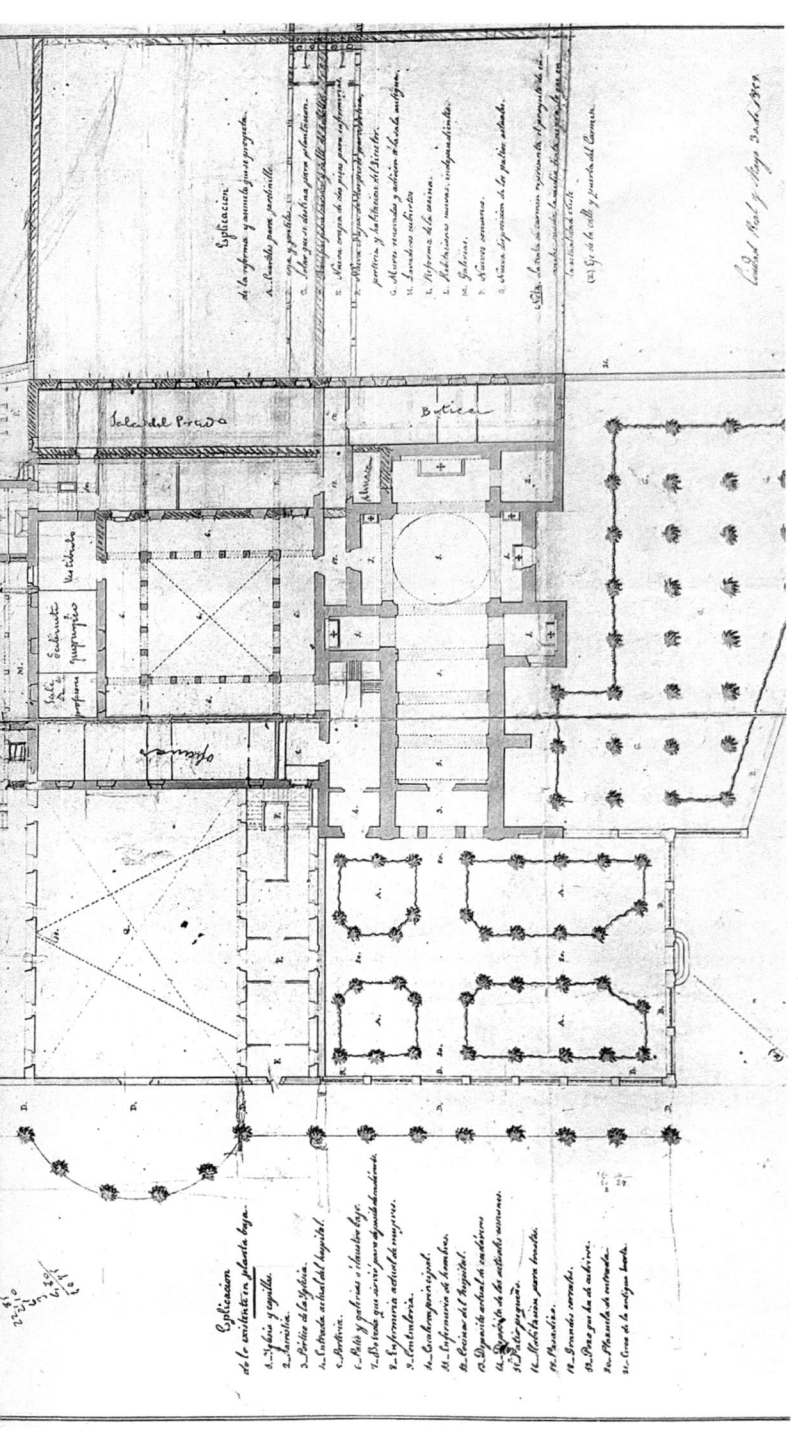

El desaparecido Monasterio de los Carmelitas de Ciudad Real, ubicado en la ronda del Carmen, frente de la calle del Carmen.
José Domingo Delgado Bedmar

de Galiana Bermúdez, y su mujer Isabel Treviño a finales del siglo XVI quienes dedicaron las rentas de uno de sus mayorazgos para ello. En un principio iba a estar situado en la casa del fundador, cerca del convento de San Francisco pero, por esa razón, cambiaron de idea y solicitaron realizarlo en la ermita de San Sebastián, situada extramuros de la ciudad. Debía albergar a 24 religiosos, e incluía iglesia, hospedería, enfermería y huerta. Se construyó en una parcela bastante grande. Sabemos por Delgado Merchán que se abrió una nueva puerta en la muralla, llamada del Carmen, para el mejor servicio del convento (Delgado Merchán, 1907: 57).

Se suprimió en el Trienio, trasladando sus frailes a Almodóvar del Campo. En la desamortización de Mendizábal se puso en venta, pero ningún comprador se interesó. En 1845 se cedió al ayuntamiento que lo dedicó a hospital y en 1857 pasó a la Diputación, que lo hizo provincial y amplió su uso a manicomio. Ya en los años de la Restauración, en 1887, se amplió el hospital con un nuevo edificio. El antiguo, donde se incluía la iglesia, ya solo se dedicaba a enfermos contagiosos y a dementes. Las progresivas

Iglesia del Carmen, al otro lado de las vías del tren.
El Arca de Noé-Ángel Mur, (entre 1905 y 1920).
Centro de Estudios de Castilla-La Mancha (CECLM)

reformas del hospital a lo largo del siglo XX, en los años de la dictadura de Primo de Rivera y de la II República, con un nuevo Quirúrgico inaugurado en 1933, fueron remodelando el antiguo espacio conventual, que fue desapareciendo. Finalmente la Iglesia del convento fue derruida en 1936.

Ya no quedaba nada del antiguo convento cuando la Diputación construyó el Pabellón de Ingreso a finales de la década de los cuarenta, y que en la actualidad es usado por algunos servicios de esta institución como el archivo. En 1979 se inaugura el colindante Hospital del Carmen, que ahora se dedicará a ciudad administrativa en una última remodelación.

Convento de la Inmaculada Concepción de los Padres Mercedarios

Se fundó también a principios del siglo XVII gracias a la iniciativa de un militar Andrés Lozano, y su construcción duró unos cincuenta años. Era un convento pequeño que debía incluir una iglesia. Se disponía alrededor de un claustro alrededor del que se organizaban las diferentes dependencias. El proyecto inicial se

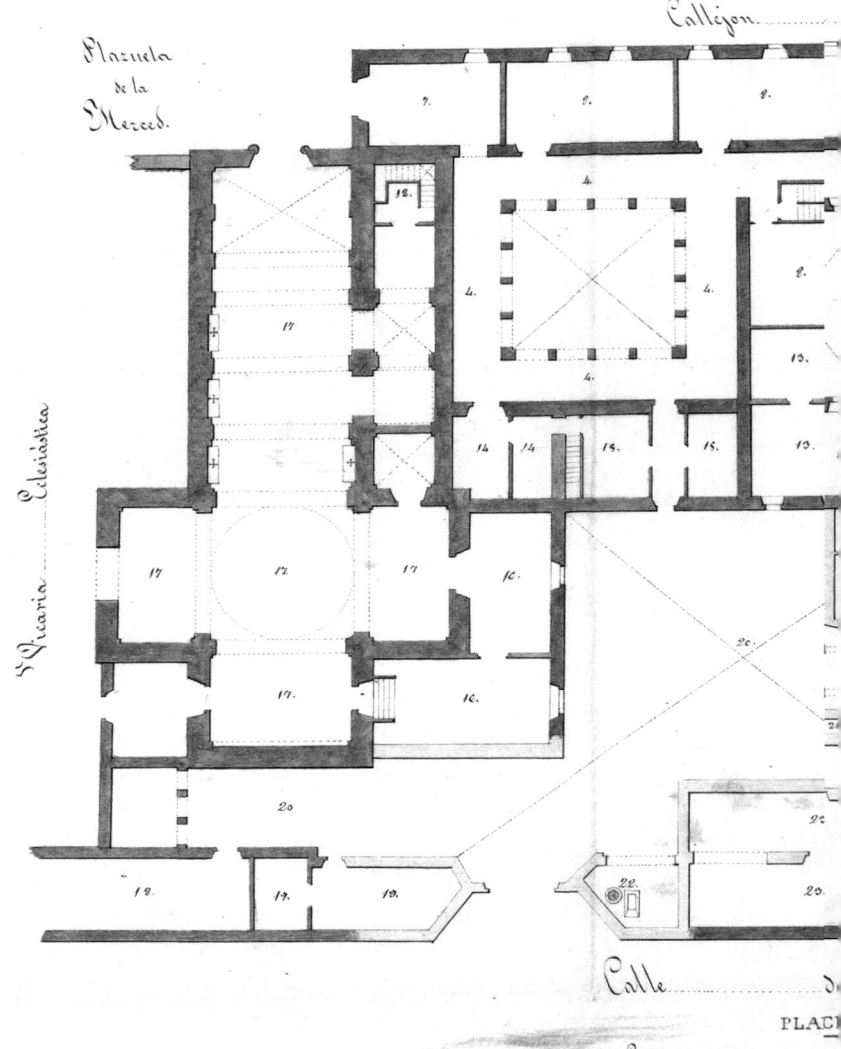

Plano del convento e iglesia de la Merced. Cirilo Vara y Soria, 1862. AGA; En Pilar Molina Chamizo, *Piedra, papel y Mecenas. Historia del convento mercedario de Ntra. Sra. de la Concepción. Ciudad Real, ss XVI-XX*, Fundación Impulsa Castilla-La Mancha, 2024

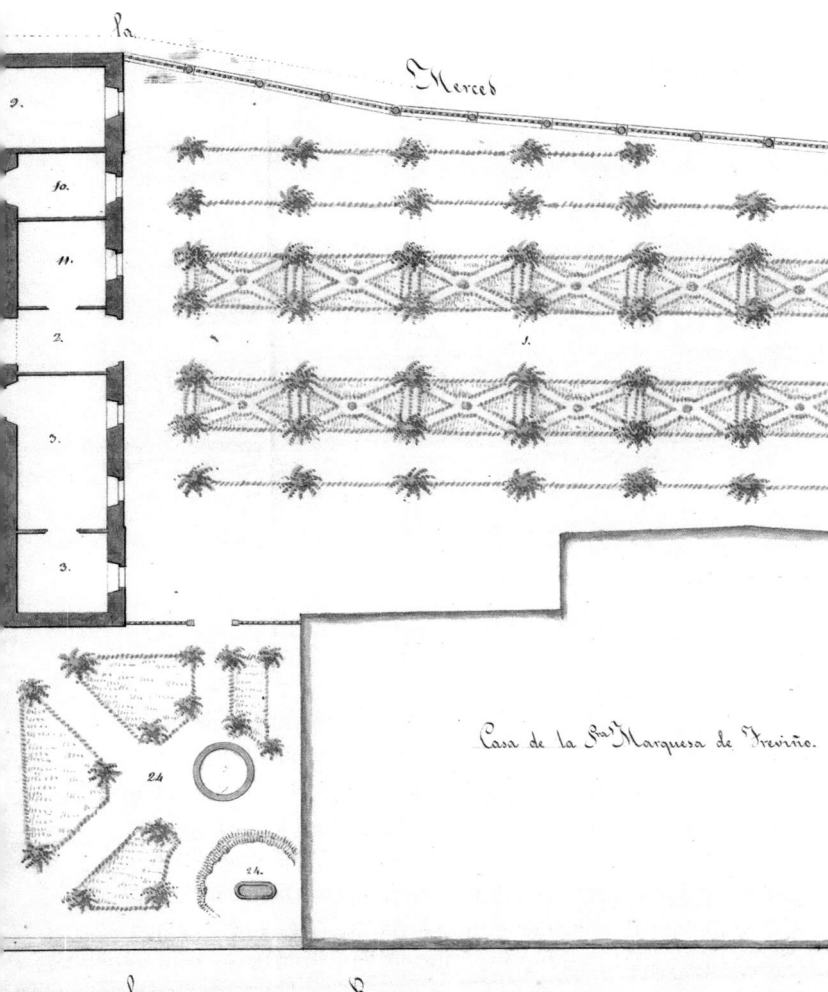

la Merced

9.

10.

11.

2.

J.

3.

3.

24

24.

Casa de la Sra. Marquesa de Treviño.

la Rosa.

E HALLA EN LA ACTUALIDAD

Esplicacion.

14.- Porteria.
15.- Piezas sin uso.
16.- Sacristia.
17.- Iglesia de la Merced.
18.- Bajar.
19.- Habitacion del hortelano.
20.- Patio de recreo.
21.- Carboneras y recipiente de comunes.
22.- Pozo y pila cubierta.
23.- Prensa.
24.- Jardinillo de la noria.
Nota.- La tinta amarilla indica lo que
hay que demoler para hacer la adicion, y
la gris lo que queda existente de lo antiguo.

metros por metro.
⎯⎯⎯⎯⎯⎯⎯⎯⎯ Metros.

Fachada del instituto, con el jardín en primer término. Centro de Estudios de Castilla-La Mancha (CECLM)

pudo mejorar por el apoyo de Álvaro Muñoz de Figueroa y su esposa María Torres, que costearon la construcción a cambio de su enterramiento allí. La iglesia del convento destaca por una asimetría espacial muy acentuada. Levantó también un pósito pío, junto a la iglesia, en el lugar que ocupa hoy la puerta de carruajes de la Diputación. En 1985 se produjo el descubrimiento en la iglesia de unas pinturas murales que datan del siglo XVIII. Localizado en pleno dentro de la ciudad, en una manzana que comparte con la actual Diputación Provincial, estaba formado por la iglesia actual, todo el edificio del que fue Instituto de Enseñanza Secundaria de Nuestra Señora de Alarcos y parte del actual Palacio de la Diputación. No olvidemos que la Diputación se construyó sobre las llamadas Casas de la Vicaría Eclesiástica que la iglesia vendió para la nueva institución, perdiéndose así también otro edificio histórico de la ciudad.

En un primer momento, en el Trienio, se mantuvo agregándole los frailes del convento de la misma orden en Almagro. En el Convento de Mercedarios se instaló, en 1843, el Instituto de Segunda Enseñanza, separando así el convento de su iglesia; continuaría como instituto de Bachillerato hasta 1995 con el nom-

El convento de padres mercedarios, ya en su función de instituto.
Portfolio fotográfico de España, n.º 22. José Domingo Delgado Bedmar

bre de San Juan de Ávila para los alumnos y de Santa María de Alarcos para las alumnas, hasta desdoblarse en 2 institutos de Secundaria diferentes (Pillet, 1985: 215-217).

En los últimos años se ha instalado en él la colección de Bellas Artes de la Junta de Comunidades de Castilla-La Mancha lo que, a la postre, ha permitido que sea el único convento masculino de la ciudad que se conserva, aunque muy reformado. También la iglesia de la Merced sufrió numerosas reformas posteriores, hasta que fue abierta al culto público.

Convento de San Francisco

Fue uno de los primeros conventos en fundarse, en 1263 por el propio Alfonso X, en las proximidades del Alcázar y de la Puerta de Granada. Los primeros monjes fueron franciscanos claustrales que, a partir del siglo XVI, fueron sustituidos por los llamados monjes observantes. Según indica Lop Otin, sus edificaciones han desparecido, no existen testimonios gráficos del mismo y muy pocos escritos (Lop, 2019: 13). Tenemos escasos datos de su estructura, aunque según las fuentes era muy grande y suntuoso. Constaba de templo (seguramente gótico),

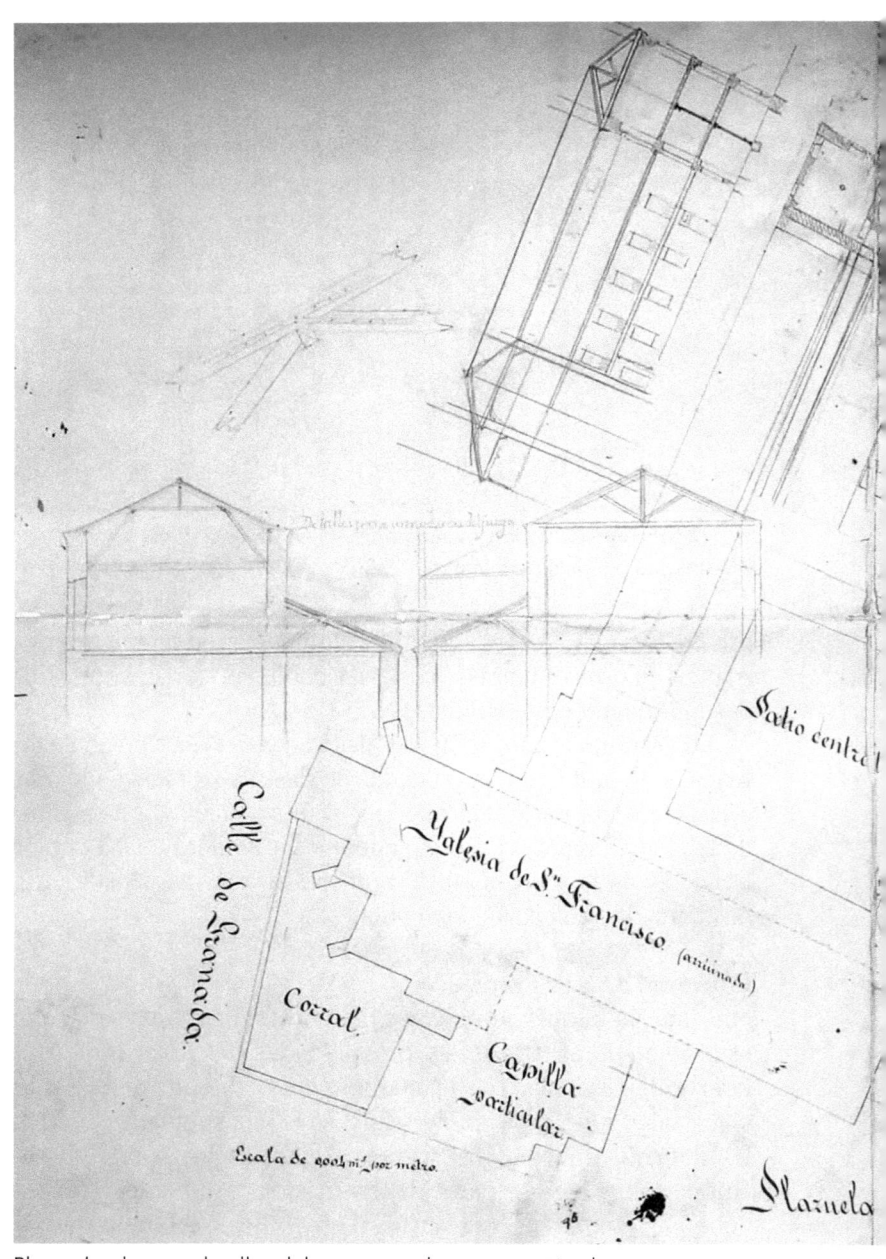

Plano de planta y detalles del «proyecto de construcción de una nueva crujía en el solar de la antigua iglesia de San Francisco, para ampliar el Hospicio provincial», Sebastián Rebollar, 1905-1906. Archivo General de la Diputación Provincial

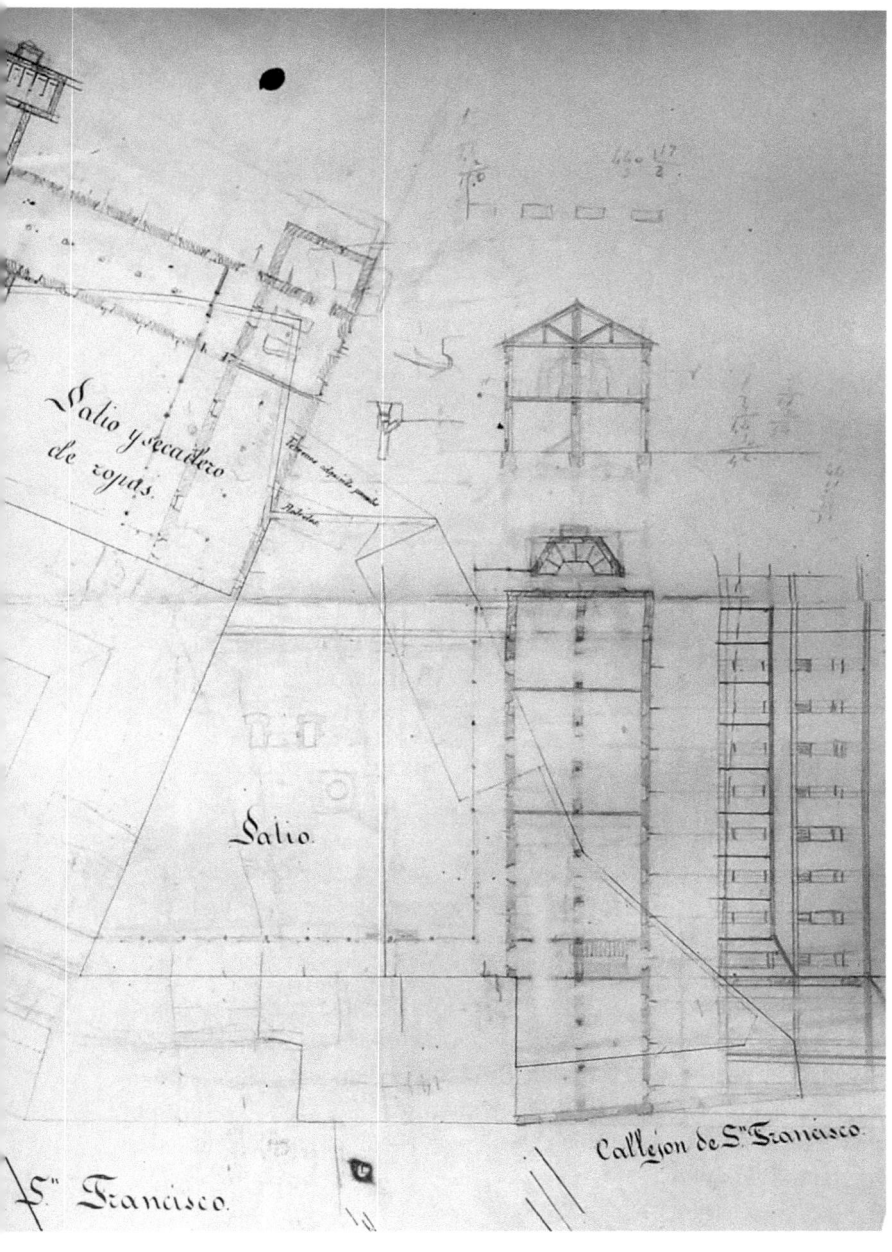

Patio y secadero
de ropas.

Patio.

S.ᵉ Francisco.

Callejon de S.ᵗ Francisco.

Ciudad-Real
Iglesia de la Soledad y Hospicio.

«El antiguo convento desamortizado de San Francisco, convertido en hospicio (dibujo de Vicente Rodrigo, 1900). En M. Espadas Burgos (dir.), Historia de Ciudad Real. *Espacio y tiempo de un núcleo urbano*, Toledo, CCM, 1993», p. 279

claustro, huertos y un cementerio, y todo ello ocupaba un espacio considerable.

> En este convento ay muchas capillas muy buenas y de mucha autoridad, en que tienen sus entierros y sepulcros con sus divisas y armas todos los caballeros y gente principal. (Lop, 2019: 29)

Isidro Sánchez ha estudiado la supresión del convento y los usos diversos del mismo hasta la actualidad. Con la ley de desamortización de 1820 el convento fue abandonado pasando sus frailes a Almagro. En los años de la primera carlista (1833-1840) fue usado de cuartel de las tropas liberales y el edificio se deterioró de manera significativa:

> ... del que sólo se dejó en pie en la restauración moderna una puerta gótica del claustro. (Sánchez, 2019: 106)

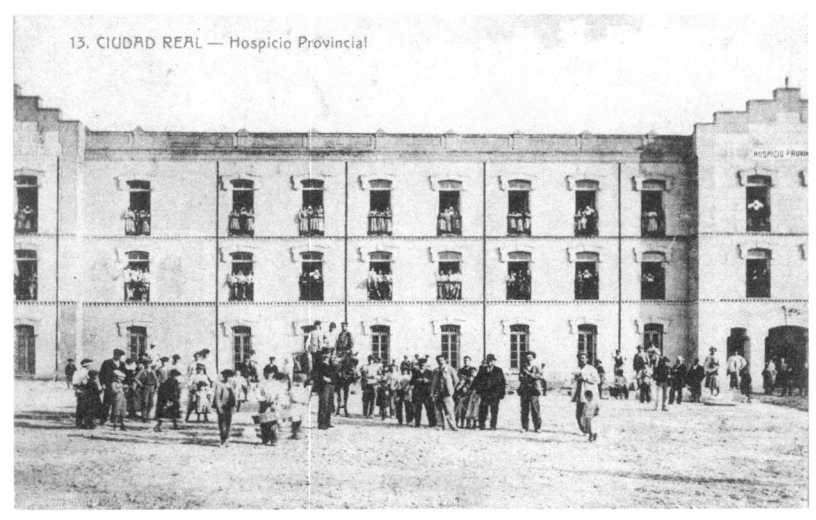

13. CIUDAD REAL — Hospicio Provincial

El Hospicio provincial entre 1910 y 1920.
Vicente Rubio Larrosa, Perfumería de la Vda. de G. García

Administrado por el ayuntamiento se decide en 1849 dedicarlo a la sede de la Escuela Normal de Maestros y Prácticas de
Niños, aunque al no reunir las condiciones adecuadas el edificio
se traslada al Convento de San Juan de Dios. En 1857 todo el
conjunto pasa de manos del Ayuntamiento a la Diputación Provincial, que decide instalar allí el Hospicio Provincial, la Casa-Cu-
na y la Maternidad, que comenzó a funcionar en 1860. Todo el
conjunto sufre unas significativas remodelaciones y el convento
original va desapareciendo progresivamente. A finales del siglo
XIX se acomete una profunda reforma que terminará con los últimos restos que quedaban como la capilla de la Soledad, una
portada abocinada, quizás la puerta de la antigua iglesia, y una
Virgen de mármol del siglo XVI que llamaban de la Correa. Algunos contemporáneos recuerdan a principios del siglo XX algunos
vestigios:

He conocido en mis años mozos la Iglesia de la Soledad, con su
pequeño campanario y su címbalo (...) cerca del ruinoso convento
de San Francisco. (Testimonio de Emilio Bernabéu, recogido en
Sánchez, 2019: 123)

«Nuevo edificio de tres pisos, sin orden arquitectónico determinado, pero que responde suficientemente en cada uno de sus departamentos a los fines a que está destinado».
Portfolio fotográfico de España, n.º 22, José Domingo Delgado Bedmar

Parece ser que poco después los retablos y altares se llevaron al Convento de San Juan de Dios, y el címbalo de la Virgen a San Pedro.

Un incendio lo destruyó a finales de siglo y hubo de levantarse una nueva fachada y hacer una reforma dirigida por Sebastián Rebollar, que terminó con los restos que quedaban del antiguo convento, que se perdieron irremediablemente. Allí la Diputación estableció diversas instituciones asistenciales como el Hospicio y la Casa Cuna. En 1943 se realizó una nueva edificación y otra más en 1963 para acoger el Hogar de la Beneficencia Provincial, cerrado en 1986, para darle el uso actual, el de residencia Universitaria y Colegio Público Infantil, que funciona desde 1991, mientras la Casa Cuna pasó a ser la sede del Servicio de Recaudación de la Diputación y un Centro de Exposiciones. Al otro lado del solar se construyó un nuevo Instituto de Enseñanza Media, el Alarcos, que comenzó a funcionar en 1995. A lo largo del tiempo el espacio del antiguo convento ha sido usado de mil y una maneras, pero con funciones ligadas principalmente a la beneficencia y a la educación.

Enmarcado, San Juan de Dios. Walter Mittelholzer, 1928

Convento-Hospital de San Juan de Dios

Se fundó también en el siglo XVII gracias al vecino de Ciudad Real, Diego López Tufiño, que lo ordenó en su testamento y lo dotó de rentas. También colaboró en la fundación Diego López Treviño (Pillet, 1984: 26-27). Se encontraba situado en la actual calle Ruiz Morote, en una zona céntrica, entre el Convento de San Francisco y la iglesia de San Pedro. No conocemos muchos datos sobre el mismo, y su importante Iglesia, pero si que fue un edificio grande y significativo para toda la ciudad por su ubicación y su papel asistencial. A mediados del siglo XVIII se decía:

> ... hoy tiene el Hospital una famosa, grande, y nueva iglesia que aunque se comenzó el año 1660 tardó más de cuarenta en acabarse. Está muy adornada de Efigies de mucha devoción, –la pequeñita y encantadora Soledad de la Semana Santa antigua y el bellísimo San Antonio de Padua que llevaban a San Pedro para su verbena y fiestas–, y Altares muy decentes, y dedicada al Espíritu Santo como Titular y Tutelar. (Fray Juan de Pineda, *Chronología Hospitalaria*, 1716)

Durante la Guerra de la Independencia y la primera guerra carlista fue utilizado como hospital y, al ser usados los sótanos como

Certificado del arquitecto provincial, Telmo Sánchez, de la ejecución del derribo parcial de San Juan de Dios, noviembre de 1930. AGDCR

caballerizas, se deterioraron. En 1836 los frailes abandonan definitivamente el convento; el Ayuntamiento lo siguió dedicando a hospital. Y con esta función continuó hasta que en 1851, proveniente del edificio antiguo Convento de San Francisco, fue trasladada la Escuela Normal de Maestros, a la izquierda del templo, y a partir de 1860, la Escuela Normal de Maestras a su derecha. En 1877 se estudió como posible sede del Seminario Conciliar, opción que finalmente se descartó. En 1931, se demolió el edificio donde estuvieron las Escuelas Normales, y en 1937, la iglesia.

El 24 de octubre, el Consejo Municipal acordó dirigirse a la Junta de Incautaciones con el fin de comunicar el propósito del municipio de demoler el viejo edificio en el que estuvo instalada la iglesia y se donaron a la Caja de Reparaciones todos los objetos de plata existentes en la antigua iglesia de San Juan de Dios. Ciudad Real perdía así otro de sus edificios emblemáticos. Años después la Diputación construyó allí viviendas para sus funcionarios, el «Grupo Francisco Franco», demolido en 2017 para construir un bloque de viviendas privado.

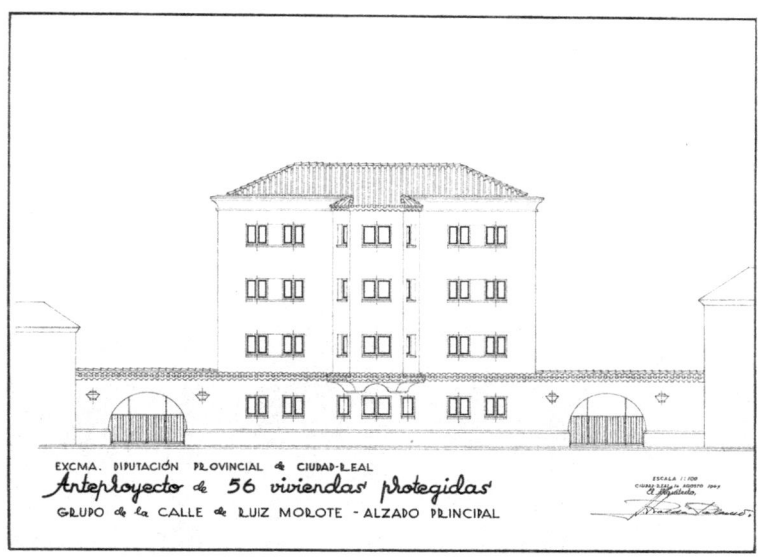

Alzado del anteproyecto para levantar 56 viviendas protegidas en el solar del convento hospital de San Juan de Dios, en 1943. AGDCR

Los conventos femeninos

La desamortización no afectó a los edificios de los conventos de las órdenes religiosas femeninas que, por lo tanto, siguieron existiendo y pudieron continuar su vida monástica, lo que permitió la continuidad de ese patrimonio documental. En el caso de Ciudad Real existían como vimos tres conventos femeninos, pero solo dos de ellos se han conservado.

El Convento de Carmelitas Descalzas

Está muy relacionado en su origen con su homónimo masculino, ya que su creación también fue posible por una cláusula del testamento del mismo personaje, Antonio Galiana, caballero de Montesa, que dejó bienes y rentas para su creación. Ante el rechazo de las monjas del hábito de Montesa, fue ocupado por las monjas carmelitas a finales del siglo XVI en la actual plaza y calles del Carmen y Pedrera Baja.

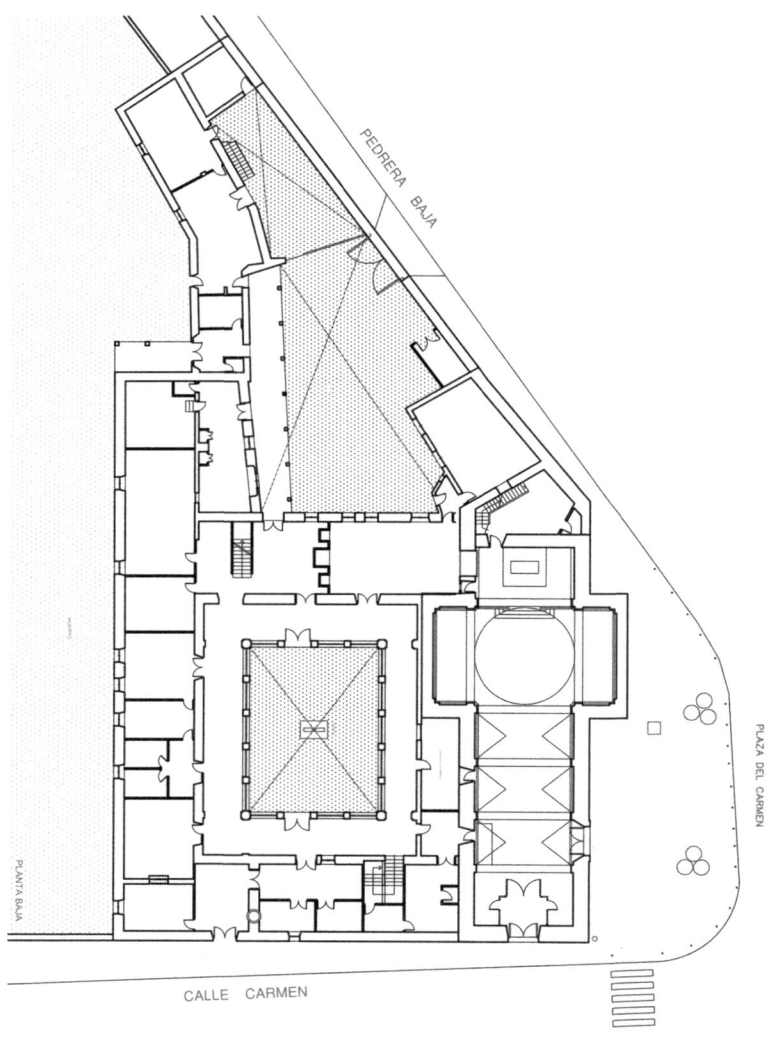

Planta de la iglesia y convento de carmelitas descalzas. Cortesía de Javier
Navarro. Servicio de Cultura de la delegación provincial de Educación,
Cultura y Deportes de la JCCM

Interior de la iglesia del Carmen. Petra Martín Prado y Ángel Aranda Palacios, informe técnico para actuaciones de restauración y consolidación en la iglesia del convento de Madres Carmelitas Descalzas. Servicio de Cultura de la delegación provincial de Educación, Cultura y Deportes de la JCCM

Es un edificio con formas renacentistas, pero con influencias barrocas posteriores. La iglesia es austera, de formas rectilíneas, de planta de cruz latina, de una sola nave, con muros sin contrafuertes exteriores y una cúpula esférica rematada por una linterna. El espacio interior de la iglesia es también sencillo, cubierto con bóveda de cañón. El retablo mayor de la iglesia fue destruido en 1936 y fue sustituido por una hornacina de estilo neoclásico, con la imagen de la Virgen del Carmen. La portada principal tiene tres cuerpos horizontales: la puerta coronada por una hornacina con la Virgen del Carmen, una ventana para iluminar la nave y un frontón triangular con un óculo en su centro. Existe además otra puerta lateral, datada en el siglo XIX, situada en el lado sur y que da a la plaza del Carmen. El edificio conventual es de estilo renacentista, que se articula en torno a un patio central, formado por dos pisos, con cuatro arcos de medio punto abiertos por panda apoyados en pilastras. El huerto se sitúa junto a su fachada norte. En la actualidad sigue ocupado por las monjas carmelitas, y es el único que conserva su uso religioso.

El Convento de Concepcionistas (Las Terreras)

El Convento de la Inmaculada Concepción o Monasterio de Concepcionistas de Santa María Beatriz de Silva de Ciudad Real (en honor a la madre fundadora de la Orden de la Inmaculada Concepción), es conocido también por el Convento de las Terreras. Fue construido en el siglo XVI, y en él encontramos formas del último periodo del gótico con elementos renacentistas. El conjunto se compone de una iglesia, el convento de clausura y los jardines. La iglesia se sitúa en el lado oriental de la plaza de la Inmaculada. Es de planta basilical, de una sola nave, formada por la cabecera de la iglesia, una nave rectangular cubierta a dos aguas y un cuerpo rectangular formado por dos plantas. Los exteriores de la iglesia están jalonados por contrafuertes de base rectangular y de alta envergadura. La portada principal de la iglesia da a la plaza. La iglesia, en su interior, cuenta con un retablo del siglo XX con la imagen de la Inmaculada Concepción. Del convento destaca su sala capitular, cubierta por un artesonado. Otros dos jardines se sitúan al norte y sur de este edificio.

Estuvo habitado por las monjas hasta 2009 y muy recientemente, en el 2023, ha sido adquirido por el Ayuntamiento de Ciudad Real con la finalidad de dedicarlo a fines turísticos.

Pinturas murales en el interior de Las Terreras. Servicio de Cultura de la delegación provincial de Educación, Cultura y Deportes de la JCCM

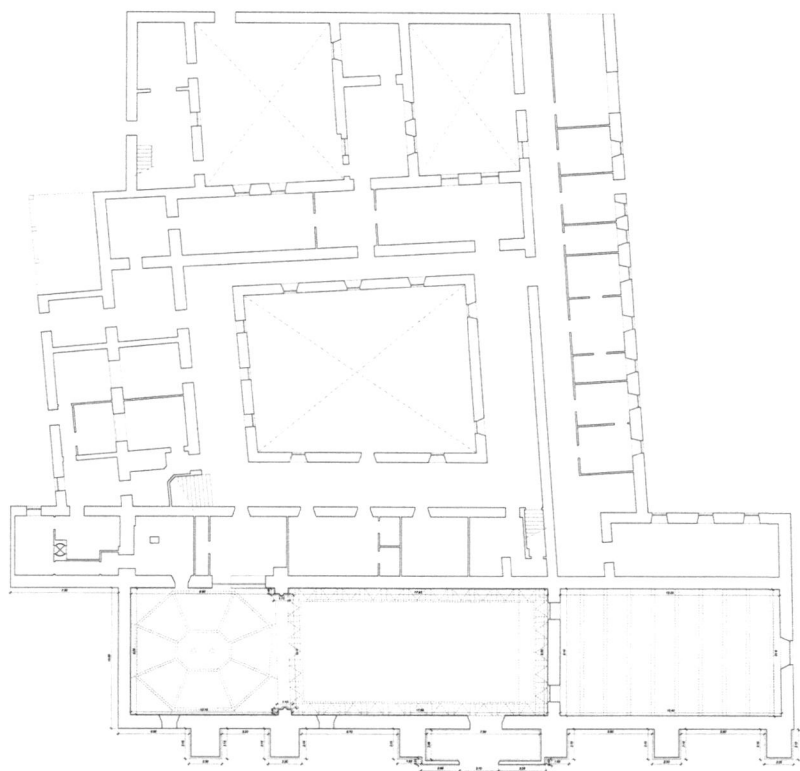

Planta de distribución de la iglesia de Concepcionistas. Servicio de Cultura de la delegación provincial de Educación, Cultura y Deportes de la JCCM

Conclusiones

Con estas actuaciones, la desamortización urbana fue el elemento esencial que facilitó la consolidación de Ciudad Real como capital provincial. La configuración de Ciudad Real como ciudad burguesa se completará con otras iniciativas públicas (Plan de mejora de la Plaza de la Constitución en 1850) o privadas apareciendo las primeras grandes casas típicamente burguesas en zonas céntricas. La construcción del nuevo Ayuntamiento en 1868 y del edificio de la Diputación (en los aledaños del convento de mercedarios), en 1893, así como el derrumbe de la muralla y las obras de alineación de calles, cementerio, etcétera, completarán, en la segunda mitad del siglo XIX, el carácter de la nueva ciudad que se inició con la reutilización de los conventos. Los conventos demolidos, vendidos o adecuados a nuevos usos, permitieron que Ciudad Real realizara algunas transformaciones urbanísticas que sustituyeron la función conventual por la propiamente burguesa, con la apertura de calles y plazas, la dotación de servicios en los antiguos conventos, principalmente escuelas u hospitales y la construcción de nuevas viviendas. Por contra, la incapacidad del nuevo estado burgués condenó a la desaparición de un buen número de obras de arte y bibliotecas, a lo que debemos añadir la pérdida de los propios edificios e iglesias, muchos de los cuales tenían interés arquitectónico.

Para profundizar

BARRANQUERO, J. J. (2003), *Conventos de la provincia de Ciudad Real*, Ciudad Real, BAM.

CLEMENTE, D. (1869), *Guía de Ciudad Real*, Ciudad Real.

COELLO, F. (1847), *Atlas de España y sus posesiones de ultramar*, Madrid (el plano de Ciudad Real es de 1854).

DELGADO MERCHÁN, L. (1907), *Historia documentada de Ciudad Real*, Ciudad Real, Establecimiento tipográfico de Enrique Pérez.

LOP OTIN, M.ª J. (2019), «El convento de San Francisco de Ciudad Real en el doble contexto de la Orden y la Villa», en V. INIESTA SEPÚLVEDA y J. MARTÍNEZ CANO, *Frailes, aprendices y estudios: historia de los usos sociales en un espacio de Ciudad Real*, Cuenca, Ediciones de la Universidad de Castilla-La Mancha-Almud, pp. 13-44.

MADOZ, P. (1987, facs. de la de 1845), *Diccionario geográfico-estadístico-histórico de España y sus posesiones de ultramar*. Castilla-La Mancha, Toledo, Junta de Comunidades.

PILLET CAPDEPÓN, F. (1984), *Geografía urbana de Ciudad Real (1255-1980)*, Ciudad Real, Akal.

MOLINA CHAMIZO, P. (2024), *Piedra, papel y Mecenas. Historia del*

Pinturas murales en el interior de Las Terreras. Servicio de Cultura de la delegación provincial de Educación, Cultura y Deportes de la JCCM

convento mercedario de Ntra. Sra. de la Concepción. Ciudad Real, ss. XVI-XX, Ciudad Real, Fundación Impulsa Castilla-La Mancha.

PERIS SÁNCHEZ, D. (2024), *Ciudad Real. El hospital y la ciudad. Dos siglos de Historia*, Ciudad Real, Serendipia Editorial.

SÁNCHEZ SÁNCHEZ, I. (2019), «Caridad, Beneficencia y Educación: un espacio de Ciudad Real desde el fin del convento de franciscos observantes hasta la Residencia Universitaria», en V. INIESTA SEPÚLVEDA y J. MARTÍNEZ CANO, *Frailes, aprendices y estudios: historia de los usos sociales en un espacio de Ciudad Real*, Cuenca, Ediciones de la Universidad de Castilla-La Mancha-Almud, pp. 95-202.

VALLE CALZADO, Á. R.(1996), *Desamortización y cambio social en La Mancha, 1836-1854*, Ciudad Real, BAM.

Imagen traída de «La educación primaria en Daimiel durante el siglo XIX» (detalle). https://daimielaldia.com/2020/10/16/la-educacion-primaria-en-daimiel-durante-el-siglo-xix-ii/#prettyPhoto

8 | Luces del siglo XIX en Ciudad Real:
la lucha de Ruiz-Morote contra la ignorancia
(1818-1891)

Ángel Antonio Pozuelo Reina

Sobre la «historia escondida», Nietzche escribió que cada gran hombre ejerce la que llamó «una fuerza retroactiva». Motivo por el cual los hechos del pasado y sus secretos «salen de sus escondites y quedan expuestos...». Continuó escribiendo en la introducción a *La Gaya ciencia*: «puede que el pasado siga aún esencialmente velado». Pero, bajo un punto de vista agudo e inteligente hay que sacarlo y «exponerlo al sol»[1].

Desde estas páginas queremos sacar a la luz el legado de un gran hombre, para su público reconocimiento y homenaje: Francisco Ruiz-Morote y Díaz de Lara.

En un mundo tan intercomunicado como el actual, la enseñanza es arma principal contra el negacionismo que se está extendiendo por todo el planeta. El negacionismo a toda la ciencia, a beneficios sociales; se está ampliando el terraplanismo político; se está viviendo en grupos sociales cada vez más arrogantes, con una ignorancia falsamente documentada que no contrasta ni valora la información; se divulga el analfabetismo ético, distorsionando las palabras y la comunicación... Todo ello, dando pábulo a noticias amañadas, a equivocaciones y errores en torno a la realidad, ahogando la voluntad a cambio de una hipócrita libertad individual. Fomentando, incluso, la brutalidad cultural y también física, contra la educación, la solidaridad, la ciencia, adversa a la inteligencia, antítesis del sentimiento de humanidad y en contra del progreso y el desarrollo.

Unos valores contrarios a los que encontramos en el trabajo intelectual y los objetivos personales de Francisco Ruiz-Morote, hombre comprometido con la formación integral de los niños y niñas de su ciudad y con el entrenamiento de los educadores, maestros y maestras de su tierra, allá por la segunda mitad del siglo XIX, tanto como profesor y regente de la Escuela Normal de Maestros, y como director y profesor de la Escuela de niños y niñas para la práctica de los educadores, la «Aneja», ofreciendo una extensa y magnífica obra, con múltiples ediciones, para la enseñanza y educación de los habitantes de un país que, con vaivenes y retrocesos, lentamente se iba incorporando al tren del progreso de Europa.

Nos preguntamos si, acaso, Ruiz-Morote dio los primeros pasos hacia la docencia audiovisual, en lugar, o mejor dicho, «en contra» de la célebre sentencia «la letra con sangre entra». Y la respuesta tiene que ser afirmativa, primero en la provincia de Ciudad Real, y en la propia ciudad, y después en el resto del país. Ahí están *Silabario, Catón, Geografía...* En las palabras que introducen alguno de sus libros se puede leer su inquietud hacia la enseñanza:

> Nada más difícil a la tierna inteligencia del párvulo que conocer las letras, formar sílabas y palabras... y para auxiliar a la niñez en tan ardua empresa, ponemos la figura para que recuerde la letra, a la que damos el nombre que fija la sílaba gruesa de la palabra, por ser el más natural y lógico... el niño se estimula con tan sencillo aliciente y no se anonada, como ocurre, al presentarle el abecedario en esqueleto... («A las familias», introducción del *Silabario*)

Ubicándonos en un siglo convulso y rico: el XIX

Pensemos por un momento en los grandes hechos que jalonaron el siglo XIX, desde inventos irrisorios que no sirvieron para nada a revoluciones sociales, por ejemplo las de 1848; avances favorecedores, en medicina, y retrocesos, como las rancias evocaciones de pasados gloriosos en algunos escritos históricos, que solamente sirvieron para enfrentar a las personas.

Un siglo XIX que tuvo lo bueno y lo malo de tiempos anteriores, proyectándose al siglo XX: las democracias burguesas, el parlamentarismo, la soberanía del pueblo, también los gobiernos autocráticos, los fascismos, las dictaduras, los nacionalismos... lo bueno y lo malo que incluso hoy día, ya bien entrado el siglo XXI, conforma buena parte de los cimientos que sustentan nuestra sociedad –la enseñanza o el espíritu de la curiosidad, se apoyan en el siglo XIX y en sus innovaciones, por ejemplo–.

Ruiz-Morote fue uno de los artífices de este progreso en Ciudad Real y en gran parte del país. Sus ideas propiciaron el progreso de las escuelas primarias y de sus docentes. Sus numerosas obras fueron reeditadas continuamente a lo largo del siglo XIX e inicios del XX, lo que da idea de la solidez que sus trabajos didácticos aportaban para la educación de niños y niñas.

La ley Moyano
y otros corpus legales en la educación del siglo XIX

La ley Moyano, de 1857, unificó (y también desechó) algunas de las normativas educativas vigentes hasta ese momento; reguló los grados de toda la enseñanza, desde la primaria hasta la universitaria; y con esto, dotó a la instrucción pública de un enfoque general para todo el país.

Podríamos, incluso, adjetivar de «progresista» y liberal esta norma y otras que fueron despreciadas por diversos gobiernos absolutistas, pues iban encaminadas, también, hacia la educación de las niñas, junto a una profunda renovación y reforma educativas.

En la primera mitad del siglo XIX, en diversos momentos, se caminó lentamente, pero de forma progresiva, a conseguir que la enseñanza fuera: más laica, más universal, más extensiva a la población, más moderna, más uniforme en todo el territorio, más dependiente del Estado y menos subordinada a la Iglesia.

Cronológicamente, desde la Constitución de 1812, se aprecian diferentes intentos de reforma de la enseñanza, con varias derogaciones, no tanto por obsoletas sino por ir contra los principios fundamentales que marcaban el servilismo y el absolutismo. Pero, en general, el siglo XIX, desde el liberalismo, con raíces en la Ilustración del siglo anterior, tiene una voluntad reformadora, aunque con cierta precariedad.

Uno de los primeros fue el Plan de Jovellanos en 1808, *Bases para un plan general de instrucción pública*, que puede conside-

Retrato de Claudio Moyano en la revista *La Ilustración Española y Americana*, 15.03.1890. Dibujo de Félix Badillo; grabado de Arturo Carretero

rarse como rudimento de futuras reglamentaciones y normas. En la Constitución de 1812 se contemplaba la estabilización, la modernización de los planes de estudio y las orientaciones generales de la enseñanza básica.

Apareció inmediatamente después, en 1813, el *Informe de Manuel José Quintana*, abogando por la igualdad, la universalización, la uniformidad de los libros de texto y la enseñanza pública y el carácter gratuito de la misma; incluso, se contemplaba «la libre elección de centro». Lo malo de este proyecto es que solamente iba destinado a la población masculina. Las mujeres podrían recibir una enseñanza opcional, privada, doméstica y dedicada a formar madres y esposas.

Tras el Informe Quintana se desarrolló un proyecto de ley, en 1814, entorpecido con la llegada de Fernando VII y paralizado hasta el Trienio Liberal que resurgió como *Reglamento General de Ins-*

DECRETO LXXXI.

DE 29 DE JUNIO DE 1821.

Reglamento general de instruccion pública.

Las Córtes, usando de la facultad que se les concede por la Constitucion, han decretado el siguiente reglamento general de instruccion pública.

TITULO I.

Bases generales de la enseñanza pública.

Art. 1° Toda enseñanza costeada por el Estado, ó dada por cualquiera corporacion con autorizacion del Gobierno, será pública y uniforme.

2.° En consecuencia de lo prevenido en el artículo anterior será uno mismo el método de enseñanza, como tambien los libros elementales que se destinen á ella.

3.° La enseñanza pública será gratuita.

trucción Pública el 29 de junio de 1821. Constaba de 12 títulos con 130 artículos. En ellos se establecían tres niveles de enseñanza: primera, segunda y tercera o superior. También se establecían dos modalidades: privada y pública, esta última gratuita y con un carácter de uniformidad para todo el territorio nacional. Tristemente el *Reglamento* fue anulado de forma inmediata al finalizar el Trienio. Un periodo destrozado por la entrada de «Los cien mil hijos de san Luis», tropa que envió el rey francés Luis XVIII para abolir el liberalismo y reinstaurar en España el absolutismo fernandino.

Los gobiernos borbónicos también consideraron la enseñanza, aunque de una manera distinta al liberalismo. Así apareció Francisco Tadeo Calomarde que, en 1824, trajo su plan de estudios, cuyo título ya da que pensar: *Plan literario de estudios y arreglo general de las universidades del reino*, (¡arreglo general!, curioso aserto), cuyas características esenciales inquietan más que el alarmante título: estudios rigurosamente escolásticos, estricta censura bibliográfica, control «casi» policial de los estudiantes y exigencia de sumisión de los profesores al absolutismo. Este plan de Calomarde favoreció en cierre de algunas universidades.

En 1836 se desarrolla el Plan General del duque de Rivas, que pretendía modernizar la enseñanza y que pronto fue derogado, pues la Constitución de 1837 buscaba elaborar un programa definitivo, y así apareció, en 1838, la Ley de Someruelos, que contaba con las mismas directrices del Plan de Rivas: gratuidad más restrictiva, solamente para la enseñanza primaria de los niños pobres.

Los intentos liberales fueron muy cuestionados y, a poco de ver algún sesgo abierto en textos con tendencia tolerante (o progresista, que diríamos ahora), se anulaban o derogaban, pues el ideario liberal pretendía, entre otras cosas, la separación de la Iglesia católica del control total del sistema educativo, trasladando la dirección al Gobierno del Estado. Otra de las pretensiones del modelo libre fue el uso de la lengua castellana como vehículo de expresión en lugar del latín[2]. En general, las inquietudes liberales para la educación pasaban por los siguientes puntos:

1) enseñanza primaria universal
2) gratuidad, en lo posible
3) modernización
4) uniformidad en todo el país
5) dirección y control del Gobierno del Estado, con adecuados y bien formados profesionales.

Pedro José Pidal, ministro de la gobernación en 1845 –como tal, la enseñanza dependía de su departamento–, propuso un plan de reformas que fue adornado con una frase que merece ser recordada: «La enseñanza de la juventud no es mercancía que pueda dejarse entregada a la codicia de los especuladores, ni debe equipararse a las demás industrias en que domine solo el interés privado».

Este proyecto también ha sido denominado «la reforma liberal de las universidades españolas». Lo triste, como muchas veces ocurrió, es que su plan nació herido de muerte, que no convenció ni a liberales ni a conservadores. Poco después se produjo un nuevo retroceso a lo antiguo, a lo rancio, se devolvió la enseñanza a la potestad de la Iglesia, tras la firma con la Santa Sede del Concordato en 1851.

Después vino el bienio progresista –julio de 1854 a julio de 1856–, al frente del cual (tras algunos rechazos) estuvo el general Baldomero Espartero. Con él llegó al poder el partido moderado que, presidido por Ramón María Narváez, propició que Claudio Moyano Samaniego, ministro de Fomento, presentara y publicara la Ley de Instrucción Pública el 10 de septiembre de 1857. Ley que incorporó buena parte del *Proyecto de Instrucción pública* de 1855 del partido progresista. Una ley importante para el desarrollo de la enseñanza, o como decía un diario recientemente «cuando España apostó por su educación» (*El Español*, 05.03.2017).

Hacía más extensivo el programa de alfabetización a muchos sectores del país en los niveles de primaria, bachillerato y formación universitaria, aunque el doctorado de las diversas materias era competencia exclusiva de la Universidad Central de Madrid desde el año 1850.

La gestión de la enseñanza primaria dependía de los ayuntamientos o de la entidad privada a la que se le permitiera.

La educación secundaria, bachiller y enseñanza en Escuelas normales de maestros y maestras se establecería en las capitales de cada provincia. Los institutos quedarán a «cargo de las provincias o de los pueblos». Las Escuelas normales serán responsabilidad de los ayuntamientos. En los artículos 109 y 110 se indicaba que: «Para los que intenten dedicarse al magisterio de primera enseñanza puedan adquirir la instrucción necesaria, habrá una Escuela normal en cada capital de provincia y otra central en Madrid» (109); «Toda Escuela normal tendrá agregada una Escuela práctica, que será superior correspondiente a la localidad, para que los aspirantes a Maestros puedan ejercitarse en ella» (110).

Los institutos bachiller tuvieron marcadas sus peculiaridades en los artículos 115 y siguientes:

En cambio, la gestión de las universidades y escuelas superiores serían sostenidas con los fondos y la gestión de Estado conforme se estipuló en el artículo 126.

Esta ley tuvo importantes repercusiones en las diversas y variadas normas legales educativas desde mediado el siglo XIX hasta el año 1970. Desde este año hasta la actualidad las leyes de educación han tenido numerosas modificaciones, unas para adaptarse a la nueva Constitución de 1978, otras para adecuarse a las peculiaridades del Estado Autonómico español.

No obstante, es destacable el empuje que recibieron las enseñanzas medias (bachillerato y escuelas normales) y, sobre todo, la educación primaria obligatoria desde los 6 hasta los 9 años, que era gratuita para los que no pudieran hacer frente a su coste. Subrayamos en este discurso la mejora de las enseñanzas, primaria y secundaria, precisamente, porque nuestro personaje, Ruiz-Morote, desarrolló con creces su trabajo como docente en estos niveles, al ser profesor y regente de la Escuela Normal de Maestros y maestro de enseñanza primaria de la escuela Aneja, a lo que hay que sumar su amplio repertorio de publicaciones didácticas y científicas para la primera enseñanza y para la formación del profesorado de los niños.

Muchos ciudadanos al escuchar las palabras Ruiz-Morote recuerdan gratamente aún la librería y papelería en la calle de la Cruz esquina con la calle de M.ª Cristina. Nada más entrar, a la derecha, el mostrador de cristal donde se exhibían las plumas estilográficas, un poco más adelante, a mano izquierda, la caja donde te cobraban las compras y luego, un recinto rodeado de mostradores de cristal haciendo una especie de polígono a cuatro bandas, donde te atendían cuando comprabas libros, blocks de dibujo, pinturas, cuadernos, lapiceros, plumines, mangos de plumas para escribir, tinteros, y te regalaban algún secante para las manchas de tinta...

Pero, no vamos a escribir acerca de los libros y útiles de escritura disponibles en la papelería Ruiz-Morote, que regentaron su hijo y su nuera, sino que vamos a intentar difundir las palabras, los libros y las enseñanzas de Francisco Ruiz-Morote y Díaz de Lara.

Biografía,
en unas pocas líneas

Nació el 5 de diciembre de 1818 en la población de Manzanares (Ciudad Real), otros investigadores afirman que fue en 1820.

Fue a la escuela en la su pueblo natal. En su desarrollo y crecimiento, posiblemente estudio en Madrid.

Retrato de Francisco Ruiz Morote y Díaz de Lara.
Tomada de diccionariobiograficodecastillalamancha.es
(foto cedida por la familia)

Los biógrafos informan de que el 10 de mayo de 1845 casó con
Rosa Fernández-Carrión León-Azorí, en la parroquia de Nuestra
Señora del Prado de Ciudad Real, que todavía no era catedral. De
su matrimonio nacieron 10 hijos, aunque murieron cinco. Ejerció
desde 1846 como maestro de educación primaria en Manzanares.
Entre los años 1853 y 1861 trabajó como maestro de primaria en
Pozuelo Calatrava y, como maestro de primaria y de adultos, en

Torralba Calatrava. Hacía 1861 fue nombrado regente de la Escuela Normal de Maestros de Ciudad Real, actividad que desempeñó durante 29 años simultaneando su enseñanza en la Aneja, escuela de niños donde los maestros hacían las prácticas.

En 1882 fue designado caballero de la Real y distinguida Orden de Carlos III. Una condecoración de carácter civil para aquellas personas destacadas por sus buenas acciones en beneficio de España y su Corona, una distinción para la que fue propuesto por la Universidad Central (Madrid), en base a sus méritos personales en beneficio de la sociedad por su dedicación e impulso de la enseñanza. Ese mismo año se fundó la librería y la papelería, regida por su hijo José María y por la esposa de este, Casimira.

Sus obras fueron enviadas a varios certámenes internacionales representado la enseñanza en la provincia de Ciudad Real. Así, en la Exposición Universal de Barcelona, celebrada en 1888, fue galardonado con una mención especial, en la sección 19, Enseñanza general, por sus libros para la 1.ª enseñanza, como se puede apreciar en las páginas 216 y 222 de la 2.ª parte del *Libro de Honor «El jurado y sus dictámenes»*.

En el año 1890 fue enviado a Castellón de la Plana para poner en marcha la Escuela Normal para maestros, pero el año siguiente enfermó y regresó a Ciudad Real, donde murió el 10 de diciembre de 1891.

Su docencia y la historia comparada

La educación en Ciudad Real mediado aquel siglo XIX, según recoge Domingo Clemente en su *Guía de Ciudad Real*, acogiéndose a la legislación del momento, estaba compuesta por la escuela de primera enseñanza pública de niños, en la calle Dorada 12 (ahora calle de Ruiz-Morote), dirigida por el mismo Ruiz-Morote; la escuela del Hospicio provincial, a cargo de Nicasio Moreno; la escuela de primera enseñanza pública de niñas, ubicada en la calle Dorada, en el número 8, dirigida por la señora Patrocinio Quiroga; y la escuela del Hospicio para niñas, dirigida por Gabriela del Valle; centros donde la enseñanza, en una importante medida, era gratuita para los niños y niñas pobres.

226

Existían, además, ocho escuelas privadas: cuatro para niños: en el número 8 de la calle Calatrava, dirigida por Pedro Serrano; en la calle de la Rosa 7, a cargo de Manuel Cañadas; en el número 6 de la calle de la Luz, cuyo director era Felipe Díaz Balmaseda; y en la calle de la Mejora 8 (actual calle de Ramón y Cajal), a cargo de José Antonio Ruiz. También había cuatro escuelas privadas para niñas: la dirigida por Francisca Feró, en la calle Dorada 2 (actual Ruiz-Morote); en la calle de Espartero 37 (que también corresponde con la calle Toledo), dirigida por las hermanas Josefa y Joaquina Ramos; otra escuela para niñas en la plaza de las Carmelitas, dirigida por Manuela Usero y, por último, en el número 17 de la calle Calatrava, cuya directora era Saturnina Díaz Balmaseda. Había una escuela pública para la formación de adultos, a cargo de Juan Fernández Barranquero, situada en la calle Infantes 11; y, también, una escuela privada para adultos en la calle de la Rosa 7, a cargo del citado Manuel Cañadas.

El país tenía la urgente necesidad de una estructura reglada y bien organizada para la educación en el segundo cuarto del siglo XIX, como apunta López-Maestre. Una vez que se creó en 1843 el Instituto de Segunda Enseñanza, durante el primer Gobierno del general Espartero, casi a la par que la Escuela Normal elemental de Maestros (1842) se dio lugar a un nivel superior en la cultura de los ciudadrealeños de toda la provincia. Este centro pasó a denominarse Escuela Normal Superior de Maestros en 1860.

Aprender a escribir.
Revolución (lingüística), reforma y renovación pedagógica

Posiblemente Ruiz-Morote, al igual que el ciudadrealeño Salvador Jiménez Coronado[3], imaginaba el optimismo pedagógico del siglo anterior, pensando que la educación era la forma más fácil y sólida para el desarrollo; la educación pública podría dar firmeza y equilibrio al país y, posiblemente, contra la opinión de otros ilustrados de la talla de Voltaire, Rousseau y La Chalotais, que creían que la educación para el pueblo y los pobres era algo innecesario. Pensamos que, al igual que Jiménez Coronado, Francisco Ruiz-Morote era un firme defensor de la enseñanza pública y para todas las clases sociales, de manera que el pueblo pudiera transformarse en un grupo de ciudadanos útiles para sí mismo y para la sociedad. Las ideas renovadoras en las que se apoyó Ruiz-Morote venían de tiempo atrás. Probablemente el sistema que ideó para sus alumnos, y para el resto del país, tuvo el antecedente de Juan Amos Comenius.

El Silabario de Ruiz-Morote

El Silabario metódico (que llegó a tener 38 ediciones) incluía los métodos de letreo, silábico y racional, y se ofrecía también en formato de diez carteles, con cuatro lecciones cada uno, en gruesos caracteres, para que pudiesen ser colgados en las paredes de las aulas para la perfecta visualización por parte de los alumnos.

Ya en el siglo XVI, el humanista español Juan Luis Vives sostenía la trascendencia de la educación en la infancia. Un siglo después Comenius lograba anticiparse a las proposiciones y pensamientos de pedagogos como Froebel, Pestolazzi, Rousseau y otros. Para Comenius era fundamental «enseñar todo a todos», fue un convencido de la importancia de la educación para el desarrollo del ser humano, según este filósofo moravo, era necesario separar en las siguientes etapas el aprendizaje del ser humano:

–Primera. Hasta los 6 años: escuela materna
–Segunda. De 6 a 12 años: escuela primaria pública
–Tercera. Entre los 12 y los 18 años: escuela secundaria o, también llamada, gimnasio
–Cuarta. Desde los 18 años en adelante: academia

Una de las obras importantes de este pedagogo del siglo XVII, junto a su *Didactica Magna*, es la titulada *Orbis sensualium pictus*, una auténtica enciclopedia. En este libro es pertinente la comparación con nuestro pedagogo manchego[4].

Orbis sensualium pictus fue publicada en 1648. Era un libro ilustrado para el aprendizaje del latín con una novedosa metodología. Consta de 150 capítulos, de los más variados temas, tanto de la naturaleza como aspectos sociales, una obra muy influyente de la literatura infantil occidental. Es un libro que hizo más ameno el aprendizaje de la lectura: «Póngase en las manos de los

Invitatio.　　𝕰𝖎𝖓𝖑𝖊𝖎𝖙𝖚𝖓𝖌.

M. Veni, Puer! diʃce Sapere.	*L.* Ｋｏｍｍ ｈｅｒ／Ｋｎａｂ! ｌｅｒｎｅ Ｗｅｉｓｈｅｉｔ.
P. Quid hoc eʃt, *Supere?*	*S.* Ｗａｓ ｉʃｔ ｄａｓ／ Ｗｅｉｓｈｅｉｔ?
M. Omnia, quæ *neceʃʃaria,* reЄtè *intelligere,* reЄte *agere,* reЄtè *eloqui.*	*L.* Ａｌｌｅｓ／ ｗａｓ ｎöｈｔｉｇ ｉʃｔ／ ｒｅｃｈｔ ｖｅｒʃｔｅｈｅｎ／ ｒｅｃｈｔ ｔｈｕｎ／ ｒｅｃｈｔ ａｕｓｒｅｄｅｎ.
P. Quis me hoc docebit?	*S.* Ｗｅｒ ｗｉｒｄ ｍｉｃｈ ｄａｓ ｌｅｈｒｅｎ?
M. Ego, cum D E O.	*L.* Ｉｃｈ／ ｍｉｔ ＧＯｔｔ.
P. Quomodo?	*S.* Ｗｅｌｃｈｅｒ ｇｅʃｔａｌｔ?
	M. Du-

Página de *Orbis sensualium pictus* (en latín-alemán)

niños las figuras para que se recreen con ellas, hasta saciarse con su vista y las hagan del todo familiares. Hágase esto aun en casa, antes de ser mandados a la escuela...».

Alfabeto *Alphabetum*

	La corneja grazna *Cornix cornicatur*	A a á á
	El cordero bala *Agnus balat*	B b bééé
	La cigarra rechina *Cicada stridet*	C c cí cí
	La abubilla llama *Upupa dicit*	D d du du
	El infante balbucea *Infans eiulat*	E e ééé
	El viento sopla *Ventus flat*	F f fi fi
	El ganso grazna *Anse gingrit*	G g ga ga
	La boca exhala *Os halat*	H h háh hah
	El ratón chilla *Mus mintrit*	I i ííí
	El pato parlotea *Anas tetrinnit*	K k kha kha
	El lobo aúlla *Lupus ululat*	L l lu ulu
	El oso murmura *Ursus murmurat*	M m mum mum

Paralelismo entre el método de Juan Amos Comenius, arriba, y el de Ruiz-Morote, en la página siguiente

En la invitación de este libro (página anterior) se lee el diálogo entre el maestro y el discípulo: «Maestro: Acércate, niño; ¡aprende a ser sabio! / Discípulo: ¿Qué es ser sabio? / Maestro: Entender y hacer y expresar correctamente lo que es necesario...»

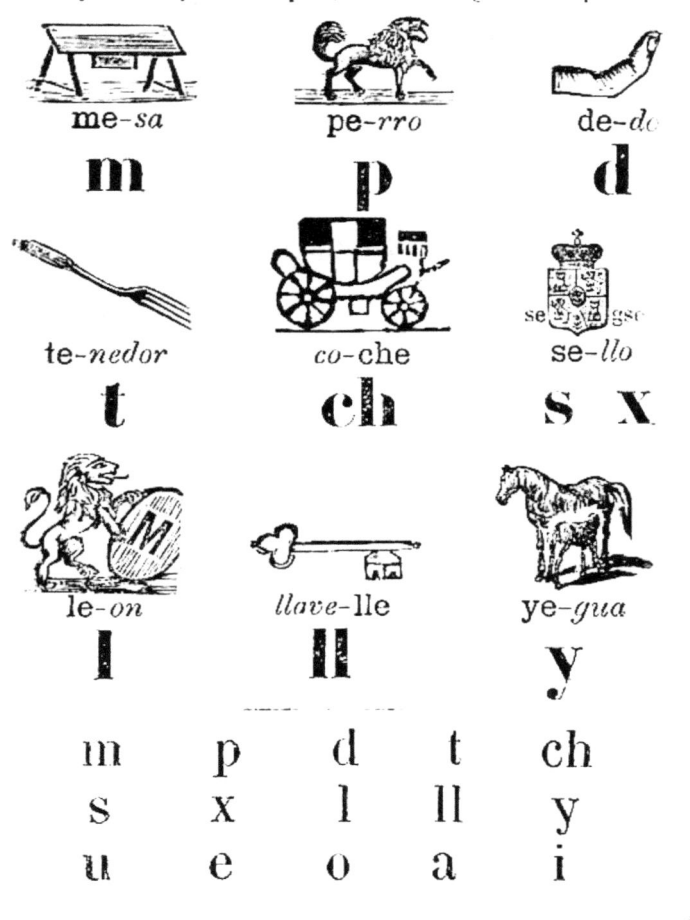

Hay que señalar la trascendencia que este trabajo de Ruiz-Morote tuvo en la enseñanza infantil de todo el país. *Silabario* fue «aprobado y justipreciado para la enseñanza en las escuelas de instrucción primaria», haciéndose eco el *Boletín Oficial de la provincia de León,* sobre la referencia a esta obra por la *Gaceta de Madrid,* con el acuerdo de la reina Isabel II, a petición del Real Consejo de instrucción pública.

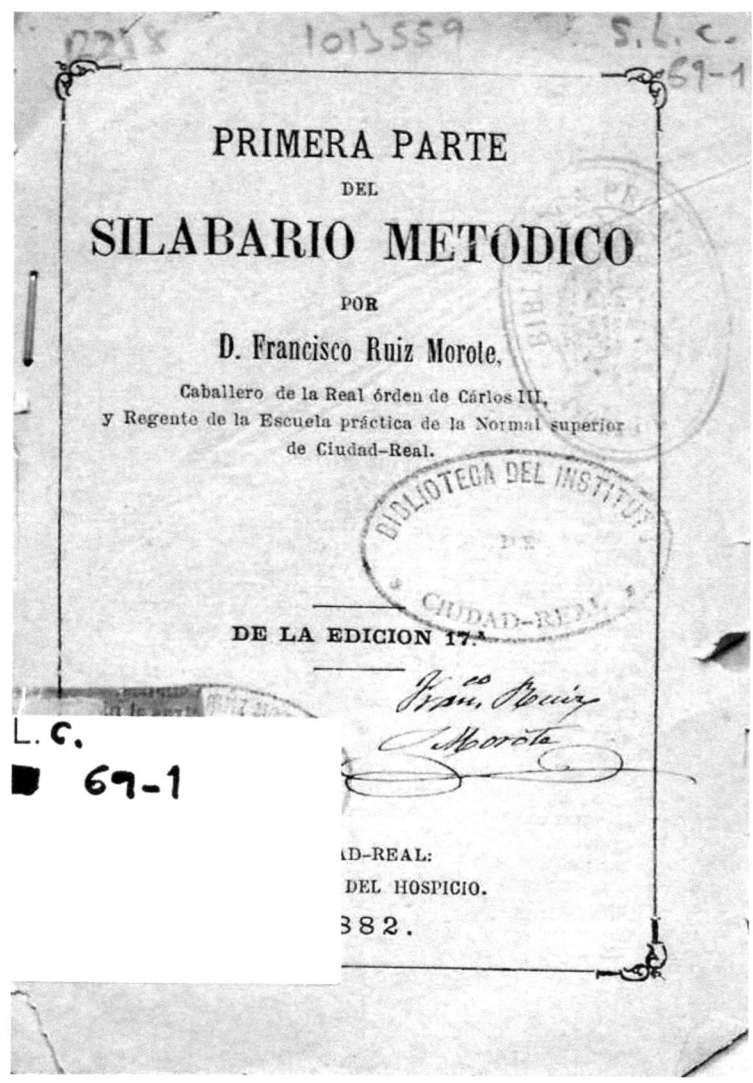

PRIMERA PARTE

DEL

SILABARIO METODICO

POR

D. Francisco Ruiz Morote,

Caballero de la Real órden de Cárlos III,
y Regente de la Escuela práctica de la Normal superior
de Ciudad-Real.

DE LA EDICION 17.ª

...D-REAL:
... DEL HOSPICIO.

...382.

Portada del *Silabario Metódico*.
Biblioteca Pública del Estado de Ciudad Real

ARTICULO DE OFICIO.

Gobierno civil de la Provincia.

Núm. 651.

En la Gaceta de Madrid del dia 24 de No-viembre se halla inserto lo siguiente.

MINISTERIO DE GRACIA Y JUSTICIA.

Instruccion pública.=Negociado 1.º=Circular.

La Reina (Q. D. G.), de acuerdo con el dictámen de la primera seccion del Real Consejo de Instruccion pública, encargada de censurar y justipreciar las obras que han de servir de texto en las escuelas de instruccion primaria, ha tenido por conveniente aprobar las contenidas en la lista num. 18, declarando asimismo que puedan servir de texto en las escuelas normales elementales y superiores las contenidas en la lista número 19, y desaprobar las de la lista...

Nuevo silabario en coleccion de carteles, por D. Francisco Ruiz Morote: editor D. Francisco Hernandez, impreso en Madrid, 1852, á 2 rs. en rústica.

Boletín Oficial de León, n.º 153 (25.12.1854).
Listas de libros de textos aprobados con el dictamen del Real Consejo de Instrucción Pública y sancionadas por la reina

233

Educación versus Instrucción

La propia lectura del enunciado ya da pistas sobre su significado, límites y exigencias: la educación tiene un enfoque general en el desarrollo integral de la persona, mientras que la instrucción se centra en tareas y habilidades específicas. El educando es parte activa del proceso educativo; el que se instruye, recibe y acumula conocimientos.

Ruiz-Morote supo de las teorías docentes de Lepeletier (basadas en la educación, no en la instrucción, universal, gratuita y obligatoria) y de Condorcet (basabas en la instrucción, que siendo universal y gratuita no era obligatoria en la etapa inicial). Habría que remontarse, no muy atrás, solo a la *Declaración de derechos del hombre y del ciudadano*; en su artículo 22 se puede leer que la enseñanza pública debe estar al alcance de todos, lo que, lentamente, se fue consiguiendo. En la constitución francesa de 1795 ya se refleja en el título X.

Ruiz-Morote fue conocedor de las ideas pedagógicas que dimanaron de la Revolución francesa. Pero la idiosincrasia del personaje hizo que sus métodos didácticos destacaran por la metodología, que estaba basada en la experiencia para, así hacer más eficaz y poder facilitar la enseñanza a los profesores y aprender a leer y escribir a los alumnos. Los trabajos de don Francisco obtuvieron reconocimiento nacional e internacional, pues concurrió a certámenes que le granjearon el agradecimiento por su aportación a la enseñanza.

Hombre de su tiempo, estaba al tanto de las teorías y las acciones llevadas a cabo por otro ilustre pedagogo, Pablo Montesino[5], quien, en 1838, creó la primera escuela de párvulos y redactó el *Manual para los maestros de las escuelas de párvulos*, pues por entonces los maestros y maestras carecían de una formación adecuada, hasta que fueron creadas las escuelas normales en cada capital de provincia. Aunque hay que reconocer que en los primeros tiempos la formación y preparación de estos profesionales era más cultural que pedagógica.

El manual de Pablo Montesino, 1840
No deja de ser elocuente la continuación del título cuando dice:

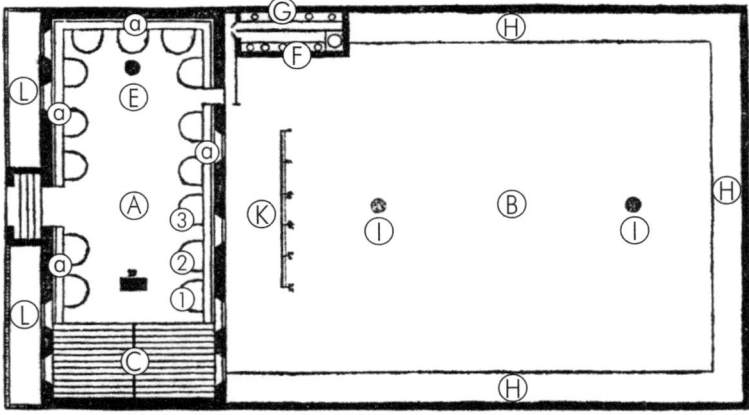

A	Pieza de la escuela.
B	Patio ó lugar de recreo.
C	Gradería.
E	Estufa.
F	Lugar comun de las niñas.
G	Idem de los niños.
H	Bordes plantados de flores.
I I	Columpios giratorios.
K	Escala de pies.
L L	Sitios enrejados para flores.
a a a	Asiento alrededor de la escuela.
1 2 3 &c.	Semicírculos.

Lámina 2, p. 314.
Ubicación de los alumnos y maestro en la pieza o sala de la escuela (aula)

Lámina 3 del manual de Pablo Montesino

«Publicado por la Sociedad encargada de propagar y mejorar la educación del pueblo». Desde el mismo inicio se muestra este libro como un verdadero manual que se ocupa de todo lo relativo al mundo de la enseñanza de los párvulos. Se trata de un innegable tutorial para organizar, gestionar y administrar las escuelas de párvulos y sus dependencias; y la enseñanza, digamos guiada, de la manera en que se han de conducir las clases por los maestros.

En las imágenes se aprecia la situación del mobiliario, las edificaciones, aulas, patios, la gradería donde se sentarían los alumnos y alumnas; y los semicírculos donde se reunirían de seis a ocho alumnos para actividades en grupo.

Las escuelas de párvulos, también «escuelas de amigos» o «escuela de cagones», eran donde preceptores con alguna formación enseñaban en sus casas doctrina cristiana, escritura y lectura a los niños y niñas, a cambio de una módica remuneración. Las escuelas de primaria ofrecían algunos conocimientos más de materias formativas, como geometría, aritmética, geografía, historia, etcétera. Creemos que Ruiz-Morote, con sus obras, superaba el apego a este tipo de docencia que, carente de aspectos, reglas y normas basados en los principios pedagógicos, sobre todo en la enseñanza primaria y la secundaria, se centraba en alguna proporción en aspectos culturales y, principalmente, en moralizar a los alumnos.

GRAMÁTICA CASTELLANA

TEÓRICO-PRÁCTICA,

PREMIADA EN LAS EXPOSICIONES ARAGONESA; VIENA Y MADRID,

POR

D. FRANCISCO RUIZ MOROTE,

REGENTE

DE LA ESCUELA PRÁCTICA DE LA NORMAL SUPERIOR
DE MAESTROS DE CIUDAD-REAL.

SEXTA EDICIÓN CORREGIDA Y METODIZADA.

[firma manuscrita]

CIUDAD-REAL.

ESTABLECIMIENTO TIPOGRÁFICO DEL HOSPICIO.

1880.

Portada de *Gramática Castellana teórico-práctica*.
Biblioteca Pública del Estado de Ciudad Real

Aportación a la enseñanza en Ciudad Real y en España

Para aprender a escribir bien, Ruiz-Morote publicó varias obras de carácter eminentemente didáctico que tuvieron una amplísima difusión. Su *Gramática*, editada hasta en doce ocasiones a lo largo de la segunda mitad del siglo XIX y principios del siglo XX, se divide en tres partes: Analogía, Sintaxis y Ortografía.

En boca de Domingo Clemente, convecino de Ruiz-Morote, encontramos la siguiente reflexión:

Epítome de la Gramática castellana: en 66 páginas está compendiado lo esencial y necesario de tan interesante asignatura con la mayor claridad, exactitud y método. Para facilitar las explicaciones al Profesor con aprovechamiento del discípulo, se halla dividido en lecciones ordenadas metódicamente, con dos tipos destinado el menor a completar la enseñanza de las secciones superiores. (Domingo Clemente, *Guía de Ciudad Real*, 1869)

Ortografía castellana, otra de sus obras, combina teoría y práctica para afianzar el aprendizaje de las reglas y normas ortográficas. Para su elaboración se basó en la doctrina académica de varias experiencias, la suya y la de expertos. En este sentido podemos ver que se mostró muy crítico con las decisiones de la Academia de la Lengua y propuso alternativas a la norma.

Esta obrita, la más completa en su clase, contiene con toda precisión el método más racional, claro, conciso y sencillo de todos los conocidos, sin faltar a los principios establecidos por la Academia de la Lengua. Pone su estudio al alcance de todas las inteligencias por su lógica coordinación y sencillez en sus reglas, para que pueda darse principio a su enseñanza, con inmediata aplicación, desde que el niño conoce las sílabas hasta su completa instrucción. Por Apéndice contiene unas nociones teóricas muy precisas para la lectura en alta voz...

Sus trabajos fueron muy divulgados obteniendo, además, menciones honoríficas y el reconocimiento de la comunidad académica. Así, por ejemplo, en las reediciones de algunas de sus obras, como *Gramática* y *Ortografía*, se incluye en el subtítulo dicha gratitud: «premiada en las Exposiciones Aragonesa, Viena, Madrid y Pedagógica de Madrid». Además, el prestigio y reputación de su trabajo se hizo extensivo a otras de sus aportaciones a la enseñanza, tanto para niños y niñas como para maestros y maestras. Ruiz-Morote fue uno de los artífices imprescindibles que la vida envía a una sociedad que necesita formar a sus ciudadanos desde la edad temprana. Aportó, con su inmenso quehacer pedagógico, un nuevo diseño y reformulación al sistema educativo español. Es la propia etimología de la palabra pedagogo (guía del niño) la que nos da la clave de la «misión solidaria» para su comunidad. De tal forma es así que escribió desde silabarios, o cartillas para aprender a leer, hasta libros de geografía general, para ilustrar a los maestros y maestras, y poder situar a los alumnos en el mundo. También, para las cotidianas operaciones matemáticas, escribió varios folletos o cuadernos de aritmética, como material de apoyo en las clases para los profesores.

En *Catón metódico o libro primero de lectura* podemos leer que el obispo prior de Ciudad Real «autoriza» la edición, pues «no hay en él cosa alguna contraria a la fe y a la moral, sino que las máximas que contiene pueden ser de gran provecho...». Hoy día sería excesivo e impensable el hecho de requerir la licencia y autorización episcopal pero, en aquel tiempo, las cosas se hacían así o no se hacían; la Iglesia extendía sus influencias en la vida social, más allá de lo que hoy parece lógico.

Escribe en el prólogo de esta obra que:

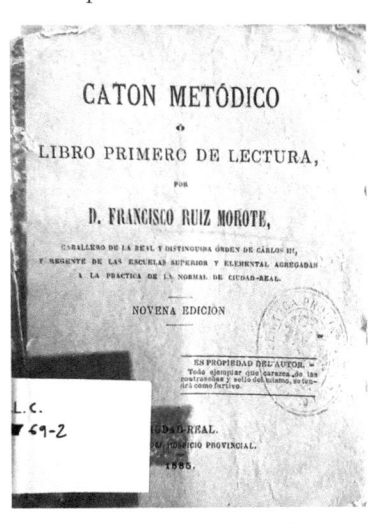

Portada de *Catón metódico*.
Biblioteca Pública de Ciudad Real

(...) al confeccionar este primer libro de lectura... nos decidimos por recopilar una colección de máximas y sentencias religiosas y morales aumentadas con unas ligeras nociones de urbanidad... enriqueciendo su entendimiento y desarrollando su razón...

Entiende el autor que la utilización de esas máximas y sentencias superan la «débil comprensión de los niños...», pero lo justifica economizando trabajo al profesor pues le facilita las lecciones de moral y urbanidad «dos días en semana... (y) coopera eficazmente a desarrollar sentimientos religiosos, morales y portes (modales) de culta sociedad... para que sin hastiarse el niño las estudie con gusto para aprenderlas bien...».

Efectivamente comienza las lecciones con máximas referentes al obrar de los cristianos, intercalando en la lectura algunos consejos morales y sobre el estudio, combinando frases relativas a la divinidad. Así, en la 1.ª sección hay máximas morales en veinte lecciones; en la 2.ª sección encontramos sentencias morales en otras veinte lecciones, y de esta sección en siete lecciones no se hacen referencias a dios o a la religión.

Tal vez lo que muestra no sea «buenismo», pero lo que parece enseñar es que, mientras se aprende a leer, se educa a los alumnos en la moralidad católica de la época. En el conjunto de España, y por tanto en Ciudad Real, la influencia eclesiástica en la sociedad, la docencia y otras acciones humanas era inevitable.

Ahora bien, la sentencia que más atrajo nuestra atención en este libro es la forma en que comienza la lección quince: «La mayor desgracia del hombre es no saber leer».

Se estima, a su vez, que son destacables las sentencias que hablan de la bondad de los libros. La lección catorce comienza: «los libros son la verdadera escuela en que se forma el hombre de bien, el buen hijo, el sincero amigo y el honrado ciudadano...».

También es cierto que hay expresiones que hoy día nos resultan caducas y chocantes, hay frases que merecen ser subrayadas, por ser un buen acicate para interesarse por la lectura, como las de la lección siguiente: «Leyendo en voz alta tendrás la ventaja de leer bien (...) Leer bien es tan raro (...) Un sabio anciano decía que no había conocido en su vida tres personas que supiesen leer bien...».

Otro grupo de capítulos son titulados «Lecciones morales en diálogo» (diez lecciones). Seguidamente ilustra a los alumnos con

LECCION 15.ª

*La mayor desgracia del hombre es no sa-
ber leer.* — La lectura suspende el sentimiento de las penas, hace olvidar por algun tiempo los pesares y es un gran recurso contra
el fastidio. — Los buenos libros son *unos consejeros amables,* que nos instruyen sin ofen-
dernos, y nos corrigen sin disgustarnos, y
nos estiman sin adularnos; y *tan compla-
cientes,* que nos divierten siempre que queremos, y que dejamos cuando nos acomoda.

Catón metódico, Lección 15, p. 22, 2.ª parte

«Vicios y virtudes», doce lecciones en las que prosigue con consejos morales y éticos. En las siguientes diez lecciones propone los
«Principios de urbanidad», comentando con frecuencia los com-
portamientos que han de tener los alumnos en diversos ambientes, ya sean religiosos, en la escuela o en los espacios sociales.

Vemos, pues, que el maestro intenta ir formando a los niños
en la lectura con etapas sucesivas de dificultad hasta su completa
comprensión para, posteriormente, llegar a una pedagogía social
que permita al individuo el conocimiento preciso de su entorno
físico, con la geografía y la comunicación con sus semejantes con
el silabario, la escritura metódica y la correcta ortografía y gramática, formando a un ciudadano entre manchego y universal,
preparado para diferenciar la verdad del engaño. Y vivir una realidad basada en el conocimiento del entorno físico y social. Pues
la enseñanza que propone Ruiz-Morote es «la herramienta vital»
para la educación de sus vecinos y del resto del país.

Ya hemos referenciado a algunos pensadores anteriores, hay
quien ha comparado a Ruiz-Morote con intelectuales de la talla
del filósofo español, Jaime Balmes, o del lingüista, jurista y político americano Andrés Bello, ambos del siglo XIX, y con importantes teóricos de la pedagogía como Piaget, Comenius, Lepeletier o
Condorcet, sabios que destacan por la aplicación de sus ideas y

recursos para el aprendizaje. Ruiz-Morote enseñaba las palabras, al igual que lo hacía Comenius en el siglo XVII, dividiéndolas en sílabas asociadas a una imagen, haciéndolas más reconocibles por el alumnado.

Su trabajo, desarrollado durante cuatro décadas, fue reconocido en 1882, por el gobierno liberal de Práxedes Mateo Sagasta con la concesión del título de Caballero de la Orden de Carlos III, por sus servicios docentes en beneficio de la nación (*Gaceta de Madrid*, 23.01.1882). Ese mismo año, mediante una Real Orden de Instrucción Pública (23.05.1882), se aprobaron algunos de sus libros para las escuelas de primaria de todo el país. Sus obras, además de los reconocimientos ya citados, se presentaron y fueron premiadas en Madrid y Zaragoza, y en Viena, su *Gramática Castellana* y *Ortografía popular teórico-práctica*.

Ruiz-Morote y el debate
para la reforma de la lengua castellana

Una segunda faceta de su trabajo fue la revisión y reforma de la lengua castellana, demandada a través de eruditos artículos en revistas especializadas. La experiencia docente le llevó a repensar la enseñanza y las reglas que regían en el idioma del país. La necesidad de reformar la ortografía y la gramática castellanas le empujó a solicitar a los académicos la enmienda de las «anomalías» que se detectaban en el aprendizaje de la lengua, pues había razones e irregularidades en el uso y la dicción o pronunciación de algunas letras. Propuso una modificación del alfabeto con 22 letras mayúsculas y 24 minúsculas.

Sostuvo, a su vez, una intensa disputa por el uso de la tilde en los acentos, entre otras ideas para mejorar la forma de hablar de los españoles. En este sentido uno de los temas propuestos por Ruiz-Morote para la discusión y estudio de los expertos de la Academia fue sus «ocho reglas para la mejora de la acentuación».

Se produjo en el mundo docente hispano una polémica, en la que el maestro, Ruiz-Morote, fue figura principal por su «valentía al servir de reapertura del debate ortográfico». Sus ideas y pensamientos sobre la lingüística y la pedagogía fueron planteados con una actitud dialogante en artículos eruditos, basados en la experiencia con sus alumnos, en revistas y periódicos de prestigio del mundo de la enseñanza y en el ámbito académico y docente.

También hay un artículo relevante sobre esa necesidad de revisión que fue titulado «La actual ortografía castellana es un tormento para la niñez, cuyos adelantamientos retrasa extraordinariamente», que comienza su redacción del siguiente modo:

> No es mi objeto demostrar las reglas que debieran adoptarse para llevar a cabo la reforma completa de la Ortografía: es, sí, indicar los gravísimos perjuicios que se irrogan a la juventud, y a las familias, en instrucción, con la oposición que la Real Academia de la lengua viene ofreciendo a la reforma... El amor que profeso a la tierna juventud, me impele sobre todo a levantar mi débil voz, y a estampar mis convicciones... (*El magisterio*, 1860,vol. 7, pp. 76-82).

Obviamente, la polémica polarizó las posturas estableciendo grupos de adversarios y simpatizantes de la reforma. El maestro tuvo que disputar con grupos de profesores e, incluso, con la prensa por la inacción en estos temas del lenguaje, pues los cambios en la gramática y la ortografía repercutirían en los escritos y composición de las gacetas, revistas y publicaciones.

Durante este periodo, que Ruiz-Morote reinició en la década de 1860, las réplicas y los debates fueron una constante y, en ocasiones, nuestro personaje se sintió «decepcionado por la escasa aceptación de sus propuestas». No obstante, su ánimo se repuso y volvió a plantear sus ideas sobre la «reforma total» de la ortografía.

Su machacona demanda consiguió multiplicar los apoyos para su causa. Se alababa su iniciativa y fueron numerosos los maestros, académicos y profesores que se manifestaron partidarios de los cambios y le mostraron, en diversos artículos, su respeto y aprobación. El título de los artículos no deja lugar a dudas de las pretensiones de Ruiz-Morote: «Si admitiera la Real Academia de la Lengua la reforma de la ortografía ¿convendría simplificar y variar algunas reglas de acentuación?»; y el citado «La actual ortografía castellana es un tormento para la niñez...».

Lo importante fue que se creó una viva controversia para la revisión y reforma de la lengua castellana, y que, finalmente, la

Real Academia, para resolver en 1863, propuso a los expertos un «concurso destinado a los amantes de la reforma ortográfica» que fue convocado oficialmente, el 30 de septiembre de 1861, mediante un despacho con la firma del secretario de la Academia Manuel Bretón de los Herreros.

En esta ardua polémica y tarea reformadora, Ruiz-Morote apeló de manera contundente a la mediación de los sabios y de la reina Isabel II, para que terciaran a favor de la reforma «y la importancia de estudiar la ortografía natural...».

> Si Isabel I inmortalizó su nombre, entre otras grandes cosas, con el descubrimiento de las Américas, Isabel II ha de inmortalizar el suyo, entre otras grandes cosas, con decretar la completa reforma de la ortografía: Isabel II no debe consentir que la instrucción del Príncipe Alfonso dé principio con tan torpe, diabólica y repugnante ortografía; y la Providencia, no hay que dudar, ha preparado coronarle con tal gloria, para que la historia consigne: Alonso (sic) XII fue el primero que aprendió la primera letra por la celestial ortografía. (*Anales de primera enseñanza*, 1862, n.º 8, p. 236).

Más libros de Ruiz-Morote

Algunos breves comentarios de los libros de Ruiz-Morote vendrían a facilitar el entendimiento y la comprensión de la magnitud de la reforma de la enseñanza que se pretendía en España por los círculos intelectuales y profesionales de la docencia. Y, en nuestro caso concreto, podremos entender que en Ciudad Real también corría la suave brisa de los vientos de la renovación pedagógica.

Uno de los libros de texto que, con 72 lecciones breves, sencillas, amenas, numerosas ilustraciones, mapas y cuadros estadísticos, que ayudó a homogeneizar la enseñanza de niñas y niños, fue el titulado *Elementos de geografía Universal*, aprobado para las escuelas por el Real Consejo. Hay que indicar que las últimas ediciones fueron corregidas y aumentadas por Liborio García Tapia, profesor del Instituto de Segunda Enseñanza de Ciudad Real, ya en el siglo XX.

Según los cánones publicitarios de aquellos años «se anunciaba como obra escrita para las escuelas de ambos sexos, por un método nuevo, basado en los luminosos principios de la intuición... y se vendía al precio de 30 reales la docena».

En el prólogo de este libro se puede leer que es una obra para «facilitar y perfeccionar oportunamente la sucesión de las lecciones... enseñarlas por este procedimiento gradual... hasta dominar fácilmente sus lecciones... con interés y aprovechamiento...».

Hay que apuntar que, curiosamente, el libro marca cierto grado de flexibilidad con otras disciplinas en una mixtura o mezcla, o más bien interrelación de conocimientos geográficos especiales en diversas materias, ya geografía, historia, política, u otras disciplinas, a lo que ayudan los mapas. Además, escribió otro librito titulado *Geografía universal para niños*.

Portada de *Elementos de Geografía Universal*. Biblioteca Pública de Ciudad Real

En un artículo titulado "Método y procedimiento de la geografía", escribió Ruiz-Morote:

> Del método científico que los autores de Geografía siguen en sus obras, hace algunos años me separé, empleando al efecto para la instrucción de mis discípulos una miscelánea en las lecciones que me propongo publicar por una serie de artículos... por el batiburrillo de ideas que hay en su método y procedimiento... ciencia tan placentera, tan bella, tan indispensable para el estudio de la Historia, tan necesaria hoy a la sociedad... se verá un método y procedimiento práctico, que sin cansar a los niños con lecciones de memoria, las aprendan fácilmente (...) Consiste en lecciones dispuestas por mapas, conteniendo lo que puede enseñarse en cada uno, y el orden más lógico que a mi parecer piden; precediendo o posponiendo aquellas nociones de cualquier parte de la ciencia que necesitan para su comprensión: de aquí el baturrillo...

Las reformas a que aludo consisten: 1.º Claridad, haciendo desaparecer ese fárrago de nombres de pueblos inútiles para el estudio, como traen los mapas extranjeros: debiendo quedar parecidos a los de Europa y España del dignísimo e ilustrado D. José María Flórez, primer maestro de la Escuela normal central. 2.º Para que de lejos, se viesen bien iluminados los círculos mínimos, zonas, primer meridiano, ríos y lagos notables, volcanes, &c. (etcétera). 3.º Que para de España, tuviese además la división antigua bien marcada de un solo color, y las provincias de diferente, por lo que facilita su estudio... (*El Magisterio...*, 1861, p. 26-28).

Portada de *Aritmética*. Biblioteca Pública de Ciudad Real

En los cuadernos de aritmética, que se publicaron en varias series con diversos cuadernos, vino a decir que perfeccionaban los problemas matemáticos y «encuentran trazada la senda firme y segura que deben seguir (los profesores)... y el alumno se entera bien del planteamiento y la manera de resolverlos...», con provecho y facilidad.

Otros libros de Ruiz-Morote relacionados con la enseñanza son:

–*Geometría y dibujo lineal para niños* (1879)

–*Ortografía popular teórico-práctica* (1893), premiado en las exposiciones aragonesa, Viena, Madrid, nacional pedagógica y universal de Barcelona. Ciudad Real.

–*Gramática castellana teórico-práctica* (1880), editor: Establecimiento Tipográfico del Hospicio. Ciudad Real.

–*Primera parte del Silabario metódico* (1882), Imprenta del Hospicio. Ciudad Real.

–*Catón metódico o libro primero de lectura* (1885), Imprenta del Hospicio Provincial. Ciudad Real.

-Contadores de aritmética..., que contenía problemas muy variados, aplicados a los usos comunes de la vida.

-Registro de asistencia y aplicación. Se trata de una recopilación única en su clase, importante para maestros y autoridades. Se anunciaba (en la publicidad) diciendo: «es sencillo de llevar y por él se satisface con datos fehacientes a los cargos que las autoridades y padres puedan hacer de los pocos progresos de algunos discípulos, causa de la poca aptitud, aplicación o irregularidad con que asisten...».

-Listas de asistencia y aplicación. Un registro con importantes datos estadísticos.

Conclusión

Francisco Ruiz-Morote y Díaz de Lara, oriundo de Manzanares, en su labor de maestro, educó con tesón y esfuerzo a los niños de primaria y adultos de las poblaciones de Manzanares, Torralba, Pozuelo, y a los niños y maestros de Ciudad Real, durante gran parte del siglo XIX.

Sus clases colaboraron en la creación de ciudadanos que construyeron el pasado de la provincia y de la ciudad. Sus varios libros y su obra, oculta al conocimiento de sus convecinos actuales, debe ser rescata y elogiada.

Don Francisco reivindicó con fuerza una educación pública y una enseñanza primaria más sencilla, en sus métodos, a la vez que más integral y más completa, en los conocimientos; más «natural», como él mismo definiera la docencia de la ortografía.

Sus demandas a los académicos y compañeros de profesión propiciaron un debate a nivel nacional para la reforma de la lengua castellana.

Y, por último, creemos que es imprescindible que su figura sea dada a conocer, tal vez ensalzada y aclamada por los habitantes de esta ciudad, pues conocer el pasado de Ciudad Real es sorprendente.

Aquí sí pasaron cosas.

Notas

1 La *gaya ciencia*, también traducida como la ciencia jovial o el alegre saber, viene a expresar, entre otras muchas ideas y pensamientos de Nietzsche, que los acontecimientos, los razonamientos, los sentimientos y las ideas se repiten. Pero, también podríamos verlos en una vertiente positiva, como ocurre entre Comenius y Ruiz-Morote.

2 La utilización de las lenguas vernáculas, incluso en los descansos y charlas privadas, suponía una sanción en muchas universidades.

3 Salvador Jiménez Coronado nació en Ciudad Real, fue representante de la ciudad en Bayona cuando Napoleón decretó la Constitución de Bayona; y fue también el director del primer centro astronómico creado en Madrid.

4 Comenius es uno de los pioneros de la antropología y la etnología, como va mostrando en esta obra, que está cuajada de detalles que apuntan a una primera expresión etnográfica de las cosas.

5 Pablo Montesino Cáceres, médico extremeño, votó contra Fernando VII en 1823 y tuvo que huir tras ser condenado a muerte.

Para profundizar

- *Anales de primera enseñanza*, 1860, n.º 14: pp. 422-428.
- *Anales de primera enseñanza*, 1860, n.º 15: pp. 463-467.
- BERMÚDEZ, A. «Los Ruiz-Morote, una saga de maestros de escuela vinculados a Manzanares». Blogpost. En: https://publicacio nesantoniobermudez.blogspot.com/2023/06/los-ruiz-morote-una-saga-de-maestros-de.html
- Biblioteca Digital del Patrimonio Iberoamericano. ABINIA. En: http://www.iberoamericadigital.net/BDPI/Search.do;jsessionid= F912F1A950E30F0F7E51A65B8298C6FE?numfields=1&field1= docId&field1val=bdh0000092158&field1Op=AND&advanced=- true&hq=true&important=T%C3%ADtulo%3A+Ortograf%C3%

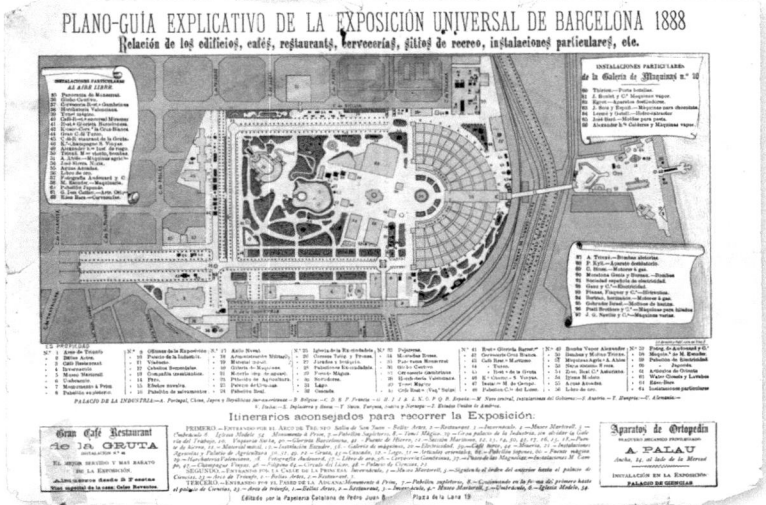

Plano-Guía explicativo de la Exposición Universal de Barcelona de 1888, en la que Ruiz-Morote fue galardonado con una mención especial, en la sección 19 –Enseñanza General–, por sus libros para la primera enseñanza

ADa+castellana%2C+te%C3%B3rico+pr%C3%A1ctica+premia
das+en+las+exposiciones+aragonesa%2C+Viena%2C+Madrid
+y+Pedag%C3%B3gica+de+Madrid%C3%8D

- Biblioteca Nacional de España. Biblioteca Digital Hispana. En: https://datos.bne.es/edicion/bimo0001400891.html
- Biblioteca Virtual de la Filología Española. Una herramienta para la sociedad. En: https://www.bvfe.es/es/autor/10580-ruiz-morote-francisco.html
- «Comenius, el visionario que inventó la educación moderna hace 400 años». BBC News Mundo. En: https://wwwbb.com/mundo/noticias-5594055#:...
- *Diccionario biográfico de Castilla-La Mancha.* En: https://diccio nariobiograficodecastillalamancha.es/biografias/francisco-ruiz-morote-y-diaz-de-lara/
- *El Español*, 05.03.2017.
- *El Magisterio. Periódico de educación y enseñanza*, 1860, n.º 7, pp. 76-82.

«... Fiesta Escolar, celebrada en el Teatro de Verano en la que reunidos los niños de ambos sexos de las escuelas públicas, recibieron los juguetes donados por las clases pudientes». *Vida Manchega*, 25.08.1915, p. 9

- *El Magisterio. Periódico de educación y enseñanza*, 1860, n.º 13, pp. 150-154.

- *El Magisterio. Periódico de educación y enseñanza*, 1861, pp. 26-28.

- GAVIÑO RODRÍGUEZ, V., «Epígonos del reformismo ortográfico en España tras la oficialización de la doctrina (1844-1868)». RLA. *Revista de Lingüística Teórica y Aplicada*, 2020; vol. 58, n.º 1, pp. 135-148.

- GONZÁLEZ CORRALES, L. «Del acento y las nuevas reglas». Artículos publicados en *El Defensor del Magisterio* sobre la moderna acentuación de las palabras por Juan Macho Moreno, y polémica sostenida sobre el mismo asunto con Francisco Ruiz-Morote, Librería de Educación de Manuel Rosado, Madrid, 1884. (M.º de Educación: Este portal forma parte del Proyecto de Investigación «Biblioteca Virtual de la Filología Española. Fase IV: implementaciones y mejoras, metabúsquedas y gestores bibliográficos (PID2020-112795GB-I00)». En: https://www.bvfe. es/es/component/mtree/autor/10580-ruiz-morote-francisco.html

- LACAL, S. (1889), *Libro de Honor. Apuntes para la historia de la Exposición Universal de Barcelona*, Barcelona.

- LACRUZ ALCOCER, M. (2022), *Las Escuelas Normales de Maestros y Maestras de Ciudad Real, 1842-1936*, Ciudad Real, BAM.

- LÓPEZ-MAESTRE RUIZ, J. (2023), *El Instituto de C. Real y la Diputación provincial. Una relación fructífera (1843-1910)*, Ciudad Real, BAM.

- MOLINA POVEDA, M. D., «El nacimiento del sistema educativo español». En: https://wwwui1.es/blog..., Burgos, Universidad Isabel I.

- OSORIO CORRALES, S. M., ÁLVAREZ URIBE, M. A. y LONDOÑO, A. C. «La infancia a la luz de la pedagogía». En: https:// bibliotecadigital.usb.edu.co/server/api/core/bitstreams/ 85f4a9f2-d6db-473e-a700-581f5afde557/content

El público formando «cola» a la puerta de un estanco el día de saca.
(Vida Manchega, 25 de febrero de 1920).
Mujeres y niños, fundamentalmente, hacían largas colas para
aprovisionarse de bienes, en este caso, tabaco; al fondo a la derecha,
se levanta la fachada lateral del ayuntamiento. La cola se extiende por la
calle Cuchillería (Carlos Vázquez)

9 | El motín de las mujeres
(21.09.1920)

Juan Carlos Buitrago Oliver

En las primeras décadas del siglo XX, Ciudad Real, una provincia eminentemente agrícola, a pesar de no verse sometida a la tensión sindical y al pistolerismo que sufrieron otras provincias industriales, como Barcelona o Madrid, vivió numerosas huelgas y revueltas que, en algunos casos, constituyeron auténticos estallidos de violencia[1].

El tumulto que mayor repercusión informativa tuvo a nivel nacional fue el que se produjo en la capital el 21 de septiembre de 1920, denominado por la prensa del momento como el «motín de las mujeres». El levantamiento fue mucho más allá de las habituales protestas de subsistencias, en las que se reclamaban precios justos y abastecimientos suficientes de productos de primera necesidad y fue tan salvaje que, a pesar de no provocar daños personales, al día siguiente lo recogieron en sus páginas no solo la prensa local, sino también, al menos, 18 diarios de Madrid, incluyendo *ABC* o *El Socialista*[2].

El inicio de la protesta fue la escasez y el elevado precio del aceite, que en aquella época se utilizaba no solo para cocinar, sino también para conservar muchos alimentos. El producto había subido tanto de precio que el alcalde de la ciudad, Juan Medrano Rosales, dispuso que se tasara su valor de venta y que, en el ayuntamiento, se facilitaran vales a quienes los demandaran para conseguirlo.

El 21 de septiembre, como en las jornadas anteriores, un gran número de mujeres soportaban, desde la madrugada, una larguísima cola a las puertas del consistorio para poder conseguir los justificantes, pero ese día no se expidieron porque el único esta-

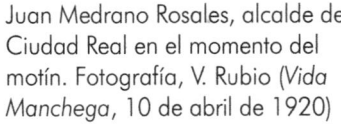

Juan Medrano Rosales, alcalde de Ciudad Real en el momento del motín. Fotografía, V. Rubio (*Vida Manchega*, 10 de abril de 1920)

José Muñoz Oñavitia, vizconde de San Javier, gobernador civil de Ciudad Real. (*El Pueblo Manchego*, 15 de agosto de 1920)

Fernando Girón, gobernador militar de Ciudad Real. (*El Pueblo Manchego*, 15 de agosto de 1920)

blecimiento que podía proporcionar aceite a precio tasado, la expendeduría de Pedro Lozano, carecía de existencias. Con el paso de las horas, la crispación se adueñó de la situación y las mujeres intentaron acceder al ayuntamiento, pero, al no conseguirlo, se dirigieron al edificio del gobierno civil para que José Muñoz Oñativia, vizconde de San Javier, gobernador civil de la provincia, les ofreciera alguna solución. El vizconde, sobrepasado por la situación, prometió que se facilitaría aceite a precio de tasa sin necesidad de vales, aunque ya era demasiado tarde porque las demandas de abastecimiento se fueron extendiendo a otros productos de primera necesidad y empezó a desatarse la violencia.

Vista parcial de la Plaza del Pilar. Viuda de Genaro García, 1911. En el círculo, el edificio administrativo de los negocios de la familia Ayala (Centro de Estudios de Castilla-La Mancha - UCLM)

En el Pilar, unas cien personas apedrearon las oficinas de la empresa de la poderosa familia Ayala. Por la calle general Aguilera, grupos numerosísimos de mujeres, junto con algunos obreros, apedrearon los escaparates de todos los establecimientos que encontraron a su paso. Algunos se dirigieron a la casa-palacio que, en la esquina de la calle Paloma con la calle de la Cruz, en el solar que antes albergaba el establecimiento de la familia Mur, «El Arca de Noé», acababa de construir, para convertirla en su domicilio, el alcalde Juan Medrano Rosales, y quemaron las persianas, forzaron la puerta del garaje, incendiaron un automóvil y penetraron en el interior de la vivienda, donde ocasionaron destrozos de diversa consideración.

No fue la única que corrió esa suerte, porque se inició un auténtica rebelión en la que las turbas asaltaron otras viviendas de familias poderosas de la ciudad, como la de Juan Manuel Treviño Aranguren –marqués de Treviño–, la de María Manuela Jaraba Muñoz –viuda del conde de la Cañada– o las de los hermanos Ayala. Se desató la ira popular y se incendiaron un gran número de bodegas, graneros, molinos de aceite, garajes y almacenes. En muchos establecimientos del centro de la ciudad los grupos sa-

Corporación municipal de Ciudad Real en abril de 1920. Marcado con una X, el alcalde. (*Vida Manchega*, 10 de abril de 1920)

caron las existencias del comercio a la calle y allí les prendieron fuego. Curiosamente, se destruía con saña, pero nadie se llevaba nada. Muchos años después, los ciudadrealeños aún recordaban cómo ardió la montaña que se hizo ese día con los jamones, los lomos, los salchichones y otras chacinas de la tienda de Rosa García, la viuda de Mazo, en el centro de la Plaza Mayor.

Aunque las cargas a caballo de la benemérita lograban dispersar a los alborotadores, era tan solo algo momentáneo porque,

cuando se recuperaban del terror, volvían a reunirse para continuar atacando las propiedades de los que consideraban acaparadores y culpables del enorme incremento de los precios. Hasta últimas horas de la tarde no se calmó la situación y, finalmente, tuvieron que venir refuerzos de la Guardia Civil desde los pueblos próximos e, incluso, desde Toledo y Madrid. Esa misma jornada se produjeron muchas detenciones.

En los días siguientes dimitieron el alcalde -Juan Medrano Rosales- y toda su corporación, formada, entre otros, por Juan

«Esquela» de José Muñoz Oñativia.
(*El Pueblo Manchego*, n.º 2.908, 23 de septiembre de 1920)

Manuel Treviño Aranguren, Ángel Andrade, Juan Suero, Rafael Cueva, José Víctor o Manuel Sánchez Gijón.

Sin embargo, en la búsqueda de culpables, quizá porque era lo más fácil, *El Pueblo Manchego* centró su atención en el gobernador, José Muñoz Oñativia, al que presionó para que dimitiese. Se llegó a publicar una esquela en el diario y se reprodujeron todos los telegramas en los que distintas entidades solicitaban su cese, directamente al ministro de la Gobernación, o indirectamente a través de personajes e instituciones influyentes, como el capitán general de la Primera Región Militar, Rafael Gasset, Mariano Fernández de Tejerina, Emilio González-Llana Fagoaga o la Cámara de Comercio de Madrid.

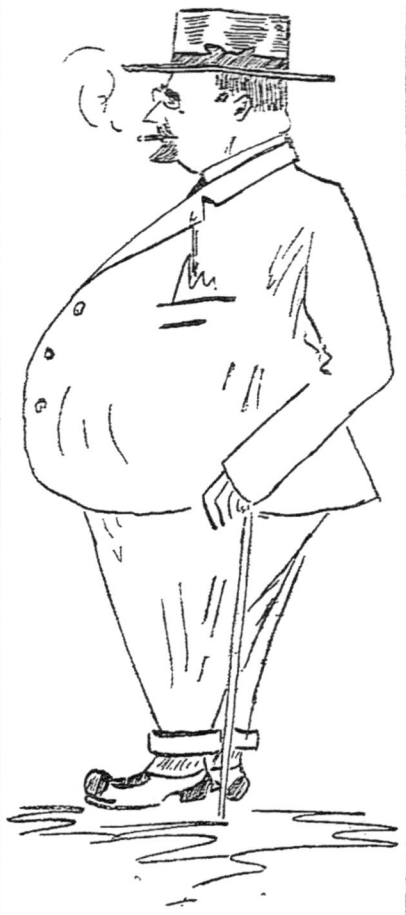

LOS GRANDES SOCIÓLOGOS
(Dibujo de Niceto)

El "héroe„ del martes

... Se marchó de Ciudad-Real;
vaya con Dios el compadre;
¡lástima que á ese sujeto
ya no lo *camele naide!*
Aunque no estudió analítica,
analizó a mucha gente:
y aunque fué un vivo en política
muerto es políticamente.

Caricatura de José Muñoz Oñativia. (*El Pueblo Manchego*, n.° 2.910, 25 de septiembre de 1920)

La presión fue tan grande que el día 23 salió de Ciudad Real el vizconde, amparado por la noche. En la jornada siguiente, se recibieron en la capital, para su abastecimiento, 500 toneladas de aceite. Se habían calmado los ánimos y se había solventado la situación, pero los daños, a pesar de los pocos detalles que ofreció la prensa por la censura a la que se la sometió, fueron muy cuantiosos.

Los incendios produjeron las pérdidas más cuantiosas, pero solo fueron mencionados por *El Pueblo Manchego*, que no podía ocultar a sus lectores lo que habían visto, y por *ABC*, que recibió la crónica directamente de su redactor jefe, Marcos Rafael Blanco Belmonte, quien casualmente, se encontraba hospedado en el hotel Miracielos, en la calle Paloma, justo enfrente de la casa del alcalde, Juan Medrano Rosales, una de las afectadas por el fuego.

Blanco comentaba en su artículo que el espectáculo era anárquico, pero que mucha gente, aunque criticaba el procedimiento, sí que entendía la enérgica protesta popular porque eran un secreto a voces «... las ganancias fabulosas, los cohechos y los abusos inconcebibles...». El redactor denunciaba públicamente, además, que la censura intentó que no se pusiera en contacto con *ABC* «... cortando descortésmente y con consistencia despótica (su) conferencia telefónica...». Parece evidente que las autoridades ciudadrealeñas intentaron, por todos los medios a su alcance, que lo sucedido no trascendiera del ámbito local. Solo Marcos Rafael Blanco consiguió sortear todas las dificultades y ponerse en contacto con su periódico, pero el resto de los corresponsales de las cabeceras madrile-

Marcos Rafael Blanco Belmonte.
(*ABC*, 1 de abril de 1933)

Hotel Miracielos (al fondo), en la calle Paloma. Enfrente, en la esquina de la calle Cruz, se aprecia el establecimiento de la familia Mur El Arca de Noé; en 1920 Juan Medrano Rosales levantó en este solar su vivienda familiar. Fotografía G. Plaza
(*Vida Manchega*, 25 de enero de 1917)

Algunas de las cabeceras de prensa que recogieron los sucesos de
Ciudad Real. También se hicieron eco *El Socialista*, *El Sol*,
La Tribuna o *La Voz*

/ MADRID.-AÑO LIV.-NÚM. 19.225

TARIFA DE ANUNCIOS

EL IMPARCIAL

Número suelto 10 céntimos

EL IMPARCIAL

DIARIO LIBERAL

FUNDADO POR D. EDUARDO GASSET Y ARTIME

MIÉRCOLES 22 DE SEPTIEMBRE DE 1920

PRECIOS DE SUSCRIPCIÓN

Administración de EL IMPARCIAL, Apartado 127

Calle del Duque de Alba, 4

AÑO XLII. — MADRID. — NÚM. 14.740

SUSCRIPCIONES

25 pesetas 1,75 pesetas

EL LIBERAL invita á sus lectores y anunciantes á presenciar sus grandes tiradas.

El Liberal

SE PUBLICA DIARIAMENTE EN MADRID-BARCELONA-MURCIA Y SEVILLA

MIÉRCOLES 22 DE SEPTIEMBRE DE 1920

LA CORRESPONDENCIA ADMINISTRATIVA

Administrador de El Liberal

Número suelto 10 céntimos

AÑO II   MADRID   NÚM. 150

SUSCRIPCIONES

Madrid, un mes, ... 2 ptas

Provincias, trimestre, . . .

25 EJEMPLARES 1,75 PESETAS

LA LIBERTAD solicita á sus lectores y anunciantes

La Libertad

MIÉRCOLES 22 SEPTIEMBRE 1920

Toda la correspondencia debe dirigirse al

Director de La Libertad

ADMINISTRACIÓN SACRAMENTO, 5

Número suelto, 10 céntimos

Año XIV.—Núm. 4.867   CUATRO EDICIONES.—Madrid y provincias.—DIEZ CÉNTIMOS   Miércoles, 22 de Septiembre de 1920

CRISTOBAL MATAIX
ADMINISTRADOR

REDACCIÓN — ADMINISTRACIÓN

EL MUNDO

Fundador: SANTIAGO MATAIX   Gerente propietario: JOSÉ MARÍA DE BOET

ANDRES DE BOET
DIRECTOR

IMPRENTA

PARA ANUNCIOS Y RECLAMOS en la Administración

EL PAIS

Año XXXIV. Núm. 11.998

Diario republicano

Fundador, D. Antonio Catena y Muñoz

PRECIOS DE SUSCRIPCIÓN

Número suelto, 10 cénts.—25 ejemplares, 1,75 ptas.

TELÉFONO 697   8, MADERA, 8   TELÉFONO 697

Miércoles 22 de septiembre de 1920

LA PRENSA

MADRID-AÑO XIV-NÚM. 3.994   Oficinas: Guzmán el Bueno, 18, hotel   DIARIO DE LA TARDE   Talleres: Meléndez Valdés, 99 duplicado   Miércoles 22 Septiembre de 1920

SEPTIEMBRE
22
MIÉRCOLES
Año de 1920

AÑO X.
N.º 2.907
Ejemplar
10 céntms.

El Pueblo Manchego

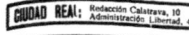

CIUDAD REAL: Redacción Calatrava, 10 — Administración Libertad, 4   DIARIO DE INFORMACIÓN   FRANQUEO CONCERTADO — Apartado núm. 15 — Teléfono núm. 98.

EL SIGLO FUTURO

DIARIO CATÓLICO

MADRID

Miércoles 22 de septiembre de 1920

Redacción y Administración
Clavel, 11, principal.

Apartado de Correos núm. 113
Teléfono número 28-94.

Segunda época.—Año XLII.—Número 4146

FUNDADO EN 1875

ñas no lo lograron y sus diarios solo ofrecieron información genérica de los sucesos que habían ocurrido en la ciudad.

Habría que esperar prácticamente una década, hasta el 3 de febrero de 1930, para que estos hechos, que constituyeron el sumario n.º 160, rollo 1016, de 1920, fueran sentenciados por la Audiencia Provincial[3]. En el proceso fueron imputados un grupo numeroso de rebeldes, es decir, de individuos que no pudieron ser identificados y, nominalmente, 41 personas (16 mujeres y 25 hombres).

Todas las mujeres juzgadas se dedicaban a sus labores, tenían una edad media de 40 años y tres de cada cuatro estaban casadas. Los hombres, de los que solo dos tenían antecedentes penales, eran principalmente jornaleros, albañiles o empleados del ferrocarril, rondaban los 33 años y, en su mayoría, permanecían solteros.

El análisis de los procesados por los sucesos del 21 de septiembre de 1920 refleja algunas de las características habituales de las protestas de subsistencia. Primero, que fue un estallido improvisado donde casi ninguno de los implicados tenía antecedentes policiales; después, que mientras que las mujeres que participaron eran de mediana edad, estaban casadas y tenían familias a su cargo, los hombres eran solteros y mucho más jóvenes; y, por último, que solo unos pocos insurrectos, quizá los más belicosos o los que tuvieron peor suerte, fueron detenidos por la policía y procesados.

Como hechos probados, el tribunal admitió que se atentó contra los domicilios particulares del alcalde, Juan Medrano Rosales,

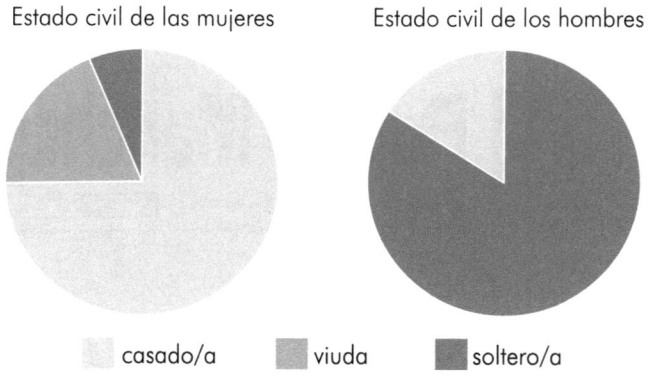

Estado civil de los procesados. (Elaboración propia. AAPCR, Libro de Sentencias de 1930, Sentencia n.º 32)

MUJERES PROCESADAS	HOMBRES PROCESADOS
Patón Ayuso, Eloísa	Anciano Nuñez, Francisco
García Antón, Andrea	Barragán González, Francisco
García Bastante, Eloisa	Casemiro Merino, Catalino
García Sánchez, M.ª del Prado	Chacón Sánchez, Francisco
Gómez Limón, Valeriana	Expósito Bolaños, José
Gómez Negrillo, Baldomera	Fernández Delgado, Luis
Guardiola Selas, Julia	Fernández Plaza, Dámaso
Lillo Sánchez, Petra	González Vega, Modesto
Lozano Santos, M.ª Dolores	Lillo Muela, Alejo
Martínez Carrillo, Genara Fca.	López Moraga, Moisés
Muñoz Caminero, Miguela Estefanía	Madrid Rodrigo, Anacleto
Peña Triviño, Juana	Maestro San José, José
Ruiz Villar, Carmen Juana	Martín Sendarrubias, Rafael
Sánchez Raposo, Gregoria	Montoya Lillo, Blas Prisco
Serrano Alcázar, Dolores	Moraga Gutiérrrez, Eugenio Vicente
Zapata Céspedes, Loreto Josefa	Navarrete Prado, Manuel
	Oliver Cañizares, Francisco
	Pérez Nieto, Emilio
	Quintanilla de la Fuente, Francisco
	Ráez Reinaldo, Joaquín
	Rodríguez Arévalo, Emilio
	Roes Reinaldo, Obdulio
	Solís Ruiz, Teodoro
	Toribio Monteagudo
	Torres Pérez, Clemente

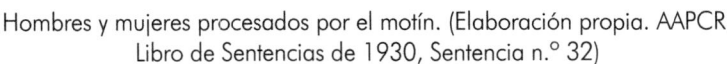

Hombres y mujeres procesados por el motín. (Elaboración propia. AAPCR, Libro de Sentencias de 1930, Sentencia n.º 32)

Plaza de la Constitución (Mayor) y mercado de Ciudad Real en 1916. Uno de los principales escenarios del motín del 21 de septiembre de 1920. Viuda de Genaro García, postal, (CECLM)

en la calle Paloma esquina con la calle Cruz; el de Juan Manuel Treviño Aranguren, marqués de Treviño, en la calle Reyes; el de María Manuela Jaraba Muñoz, viuda del conde de la Cañada; el de Policarpo Núñez Hombrebueno, presidente de la Cámara de Comercio, en la calle General Aguilera; el de Luis Rey Medrano, senador conservador, en la calle Cardenal Monescillo; el de Manuel Aguirre Navarro, médico y concejal conservador, en la calle Lanza; el de su hermano, Enrique Aguirre Navarro, importante propietario agrícola, en la calle General Rey; el de Concepción Ibarrola, acaudalada propietaria, en la calle Sauco Díez (Mata) esquina con la calle Cardenal Monescillo; el de Federico Fernández Alcázar, inspector provincial de Sanidad, en la plaza del Pilar; el de Demetrio Ayala López, miembro de una de las familias más poderosas de la ciudad; el de la viuda de Facundo Fernández Sevillano, que fue el primer presidente de la Cámara de Comercio y el de Alberto Múzquiz Fernández de la Puente, abogado de estado y esposo de Pepita Ayala López, hermana de Demetrio y Ricardo Ayala.

Esto demuestra que, aunque no habían premeditado sus acciones, los amotinados eran plenamente conscientes de quiénes eran los que verdaderamente movían los hilos económicos de la ciudad:

Calle General Aguilera, entre 1905 y 1920, vista desde el arco bajo
el edificio del ayuntamiento; fue una de las calles que más sufrió el
hartazgo del pueblo durante el motín, (CECLM)

las antiguas familias nobiliarias que habían protagonizado durante años el caciquismo ciudadrealeño y unos pocos burgueses que habían conseguido levantar nuevos imperios con sus negocios. Los oligarcas de la ciudad sintieron ese día el terror de que, a pedradas, la plebe atacara las lujosas mansiones familiares en las que vivían rodeados de lujos y ajenos, excepto por sus actos de caridad, a la miseria y a las dificultades cotidianas a las que sí que tenían que enfrentarse los insurrectos que los hostigaban.

Vieron también, impotentes, cómo incendiaban sus almacenes, sus fábricas y sus negocios, porque las fuerzas de orden público, sin efectivos suficientes, no podían enfrentarse con éxito de manera persistente a las turbas enardecidas que se desplazaban simultáneamente por distintas zonas de la ciudad.

En el proceso se recogió el destrozó de las instalaciones de Ricardo Arévalo, en la calle Alarcos, donde se reventaron las tinajas de la bodega, se rompió la maquinaria de la almazara y se incendió el granero; el vandalismo que sufrieron el molino de aceite de la calle Postas, la bodega y las reservas de leña del marqués de Treviño; la destrucción de la almazara de Concepción Ibarrola en la calle de la Mata; los daños que afectaron a la familia Ayala en su fábrica de luz de la calle Lanza, en su garaje de la calle Oliveros (Juan II), en el que se incendiaron dos automóviles y numerosos carruajes, y en varias tahonas, graneros y almacenes de harina.

El expediente detalla también cómo la furia popular se ensañó en comercios de diversa índole. En la calle Mercado, esquina con la calle Cruz, se sacó a la vía pública toda la mercancía del comercio de tejidos de José López Calero y se hizo con ella una enorme fogata; igual ocurrió en el almacén de Rosa García, viuda de Mazo, de donde extrajeron todos los jamones y los embutidos para arrojarlos a una hoguera preparada en mitad de la Plaza Mayor; allí ardieron también productos de la tienda de comestibles de Ponciano Montero. En la calle Carlos Vázquez asaltaron el comercio de Enrique Morales y el bar de la familia Mur. En la calle General Aguilera atacaron el negocio de Carlos Prado, el de Facundo Fernández, el de Mónico Fernández y el Bar Ideal.

En total, los daños, según la valoración realizada por los peritos, ascendieron a 246.823,15 pesetas. Como vemos en el siguiente cuadro, la familia Ayala fue la más perjudicada, seguida por

DAMNIFICADO	CUANTÍA DE LOS DAÑOS
Hermanos Ayala	71.646,02 ptas.
Ricardo Arévalo	33.305,75 ptas.
Ricardo Ayala	32.175,00 ptas.
Juan Manuel Treviño Aranguren	28.076,00 ptas.
José López Calero	20.026,00 ptas.
Enrique Aguirre	16.959,35 ptas.
Rosa García (viuda de Mazo)	14.480,00 ptas.
Juan Medrano Rosales	10.070,75 ptas.
Ponciano Montero	6.581,00 ptas.
Enrique Morales	5.335,00 ptas.
Policarpo Núñez	3.073,00 ptas.
Federico Fernández Alcázar	1.587,00 ptas.
Demetrio Ayala	1.092,50 ptas.
Carlos Prado	1.073,28 ptas.
Luis Rey Medrano	528,50 ptas.
Viuda de Facundo Fernández	304,00 ptas.
Mónico Fernández	152,00 ptas.
M.ª Manuela Jarava Muñoz	106,50 ptas.
Manuel Aguirre	97,50 ptas.
Manuel Pérez	75,00 ptas.
Hermanos Mur	70,00 ptas.
Alberto Múzquiz	9,00 ptas.

(Elaboración propia. Archivo de la Audiencia Provincial de Ciudad Real AAPCR, Libro de Sentencias de 1930, Sentencia n.º 32)

Ricardo Arévalo y por el marqués de Treviño. Eran, teóricamente, los grandes acaparadores de aceite y harina de la ciudad.

Aunque el fiscal calificó los hechos de un delito de sedición y solicitó en la audiencia provincial una pena para cada uno de los acusados de 1 año, 8 meses y 21 días de prisión correccional, además de que, mancomunada y solidariamente, abonaran los daños a los perjudicados y pagaran las costas, el tribunal no tomó su petición en consideración y acabó por absolver libremente a los procesados, por considerar que no se había justificado su participación en los hechos que se les imputaban. Declaró las costas de oficio e, incluso, ordenó que a José Maestro San José, futuro

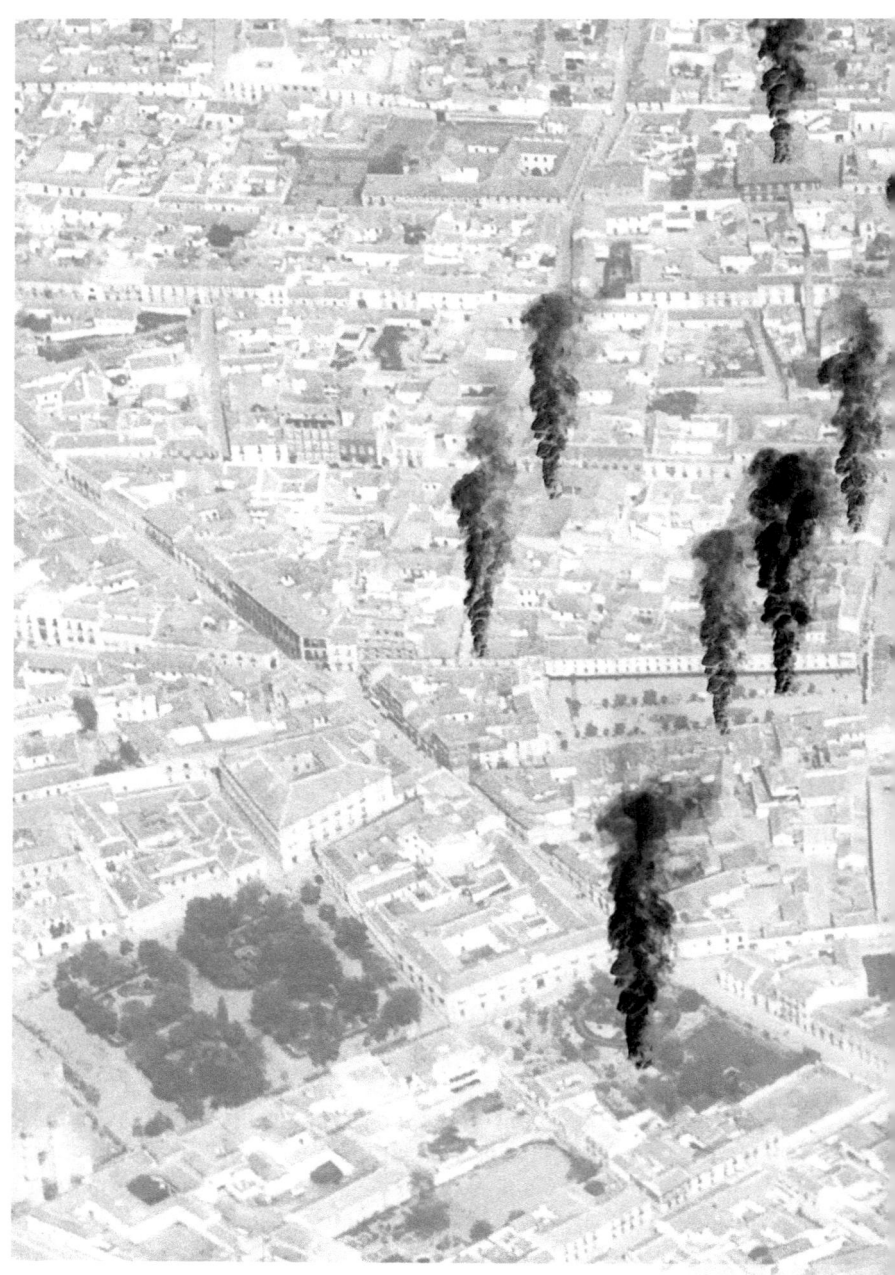

Localización de algunos de los incendios y destrozos provocados el 21 de septiembre de 1920. (Elaboración propia sobre la foto aérea realizada por Walter Mittelholzer en 1928)

alcalde socialista de Ciudad Real, detenido el día de los hechos por ir armado, se le devolviera, si tenía licencia, la pistola que se le había intervenido.

Una década después de que las mujeres ciudadrealeñas protagonizaran un motín que se cebó en las propiedades urbanas de aquellos que el pueblo consideraba como los principales responsables del elevado precio y de la escasez de algunos alimentos de primera necesidad, la justicia eximió a los imputados. Sin embargo, la oligarquía social y económica de Ciudad Real continuaba siendo la misma. Un movimiento republicano, que ilusionaba a muchos ciudadanos por su lucha teórica contra las desigualdades sociales, se estaba fraguando en el país. Faltaba poco más de un año para que unas elecciones municipales provocaran un cambio de régimen que, en principio, se centró en acometer un buen número de reformas que respondieran a los anhelos de sus votantes, pero ni siquiera entonces, ni tampoco después, las grandes familias ciudadrealeñas perdieron su influencia y su poder.

Notas

1 Bascuñán señala, por ejemplo, que entre 1915 y 1923 se produjeron en la provincia 63 incidentes de este tipo. Ver Bascuñán (2009), pp. 111-132. Para más información, ver Bascuñán (2008).

2 Prensa Local: *El Pueblo Manchego*, n.º 2907, 22 de septiembre de 1920, pp. 1 y 4; *El Pueblo Manchego*, n.º 2908, 23 de septiembre de 1920, p. 2; *El Pueblo Manchego*, n.º 2909, 24 de septiembre de 1920, p. 1; *El Pueblo Manchego*, n.º 2910, 25 de septiembre de 1920, p. 1.
Prensa de Madrid: *ABC*, n.º 5.525, 22-09-1920, p. 9; *La Acción*, n.º 1.624, 22-09-1920, p. 5; *El Correo Español*, n.º 9.849, 22-09-1920, p. 6; *La Correspondencia de España*, n.º 22.827, 22-09-1920, p. 3; *La Época*, n.º 25.088, 22-09-1920, p. 2; *España Nueva*, n.º 5.243, 22-09-1920, p. 3; *El Heraldo de Madrid*, n.º 10.840, 22-09-1920, p. 1; *El Imparcial*, n.º 13.230, 22 de septiembre de 1920, p. 1; *El Liberal*, n.º 14.740, 22 de septiembre de 1920, p. 3; *La Libertad*, n.º 250, 22 de septiembre de 1920, p. 1; *El Mundo*, n.º 4.567, 22 de septiembre de 1920, p. 3; *El País*, n.º

11.998, 22 de septiembre de 1920, p. 2; *La Prensa*, n.º 3.994, 22 de septiembre de 1920, p. 1; *El Siglo Futuro, Diario Católico*, n.º 4.146, 22 de septiembre de 1920, p. 1; *El Socialista*, n.º 3.624, 22-09-1920, p. 2; *El Sol*, n.º 973, 22 de septiembre de 1920, p. 2; *La Tribuna*, n.º 3.162, 22 de septiembre de 1920, p. 5; *La Voz*, n.º 72, 22 de septiembre de 1920, p. 7.

3 *Archivo Audiencia Provincial de Ciudad Real* (AAPCR), Libro de Sentencias de 1930, Sentencia n.º 32.

Para profundizar

- ALÍA MIRANDA, F. (1986), *Ciudad Real durante la dictadura de Primo de Rivera*. Ciudad Real, Instituto de Estudios Manchegos.
  –(2006), *Duelo de sables. El general Aguilera, de ministro a conspirador contra Primo de Rivera (1917-1931)*. Madrid, Biblioteca Nueva.

- BASCUÑÁN AÑOVER, O. (2008), *Protesta y supervivencia: movilización y desorden en una sociedad rural, Castilla-La Mancha, (1875-1923)*, Valencia, Instituto de Historia Social.
  –(2020), «Resistencias al reclutamiento y movilización social en la España rural: El caso de las provincias castellano-manchegas (1909-1923)», *La Guerra de Marruecos y la España de su tiempo: (1909-1927)*, Ciudad Real, Sociedad Don Quijote de Conmemoraciones Culturales de Castilla-La Mancha.

- GARCÍA CONSUEGRA, M. J. (), «La solidaridad como protesta. La acción colectiva en la provincia de Ciudad Real tras el desastre de Annual (1921)», *II Congreso Nacional de Ciudad Real y su provincia*, Ciudad Real, Instituto de Estudios Manchegos.

- OÑA FERNÁNDEZ, J. J. (2004), *Ciudad Real y su Regimiento. La rebelión artillera de 1929 contra Primo de Rivera*, Ciudad Real, BAM, Diputación Provincial, pp. 84 y ss.

- SÁNCHEZ SÁNCHEZ, I. y TORRES CAMACHO, J. N. (2012), «Breve Historia de la Cámara Oficial de Comercio e Industria de Ciudad Real», *100 años de comercio e industria de Ciudad Real (1912-2012). Cien años de actividad económica en la provincia*. Ciudad Real, Cámara de Comercio e Industria de Ciudad Real y UCLM.

«Fuerzas de la policía indígena en un campamento, disponiéndose á salir
para efectuar una operación». *Mundo Gráfico* (Madrid), 20.05.1914

10 Crónica de una ejecución
en la antigua prisión de Ciudad Real
(28.05.1921)

Rafael Sánchez Espinosa

Abril de 1918.
Los personajes y los hechos

Mientras que en el mundo se comenzaba a vislumbrar el final de la Primera Guerra Mundial, la pandemia denominada «gripe española» empezaba a expandirse de forma preocupante por gran cantidad de países; en España, Antonio Maura había comenzado su tercer mandato como presidente del Consejo de Ministros y la nación continuaba inmersa en Marruecos en la Guerra del Rif; uno de los muchos soldados que había servido en ella, **José Ortiz García**, había regresado licenciado unos meses antes a su localidad natal, Valdepeñas, en la que intentaba ganarse la vida, cuando le llamaban, como jornalero. Tenía la intención de casarse y esperaba reunir el dinero suficiente para hacerlo.

José había nacido en 1904, era hijo de Serapio Ortiz y Ma-

Oficial de la policía indígena.
Blog eloráculodeltrisquel.com

nuela García, y había permanecido casi tres años en el ejército, entre 1914 y 1917, 18 meses de ellos en el cuerpo de la policía indígena. Durante este tiempo le concedieron, por méritos de guerra, una medalla y una cruz pensionada (*El Pueblo Manchego*, 12.10.1920). En concreto, fue condecorado por su excelente comportamiento en una batalla próxima al río Kert, en abril de 1914, en la que recibió un balazo en la cara cuando se introdujo en solitario entre las filas enemigas, para auxiliar y rescatar a un compañero que había quedado herido. También lo fue por su comportamiento en la batalla de Draa y Smorra, en marzo de 1917, cuando se introdujo, de nuevo solo, entre las filas enemigas, causándoles graves daños (*El Pueblo Manchego*, 11.04.1921 y 13.04.1921).

Al tiempo, en Ciudad Real, **Miguel Ruiz Pérez** disfrutaba de forma activa de sus dos grandes vocaciones: la religiosa y la periodística. Había nacido en Calzada de Calatrava en el año 1892. De niño ingresó en el Seminario de Ciudad Real, siendo ordenado sacerdote en 1914 por el obispo de la diócesis de Ciudad Real, Francisco Javier de Irastorza Loinaz. Ejerció primero como cura de la aldea de La Poblachuela, pasó después, como coadjutor, a la parroquia de Santiago y, al mismo tiempo, fue

«Miguel Ruiz, director». *El Pueblo Manchego*, 15.08.1920

capellán de las Monjas Concepcionistas Franciscanas de Santa Beatriz de Silva, más conocidas como «Las Terreras», ambas en Ciudad Real. Todos estos cargos pastorales le permitieron la compatibilidad con el desarrollo de su otra gran vocación, el periodismo (diario *Lanza*, 21.08.2020). Y lo hizo en el diario ciudadrealeño *El Pueblo Manchego* donde, en esta época, desempeñaba ya el cargo de redactor-jefe (*El Pueblo Manchego*, 02.04.1918).

El Pueblo Manchego, editado en Ciudad Real entre 1911 y 1937, fue el de mayor difusión provincial en su época. De carácter confesional católico, nació como iniciativa de la sociedad anónima El Progreso Manchego; su fundador fue Javier Irastorza Loinaz, secretario del obispo y, desde 1915, el sexto obispo-prior. Su vinculación a la jerarquía católica quedó de manifiesto desde su fundación. A partir de agosto de 1915 pasó a ser propiedad de los hermanos Demetrio y Ricardo Ayala.

Gregorio Mayoral

Gregorio Mayoral Sendino había nacido el 24 de diciembre de 1861 en Cavia (Burgos). Quedó pronto viudo y vivía junto a una hermana y una nieta que le dio su hija, también fallecida, en una más que humilde casa en las afueras de Burgos. Tras haber trabajado como pastor, albañil, zapatero y servir como soldado, fue nombrado, en 1890, verdugo titular de la Audiencia Territorial de Burgos. A partir de entonces vivió prácticamente aislado, sin visitas ni relaciones sociales, salvo las cursadas a una cercana taberna.

La paga de Mayoral no daba para mucho (1.825 pesetas anuales, menos descuentos, en 1925). Además de estos emolumentos, el verdugo pasaba nota de los gastos que conllevaba cada ejecución, unas 150 pesetas, pues hay que tener en cuenta que era responsable de montar el patíbulo y preparar todos los detalles del ajusticiamiento, además de dietas de viajes y comidas.

El escritor y periodista santanderino José Samperio, que tuvo la oportunidad de entrevistarle en varias ocasiones, le definía así:

Era un hombre de estatura menos que mediana, ancho, de complexión fuerte, vestido con blusa gris azul que le llegaba por debajo de las rodillas, pantalón negro de pana y gorra de visera gris, ... tenía el pelo entrecano y su mirada era apacible, bondadosa.

Para poner en contexto el aislamiento de Gregorio, hemos de decir que existía, en esa época, un rechazo total de la sociedad,

Gregorio Mayoral ejecutando a Angiolillo –anarquista italiano asesino del presidente del Consejo de Ministros de España Antonio Cánovas del Castillo, el 19 de agosto de 1897–. La imagen fue tomada desde un escondite por José Brunet Bermingham

a la que repugnaban la pena de muerte y los ejecutores. En más de una ocasión le recibieron a pedradas y cerraron las puertas de los lugares a donde fue a desempeñar su oficio, llegó a ser amenazado de muerte y, en muchas ocasiones, tuvo que ser escoltado por la Guardia Civil o la policía para evitar su linchamiento. Este rechazo social se extendía a la familia del verdugo. Así, el hijo de Gregorio, Evaristo Mayoral Arnaiz, sirvió en Correos como repartidor de telegramas, pero fue despedido del cuerpo cuando sus superiores supieron que era hijo del verdugo de Burgos.

A pesar del distanciamiento social, Mayoral llegó a alcanzar cierta notoriedad, a diferencia del resto de verdugos de la época que, intentaban pasar lo más desapercibidos posible. Esta notoriedad le había llegado por una doble vía. De una parte, por su condición de ejecutor de la Justicia; solo cinco personas ocupaban este cargo en las Audiencias Territoriales del país (además de la de Burgos, la de Madrid, Sevilla, Cáceres y Barcelona), y, de otra, por su minuciosidad en las ejecuciones y por haber perfeccionado el aparato que le fue confiado para llevar a cabo su triste cargo. Esta minuciosidad le dio fama de «buen funcionario», por su honradez y frialdad. Él nunca renegó de su oficio ni manifestó remordimiento alguno; solía manifestar que solo cumplía órdenes, que los remordimientos «los debían tener los de las sentencias».

Su primera «actuación» en el cadalso fue en Miranda de Ebro, en 1892, en la persona del encausado Domingo Bezares, cabo del Regimiento de Caballería Numancia, condenado a la pena capital por el robo y homicidio, con alevosía, nocturnidad y despoblado, del recluta José Canales. En abril de 1918 contabilizaba ya cuarenta y un ejecutados, entre los que se encontraba Angiolillo, asesino de Cánovas del Castillo, y llevaba casi tres años sin ejercer su oficio (la última ejecución fue en septiembre de 1915) porque el número de penas de muerte descendió drásticamente en España una vez comenzado el siglo XX. En este periodo de tiempo, de «parón», se dedicó a una de sus grandes obsesiones desde que fue nombrado verdugo: la mejora del «aparato», que era propiedad del gobierno y había sido fabricado en Toledo.

En la mañana del 18 de abril de 1918 la ciudad de Valdepeñas se despertó soliviantada y asombrada por la noticia de un crimen que se había producido esa misma noche en una de sus calles más céntricas. La víctima era una señora, viuda y rica hacendada, conocida por todos. Respondía al nombre de **Agustina Merlo-Córdoba y López-Tello** y contaba con más de 60 años (*Diario de Córdoba*, 21.04.1918). Natural de Córdoba, estaba asentada en Valdepeñas donde había enviudado y había tenido un hijo, Antonio Ruiz, que vivía en esos momentos con ella y que estaba ausente en el momento del crimen. Poseía varias tierras y haciendas y vivía en una gran casa situada en la calle Pi y Margall. También era tía del conocido candidato romanonista de la localidad, Sandalio Ruiz (*La Acción*, 18.04.1918).

Desde el principio se apuntó al móvil del robo como causa del asesinato, así como que el asesino o asesinos se habían escondido con anterioridad en la casa. El hijo, tras estar con su novia y posteriormente en el casino La Confianza, volvió a su casa alrededor de la media noche. Al ver que no podía abrir con la llave por estar echado el pestillo interior y no responder su madre a las llamadas, acudió a las autoridades locales que descerrajaron la puerta y entraron al domicilio. El cuerpo apareció en el patio de la casa, al lado del pozo, con un fuerte golpe en la cabeza y un corte profundo en el cuello. Tras el registro determinaron que la cifra que habían robado no debía ascender a más de cuatro mil pesetas, una cantidad insignificante teniendo en cuenta el dinero y joyas que había en la casa. Desde el primer momento se sospechó que el autor o autores debían conocer los movimientos y costumbres de madre e hijo, así como la casa y, o tenían llave de la misma, o algún compinche les facilitó la entrada. También, que el autor o autores entraron en la casa al atardecer y permanecieron ocultos hasta la noche cuando el hijo no estaba y la madre se acostó. Por estos motivos se empezaron a detener e interrogar a un gran número de sospechosos, muchos de ellos trabajadores, criados o personas relacionadas con la familia (*El Pueblo Manchego*, 18 y 19.04.1918).

En la edición del 20 de abril de *El Pueblo Manchego* se comenzó a apuntar a nuestro ya conocido exsoldado, José Ortiz García, que era hermano de uno de los caseros que la víctima tenía en una de sus propiedades en el campo, como posible autor del crimen. En la del 22 de abril, el periódico informa del posible motivo que condujo a José a intentar cometer un robo en la propiedad de Agustina: días antes, José había pedido dinero a la víctima para poder casarse y esta se lo negó.

Tras ser detenido, en los primeros momentos, José no se exculpó, sino que manifestó que había tenido un cómplice que, a la postre, había sido el asesino. Según su testimonio, esta persona fue la que entró en la casa, esperó a que se fuera el hijo para

Calle Pi y Margall de Valdepeñas. valderec.es

abrirle, cometió el robo y, al marcharse, fue quien asesinó a Agustina. Incluso llegó a conocerse el nombre del supuesto cómplice: Jesús Posada Serrano, de 25 años y natural de Villanueva de los Infantes (*El Pueblo Manchego*, 22.04.1918).

En la edición del 30 de abril ya se expresaba con total rotundidad que no hubo ningún cómplice y que la Guardia Civil consideraba como único autor de robo y homicidio a José Ortiz. Incluso llegaron a publicar la declaración de José en la que, desde el primer momento, admitió el homicidio –como consecuencia de ser atacado primero– y trató de convencer a las autoridades de que no fue un robo sino una especie de «préstamo obligado», datos estos de vital importancia de cara a lo que podría ser la sentencia final. Según estaba la ley en aquellos momentos, ser culpable de uno o de más delitos fijaba la fina línea que existía entre que el castigo pudiera ser cadena perpetua o pena de muerte. Esta fue su declaración:

... entró en la casa con la llave que había conseguido a las siete y media de la tarde del día 17 de abril y se escondió en una cocinilla en el pasillo del corral. Allí estuvo esperando a que se fueran los trabajadores, a que terminaran de cenar madre e hijo y a que este último se marchara, cosa que hizo a las diez de la noche. Esperó un cuarto de hora más y salió para echar el pestillo de la puerta por si el hijo regresaba. Con el ruido que hizo al cerrar el pestillo de la puerta la señora, que se había quedado dormida en el sofá de la cocina, despertó, salió y se lo encontró en el corral. Al verlo lo reconoció y le preguntó que dónde iba. José le contestó que quería que le diera 50 duros. Diciéndole ella que subiera, que se los iba a dar. En la habitación de arriba, la señora abrió un cofre, sacó un saquito con monedas y se lo dio a José. La señora siguió buscando entre la ropa y él pensó que estaba buscando un arma. Entonces sacó un puñal que llevaba. José le dijo que se quedara allí, que él saldría por la puerta. Pero la señora le dijo que le acompañaba. Bajando las escaleras, José le prometió que le iba a devolver el dinero. Al llegar al corral la señora le increpó y cogió la reja de arado para agredirle. Entonces, con el puño del puñal que llevaba, le dio varios golpes en la cabeza que la atontaron y 2 o 3 pinchazos en el cuello. Posteriormente la degolló y salió por

Cárcel Provincial de Ciudad Real, situada frente a la puerta del Perdón de la iglesia de San Pedro, fotografiada por Walter Mittelholzer (aviador suizo) en 1928

la puerta. Fue a una casa de campo donde servía su hermano al que le contó lo que había hecho. En esa misma casa escondió el puñal en un rosal.

Efectivamente las autoridades encontraron el puñal ensangrentado allí y José Ortiz fue acusado formalmente entrando inmediatamente en prisión a la espera del juicio.

Mayo de 1920. El juicio

Poco más de dos años después del crimen, mientras que los ciudadanos de Estados Unidos veían declarar «la ley seca», la pandemia de gripe se daba por finalizada con más de 50 millones de víctimas que habían quedado en el camino y en España, Eduardo Dato era nombrado presidente del Consejo de ministros y, por tercera vez, jefe del Gobierno, en Ciudad Real, José Ortiz García se encontraba preso en la Prisión Provincial esperando el juicio por homicidio y robo. Esta prisión, situada donde actualmente está la delegación de Hacienda, en la calle Ruiz Morote, comenzó siendo la cárcel de la de la Santa Hermandad y, una vez desaparecida esta, pasó a ser Prisión Provincial.

El abogado Carlos Calatayud Gil, en el *Boletín de Información Municipal de Ciudad Real* de diciembre de 1969, la describía así:

Sus condiciones inhumanas, antihigiénicas, la lobreguez de su ambiente, amén de su fealdad, la convertían en un edificio molesto, húmedo, inseguro. Constituía un peligro en el centro de la ciudad. Ofrecía también la desagradable repetición de los desfiles de los reos, en cuerda de presos, al ser conducidos a la Sala de Audiencia. En la portada, como de iglesia o convento, con sus tres escalones sobre el nivel de la calle, existía un frontispicio que tenía escritas en negras letras capitales, aquel pensamiento que se atribuye a Concepción Arenal y que decía así: «Por no frenar sus pasiones, viene el hombre a mis prisiones: sus crímenes aborrecen, más al preso compadece».

Lo único que se conserva hoy en día de la antigua cárcel de la Santa Hermandad es su puerta de madera. Cuando se desmontó, en 1936, fue trasladada y colocada como puerta de acceso del santuario de Nuestra Señora de Alarcos. Y al desaparecer esta, pasó a formar parte de las dependencias de la escuela taller, hoy parque arqueológico.

Miguel Ruiz Pérez continuaba ejerciendo sus dos oficios vocacionales: sacerdote y periodista. Seguía siendo redactor-jefe de *El Pueblo Manchego* (*El Pueblo Manchego*, 30.04.1920), pero también

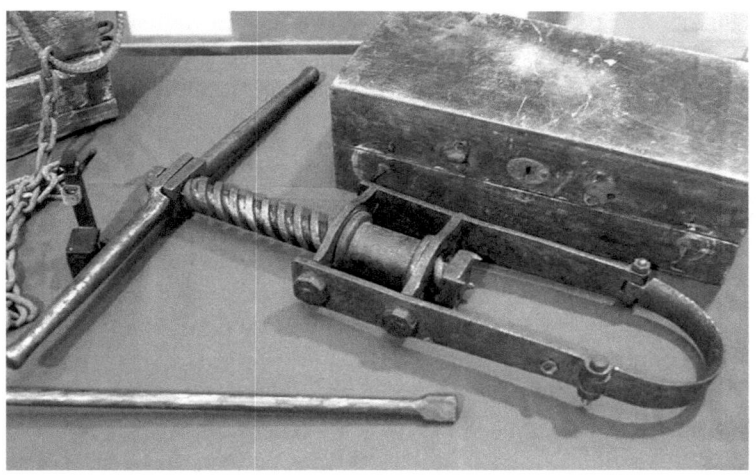

Garrote vil propiedad de la Audiencia de Valencia

ejercía ya de director interino. De hecho, a finales de este mes de mayo, fue nombrado director del periódico (*El Pueblo Manchego*, 20.05.1920), aportando en él su impronta y pensamiento.

Gregorio Mayoral seguía sin participar en ejecuciones, por lo que continuó dedicándose estos dos años a la mejora de su «herramienta». Progresivamente fue introduciendo modificaciones hasta conseguir un instrumento óptimo, del que se sentía satisfecho, llegando a manifestar que lo quería «más que a su propia madre». Lo guardaba bajo la cama, en dos cajas barnizadas y limpias. El artefacto pesaba unos 7 kg. y se jactaba de que con él no hacía «ni un pellizco, ni un rasguño, ni nada, es casi instantáneo; tres cuartos de vuelta y en un segundo...», hasta el punto de que consideraba que sus mejoras tenían la categoría de invento y tenía pensado solicitar la patente. Siempre lo transportaba envuelto y en unas alforjas. Lo llamaba «la guitarra», precisamente por la forma que tenía una vez envuelto. Ese afán por la mejora del garrote se debió a que Mayoral no quería que en sus ejecuciones le ocurriera lo mismo que a alguno de sus compañeros, que infligían un tormento adicional al reo por el mal estado del aparato. Una conocida anécdota macabra fue que, para ir probando esas mejoras, Mayoral pidió permiso al Ayuntamiento para utilizar el garrote con perros enfermos, permiso que fue denegado; entonces lo hizo con gatos. Cuentan que no quedó ni uno en la zona. No obstante, aunque ya había introducido muchas mejoras en esta fecha, no llegó a estrenar su versión definitiva hasta varios años después, concretamente en 1924 en Madrid, en las ejecuciones de los reos del Correo de Andalucía: Honorio Sánchez Molina, Francisco Piqueras y José María Sánchez Navarrete. Las mejoras que introdujo Mayoral hicieron que su garrote produjera la muerte por triple procedimiento: asfixia, estrangulación y descabello; siendo una de sus más importantes mejoras una uña de sujeción del tornillo, mandada hacer por él.

En el *Boletín Oficial de la Provincia de Ciudad Real* del 26 de abril de 1920, se habían publicado las fechas de los juicios competencia del Tribunal del Jurado que se llevarían a cabo en la Audiencia Provincial de Ciudad Real en los próximos días. Entre ellos estaba el de José Ortiz, que tendría lugar los días 11 y 12 de mayo de 1920. Efectivamente, en la edición de *El Pueblo Manchego* del 10 de mayo de 1920 se anunció que el día siguiente, martes 11, se vería en la Audiencia Provincial la vista de causa por asesinato procedente del juzgado de Valdepeñas contra José Ortiz. Añadía también la gran expectación que levantó este caso y el interés general por su resultado y adelantaba que Gabriel de la Escosura sería el fiscal, Cirilo del Río el abogado de la acusación y Manuel Barenca el abogado defensor.

Gabriel de la Escosura Ballarín era, en mayo de 1920, el fiscal de la Audiencia Provincial de Ciudad Real y un asiduo de los círculos y tertulias culturales de la ciudad. Pocos meses después del juicio, en agosto (*Gaceta de Madrid*, número 233) fue nombrado fiscal de la Audiencia Provincial de Valencia y acabó siendo fiscal de la Audiencia Nacional. Falleció a inicios de la guerra civil española, en 1936.

Cirilo del Río Rodríguez nació en Castellar de Santiago en 1892 y fue el más conocido y popular de todos los actores del juicio, ya que llego a ser ministro del Gobierno de España en dos ocasiones. Tras estudiar derecho, se convirtió en su juventud en

«Cirilo del Río saliendo de la casa presidencial de consultar».
Fotografía: B. Cortes, 1935. diccionariobiograficodecastillalamancha.es

un abogado civilista de prestigio, en Ciudad Real primero (en la época del juicio contra José Ruiz ya lo era) y luego en Madrid. Posteriormente llegó a ser presidente de la Diputación de Ciudad Real y un político destacado a nivel nacional desde las filas de la Derecha Liberal Republicana, primero, y, posteriormente, del Partido Republicano Progresista. En octubre de 1933 fue nombrado ministro de Agricultura, manteniéndose en el puesto hasta finales de 1934. En 1935 y hasta las elecciones de febrero de 1936, fue ministro de Obras Públicas y Comunicaciones. Tras su desempeño como ministro, Del Río desapareció de la escena pública. Falleció en 1957.

Manuel Barenca García nació en 1894 (*Anuario Militar de España*, 1924) y era hijo de un prestigioso abogado ciudadrealeño con el mismo nombre. Se licenció en derecho en junio de 1915 (*El Pueblo Manchego*, 25.06.1915) y trabajó en su primer juicio en febrero de 1916 (*El Pueblo Manchego*, 16.02.1916). Posteriormente, siguió desempeñando su oficio como abogado en Ciudad Real, llegando a ser magistrado suplente de la Audiencia Provincial de esta ciudad. Falleció en el año 1950 (*Lanza*, 18.02.1950).

El diario de Miguel Ruiz hizo un exhaustivo seguimiento del juicio que, finalmente, comenzó y finalizó en un mismo día, el martes 11 de mayo. Este día, en *El Pueblo Manchego*, nos encontramos un avance de su desarrollo. El presidente del Tribunal de Derecho fue Diego Carrión (presidente de la Audiencia Provincial de Ciudad Real desde abril de 1915 –*La Correspondencia de España* del 26 de abril de 1915–, hasta septiembre de 1923, cuando se jubiló, según consta en el n.º 269 de *La Gaceta de Madrid*) auxiliado por los magistrados Flórez y Ciriquián.

Como era preceptivo, el jurado popular estuvo compuesto por 12 titulares: Manuel Madrid (que actuaba como presidente), Bernabé Segade, Martín López, Antonio Prado, Antonio Cornejo, Cesáreo Aberca, Bonifacio Castro, Gabriel Sánchez, Manuel Galán, Juan Martín, Juan Abel Noguera y Pablo Cea; y 2 suplentes: Anacleto Merino y Antonio Mata.

Hay que tener en cuenta, como ya expusimos, que en esta época las sentencias a muerte estaban en claro retroceso y el pueblo estaba mayoritariamente en contra de ellas. De hecho, solamente se imponía la sentencia capital en los casos más terribles, en los que además del homicidio incurrían otros actos delictivos como el robo, la alevosía o la premeditación. Este dato es importante tenerlo en cuenta a la hora de ver cómo actuaron cada uno de los profesionales que intervinieron en la vista.

El juicio comenzó a las 11 de la mañana y el acusado insistió en la misma versión que declaró al ser detenido: la señora le dio el dinero sin problema alguno, pero al verse atacado por ella fue cuando respondió y la asesinó. Es decir, se responsabiliza del homicidio, pero no del robo ni, por supuesto, de haber actuado con premeditación y alevosía.

En la edición del 12 de mayo se da cuenta de la versión del fiscal, Gabriel de la Escosura, de los hechos acaecidos en la noche del 17 de abril de 1918. Fue la siguiente:

Bernabé Segade, retratado con su familia, apenas unos meses después del juicio en el que fue jurado popular. 12.12.1920. Bernabé trabajó en la Diputación Provincial de Ciudad Real, en la sección de Artes Gráficas y cajas, como oficial primero de modelación. Centro de Estudios de Castilla-La Mancha (CECLM)

José Ortiz García armado del puñal que como pieza de convicción obra depositado y valiéndose de la llave legítima que días antes había hurtado, abrió la puerta de la portada de la casa que en Valdepeñas habitaba D. Agustina Merlo-Córdoba. Una vez dentro se ocultó hasta que vio salir a las personas que estaban con Doña Agustina y que ésta quedaba sola en la casa. Entonces salió del lugar en el que estaba oculto, intimidó con el puñal a Doña Agustina para que le entregara el dinero que tuviera; ésta le entregó 1.100 pesetas de las que el procesado se apoderó con ánimo de lucro; y después el procesado con el expresado puñal la dio repetidos golpes causándola la muerte. El procesado ha sido anterior y ejecutoriamente condenado por un delito de lesiones. Se han recuperado las 1.100 pesetas y de ellas se entregaron 800 a D. Antonio Ruiz, hijo de la víctima y los 300 restantes obran en poder del Juzgado, así como otros varios objetos.

Al entender que el acusado, además del homicidio, es también culpable de robo y de haber actuado con premeditación y alevosía, solicitó la pena capital.

El abogado de la acusación, Cirilo del Río, llegó a las mismas conclusiones que el fiscal y también solicitó la pena capital para el acusado.

La versión que de los hechos expuso Manuel Barenca, como abogado defensor, fue la siguiente:

El procesado que necesitaba dinero para contraer matrimonio y aprovechando el conocimiento que tenía con doña A. M., por estar sirviendo un hermano en la casa y haber requerido el hijo alguna vez para que le limpiara el caballo al primero, solicitó de la nombrada señora la entrega de cantidad en metálico para aquel fin yendo a la casa el día de autos. Solicitud a la que atendió doña A. M. dándole hasta mayor cantidad. Cuando ambos regresaban y el procesado delante junto a la portada, la doña A. M., quizás por temor, o arrepentimiento de la entrega hecha cogió una reja con la que produjo erosiones al procesado el que después de una lucha entablada y ante tan inesperada agresión, arremetió con un puñal a la señora causándole varias heridas originarias de su muerte.

De acuerdo con estas conclusiones, en la que manifiesta que no existió robo, que no fue premeditado y que el homicidio se produjo al defenderse de la víctima, el abogado defensor pidió 12 años y un día de presidio en lugar de la pena capital que las acusaciones solicitaban.

A continuación el fiscal, en lugar de hablar del caso, hizo un elogio del Jurado de Valdepeñas (a pesar de confesar su recelo inicial) y de la figura del Tribunal Popular congratulándose de que todos buscaran el perfeccionamiento de la sociedad.

En el turno de réplica, la acusación insistió en la gravedad del delito, considerando este como el «más grave, más repugnante y más asqueroso» de todos los que componen el Código Penal y manifestó su seguridad en que había sido premeditado y ale-

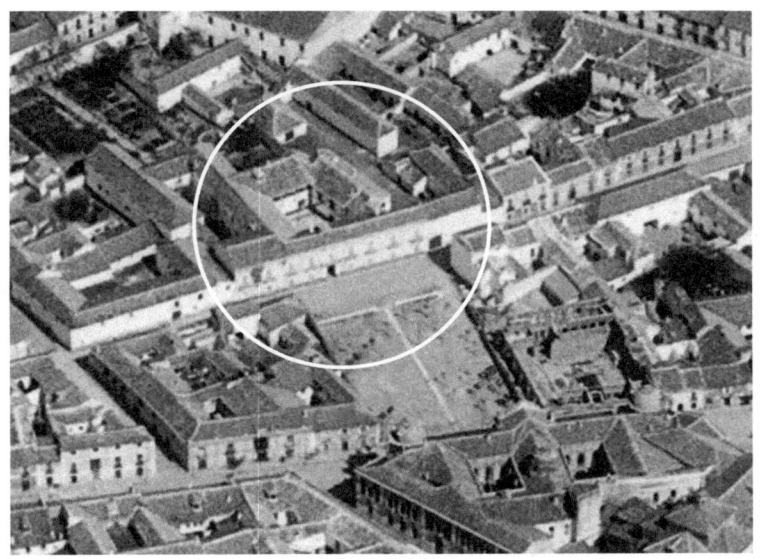

El edificio de la Audiencia Provincial de Ciudad Real, enfrentado al
Palacio de la Diputación Provincial. Walter Mittelholzer, 1928

voso, considerándolo un delito en el que «el refinamiento de la
criminalidad es patentísimo» e incidiendo en la voluntariedad y
responsabilidad del acusado.

El abogado defensor, tras lamentar la muerte de la víctima,
intentó que el jurado reparase en cuestiones de índole moral y
humana, apeló a la juventud del acusado, al motivo -necesitaba
el dinero para casarse- y a su honrosa y condecorada carrera
como militar. También incidió en la versión de José Ortiz de los
hechos y les pidió que la tuvieran en cuenta a la hora de tomar su
decisión final acusándole de homicidio, pero no de robo.

El presidente de la sala, Diego Carrión, hizo un resumen de
todas las cuestiones planteadas e invitó al jurado «a dictar un
veredicto justo y ejemplar». El jurado se retiró a deliberar y a las
nueve de la noche hubo veredicto, el de culpabilidad. Pesaron
más en los miembros del jurado las razones del fiscal y abogado
de la acusación que las del abogado defensor y el Tribunal de
Derecho condenó al acusado a la pena capital. José Ortiz sería
ejecutado a garrote vil.

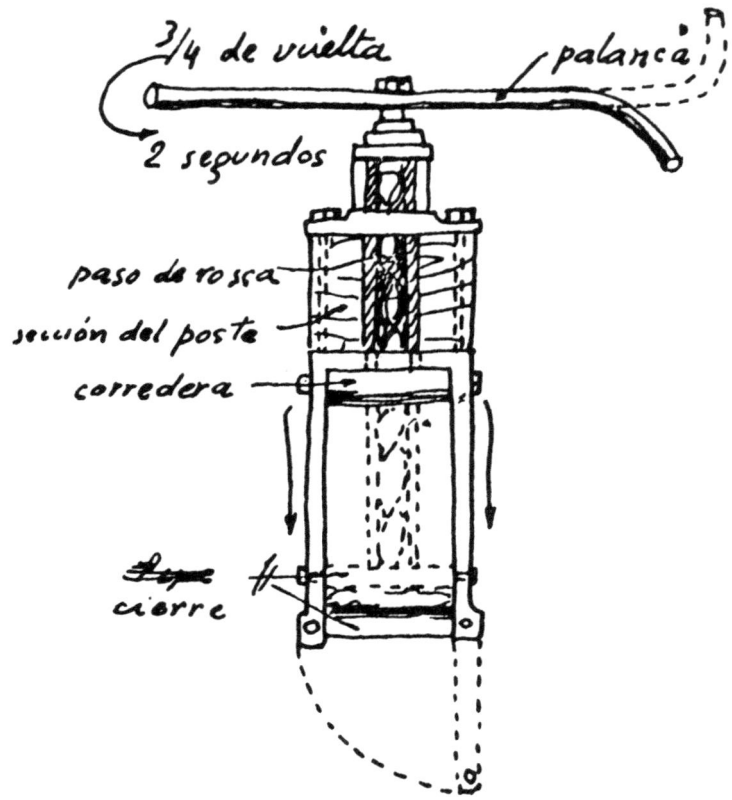

Dibujo, realizado por Samperio, del garrote vil empleado por Mayoral

Para tomar conciencia de lo que significaba este tipo de ejecución, que era el único medio de ajusticiamiento en España desde el código penal de 1822, hay que recurrir a Daniel Sueiro y su obra *La pena de muerte*:

El garrote no es otra cosa que un agente de estrangulación en la modalidad de lazo y por torsión y que, en su modo de ejecución, es el collar o corbatín de hierro el que se cierra en torno al cuello del condenado; dos mitades metálicas que el ejecutor va juntando por medio de un tornillo o manivela, hasta producir la estrangulación. Además, el mecanismo de presión del collar puede actuar sobre un plano fijo, quedando el cuello sujeto entre ambos, en cuyo

292

Ejecución de un reo a garrote vil en el interior de la cárcel
de La Habana (Cuba), a finales del s. XIX

caso no se trata sólo de estrangulación, sino de aplastamiento de
la región cervical. Las lesiones internas son entonces fatales. El
asiento adosado al palo, es decir, la silla en que se sienta el condenado, es otro elemento indispensable, pues debe estar colocada de
forma justa y exacta en cuanto a altura y cercanía al palo en el que
se arma el garrote. Por todo ello, el garrote necesita cuidados, y no
puede ser manejado por cualquiera, no todos pueden o saben dar
una vuelta rápida a la manivela, en el momento justo, con fuerza
y temple suficientes, con suficiente salvajismo, en la nuca de un
semejante, para quebrarle exactamente el espinazo a la altura de
la cuarta vértebra cervical. El verdugo es quien lo hace, y el verdugo es quien sabe cómo es el garrote. Él lo tiene, él lo cuida, él lo

adapta a su mano, a su estatura, a su músculo; por eso es él quien debe, con el tiempo, ir introduciendo en el aparato las modificaciones que lo hacen más perfecto, más refinado y más útil.

Mayo de 1921.
Solicitud de indulto y ejecución

Mientras que las naciones se iban adaptando a la vida en tiempos de paz redefiniendo sus fronteras y firmando tratados, en España aún resonaba el eco del asesinato de Eduardo Dato (sustituido por Manuel Allendesalazar tras el brevísimo paso por el Gobierno de Gabino Bugallal), y la guerra del Rif se encaminaba a lo que en agosto fue llamado: el Desastre de Annual; en Ciudad Real Miguel Ruiz Pérez había conseguido ser el nuevo propietario de *El Pueblo Manchego,* desde el 20 de noviembre de 1920, según consta en una nota aparecida el 22 de noviembre en el citado diario. Además, ese mismo mes, pasó a ser el vicepresidente de la Asociación de la prensa de Ciudad Real, de la que anteriormente ya era secretario (*El Pueblo Manchego,* 12.11.1920). A través de su periódico, y siguiendo la corriente imperante ya en el resto de España de rechazo a la pena de muerte, además de sus profundas convicciones religiosas, abanderó desde este momento una encarnizada lucha con el fin de conseguir el indulto del acusado.

Manuel Allendesalazar

Según Óscar Bascuñán, la tradición dictaba en España que la ejecución de los reos de muerte debía acontecer en un lugar público. Se trataba de un espectáculo en el que el poder demostraba su faceta más terrible y absoluta: su capacidad de disposición sobre la vida de los individuos; mientras el pueblo acudía en masa a contemplarlo. Y no fue hasta el siglo XIX cuando se empezaron a observar corrientes de cambio. Desde que Domingo M.ª Vila, en las discusiones sobre el proyecto de ley del Código Penal de 1848, propuso que la pena de muerte quedara abolida para todos los delitos políticos, los ideales abolicionistas fueron ganando terreno y la pena de muerte fue perdiendo legitimación de cara a la opinión pública. La ejecución empezaba a tomar un valor vergonzante para quien la llevaba a cabo, siendo normal que el espectador sintiera empatía por el condenado y aversión hacia el verdugo, ya que era este quien está cometiendo un asesinato frente a sus ojos.

A finales del XIX, las iniciativas abolicionistas fueron configurándose claramente como una opción a tener en cuenta. En lugar de la pena capital algunos autores proponían la prisión, en la línea de las ideas que estaban tomando forma en Europa y empezó a imponerse el recurso a la privación de libertad como castigo, con el objetivo de recuperar y rehabilitar a la persona, en lugar de su eliminación física. Hasta bien entrado el siglo XX, en España estos avances quedaron frustrados al imponerse la vieja tradición que defendía la necesidad de ejemplaridad del castigo.

Fue hacia 1900 cuando en España destacó la figura de Ángel Pulido, médico y parlamentario por Murcia, quien realizó un riguroso estudio sobre la pena de muerte y las razones para su abolición. Para ello recurrió a los saberes de la época, desde la historia de la legislación hasta la psicología del público, pasando por la función de la prensa, para reformar la pena capital y lograr el fin de su publicidad. Consiguió la aprobación del Parlamento de la prohibición de los ajusticiamientos públicos, mediante la que se denominaría, en su honor, «Ley Pulido». Con ello se confirmaba definitivamente que la pena de muerte había dejado de ser el castigo ejemplarizante y formativo que se pretendía que fuese, para convertirse en un acontecimiento vergonzoso que se llevaba a cabo a escondidas del pueblo, con el fin de evitar altercados o críticas hacia el poder público. Se ocultaba la ejecución física, la máxima capacidad punitiva de la Justicia, quedando así la pena capital como una amenaza real pero cuya ejecución no se veía.

La llamada ley Pulido no supuso la abolición de la pena de muerte pero, al menos, ya se podía considerar que había quedado deslegitimada. Se empezó a ejecutar en la privacidad y seguridad de las prisiones y es destacable que, incluso dentro de los mismos recintos carcelarios, se habilitó un espacio propio y apartado del resto de las instalaciones. La ejecución quedaba más bien como un modo de hacer desaparecer elementos «nocivos» para el cuerpo social, personas que habían cometido actos tan terribles que no cabría el perdón o la rehabilitación. La pena de muerte, vigente, estaba en claro retroceso. El abolicionismo estaba ganando la batalla del proceso civilizatorio, gracias a que las ideas de ciudadanía y el valor de la vida se habían ido implantando en la sociedad. Se empezaba a imponer a su vez el concepto de reinserción de los delincuentes, aunque aún existían ciertos actos que se consideraban totalmente irremisibles, siendo los que atentaban contra los valores liberales de la vida y la propiedad privada los más aborrecibles. Estaba teniendo lugar todo un cambio en la cultura punitiva del país. En el primer tercio del siglo XX, la pena de muerte no se había abolido, pero los avances en esa dirección eran evidentes al retirarse el acto de la muerte a un recinto privado y, sobre todo, al desaparecer prácticamente como castigo real, siendo sustituida, en la mayoría de los casos, por las penas privativas de libertad, como la cadena perpetua.

Siguiendo esta tendencia, la primera noticia de este movimiento pro indulto por parte de Miguel Ruiz y su diario, *El Pueblo Manchego*, fue a través de una carta que publicó el propio Miguel en la edición del 12 de octubre de 1920. En ella se dirigió a Manuel Ballenato y Becerra, alcalde de Valdepeñas (ciudad del acusado, y del crimen) y, con motivo de una visita que supuestamente iba a realizar el rey Alfonso XIII a la mencionada población, le solicitó que pidiera el indulto de José. Para ello, primero halagó las bondades del alcalde, luego reconoció lo monstruoso del crimen cometido, pero le pidió que intercediera poniendo ante todo el derecho a la vida y exaltó las virtudes del acusado, cuando perteneció al ejército, que le llevaron a ser condecorado. Se despidió advirtiéndole que quedó enterado y le ofreció su colaboración. Lo cierto es que, por un lado, esa visita nunca se produjo, por lo que no se pudo realizar ninguna solicitud; y, por otro, como veremos, desde el periódico se lamentarán en el futuro de la poca o nula colaboración de la clase política de Valdepeñas.

La siguiente noticia, acerca de la solicitud del indulto de José Ortiz, apareció de nuevo en *El Pueblo Manchego*, el 11 de abril de 1921, cuando ya se empezaba a rumorear que el reo iba a ser ajusticiado en fechas cercanas. Es un dato importante, porque dada la lentitud de la burocracia y de los desplazamientos en esa época, el tiempo para poder solicitar un indulto se estrechaba considerablemente, aunque de la noticia se infiere que sí se había movido la petición de gracia, sobre todo, a través de cauces eclesiásticos (no olvidemos la condición de sacerdote del director del diario).

En la nota se explicaba que el anterior ministro de Justicia, Mariano Ordóñez García (cesó como tal en marzo de 1921), atendiendo los ruegos del obispo de Ciudad Real, se había mostrado favorable a la concesión del indulto, pero nunca llegó a firmarlo. Además, ya sospechaban que la ejecución se iba a realizar pronto y el tiempo se agotaba, por lo que intentaron recurrir a la vía parlamentaria, además de a la eclesiástica, pidiendo a los parlamentarios provinciales que hablaran con el Gobierno y consiguieran que se comprometiera a elevarlo al monarca, con la excusa, de nuevo, de los méritos militares del acusado. Además de comprometer al prelado, senadores y diputados, también hicieron una llamada a todos los ayuntamientos de la provincia, con el fin de hacer más fuerza en el objetivo del indulto.

A partir de este momento se sucedieron las intentonas desde *El Pueblo Manchego* por conseguir el indulto. Al día siguiente, 12 de abril, publicó que la Asociación de la Prensa de Ciudad Real (de la que, recordemos, Miguel Ruiz era vicepresidente), en reunión de su junta directiva, acordó como primer punto solicitar al presidente del Consejo de Ministros, Manuel Allendesalazar, el indulto de José Ortiz. El 14 de abril, para despertar las simpatías de la gente, según admitían, hizo un halago de los actos que llevó a cabo José Ortiz durante su estancia en el ejército. El 25 de abril, en una carta firmada por «Un alma caritativa» y con la excusa de cubrir la noticia de una jura de bandera que se realizó en Ciudad Real, recurrió de nuevo al pasado militar del condenado, solicitando piedad cristiana y perdón. También hizo un alegato en contra de la pena capital, poniendo ejemplos de indultados anteriormente y lamentando que la clase política no hubiera puesto todo el interés que debía en la petición de indulto.

Ya el 16 de mayo publica una relación de telegramas, enviados con motivo de la celebración del cumpleaños del rey, a la Mayordomía de Palacio solicitando el indulto: Bernardo Peñuela por el Colegio de Abogados, en su condición de decano, Miguel Ruiz como director de *El Pueblo Manchego* y José Recio por la Asociación de Prensa de Ciudad Real, en su condición de presidente. Termina esta relación con el convencimiento de que desde los ayuntamientos y entidades de los pueblos se enviarán también telegramas en este mismo sentido.

El 23 de mayo, al conocer que en la delegación de Hacienda se habían recibido 300 pesetas para los gastos de la ejecución, por lo que ésta sería inminente, vuelven a insistir en pedir la ayuda a toda la provincia y arremeten contra los políticos de Valdepeñas en los siguientes términos: «...Valdepeñas, su pueblo natal, sigue teniendo un injustificado y desdeñoso gesto de indiferencia como si la vida de un semejante, amenazada, importase menos a aquellas taifas políticas que la posesión o conquista del turrón municipal». Evidentemente dan a entender que la lucha por el poder en el Ayuntamiento tiene más ocupados a los políticos locales que la petición de indulto de un paisano.

En la edición del 24 de mayo ya conocían que José Ortiz iba a ser ejecutado el sábado 28 de mayo. Lamentaba Miguel Ruiz que las «plumas ungidas de generosidad» nada han podido hacer contra «la dura costra de un medio indiferente». También la «poca sensibilidad», la «atonía espiritual» y la «poca solidaridad» de la provincia, a diferencia de otras, pero, en un último esfuerzo por conseguir el indulto, propuso realizar una manifestación encabezada por el Ayuntamiento de Ciudad Real para «transmitir a los poderes públicos la petición de indulto». También se pretendía que una comisión organizada por la Asociación de la Prensa se desplazara a Madrid para pedir al rey «el ejercicio de la regla prerrogativa».

En el número del 25 de mayo se publicó una carta de José Saráchaga, director de *Regeneración*, periódico también editado en Ciudad Real, en la que se rebelaba ante la indiferencia general

En la página siguiente. Recorrido de la manifestación desde la puerta de Ciruela hasta el Gobierno Civil. Cartografía de base: plano de Ciudad Real de 1910, (CECLM). Hemos remarcado el punto de salida y llegada, y la ubicación de la Cárcel Provincial

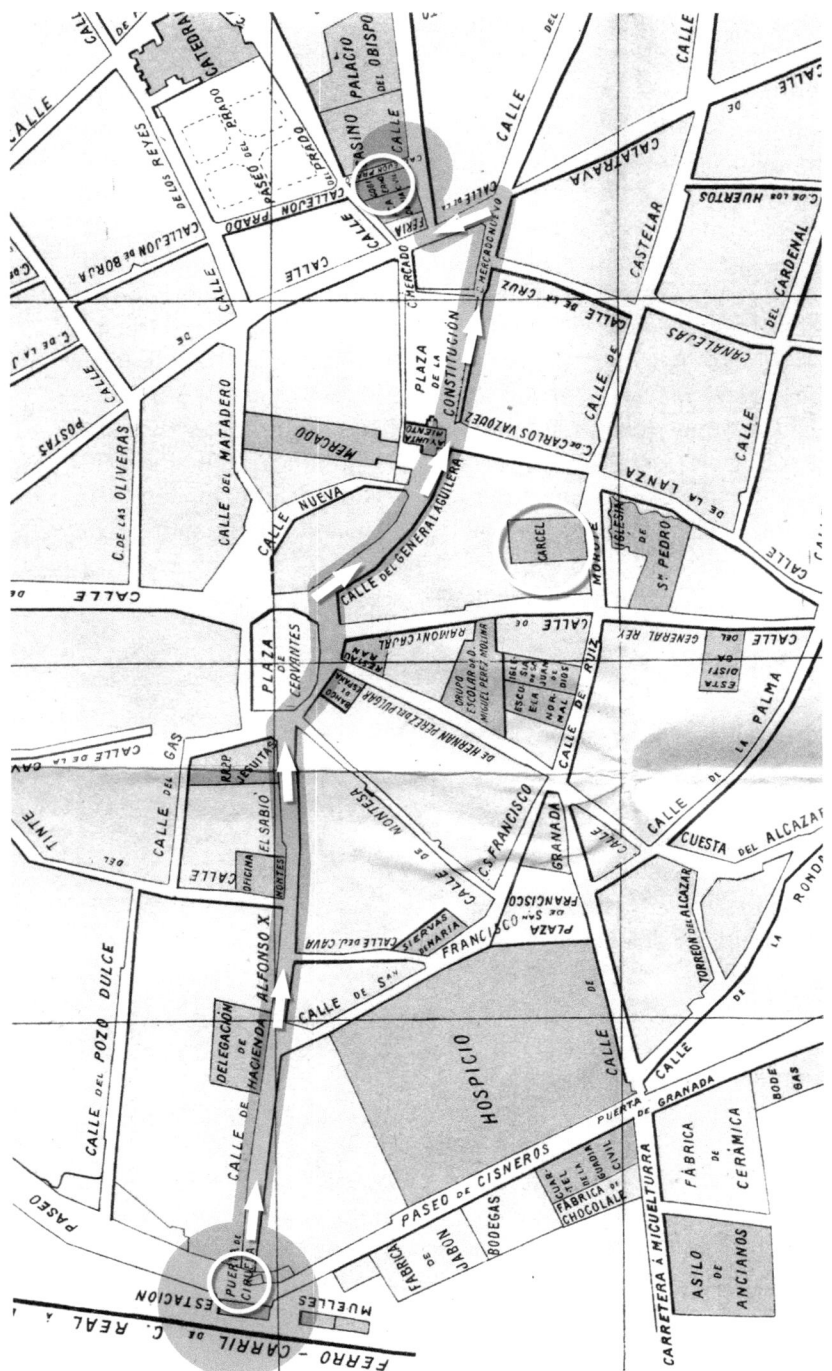

y se prestaba a hacer todo lo necesario para conseguir el indulto, planteando animar al pueblo de Valdepeñas a que alzara la voz en pro de conseguirlo. A continuación, se da cuenta de un telegrama enviado a las instituciones de Valdepeñas para que organicen una manifestación como la de Ciudad Real. Con respecto a la manifestación en la capital, decían que habían repartido millares de octavillas firmadas por la Asociación de la Prensa, presidentes de sociedades obreras y directores de periódicos locales convocando a las siete de la tarde a los ciudadanos en la puerta de Ciruela para recorrer las calles de Alfonso X el Sabio (hoy Ciruela), plaza del Pilar, calle General Aguilera, Plaza de la Constitución (hoy Plaza Mayor), calle Mercado Nuevo (hoy María Cristina), calle Cervantes (debe referirse a la calle Feria) y calle Caballeros para disolverse en el Gobierno Civil (el edificio que albergaba esta institución se encontraba situado donde actualmente está el del Museo Provincial de Ciudad Real), allí se haría entrega de la solicitud de indulto al Gobernador Civil. Finalmente añade que la manifestación estará encabezada por el alcalde, el señor Ballester, (que solo unos días antes había asumido el cargo), pero no así por el resto de ediles de los que dice de forma sarcástica que son «enemigos de manifestaciones», señalando el contraste de la conducta del alcalde con la de sus compañeros.

Alfredo Ballester López (alcalde). Archivo Juan Crespo Cárdenas

En la edición del 27 de mayo y una vez que ya había entrado José Ortiz en capilla, se multiplicaron los esfuerzos para lograr el indulto *in extremis*. El propio Miguel Ruiz firmó una carta en la que expresaba el deseo de seguir luchando por el indulto, pero se lamentaba de la poca colaboración de los pueblos de la provincia salvo Ciudad Real y Valdepeñas, aunque, en este caso, de forma minoritaria y obligados por la presión de la Asociación de la Prensa por lo que critica duramente a la Casa del Pueblo por no haberse sumado a la petición y también al alcalde de Valdepeñas y a la atonía de los habitantes del municipio. Asimismo dejaba vislumbrar la desesperanza ante los intentos fallidos de distintas personalidades por conseguir el indulto.

Daba cuenta de las gestiones realizadas por el obispo de Ciudad Real con el anterior ministro de justicia, Vicente Piniés, publicando la carta que este último envió al obispo en la que se deniega el indulto por parte del Gobierno. También rendía cuenta de la visita que el propio obispo, acompañado del senador por Ciudad Real, Mariano Tejerina, al jefe de Gobierno, Allendesalazar, de la que obtuvieron una pesimista impresión y de una recepción que tuvo con una representación de los obreros tipógrafos solicitándole el indulto, que derivó en un nuevo telegrama dirigido al mayordomo real solicitándolo. Ese día, los telegramas solicitando el indulto se multiplicaron desde distintas asociaciones, intentando involucrar a los diputados y senadores por Ciudad Real. *La Correspondencia de Valencia* publicó que el presidente del Consejo de Ministros, Manuel Allendesalazar, había recibido a una comisión de vecinos de Ciudad Real, acompañados por los representantes en Cortes de esta región, para solicitar el indulto del reo. El 29 de mayo de 1921 apareció una noticia en *El Diario de Córdoba* en la que se aseguraba que, esa misma mañana, a las 10, había recibido del obispo de la Diócesis de Ciudad Real, Francisco Javier de Irastorza Loinaz, un telegrama solicitando el indulto, añadiendo que el señor Allendesalazar ya no tuvo tiempo de realizar las gestiones necesarias.

Desde Valdepeñas se prometió, por el presidente del Sindicato Agrícola, la salida de una comisión a Madrid y la convocatoria de una manifestación pro indulto. Con respecto a estas gestiones, el 27 de mayo de 1921 *El Diario de Córdoba* publicó que en Valdepeñas se había organizado una manifestación y se estaban recogiendo firmas, para enviarlas al rey, para pedir el indulto de la pena de muerte impuesta por la Audiencia de Ciudad Real a José Ortiz.

Volviendo a *El Pueblo Manchego*, el 27 de mayo, publicó el contenido de las octavillas que se repartieron para la manifestación en Ciudad Real:

¡Ciudarrealeños! Como es público el sábado próximo a las 6 de la mañana será ejecutado el reo de Valdepeñas, José Ortiz. Para salvar la vida de ese desgraciado y evitar a la capital un día de luto, esta tarde a las 7 se celebrará una manifestación que, partiendo de la Puerta de Ciruela y presidida por el alcalde, se dirigirá al Gobierno Civil para interesar a la representación del poder público transmita a la Mayordomía de Palacio y al presidente del Consejo la demanda de indulto. ¡Ciudarrealeños: acudid a la manifestación!

La manifestación estuvo presidida por el alcalde señor Ballester, el presidente de la Asociación de la Prensa, directores de los periódicos locales, vicepresidente de la Comisión pro indulto, decano de Colegio de Abogados, el letrado defensor del reo, señor Barenca, y el diputado provincial, señor Peco. Según transcurría la manifestación se iba sumando gente, llegando a concurrir unas 2.000 personas.

En la edición del 28 de mayo se dio cuenta de que el carpintero al que se encargó de ajustar el palo al aparato de ejecución se negó por «la repugnancia que le producía cooperar de forma indirecta en la obra del verdugo», aunque cedió posteriormente al ser presionado, y que la oficina de Telégrafos permaneció abierta con un turno especial esperando la comunicación del indulto. Esta nunca llegó.

El martes, 24 de mayo, se conoció la fatal noticia: José Ortiz sería ejecutado el sábado 28, a las seis de la mañana. (*El Pueblo manchego*, 24.05.1921).

Nuestro ya conocido Gregorio Mayoral, verdugo de la Audiencia Territorial de Burgos, sería el encargado de la ejecución. En agosto del año anterior había terminado su «sequía» y, desde entonces, había participado en seis ejecuciones.

En *El Pueblo Manchego* del 27 de mayo de 1921 se relataba la llegada, el miércoles 25 por la noche, del verdugo de Burgos (no se mencionaba su nombre) a Ciudad Real en el Correo de Madrid. Llegó escoltado por dos guardias civiles que le acompañaban desde Burgos. El diario, mostrando el desprecio que se les tenía a estas personas, lo definñia como «un hombrecillo, que más bien parece un garabato humano», un ejemplo más del rechazo que producían estas personas en la sociedad.

El viernes, 27 de mayo, a las 14:00 horas, el señor Pascual, oficial de la Audiencia, comunicaba a José Ortiz la orden de ejecución y, desde ese momento, se sucedió el ritual común en todas las ejecuciones de la época: el reo fue aislado en una celda, lo que se denominaba «entrar en capilla», donde fue auxiliado por tres turnos de sacerdotes y hermanos de la Hermandad de la Paz y la Caridad, las fuerzas de seguridad montaron un dispositivo de vigilancia alrededor de la cárcel y, en la fachada de la prisión, empezó a ondear una bandera negra.

La Hermandad de la Paz y Caridad fue una institución secular creada con los fines, humanitarios y religiosos, de atender a los reos condenados a muerte, desde que se les comunicaba que se iba hacer efectiva la pena de muerte hasta su ejecución y posterior enterramiento. En Ciudad Real estaba adscrita a la iglesia de San Pedro.

En ese momento, y también como era costumbre en estos casos, se abrió la puerta del Perdón de la iglesia de San Pedro, para que los ciudadanos desfilaran por delante de la imagen del Cristo del Perdón. El desfile de personas fue incesante durante la tarde y noche del viernes, llegándose a recoger más de doscientas pesetas. De ellas, una tercera parte se destinó a sufragios y el resto, al no tener familia José, fue al Comedor de Caridad.

En esos angustiosos momentos de «reo en capilla», cuando el Ejecutor de la Ley (vulgo verdugo) se personaba en el establecimiento para cumplir su misión, se franqueaba el paso por la puerta del Perdón y no se limitaba el acceso por la entrada a la Cárcel, se ofrecía un cuadro muy serio y desolador. Se colocaba una imagen del Redentor, crucificado, en madero lleno de nudos a modo de pequeñas piñas que se retiraban, según el número de ejecuciones, del mástil. Sobre una modesta mesa, cubierta de negros lienzos, junto a una bandeja metálica, que reflejaba las llamitas de dos velas, se depositaban los donativos para sufragios de los reos. (De mi ayer. Antes cárcel; y después Delegación de Hacienda / Carlos Calatayud Gil, *Boletín de Información Municipal*. Ciudad Real, diciembre 1969)

El cristo al que hace referencia Calatayud era el Santo Cristo de los Tarugos o de las Estaquillas, así llamado por la forma y lo

Imagen primitiva del Crucifijo de San Pedro.
Catálogo monumental artístico-histórico de la provincia de Ciudad Real
de Bernardo Portuondo, 1917. (BAM, 2007)

La Cruz de los Tarugos llegando a la Plaza Mayor de Ciudad Real, en la década de los años 20 del pasado siglo. Imágenes de Pasión, 1997, AACC. Traído de *Orígenes de la Semana Santa en Ciudad Real. La Antigua Cofradía del Santísimo Crucifijo de San Pedro*, Franciso José Turrillo Moraga, Colección Ciudad Real Ensayo n.° 4

Puerta del Perdón de la iglesia de San Pedro, entre 1915 y 1920.
Serie de postales de Ciudad Real. Edición Rubisco (CECLM)

tosco de la cruz en que se hallaba enclavado, fue el emblema de la Santa Hermandad, nació con esta institución medieval en el reinado de D. Fernando IV el Emplazado (1295-1310) y lo llevaba en todos sus actos oficiales, así como la Cofradía de la Caridad cuando cumplía su misión de asistir y acompañar a los reos de muerte hasta el suplicio, para inspirarles, con la vista del Crucificado, consuelo y una dulce esperanza en aquel que asimismo aceptó la cruz para redimir al hombre. Este crucificado se conservaba en la Parroquia de San Pedro y fue destruido en 1936 al inicio de la Guerra Civil. Los fieles también visitaban la imagen del Cristo del Perdón y de las Aguas, que igualmente se encontraba en San Pedro, pidiendo perdón para el ajusticiado y depositando a sus pies unas limosnas.

José Ortiz pasó sus últimas horas tomando café y fumando de forma compulsiva, aunque aparentemente tranquilo y resignado, según contaron los propios hermanos de la cofradía que le asistieron. Recibió la visita del obispo Irastorza y, a las 4 de la mañana, se celebró una misa en la estancia en la que estaba, entrando desde ese momento en un estado depresivo. Al tocar las seis de la mañana las campanas de San Pedro, fue conducido al cadalso donde el representante de la Audiencia pronunció al verdugo las rituales y fatídicas palabras: «Está cumplida la ley», cumpliéndose a continuación la orden de ejecución, a las seis y veinte de la mañana (*El Pueblo Manchego*, 27 y 28.05.2021).

El acta de ejecución publicada, en el *Boletín de la Provincia de Ciudad Real* del 3 de junio de 1921, rezaba así:

Acta de ejecución. -En la Ciudad de Ciudad-Real, a las seis horas del día 28 de Mayo de 1921, constituido en la Prisión Provincial de esta capital el infrascrito Secretario de la Audiencia Provincial, designado al efecto por el Tribunal; presentes también el jefe de la Cárcel D. Miguel Villarrubia; el Subjefe D. Emilio Seco; el Vigilante D. Arturo Montoro; el Delegado del Sr. Alcalde, D. Felipe Alcázar y Camacho; el Delegado del Sr. Gobernador, D. Juan Sánchez Murillo; el vecino designado por el Sr. Alcalde, Jorge Llacer Blanes; el Presbítero en funciones de Capellán, D. José Cipriano Gómez; y Los hermanos de la Paz y Caridad; ha sido conducido al cadalso, colocado en el patio grande de esta Prisión, el reo José

Entierro de José Ortiz.
El Pueblo Manchego, 31.05.1921

Ortiz García, de 27 años, hijo de Serapio y de Manuela, natural y vecino de Valdepeñas, jornalero, sin instrucción, el cual fue ejecutado a las seis y veinte. De todo lo cual y en cumplimiento de lo mandado por la Sala en auto de 23 del actual, se levanta la presente, que firman conmigo los señores mencionados, de que certifico. –M. Villarrubia. –Emilio Seco. –Arturo Montoro. –Felipe Alcázar. –Juan Sánchez Murillo. –José C. Gómez. –Jorge Llacer. –Juan de Tena Dávila.

Una hora después el cadáver de José Ortiz fue conducido al cementerio por las calles de Ciudad Real, entre numeroso público que contemplaba el cortejo triste y compungido por no haber podido lograr el ansiado indulto.

«La muerte produjo en Ciudad Real un gran sentimiento de pena, hasta el punto de cerrar el comercio» (*El Progreso*, 29.05.1921).

Para profundizar

- ASENSIO RUBIO, F. (2010), *Cirilo del Río, un manchego en el gobierno de la República*, Madrid, Ministerio de Medio Ambiente y Medio Rural y Marino.
- BASCUÑÁN AÑOVER, O. (2016), La pena de muerte en la Restauración: una historia del cambio social, *Revista Historia y Política*, enero-junio.
- JABATO DEHESA, M.ª J. (2015), *Historia corregida y aumentada de Gregorio Mayoral, verdugo de la Audiencia Territorial de Burgos*, BIFG, Burgos.
- OLIVER OLMO, P. (2008), *La pena de muerte en España*, Madrid, Síntesis.
- SÁNCHEZ SÁNCHEZ, I. (2022), *Ciudad Real y su prensa: 1811-2021*, Ciudad Real, Serendipia Editorial.
- SUEIRO, D. (1974), *La pena de muerte*, Madrid, Alianza ed.
- TURRILLO MORAGA, F. J. (2020), *Orígenes de la Semana Santa en Ciudad Real. La Antigua Cofradía del Santísimo Crucifijo de San Pedro*, Ciudad Real, Serendipia Editorial.

Rafael Cuenca Muñoz. *Diario de Córdoba*, 14.11.1913, p. 1

11 | La *crème de la crème* de la sociedad manchega

vista por Rafael Cuenca Muñoz

(1926)

Isidro Sánchez Sánchez

Ferias y fiestas. Aparecen, como por encanto, actividades religiosas, atracciones, bailes, casetas, corridas de toros, actos culturales varios, trofeos deportivos. Son días de pólvora, música, diversión y afluencia de forasteros. Jornadas de alegrías, amores adolescentes, bebidas en demasía, hastíos de mayores, ilusiones infantiles, ruidos ensordecedores. Un año más llegan los feriantes, acompañados hoy de sus camiones y caravanas, ayer de sus carromatos y carretas. Instalan, de forma apresurada, caballitos, casas de terror, coches de choque, chiringuitos, montañas rusas, norias, tómbolas, trenes de la bruja...

En Ciudad Real, en 1916, cuando en la provincia había solo quince vehículos matriculados y era alcalde José Cruz Prado, se hizo el traslado de la Feria desde la Plaza de la Constitución –o del Ayuntamiento– al Parque de Gasset, al mismo tiempo que la empresa de ferrocarril MZA cedía terrenos para ampliarlo. El principal artífice de la decisión fue Manuel Sánchez Gijón, concejal y secretario de la Cámara de Comercio e Industria de Ciudad Real.

Diez años después, ya está consolidada en el nuevo emplazamiento. Y vuelve a celebrarse en 1926. Pero este año hay una actividad cultural menos frecuente. Un pintor y una exposición, en este caso de retratos, como binomio esencial para la difusión del arte. El pintor crea y la muestra conecta su obra con el mundo, en esta ocasión en un ambiente festivo. Con todo un conjunto de retratos de las personas que considera más importantes y representativas de la ciudad. El artista se encuentra con el público en el Casino de Ciudad Real.

El pintor

Primero, un retrato de la época, cuando Rafael Cuenca Muñoz ya es una figura famosa y poco más de un año antes de su marcha a Argentina. Sebastián Souvirón se ocupa en la revista *Tradición* del movimiento en el mundo de la Cultura en España, desde la óptica del tradicionalismo. Y presenta a Cuenca Muñoz como retratista y buen pintor al pastel, al estilo de los Latour, de los Béjar, «retratista de la psicología más que del formalismo externo»[1].

Cuenta que el pintor le dice en algún momento, «con su deje andaluz», que cuando va al Prado está quince días sin pintar, «me da vergüenza, después de ver aquello». Y ello porque su sentimiento de lo clásico es tan fuerte que es independiente, le ha librado de la poderosa influencia de su maestro Julio Romero de Torres. Desde un punto de vista estético, Cuenca Muñoz podría ser un continuador de la obra del maestro de Córdoba. Pero el sentimiento de lo clásico y la solera de la vieja cultura española, sin olvidar las enseñanzas del autor de *La Musa gitana*, hacen que tenga personalidad propia, espíritu original, «aureola de triunfador añejo».

El caricaturista, dibujante y pintor Rafael Cuenca Muñoz nace en Córdoba, en el año1894. Ya a los 19 años publica un álbum de caricaturas titulado *Córdoba festiva*, que el «notabilísimo artista cordobés» pone a la venta[2]. Incluso una revista madrileña se ocupa de él. Publica su fotografía y este texto: «Notable caricaturista cordobés, que ha hecho una interesante exposición de obras originales y que ha sido pensionado para estudiar en Madrid»[3]. Y tras los iniciales estudios artísticos en Córdoba, se instruye en la Real Academia de Bellas Artes de San Fernando.

A comienzos de la década de los veinte está en Huelva. Allí edita *Centauro*, revista decenal de Arte, en los años 1920 y 1921. Y en este último año da a la luz *El libro del soldado,* con un buen número de ilustraciones, en el que se advierte que el producto de su venta se destina al Hospital de la Cruz Roja de Huelva. Es preciso recordar que en aquellos años España está embarcada en una encarnizada y desastrosa guerra colonial en Marruecos.

En 1922 está en su Córdoba natal y en la ciudad es conocido durante un tiempo con el seudónimo de «Fasman». Es presentado

REVISTA DECENAL DE ARTE

| Año II | Redacción y Admón. RABIDA, 10 | Huelva 24 de Enero de 1921 | Director Propietario: CUENCA MUÑOZ Redactor Jefe: JOSÉ A. JIMÉNEZ | Núm. 6 |

Cabecera de la revista *Centauro*, Huelva (Año II, 24.01.1921)

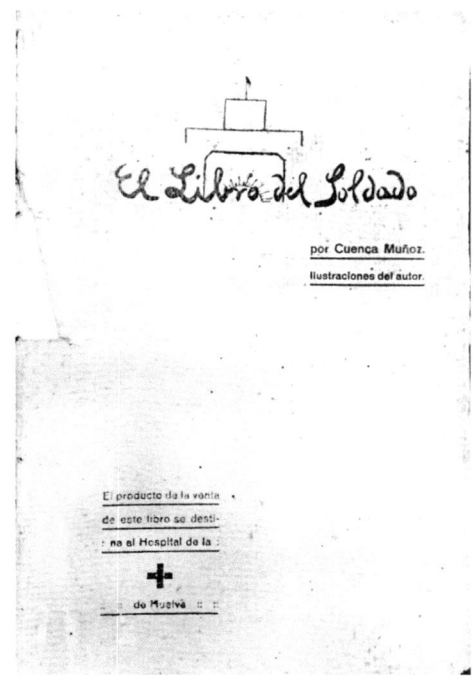

El Libro del Soldado

por Cuenca Muñoz.

Ilustraciones del autor.

El producto de la venta de este libro se destina al Hospital de la ✚ de Huelva

Cubierta de *El libro del soldado* de Rafael Cuenca Muñoz, Huelva, 1921

en la prensa como caricaturista y sugestionador e, incluso, tiene durante algún tiempo un espectáculo en el Teatro Circo cordobés. Con tal motivo es obsequiado por paisanos y amigos con un banquete en el pabellón de la prensa, de la calle de la Victoria[4].

Después, a Albacete. Parece que en 1923 comienza a funcionar la denominada Academia de Bellas Artes en el edificio del

Publicidad de la Academia que se repite en la revista *Centauro*,
Albacete (25.10.1924)

marqués de Montortal, al lado de la Delegación de Hacienda, en
la calle del Rosario (probablemente del siglo XVI y hoy desaparecido). En la fotografía que acompaña al texto se puede ver la portada, el rótulo con el nombre y el gran escudo que la remata. Dicho
rótulo se debe, como recuerda Alberto Mateos Arcángel, a que
en este edificio tuvo «academia de dibujo y pintura el excelente
artista cordobés Rafael Cuenca Muñoz»[5]. También, imparte clases
de dibujo y pintura en el Círculo de Bellas Artes de esa ciudad.

La Academia cuenta al menos con una gran sala, más las
secciones de «dibujo elemental y colorido» y «yeso y natural».
Y el pintor hace una publicidad importante del Centro. El 3 de
noviembre el Ayuntamiento aprueba una solicitud, con el abo-
no del canon correspondiente, para la colocación de carteleras
anunciadoras en las columnas del Paseo de Alfonso XII, en la co-

ACADEMIA DE BELLAS ARTES

Alberto Mateos Arcángel, *Del Albacete antiguo. Imágenes y recuerdos*,
Albacete, IEA, 1983

«Vista de la Academia de la que es profesor-fundador nuestro director D. Rafael Cuenca Muñoz», foto Belda, *Centauro*, Albacete, n.º 1 (11.05.1924)

lumna central de la Plaza de Gabriel Lodares y en las de la Calle Tesifonte Gallego[6].

Un año después el pintor inaugura una exposición en el Círculo de Bellas Artes de Albacete, con la asistencia de autoridades y numeroso público[7]. En ella, abierta desde el 25 de diciembre hasta el 2 de enero, hay 41 retratos, todos hechos «con mucho

«Cuenca Muñoz sirviendo de modelo»,
foto Belda, *Centauro*, Albacete, n.º 1 (11.05.1924)

«Sección de dibujo elemental y colorido»,
foto Belda, *Centauro*, Albacete, n.º 1 (11.05.1924)

«Sección de yeso y natural»,
foto Belda, *Centauro*, Albacete, n.° 1 (11.05.1924)

acierto», uno al óleo y los demás al pastel. Escribe el crítico que algunos «recogen con tal exactitud y precisión el gesto y el detalle de la figura, que han merecido entusiastas elogios de cuantos los han admirado». El modelo de exposición lo refleja seis meses después, como se puede ver más adelante, en Ciudad Real.

Además, funda y dirige la publicación periódica *Centauro*, que se publica en Albacete entre los años 1924 y 1927. Recupera título de otra similar que edita en Huelva, ya citada. Se trata de una interesante revista semanal, con muchas ilustraciones, caricaturas (de Mateos), fotografías y dibujos. En portada incluye de forma habitual una fotografía con el epígrafe de «La Mancha monumental» y en su interior otras bajo el título de «Mujeres manchegas». Se abordan, sobre todo, temas de arte, literatura, deportes y toros[8].

CENTAURO

REVISTA SEMANAL ILUSTRADA

| AÑO I | REDACCIÓN Y ADMÓN. Rosario 11 | Albacete 11 de Mayo de 1924 | Director propietario: CUENCA MUÑOZ | NÚM. I |

:-: :-: A MODO :-: :-:

DE PRESENTACIÓN

Amigo lector: Esta revista que tus manos levantan a la altura de tus ojos, en un paréntesis de calma en tus afanes cotidianos, y a la que hemos bautizado con el nombre zodiacal de CENTAURO, no tiene más que un deseo: serte agradable, y un propósito: vivir mucho. En lo primero, pondremos todo nuestro entusiasmo, todas nuestras ánsias y todos nuestros desvelos y fervores. Para lo segundo, es menester, lector, de tu ayuda y simpatía.

Borrado ya de las paredes del uso—muros de Alejandría de todos los tiempos—exponer ideas y proyectos que luego no se realizan, nos limitamos a saludarte gentilmente, dándote un pedazo de nuestra alma joven.

CENTAURO quiere salirse de la vulgaridad ambiente y pone ante tus ojos, al lado de la prosa obligada, dibujos y fotografías. La actualidad gráfica y los progresos artísticos de nuestros dibujantes, a la vez que un conocimiento simultáneo de los valores artísticos de Albacete y su provincia, desconocidos por una eterna falta de difusión.

Tal vez encuentres, lector, en este primer número deficiencias. Son inevitables. Fundar un periódico es cosa harto difícil en los tiempos presentes, muy enemigo de romanticismos y de ideales. Siempre hay obstáculos al paso de la juventud en materias de prensa. Sin embargo, con la voluntad y el esfuerzo de que al principio te hablamos, juzga CENTAURO irlos venciendo hasta convertirse en una revista digna de ocupar y deleitar tus ratos de ocio, amigo lector.

Y ya que hacemos esta presentación, es, aneja a ella, la obligación de ofrecer a escritores y artistas locales sus columnas. Hecha está, pues. Que no quede por nuestra parte. Sería para no· sotros una enorme satisfacción descubrir valores y estimular aptitudes, tanto en la parte artística como en la literaria. CENTAURO quiere ser portavoz de las almas inquietas y pone su sonrisa de recién nacido en todas las almas, en todos los corazones. Y con esto, lector, Dios te guarde y beneficie.

Nuestro saludo

Al nacer a la vida periodística, cumple CENTAURO un deber de cortesía dedicando su primer saludo a las dignas Autoridades de Albacete, unido a la promesa de cooperar en la medida de sus fuerzas en todo cuanto afecte al desenvolvimiento de los problemas de la población.

Otro saludo afectuoso y cordial para la Prensa toda de Albacete, con la que CENTAURO desea juntar las manos en apretón fuerte y generoso.

Primera plana de la revista *Centauro*, Albacete, n.º 1 (11.05.1924)

Son redactores Luis Azorí Risueño, Matías Gotor y Perier, Emiliano Ramírez Ángel, Roberto Molina y Esteban Sánchez. El primer número se abre con un anuncio a toda página de la cerveza cordobesa La Mezquita, con depositarios para las provincias de Alicante, Valencia, Albacete, Toledo y Cuenca. En Albacete es el impresor Guirado y González, que también confecciona la re-

Retrato a José Cruz Conde, gobernador civil de Sevilla.
La Voz, Córdoba, 26.03.1927

vista. En el mismo número hay un reportaje de Lucifer referido a la Academia de Cuenca Muñoz, con el título «Uno de los centros artísticos que honran a Albacete».

Después de la etapa en la capitales manchegas, sorprendemos al pintor, por ejemplo, cuando realiza un retrato a José Cruz Conde, exalcalde de Córdoba y en ese momento gobernador civil de Sevilla[9], donde el pintor pasa una temporada.

«El Gobernador Militar, el Comandante de Marina, el Presidente del Círculo Mercantil, el de la Asociación de la Prensa y distinguidas señoritas en la inauguración de la exposición de pinturas de Cuenca Muñoz», en J. Sánchez Vázquez, «La vida artística en Málaga. Cuenca Muñoz inaugura una interesante exposición de sus obras», *Vida Gráfica*, Málaga (01.06.1931)

O en Málaga, ciudad en la que inaugura una exposición a fines de mayo de 1931. Un interesante conjunto de cuarenta y cinco obras, formado por óleos, pasteles, y carbones. Muy diferentes, pero que marcan esfuerzo tenso, «loable obstinación de Cuenca Muñoz, por buscar la posible perfección de su arte dentro de los propios recursos». El crítico destaca, como «cuadro bien resuelto», como una de las obras más vigorosas de la exposición *Los dos acólitos*. El pintor sigue la tónica de retrato, pues la mayoría de las obras expuestas son retratos al pastel de personalidades malagueñas[10]. Los presentados, por ejemplo, de Paquito Ojeda Ruíz, Domingo y María Begoña Izurrátegui, Pepita y Victoria Muñoz Páez, «tienen la fresca jugacidad y la elegancia, que debe presidir a toda obra al pastel».

Tras Albacete, Ciudad Real, Sevilla o Málaga, da el salto a Madrid. En mayo de 1932, expone en los salones de la Unión Iberoamericana (antiguo Palacio de Hielo). Andrés Sadko escribe

«*Mi familia* es el título de esta pintura al pastel de Cuenca Muñoz, que se expone en Málaga en 1931», *Vida Gráfica*, Málaga (01.06.1931)

que cuando el pastel queda anticuado, surge un pastelista cordobés que va a contracorriente[11]. Y destaca «la bravura de pintar en realismo». Cuenca Muñoz, dice, elegantemente, con bastante sencillez, consigue «certeras expresiones». También M. V., en *El Pueblo Manchego*, se hace eco de la exposición y afirma que Cuenca Muñoz es uno de los mejores pintores del país y, sin duda, el «primer pastelista español de estos tiempos»[12]. Y en noviembre del mismo año muestra sus pinturas en las salas del Hotel Carlton de Bilbao.

Ya en junio de 1933, presenta en el Palace Hotel de Madrid su exposición *Estampas de niños*. Antonio de Lezama indica que el pintor domina el arte del retrato, siempre difícil y más cuando se trata de niños. Las estampas están primorosamente ejecutadas al pastel, aunque no tienen la «blandura y dulzonería» que generalmente caracterizan al género. El trabajo es de gran elegancia y delicadeza y cuenta con vigor y modernidad. Entre los retratos más interesantes figuran los de Rosarito Sánchez Guerra, Fifina y Carmen Arechavala, Didzie Moore y el titulado *La muñeca rota*. Además, hay dos cuadros, *Ayer y Hoy*, con el título de *La fiesta na-*

cional, sátira intencionada del toreo. También es muy interesante, «por su valentía y lo admirablemente que está logrado», *Sinfonía*, un bellísimo desnudo de mujer. Lezama concluye así: «Cuenca Muñoz es de los artistas que con mayor facilidad se adueñan del público, porque, sin adular a sus modelos, sabe hacer retratos que satisfacen la más exigente estética»[13].

También en Madrid y en el salón de exposiciones del Círculo de Bellas Artes se organiza una gran exposición, con setenta obras, óleos, pasteles, dibujos... Se inaugura el 26 de marzo y asisten personalidades destacadas del mundo del Arte, Periodismo, Política o Literatura y se rueda un documental, que recoge las obras más destacadas[14]. Como la muestra tiene notable éxito y gran repercusión en la prensa, sus amigos organizan un banquete homenaje el 13 de abril en Palace Hotel, al que se adhieren personalidades como Jacinto Benavente, Mariano Benlliure, Julio Camba, Juan Belmonte o Luis de Armiñán[15]. Más de un centenar de personas agasajan al pintor. Tras la lectura de las múltiples adhesiones, Felipe Sassone ofrece el banquete, César González Ruano hace la semblanza de Cuenca y Javier Ruiz del Portal, en nombre de un grupo de cordobeses, ensalza su figura[16].

El éxito madrileño hace que en distintas provincias quieran organizar exposiciones del artista. Así, el 3 de junio se inaugura en el salón de actos del Círculo de la Amistad, de su Córdoba natal, una exposición con sus últimas obras, con apoyo de Ayuntamiento y Diputación. Además de sus apreciados retratos, la prensa destaca un desnudo de mujer, «obra maestra en su género», o las pinturas satíricas *Ayer y Hoy*. Ameniza el acto la Banda Municipal y se vuelve a repetir que Cuenca es el mejor pastelista del país[17].

También expone en Albacete. Tras el éxito del pintor en Madrid, la prensa de la ciudad manchega recuerda los años que vive en ella y pide una muestra de su obra. En junio viaja a Albacete para preparar la exposición, en *El Diario de Albacete* se pide la cooperación de Ayuntamiento y Diputación y se acuerda la celebración durante la Feria[18].

La inauguración se produce el 8 de septiembre en el Casino Primitivo y es muy visitada, según la prensa. Conocemos los cuadros presentados, que se relacionan en *El Diario de Albacete*.

El que tiene el número 28 y el título de *Miss España 1934* indica rabiosa actualidad[19]. Corresponde a María Eugenia Henríquez Girón, nacida en Sevilla, pero que representa en el concurso a Madrid.

Días después tiene lugar un banquete homenaje, por iniciativa de Ramón Garrido, presidente del citado casino. En concreto, el día 19, cuando se clausura su muestra, con numerosa asistencia, «ya que muy justamente lo consideramos paisano». Tras la cena en el Gran Hotel, con el precio de quince pesetas, se celebra a partir de las once de la noche una Gran verbena en el Casino Primitivo[20].

EXPOSICIÓN DE CUENCA MUÑOZ
EN EL CASINO PRIMITIVO ALBACETE
(septiembre de 1934)

1. *Los dos Acólitos*, pastel	15. *Don Paco Segovia*, pastel
2. *Sinfonía*, pastel	16. *Naturaleza*, pastel
3. *Mi familia*, pastel	17. Mujer y telas, pastel
4. *Ayer, Cosas de toros*, pastel	18. *Luisito Martínez Acebal y Morcillo*, pastel
5. *Hoy, Cosas de toros*, pastel	19. *Manolo (Bienvenida)*, pastel
6. *Retrato*, pastel	20. *Don Javier Ruiz del Portal*, pastel
7. *La niña de la muñeca*, pastel	21. *Una gitana cañí*, pastel
8. *Cabeza de Estudio*, pastel	22. *Retrato del niño*, pastel
9. *Rubia (Platino)*, pastel	23. *Las seis de la mañana*, pastel
10. *Muñecas*, pastel	24. *José Manuel Arminán*, dibujo
11. *Margarita*, pastel	25. D. Ramón Garrido Domingo, dibujo
12. ¿......?, pastel	26. *Mi criada es de León*, óleo
13. *Ángela Reyes*, pastel	27. *Naturaleza*, óleo
14. *Juanito Pérez Madrigal*, pastel	28. *Miss España 1934*, pastel

El éxito del pintor es importante en España. No solo hace retratos de niños, mujeres u hombres, alcaldes o gobernadores, misses o toreros... En 1935 pinta el retrato de un miembro del Gobierno. Se trata de Eloy Vaquero Cantillo, ministro de Goberna-

Cuenca Muñoz pinta el retrato de Eloy Vaquero Cantillo, ministro de Gobernación, en el primer trimestre de 1935.
Fotografía de José María Díaz Casariego

ción desde 4 de octubre de 1934 a 3 de abril de 1935, después de Trabajo, Sanidad y Previsión, de 3 de abril a 6 de mayo de 1935. El Ayuntamiento de Córdoba encarga a Rafael Cuenca Muñoz el retrato de Vaquero cuando dirige el Ministerio de Gobernación[21].

Después, América. En las escasas y breves biografías que he visto del pintor se dice que marcha a América con el comienzo de la Guerra Civil, lo que no es cierto. Acompañada de una fotografía de Albero y Segovia, *ABC* de Sevilla da la noticia de que Cuenca Muñoz, «el ilustre pintor español», sale para América del Sur, donde se propone celebrar varias exposiciones de sus cuadros. Es decir, más de dos meses antes del comienzo del conflicto y parece que una vez allí ya no vuelve hasta los últimos años de su vida[22].

Pero no es ajeno al enfrentamiento, por supuesto, como muestran las noticias reiteradas en la prensa franquista. La primera que he visto es de finales de 1937 y en ella se indica que Cuenca Muñoz envía en diversos momentos donativos a entidades de beneficencia de Córdoba y es un «entusiasta propagandista de la Causa Nacional española». En esta ocasión expone en Buenos Aires un cuadro titulado *Dolor de España*, que es adquirido por la organización «Legionarios Civiles de Franco»[23].

Dos Meses después, *Diario de Córdoba* (22.02.1938) describe el reparto del donativo del pintor, dos mil pesetas que quiere se destine a huérfanos de guerra. El Ayuntamiento selecciona a cien familias a propuesta de los curas párrocos. Las madres, que acompañan a los hijos, ante una reproducción del cuadro *Dolor de España*, reciben un sobre con veinte pesetas cada uno. El alcalde, Antonio Coello y Ramírez de Arellano, pide a los niños que escriban al pintor para expresar su agradecimiento y él se ofrece para hacer llegar a su destino las cartas. El texto que acompaña al sobre es este:

> El pintor Rafael Cuenca Muñoz, gran amigo de esta ciudad, que mientras triunfa en lejanas tierras de América con su cuadros maravillosos, no se olvida de los niños de Córdoba, que sufren las amarguras de la orfandad, te envía estas monedas para que en su nombre te regales con juguetes.
>
> Agradece el obsequio al pintor ilustre, escríbele a su domicilio (Esmeralda, 135, Buenos Aires) dándole muestras de tu reconocimiento y procura invertir con acierto la dádiva que te hace con buena voluntad.
>
> Quiere mucho a la Patria dolorida como el pintor la quiere y la representa en su último cuadro «Dolor de España», que hoy has contemplado reproducido.
>
> Casas Consistoriales de Córdoba a 20 de febrero de 1938.
> Segundo año triunfal.- El Alcalde, Antonio Coello.

Se inserta el texto completo para poder apreciar hasta donde llegan las labores de propaganda y cómo se aprovecha cualquier evento. Y al finalizar el acto de entrega, se dan muchos vivas a España, al Caudillo y al Ejército Nacional.

Acabada la guerra sigue el envío de ayudas. En junio de 1939, ya con Auxilio Social en marcha, se recibe un «donativo de ropa para sus paisanitos pobres»[24] y en el periódico, además de alabar su generosidad, se le califica así:

Almería, mural de Rafael Cuenca en la Estación Palermo, del *Subte* de Buenos Aires

Nuevo conquistador de América. Conquista íntegra y total la suya lograda con los merecimientos de artista exquisito y con sus relevantes dotes personales; triunfo pleno conseguido con sus lienzos magníficos y con su corazón magnífico también, cuyo tesoro inagotable de bondades vierte y derrama por doquier enjugando lágrimas y mitigando sinsabores.

En fin, fija su residencia en Buenos Aires, donde sigue su labor como retratista y pintor costumbrista. Dado su éxito en exposiciones, se organizan muestras de su obra en países como Bolivia, Brasil, Chile, Colombia, Estados Unidos, Perú, Uruguay o Venezuela. Indica Julieta Ortiz Latierro (2013) que la mujer se convierte en protagonista de sus obras: bailaoras, gitanas, majas, se suceden en los lienzos del pintor cordobés. Gracias a su demostrada destreza como retratista tiene gran cantidad de encargos y retrata a numerosos personajes de la vida social argentina. También cultiva el género del paisaje, centrado en su añorada la tierra andaluza[25].

En la estación Palermo del Subterráneo (conocido como Subte) de la línea D de Buenos Aires se puede contemplar un gran mural cerámico basado en una obra de Cuenca Muñoz titulado *La espera* e inspirado en Almería. También basados en bocetos de 1939 del artista, en la estación Pichincha de la línea E existen dos murales temáticos ubicados en sus andenes, instalados por la constructora Chadopyf, realizados por los ceramistas Cattaneo y Compañía. Ambos murales muestran un conjunto de impresionantes montañas[26]. Se trata de las inmediaciones del volcán Pichincha en los Andes ecuatorianos. El volcán, especialmente venerado por las comunidades nativas, es considerado un lugar sagrado. Los españoles lo reconocieron en varias ocasiones pero es el naturalista alemán Alexander Von Humboldt quien lo explora de forma científica por primera vez cuando realiza su ascenso en 1802. En Buenos Aires tiene una galería de arte hasta 1948. En ese año, Rafael Cuenca Muñoz vende, libre de gravamen, a Victorio Asaro, dueño de «Joyería Víctor», el negocio y marca Galería de Arte «La Rábida», ubicado en la calle Juncal 1100, esquina Cerrito 1295[27].

Arturo Berenguer Carisomo recuerda en 1953, en su obra *España en la Argentina*, entre los pintores españoles que trabajan en Argentina, a Rafael Cuenca Muñoz y escribe «que no ha perdido su fuerte vena cordobesa y gitana, llena de brioso color»[28]. Precisamente, la nostalgia de su tierra le hace volver a España en el último tramo de su vida y fallece en 1967. A los pocos meses de su muerte, sus amigos organizan una exposición retrospectiva en la Galería Velázquez, de Buenos Aires.

La exposición

Escribe Pepe Patacón en *El Pueblo Manchego* que las ferias de 1926 se presentan con algunos cambios. Uno de ellos se produce en el cartel, que se aparta del «vulgar cartel de serie», litografiado en Valencia, y se sustituye por uno propio de «sabor manchego», original de Cuenca Muñoz y que se edita en Madrid[29].

Para la Feria llegan personas de la provincia y de otros lugares de España, según la prensa, y lo hacen en trenes, autobuses, automóviles o diligencias. Es mayor la afluencia de feriantes que otros años y por ello «han tenido que emplazar sus casetas en la Plaza de Cervantes, por ser insuficiente el Parque y hallarse abarrotados todos los paseos»[30].

Se conocen las actividades de ese año por el *Programa oficial de festejos*. El esfuerzo es grande en el mundo del espectáculo, que tiene lugar en el Teatro Cervantes, gracias al contrato con la empresa Montesinos, dedicada a zarzuela y opereta, de Valencia. Daniel Alberich es primer actor y director; Mercedes Soler, primera tiple; Luisa Samper, tiple cómica; Paquita Jimeno, tiple ligera; Vicente Palop, tenor; y Vicente Lladró, barítono. Además, hay veinte coristas de ambos sexos y doce profesores de orquesta. Durante los días de la feria hace su debut la Compañía con la «preciosa zarzuela en tres actos» *Los Gavilanes*, música del maestro Guerrero, «con gran presentación y decorado». Hay «funciones especiales a la una de la madrugada», con la representación de las obras picarescas *Las Corsarias*, *El Paraíso perdido*, *La carne flaca*, *El gran Bajá* y la famosa obra, gran éxito del Teatro Martín de Madrid, titulada *Las mujeres de la Cuesta*, representada más de 200 noches en dicho Teatro. También, durante la actuación de esta Compañía, se estrenan los éxitos *La Calesera* y *La Sombra del Pilar*.

El mundo taurino tiene los días 16 y 17 de agosto corridas. El 16, seis «hermosos toros» de la acreditada ganadería de Campos Varela, con Rafael Gómez (Gallo), Sánchez Megías y Cayetano Ordóñez (Niño de la Palma). El 17, toros de la acreditada ganadería de Samuel Hermanos, para los diestros Juan Belmonte, José García (Algabeño) y Cayetano Ordóñez (Niño de la Palma). Todos con sus correspondientes cuadrillas. Ambas corridas son amenizadas por las Bandas Provincial y Municipal.

En síntesis, los festejos se desarrollan entre el 14 y el 22 de agosto. Además de corridas y teatro, hay actos religiosos, como procesión de la virgen del Prado o Rosario de la Aurora a las tres de mañana, funciones religiosas en la S. I. C. los días 15 y 22, bendición de automóviles en el Parque Gasset, reparto de bonos a los pobres y comida para pobres en el Comedor de Caridad, conciertos musicales varios, cinematógrafo popular, fuegos de artificio y tracas en distintos días, elevación de globos grotescos, gigantes y cabezudos, gran charlotada, Fiesta de la Infancia en el Circo Taurino, etcétera.

Ya se ha visto que el cartel de la Feria de 1926 es del pintor cordobés. Se celebra también en el Casino de Ciudad Real la ex-

PROGRAMA OFICI

Día 14. *A las seis de la tarde.* —Inauguración oficial de la Feria.
A las diez de la noche. —Fiesta de las Manchegas en el salón del Prado.
A las doce y media. —Traca en el mismo paseo.
Día. 15. - *A las tres de la mañana.* —Rosario de la Aurora.
A las seis de la mañana. —Dianas.
A las diez de la mañana. —Solemne Función Religiosa en la S. I. P., oficiando el Obispo Prior de las Órdenes Militares.
A las doce. — Reparto de bonos a los pobres.
A las siete de la tarde. —Gran Procesión de la VIRGEN DEL PRADO, que recorrerá las principales·calles de la Ciudad.
A las once de la noche. —Función de Fuegos Artificiales en el Parque Gasset.
Día 16. —*A las once de la mañana.* —Concierto de la Banda del Tercio de Extranjeros en el Teatro de Cervantes.
A las cinco de la tarde. --**Gran Corrida de Toros** (Ganadería **Campos Varela**), Diestros: GALLO, SÁNCHEZ MEGÍAS y NIÑO DE LA PALMA.
A las diez de la noche. —Primera función de Cine Popular y Conciertos Musicales por las Bandas Locales.
Día 17. —*A las nueve de la mañana.* —Bendición de automóviles en el Parque Gasset.
A las once. --Segundo concierto de la Banda del Tercio en el Teatro Cervantes.
Cinco tarde --**Segunda Corrida de Toros**, lidiándose reses de **Samuel Hermanos**, por los diestros JUAN BELMONTE, ALGABEÑO y NIÑO DE LA PALMA.

Festejos en la Feria de 1926.
Programa oficial de festejos (Ciudad Real, 1926)

posición de retratos de Cuenca Muñoz, aunque no figura en la relación de festejos oficiales. No obstante, el acto inaugural del día 14 de agosto cuenta con la presencia de autoridades. Asisten el...

... gobernador Gonzalo del Castillo, alcalde señor Prado al frente de la Comisión Permanente, D. Francisco Rubio como presidente accidental del Casino y otras varias personalidades; señoras del Gobernador Civil y de Buceta; señoritas de Tolsada, López, Calero, Torrepando, Campillo, Gómez Rico y Fernández[31].

L DE FESTEJOS

A las diez de la noche. -Fuegos de artificio y conciertos en el Parque de Gasset

Día 18. —*A las doce de la mañana.*—Comida a los pobres de la localidad en el Comedor de Caridad, servida por las señoritas de esta capital.

A las siete de la tarde. —Elevación de globos grotescos, desfile de Bandas de Música, Gigantes y Cabezudos. Por la noche gran verbena en el Parque de Gasset amenizada por la Banda del Tercio.

Día 19. —*A las once.*--Audición pública de la Banda del Tercio, en la plaza de la Constitución.

A las cinco de la tarde. — Gran Charlotada por los auténticos Charlot, Llapisera y su Botones, lidiándose otros dos toros más para dos Rejoneadores.

A las siete de la tarde.—Fiesta de Aviación. Por la noche: Segunda función de cinematógrafo popular en el Parque y conciertos musicales.

Día 20. —Por la tarde, en el Coso taurino, gran fiesta deportiva. Por la noche: Tercera función de cine popular y conciertos musicales en el Parque.

Día 21. —Por la tarde Fiesta de la Infancia en el Circo taurino. Por la noche función de cine, fuegos de artificio y conciertos musicales.

Día 22.—*Por la mañana.*—Función religiosa en la S. I. P., de la Octava de la Virgen.

A las siete de la tarde.—Procesión de la Virgen en el Paseo del Prado. Por la noche conciertos de las Bandas en el Parque, quemándose al final una traca.

Unos días más tarde *El Pueblo Manchego* publica una noticia interesante[32]. «El notable dibujante», se escribe, viaja a Madrid comisionado por la Diputación Provincial para «pintar un retrato al jefe del Gobierno, general Primo de Rivera, con destino al palacio Provincial». No se conserva en la colección de la Diputación ninguna pintura del dictador hecha por el pintor cordobés. Sin embargo, parece que se realiza pues un diario de Córdoba indica que el pintor vuelve a la ciudad e informa así: «Nuestro paisano, días pasados y por encargo de la Diputación de Ciudad Real, hizo un retrato al pastel del presidente del Consejo de ministros»[33].

Del retrato del marqués de Estella «ha hablado con beneplácito toda la prensa»[34].

El día 1 de septiembre se publica la relación de pinturas de la exposición, el «catálogo de retratos de la brillante exposición celebrada estos días en el Casino de Ciudad Real»[35]. No he podido hallar otras noticias de la muestra. Solo que tras la clausura, a partir del 8 de septiembre, hay una exposición permanente de sus cuadros en los escaparates de un comercio céntrico[36].

EXPOSICIÓN DE RAFAEL CUENCA MUÑOZ
EN EL CASINO DE CIUDAD REAL
(agosto - septiembre de 1926)

1. *Bernardo Mulleras*, dibujo	16. *Carlos del Castillo*, dibujo
2. *Francisco Tolsada*, dibujo	17. *Escultor «Coscolla»*, dibujo
3. *Dña. Mercedes Lorente de Tolsada*, pastel	18. *Salvador Pujol*, dibujo
	19. *Eduardo Mata*, dibujo
4. *Doña Julia Oliva de Herencia*, pastel	20. *Sra. Asunción de la Torre*, dibujo
	21. *Srta. Isidorita Gómez Rico*, pastel
5. *Ángel Andrade*, dibujo	22. *Pilar Martínez Pontremuli*, pastel
6. *Martín Sofi*, dibujo	23. *Srta. M.ª del Carmen Herrera*, pastel
7. *Francisco Herencia*, pastel	
8. *Srta. Herminia López*, pastel	24. *Srta. Enriqueta Herrera*, pastel
9. *Félix García Ibarrola*, pastel	25. *Srtas. Dolores, Maruja y Angelita Herencia*, pastel
10. *Mateo Gaya*, dibujo	
11. *Manuel Tolsada*, dibujo	26. *Miguel Ruiz*, dibujo
12. *José Ruano*, dibujo	27. *Francisco Colás*, dibujo
13. *Arturo Gómez-Lobo*, dibujo	28. *Ojos claros*, estudio
14. *Mauricio Blumenfer*, dibujo	29. *Mi madre*, dibujo
15. *José Mur*, dibujo	

Como se ve, son diez pinturas al pastel, un estudio o boceto y dieciocho dibujos ¿Qué personas forman parte de la muestra de Rafael Muñoz? Son lo más granado de la sociedad del momento, acompañadas en algunos casos por esposas e hijas. Pero vamos por partes. Evidentemente, no están todos los que son.

Unos tres años antes de la exposición termina el desgastado régimen de la Restauración y Primo de Rivera recibe, en princi-

CIUDAD-REAL – Casino de Ciudad-Real

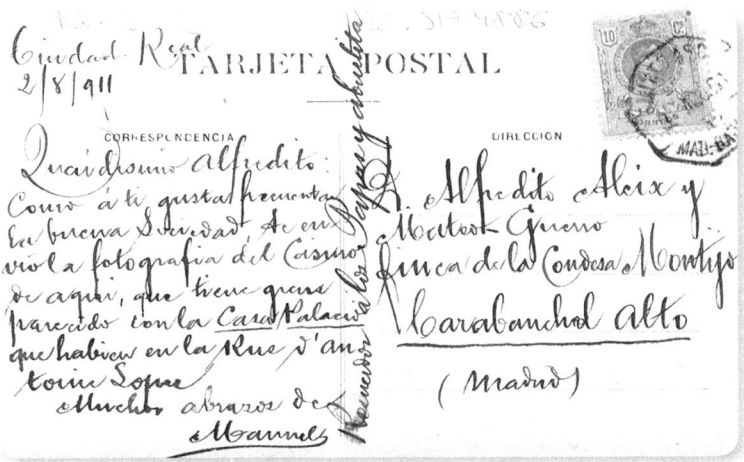

Casino de Ciudad Real. Postal circulada (1911) –anverso y reverso–.
Centro de Estudios de Castilla-La Mancha (CECLM-UCLM)

pio, el apoyo de amplios sectores económicos, sociales y políticos. El dictador suspende la Constitución, prohíbe los partidos políticos, disuelve los ayuntamientos y declara el estado de guerra el día 14 de septiembre de 1923. Cámaras de Comercio e Industria y Comités Provinciales de Fomento muestran su aliento favorable. La jerarquía de la Iglesia católica divulga en pastorales y en su prensa una clara identificación con la nueva situación dictatorial.

Casino de Ciudad Real (1934).
Centro de Estudios de Castilla-La Mancha (CECLM-UCLM)

CIUDAD REAL
alón de baile del Casino.

Meses después se reúnen en el Palacio Episcopal una serie de personas, en principio, las más importantes, las que tienen mayor proyección social en la ciudad e, incluso, en la provincia. Constituyen una comisión con el fin de solicitar a Primo de Rivera el reconocimiento de La Mancha como región y participan tanto representantes de instituciones públicas (Ayuntamiento y Diputación Provincial), como de asociaciones (Casino, Ateneo, Asociación de la Prensa) y periódicos (*El Labriego* y *Vida Manchega*)[37].

Son, el prelado, Narciso de Estenaga y Echevarría; Juan Manuel Treviño y Aranguren, marqués de Casa Treviño, comisario regio de Fomento y jefe de la Unión Patriótica de Ciudad Real; Cirilo del Río Rodríguez, presidente de la Diputación; Bernardo Peñuela Fernández, alcalde (1923-1924); Miguel Pérez Molina, director de la Academia General de Enseñanza y alcalde (1912-1913); Arturo Gómez-Lobo Mora, presidente del Ateneo; Bernardo Mulleras García, presidente del Casino de Ciudad Real; Francisco Herencia Mohíno, director del Banco Español de Crédito y alcalde (1925); Miguel Ruiz Pérez y Luis Oraá Mathet, gerente y director respectivamente, de *El Pueblo Manchego*; Tomás Martínez Ramírez, director de *El Labriego*, y José Recio Rodero, presidente de la Asociación de la Prensa y director de *Vida Manchega*.

El obispo Estenaga, el marqués de Triviño, Cirilo del Río y Pérez Molina no están. Tampoco el alcalde en el cargo cuando se hace la exposición, Antonio Prado Cejuela (1926-1928). Se puede pensar, que no quieren estar, pero no se puede saber. El resto del grupo de 1923, excepto Luis Oraá y Tomás Martínez, de menor nivel, sí. Prefiero seguir el orden que Cuenca Muñoz establece en su momento.

1. Bernardo Mulleras García (Ciudad Real, 1877 – Ciudad Real, 1954). Médico, presidente de la Diputación (1926-1930), vocal de la Junta Asesora de Unión Patriótica, jefe local de Ciudad Real de dicho partido y presidente del Patronato Provincial de Acción Social Agraria.

2. Francisco Tolsada Picazo (Albacete, 1897 – Albacete, 1958). Bibliotecario, periodista, archivero, político y profesor en la Academia General de Enseñanza.

Primer alcalde de la Dictadura, Bernardo Peñuela Fernández (1923-24)

3. Mercedes Lorente, esposa de Francisco Tolsada Picazo.

4. Julia Oliva Lorente, esposa de Francisco Herencia Mohíno.

5. Ángel Andrade Blázquez (Ciudad Real, 1866 – Ciudad Real, 1932). Pintor. Profesor en los institutos de Tarragona, Badajoz, Toledo y Ciudad Real. Político, concejal en el Ayuntamiento de Ciudad Real.

6. Martín Sofí Heredia (Zaragoza, 1884 – Madrid, 1927). Inspector jefe de vigilancia de la provincia de Ciudad Real. Autor del Plano censo de Ciudad Real (1925), revisado y aprobado por el Excmo. Ayuntamiento. Dibujo de Andrés Ruiz Arche.

7. Francisco Teofilo Moisés Herencia Mohíno (Ciudad Real, 1892 – Ciudad Real, 1947). Abogado. Director del Banco Español de Crédito en Ciudad Real, alcalde en 1925 y miembro de Unión Patriótica. Periodista.

8. Herminia López. No he podido encontrar otros datos o noticias de esta señorita.

9. Félix García Ibarrola. Empresario, fundador en 1929, y primer presidente, del Club Deportivo Manchego.

10. Mateo Gaya Prado (Ciudad Real, 1899 – Córdoba, 1978). Arquitecto de la Cámara Oficial de la Propiedad Urbana de Ciudad Real. Después desarrolla su actividad profesional en Baena o Huelva.

11. Manuel Tolsada Picazo. Hermano de Francico Tolsada Picazo, regente de Tipografía Alpha, que fallece en Ciudad Real en 1975.

12. José Ruano Montero. Odontólogo. Asesinado en Carrión de Calatrava, Ciudad Real, el 5 de octubre de 1936. Indica Juan Carlos Buitrago que es propietario de una clínica dental y mantiene enfrentamientos con José Maestro San José[38], al que acusa de ejercer la profesión sin la titulación precisa[39].

13. Arturo Gómez-Lobo Mora (Herencia, Ciudad Real, 1883 – Ciudad Real, 1939). Abogado, periodista, escritor y político. Presidente del Casino de Ciudad Real. Letrado asesor y secretario de la Cámara Oficial de la Propiedad Urbana de la Provincia de Ciudad-Real. Fallece el 8 de abril de 1939, seguramente como resultado de las torturas recibidas.

Tercer alcalde de la Dictadura,
Antonio Prado Cejuela (1926-1928)

Segundo alcalde de la Dictadura,
Francisco Herencia Mohíno (1925)

Cuarto alcalde de la Dictadura,
Cristóbal Caballero Rubio
(1928-1930)

Ángel Andrade Blazquez. Dibujo de Rafael Cuenca Muñoz. Colección Diputación Provincial de Ciudad Real

14. Mauricio Blumenfer. Tampoco he podido encontrar otros datos o noticias de esta persona.

15. José Mur Escolá (Barcelona, 1887 – Ciudad Real, 1970). Profesor de la Escuela Normal, imaginero y pintor.

16. Carlos del Castillo Alonso. Secretario particular del gobernador civil de Ciudad Real, Gonzalo del Castillo Alonso, en el cargo desde 1925 a 1927.

17. Felipe Coscolla Plana (Graus, Huesca, 1880 – Barcelona, 1940). Escultor. Autor de la imagen *La coronación de espinas* (1926), para una cofradía de Ciudad Real.

18. Salvador Pujol Rubaldo. Comandante de Artillería y profesor de la Academia General de Enseñanza. Fallecido en Ciudad Real en 1974.

19. Eduardo Mata. Una persona más de la que no he hallado datos o noticias.

20. Asunción de la Torre. Ningún detalle más que su nombre he podido encontrar de esta señora.

21. Isidorita Gómez Rico. Tampoco de esta señorita.

22. Pilar Martínez Pontrémuli. Junto a sus hermanos, propietaria de diversas concesiones mineras. Su hermano Enrique Martínez Pontrémuli es vicepresidente de la Diputación Provincial y jefe de la Junta Local de Puertollano de Unión Patriótica.

23. María del Carmen Herrera. Hija de Rafael Herrera Calvet (Málaga, 1883 – 1954), ingeniero agrónomo y director de la Granja Agrícola Práctica de Agricultura de Ciudad Real, desde 1922 hasta 1931.

24. Enriqueta Herrera. Hija de Rafael Herrera Calvet (Málaga, 1883 – 1954), ingeniero agrónomo y director de la Granja Agrícola Práctica de Agricultura de Ciudad Real, desde 1922 hasta 1931.

25. Julia Dolores, Maruja y Ángela Herencia Oliva, hijas de Francisco Herencia Mohino y Julia Oliva Lorente.

26. Miguel Ruiz Pérez. Nacido en Calzada de Calatrava, Ciudad Real, y asesinado en Paracuellos del Jarama, Madrid (1936). Presbítero. Propietario y director del diario *El Pueblo Manchego*. Vocal del Comité Provincial de Unión Patriótica y del Comité Provincial de Afirmación Monárquica.

27. Francisco Paulo Petronilo Colás Ruiz de la Sierra (Valverde, Ciudad Real, 1898 – Ciudad Real, 1939). Médico, periodista, político. Director de *Libertad*, *Clamor* y *El Pueblo Manchego*. Fusilado el 5 de mayo de 1939 en el patio del colegio de los Marianistas, de Ciudad Real.

Completan la exposición el estudio *Ojos claros*, y un retrato de la madre del pintor. Bien, de los veintinueve elementos que forman parte de ella, solo he podido encontrar el número cinco, dibujo al carbón en papel del pintor Ángel Andrade (60x46 cm.), conservado en la colección de la Diputación Provincial de Ciudad Real.

Notas

1 *Tradición*, Santander, n.º 44 (febrero de 1935), p. 146.

2 *Diario de Córdoba* (14.11.1913), p. 1.

3 *Mundo Gráfico*, Madrid (14.01.1914).

4 *El Defensor de Córdoba* (17.06.1922).

5 Alberto Mateos Arcángel, *Del Albacete antiguo. Imágenes y recuerdos*, Albacete, 1983.

6 *El Diario de Albacete* (04.11.1924), p. 1.

7 *Defensor de Albacete* (26.12.1925), p. 1.

8 Isidro Sánchez Sánchez, *Historia y evolución de la prensa albacetense (1833-1939)*, Albacete, 1985.

9 *La Voz*, Córdoba (26.03.1927), p. 1.

10 *Vida Gráfica*, Málaga (01.06.1931), p.15.

11 *La Nación*, Madrid (16.05.1932), p. 11,

12 *El Pueblo Manchego*, Ciudad Real (23.06.1932), p. 1.

13 Antonio de Lezama, «Estampas de niños, de Cuenca Muñoz», *La Libertad*, Madrid (25.06.1933), p. 8.

14 *La Voz*, Córdoba (29.03.1934), p. 11.

15 *El Sur*, Córdoba (11.04.1934), p. 1,

16 *La Libertad*, Madrid (15.04.1934), p. 2.

17 *La Voz*, Córdoba (04.06.1934), p. 10.

18 *El Diario de Albacete* (26.06.1934), p. 1.

19 *El Diario de Albacete* (13.09.1934), p. 1.

20 *El Diario de Albacete* (18 y 19.09.1934), p. 1.

21 Según la nota que acompaña la fotografía del pintor y el retratado. Archivo personal de Eloy Vaquero Cantillo, Fotografía. Retrato de Eloy Vaquero por el pintor Cuenca Muñoz, sin catalogar, que se incluye en la tesis doctoral de José Luis González Magaña.

22 *ABC*, Sevilla (28.04.1936).

23 *El Adelanto*, Salamanca y *Jaca Española*, Jaca (26.12.1937)

24 *Azul*, Córdoba (14.06.1939), p. 7.

Caricatura de Cuenca Muñoz realizada por Mateos. *Centauro*, Albacete, n.° 1 (11.05.1924)

25 Julieta Ortiz Latierro, «Espejismo bajo tierra», p. 12, Buenos Aires, 08.09.2013.

26 *Arte en el Subte de Buenos Aires*, Buenos Aires, 2017.

27 *Boletín Oficial de la República Argentina*, Buenos Aires (07.05.1948), p. 25.

28 Arturo Berenguer Carisomo, *España en la Argentina (ensayo sobre una contribución a la cultura nacional)*, Buenos Aires, 1953.

29 *El Pueblo Manchego*, Ciudad Real (15.06.1926), p. 1.

30 *El Pueblo Manchego*, Ciudad Real (14.08.1926), p. 1.

31 *El Pueblo Manchego*, Ciudad Real (16.08.1926), p. 1.

32 *El Pueblo Manchego*, Ciudad Real (31.08.1926), p. 3.

33 *La Voz*, Córdoba (21.01.1927), p. 7.

34 *Diario de Córdoba* (21.02.1927).

35 *El Pueblo Manchego*, Ciudad Real (01.09.1926), p. 4.

36 *El Pueblo Manchego*, Ciudad Real (07.09.1926), p. 4.

37 *Vida Manchega*, Ciudad Real (02.11.1923). He completado la información del diario con otros datos.

38 Alcalde de Ciudad Real desde 1931 hasta 1934, diputado en 1936 y fusilado en Valladolid el 18 de agosto de 1936.

39 Juan Carlos Buitrago Oliver, *De la A a la Z. Los protagonistas de una larga Guerra Civil. Ciudad Real 1936-1944*, Ciudad Real, 2023, p. 527.

Para profundizar

– ALÍA MIRANDA, F. (1986), *Ciudad Real durante la dictadura de Primo de Rivera*, Ciudad Real, Instituto de Estudios Manchegos.

– Ayuntamiento de Ciudad Real, «Buscador de sepulturas», *Tarjeta ciudadana* (App). Herramienta de gestión e información de interés municipal.

– Ayuntamiento de Ciudad Real, «Galería de alcaldes de Ciudad Real», https://www.ciudadreal.es/. Consulta 05.02.2025.

– BERENGUER CARISOMO, A. (1953), *España en la Argentina (ensayo sobre una contribución a la cultura nacional)*, Buenos Aires.

– Biblioteca digital. Archivo Municipal de Huelva (https://archivohuelva.oaistore.es/). Consulta 01.02.2025.

– Biblioteca Virtual de Prensa Histórica, https://prensahistorica.mcu.es/.

– Biblioteca Virtual de Castilla-La Mancha. Centro de Estudios de Castilla-La Mancha, https://ceclmdigital.uclm.es/. Consulta 03.02.2025.

– BUITRAGO OLIVER, J. C. (2023), *De la A a la Z. Los protagonistas de una larga Guerra Civil. Ciudad Real 1936-1944*, Ciudad Real, Serendipia.

- CASTELLANO GÓMEZ, V. (2009), *La Unión Patriótica en la provincia de Ciudad Real (1923-1930)*, Puertollano, Ediciones C&G.
- FamilySearch, https://www.familysearch.org/. Consulta 05.02.2025.
- Gobierno Civil de Ciudad Real, *El avance de la provincia de Ciudad Real desde el 13 septiembre 1923 al 31 diciembre 1928. Memoria*, Ciudad Real, 1929.
- Hemeroteca Digital. Biblioteca Nacional de España, https://hemerotecadigital.bne.es/. Consulta 03.02.2025.
- GONZÁLEZ MAGAÑA, J. L. (2022), *Eloy Vaquero o el optimismo trágico en un nacer que tuvo anticipado*, Alicante, Universidad de Alicante, Tesis doctoral.
- MATEOS ARCÁNGEL, A. (1983), *Del Albacete antiguo (Imágenes y recuerdos)*, Albacete, IEA.
- Ortiz Latierro, Julieta, "Espejismo bajo tierra", Página 12, Buenos Aires, 8-9-2013, https://www.pagina12.com.ar/. Consulta 1-2-2025.
- *Programa oficial de festejos* [Ciudad Real, 1926]. Centro de Estudios de Castilla-La Mancha.
- SADKO, A., «Una exposición. Retratos y bodegones, de Cuenca Muñoz», *La Nación*, Madrid (16.05.1932).
- SÁNCHEZ SÁNCHEZ, I. (1985), *Historia y evolución de la prensa albacetense (1833-1939)*, Albacete, Instituto de Estudios Albacetenses.
  (2022), *Ciudad Real y su prensa 1811-2021*, Ciudad Real, Serendipia.
- SÁNCHEZ VÁZQUEZ, J., «La vida artística en Málaga. Cuenca Muñoz inaugura una interesante exposición de sus obras», *Vida Gráfica*, Málaga (01.06.1931), p. 15.
- SOUVIRÓN, S., «Movimiento», *Tradición*, Santander, n.º 44, febrero de 1935, p. 146.
- Subterráneos de Buenos Aires, *Arte en el Subte de Buenos Aires*, Buenos Aires, 2017.

LOS NUEVOS DIPUTADOS A CORTES

CIUDAD REAL

Arriba, don Daniel Mondéjar, republicano conservador

Abajo, don Andrés Saborit, socialista

Don Andrés R. Marolo, independiente de la derecha

Don Enrique Izquierdo Jiménez, radical

Don Luis Ruiz Valdepeñas, de Acción Agraria Manchega

Don Cirilo del Río, progresista

Don José María de Mateo, de Acción Agraria Manchega

Don Francisco Morayta Jiménez, radical

Arriba, don Luis Montes, de Acción Agraria Manchega

Abajo, don Joaquín Pérez Madrigal, radical

Diputados a Cortes por Ciudad Real; el segundo por la izquierda, fila inferior, Francisco Morayta Martínez, fue el responsable del vuelco político forzado en el ayuntamiento de Ciudad Real, el 27 de julio de 1934.
Ahora, 30 de noviembre de 1933, (BNE)

12 Enemigos íntimos
El alcalde, el periodista, unas bofetadas y una pistola
(1933 / 1934)

Juan Carlos Buitrago Oliver

El enfrentamiento personal que protagonizaron entre abril de 1933 y agosto de 1934, Manuel Noblejas Higueras –gerente de Editorial Calatrava y máximo responsable de *El Pueblo Manchego*, el periódico católico de filiación derechista que publicaba la editorial propiedad de José María Gil Robles– y el alcalde socialista de Ciudad Real, José Maestro San José, ejemplifica muy bien cómo, en aquellos momentos, era muy fácil pasar de las palabras a los puños e incluso más allá. Maestro, instalado en la prepotencia de su cargo y en su prestigio, pensó desde el principio que Noblejas no tenía preparación suficiente, ni oficio, como para ostentar la dirección de la entidad, mientras que el periodista creyó que, si arremetía contra el alcalde emblemático de la República y del socialismo en Ciudad Real, servía muy bien a aquellos que le habían confiado el cargo.

El consistorio de la capital estaba acostumbrado a que la prensa tratara los asuntos municipales con condescendencia y el diario incluso había apoyado la preparación de un homenaje popular a José Maestro, pero la llegada de Noblejas supuso un cambio radical en la actitud de *El Pueblo Manchego*.

El 27 de abril de 1933, el presidente de la República, vino a Ciudad Real para inaugurar los nuevos pabellones del Hospital Provincial y, lógicamente, en los días siguientes, su visita se convirtió en el asunto central del diario.

Sin embargo, la celebración del 1.º de mayo fue ya una ocasión propicia para arremeter contra el consistorio socialista de la capital por incumplir sus funciones de vigilancia. Desde ese momento, Noblejas intentó minar la labor del alcalde y de su Ayuntamiento con todos los medios a su alcance.

El presidente de la República y su comitiva en la calle General Aguilera, camino del ayuntamiento.
Ahora, 29 de abril de 1933, p. 15 Fotografía: Pérez, (BNE)

Arriba. Niceto Alcalá Zamora y José Maestro San José (a su derecha) en
el Salón de Plenos de la Diputación Provincial de Ciudad Real, donde se
celebró la recepción oficial.
Abajo. Visita a uno de los pabellones del Hospital Clínico
durante su inauguración.
Ahora, 29 de abril de 1933, p. 15 Fotografías: Pérez, (BNE)

LA EDITORIAL CALATRAVA
Unica imprenta en la provincia
equipada con máquinas de componer
PRECIOS SIN COMPETENCIA

El Pueblo

AÑO XXIII.—Núm. 7.474.   Precio: 10 céntimos ejemplar   DIARIO IN

Cabecera de *El Pueblo Manchego*

José Maestro San José. (www.unpaseoporlaislaverde.blogspot.com)

Pocos días después, la crónica municipal del periódico arreció sus críticas y señaló que los ciudadanos que asistían a los plenos, todos socialistas por supuesto, eran una mera claque que aplaudía incondicionalmente todo lo que se proponía desde la alcaldía. El calificativo provocó una gran indignación en los integrantes del consistorio, que personificaron en el redactor de *El*

FRANQUEO CONCERTADO
Redacción, Administración y Talleres
Calatrava, 10.—Apart. 15.—Tel.: núm. 98
Dirección abreviada: "Pueblo"

'ENDIENTE   Ciudad Real.— Sábado, 22 de abril, de 1933.

Pueblo Manchego, sobre todo, después de que este, tras pedirle Maestro que rectificara su comentario, se negara a hacerlo. El alcalde decidió entonces, por primera vez, hablar personalmente con Noblejas y, tras un encuentro moderadamente correcto entre ambos el 30 de mayo, aunque no llegaron a ningún acuerdo, el diario publicó lo que parecía una ligera disculpa.

El alcalde pensó que ya había alcanzado un pacto de no agresión con el director; sin embargo, horas después, comprobó que no era así, en absoluto, cuando el editorial del diario exigió del Ayuntamiento claridad en las gestiones sobre el abastecimiento de agua de la ciudad. Esta cuestión no era un asunto baladí, pues para la alcaldía constituía un pilar básico de su gestión.

Era evidente que la conducción de agua desde el Valle de los Molinos (en el término municipal de Malagón) proporcionaba a la ciudad, sobre todo en verano, un caudal insuficiente que se veía mermado, además, por las numerosas roturas y averías derivadas del escaso mantenimiento. En el verano de 1932 ya se produjo una situación tan grave como para que, el 5 de julio, *ABC* recogiera en sus páginas unas declaraciones de Maestro en las que reconocía que en la capital habría que recurrir a los pozos para abastecerse de agua y que, por tanto, era necesario que se hirviese para su consumo. Unos días después, *Ahora* también proporcionaba a sus lectores imágenes de las colas que se producían en las fuentes públicas de la ciudad durante las cinco horas en que se suministraba agua a la población.

Eso hizo que el consistorio emprendiera las acciones necesarias para poder usar el agua del pantano de Navarredonda (Gasset) que, ubicado en el término municipal de Fernán Caballero, se había construido para uso agrícola entre 1909 y 1911. Aunque la calidad de sus aguas no era excelente sí que garantizaba sobrada-

La estación depuradora en construcción,
El Pueblo Manchego, n.° 7.533, 6 de julio de 1933, p. 4, (CECLM)

mente las necesidades que tenía la ciudad en aquel momento. El problema al que se enfrentaba la municipalidad era la urgencia y, por eso, se decidió que lo más rápido era emprender algunas obras para añadir el agua del Gasset a la conducción que ya existía desde el Valle de los Molinos hasta los depósitos de la Atalaya. En julio de 1937 se estaban concluyendo, junto al pantano, las obras de una estación depuradora y de bombeo.

Es en este problemático contexto sobre el abastecimiento de agua en el que hay que encuadrar las críticas que, desde *El Pueblo Manchego*, inició Manuel Noblejas, su director, quien primero exigió que la municipalidad difundiera todos los informes técnicos que garantizaban la potabilidad del agua del embalse y después, cuando se produjeron averías que impidieron que el Gasset abasteciera a la ciudad en los plazos comprometidos, proclamó la falta de previsión con que, desde su punto de vista, actuaba el Ayuntamiento.

Pero el tema del agua era tan solo uno de los pilares sobre los que se apoyaba la campaña orquestada por el diario católico para socavar la posición política del Ayuntamiento. Cualquier propuesta del consistorio era susceptible de reprobación y, por eso, nada más aprobar una serie de reformas que pretendían una profunda y amplia transformación de Ciudad Real, el periódico vapuleó a Maestro, pues consideró que, en realidad, eran unas simples «obras de ornato» que, lejos de propiciar una mejora de

Julio de 1932, colas para abastecerse de agua en la capital durante las cinco horas diarias en que se suministra. Arriba, en la plaza de Cervantes (plaza del Pilar actualmente); abajo, en Compás de Santo Domingo.
Ahora, 15 de septiembre de 1932, p. 15. Fotografías: Pérez. BNE
Todavía perduraban en uso las casetas de los fuenteros (J. M. Coronado et al. *El agua en Ciudad Real. Historia de un reto diferido*, 2021)

Farola en Homenaje a José Maestro, erigida en 1933. Postal editada y circulada en Ciudad Real el 13 de noviembre de 1935, (CECLM)

la ciudad, supondrían un menoscabo económico para el vecindario. Noblejas ponía así el foco en las cuentas municipales y en lo económico, un asunto que adquirió un enorme protagonismo cuando el pleno decidió que, para la construcción de un nuevo estadio, los ciudadanos debían de realizar una prestación personal o bien pagar una cuota que les permitiera quedar exentos de esa obligación.

De cualquier forma, la figura del alcalde gozaba de un gran prestigio entre un sector amplio de la ciudadanía: si ya, el 28 de noviembre de 1932, la calle Alarcos se había renombrado como avenida de José Maestro, en septiembre de 1933, en mitad del intento de la derecha por desestabilizar a la alcaldía, se erigió una farola de homenaje a su figura y se le nombró hijo adoptivo de Ciudad Real.

Aunque Noblejas no estaba dispuesto a dar el más mínimo respaldo a Maestro, presionado por la realidad de la calle que mayoritariamente se enorgullecía de la gestión de su alcalde, no tuvo más remedio que reconocer que la ciudad había experimentado una positiva transformación en su aspecto urbano; eso sí, a pesar de que lo hecho por el Ayuntamiento respecto al asunto del

Antonio Prado Cejuela

abastecimiento del agua había sido un fracaso y de que se había presionado excesivamente desde el punto de vista económico al vecindario.

Antonio Prado Cejuela que, como alcalde de Ciudad Real durante más de dos años bajo la dictadura de Primo de Rivera, era considerado una voz autorizada de la derecha, había acudido a los tribunales para interponer, en nombre de sus cinco hijos, un recurso contra el consistorio por el asunto de la prestación personal y, en octubre, el Ayuntamiento, acorralado legalmente, se vio obligado a desistir definitivamente de la exigencia de que los ciudadanos realizaran trabajos gratuitos para la construcción del estadio y la cuestión se convirtió en un auténtico triunfo para los detractores de Maestro.

Sin embargo, *El Pueblo Manchego* no recogió la noticia de manera tendenciosa e incluso, unos días después, accedió a desmentir un rumor que había contribuido a propagar y que afectaba al secretario del alcalde. Lo trascendental era, en ese momento, con las elecciones de noviembre a la vuelta de la esquina, centrarse en la política nacional y, por eso, el periódico, en aquellas semanas, solo criticó a la alcaldía por cuestiones relacionadas con la campaña como, por ejemplo, haber prestado el coche oficial para actos de la propaganda socialista o no haber impedido activamente la realización de pintadas y la colocación de pasquines políticos.

El triunfo de la CEDA (Confederación Española de Derechas Autónomas) de Gil Robles y el descalabro de los socialistas en los comicios del 19 de noviembre, cambiaron radicalmente la actitud de Noblejas que, desde ese momento, centró su estrategia en alejar cuanto antes a Maestro y a sus concejales del poder municipal. El 29 de noviembre, el director del periódico escribió un editorial muy duro contra la alcaldía que tituló «El asunto de las aguas, muy turbio» en el que, tras un pormenorizado análisis cronológico de la cuestión, concluía que la tarea estaba sin resolver, más enmarañada que nunca y en mitad de un auténtico desbarajuste.

La política inundó ya hasta las reuniones del Casino. Los socios socialistas de la institución (nueve de ochenta y ocho) decidieron impugnar los presupuestos de la entidad para 1934 por considerarlos desmesurados respecto a las aportaciones económicas que hacían sus miembros e, inmediatamente, el periódico aprovechó la ocasión para transmitir a la ciudadanía la idea de que los que derrochaban el dinero público sin pudor exigían, sin embargo, prudencia cuando se trataba de manejar sus intereses privados.

Y esa fue, precisamente, la nueva estrategia que se empleó para desacreditar al alcalde: sacar a la luz sus asuntos personales. El 29 de enero de 1934, en el Juzgado de Primera Instancia de la ciudad, se desarrolló un juicio en el que, curiosamente, un abogado de filiación socialista, Fernando Piñuela, defendía a un patrono, Fernando Calatayud; mientras que, un abogado adscrito a la derecha, Daniel Mondéjar, defendía a un trabajador, Antonio García. No era casual. José Maestro era socio del farmacéutico Fernando Calatayud en la botica que este tenía en los bajos de la casa en la que vivía y tenía su negocio el máximo representante del Ayuntamiento, en la calle Pablo Iglesias (María Cristina) n.º 1, y la demanda de 7.000 pesetas estaba interpuesta por Antonio, el auxiliar de la farmacia, contra sus propietarios.

A pesar de que Calatayud declaró que al alcalde se le había relacionado con el asunto, desde la saña y la mala fe, para intentar desprestigiarle, *El Pueblo Manchego* insistió en que Maestro era el «socio capitalista» del farmacéutico y, por tanto, responsable también de lo sucedido con el trabajador de la farmacia.

Se había vuelto a abrir la caja de los truenos y cualquier cosa servía para debilitar la estabilidad del consistorio. Al desencuentro se apuntó además, desde las columnas del diario, José Recio Rodero, otro periodista muy conocido en la ciudad que lo primero que, públicamente, dijo del alcalde, aun reconociendo la amistad

José Recio Rodero
(*Vida Manchega*, n.º 252,
25 de mayo de 1920, p. 10),
(CECLM)

359

Calle de Pablo Iglesias, hoy calle María Cristina. En el ángulo inferior
izquierdo aparece la farmacia de Fernando Calatayud.
Tarjeta postal, Navarrete (entre 1930 y 1940), (CECLM)

que les unía, fue que, aunque era un hombre muy dinámico, no era nada práctico en lo referente a las cuestiones municipales.

El 15 de febrero llegó al ayuntamiento un pedido de 38 pistolas para la guardia municipal y la noticia fue presentada por el diario católico a la opinión pública de una manera sensacionalista ya que, en el estado de prevención en que se encontraba el país en aquellas fechas, publicó que las armas habían sido incautadas por la Guardia Civil y que venían a nombre de José Maestro. El alcalde, en el pleno municipal del 20 de febrero, se mostraba ya un poco desesperado por la actitud de Noblejas y *El Pueblo Manchego*, y comunicó a sus concejales que no intentaría volver a rectificar nada y que, cuando lo considerara oportuno, a título personal, acudiría a los tribunales.

Cuando el director del periódico se enteró de esto, lejos de amilanarse, amenazó a Maestro con sacar a la luz asuntos turbios de su privacidad que conocía desde hacía meses, pero que no había publicado para no perjudicarle; aunque, eso sí, en el momento en que el alcalde, como máxima autoridad municipal, fue nombrado presidente del consejo de administración de la Caja Provincial de Ahorros, Cachupín, el *alter ego* periodístico de Noblejas, escribió que los socialistas eran «maestros», al menos, en el cobro de dietas. Cada vez que tenía ocasión no dejaba de insistir, además, en que el presidente del Ayuntamiento de la capital era uno cuando estaba con los obreros y otro muy distinto cuando estaba entre los de su auténtica clase, los burgueses.

El 17 de junio, el consistorio promovió un referéndum para que los vecinos autorizaran un nuevo empréstito, para la realización de obras, que ascendía a dos millones de pesetas. Después de varias semanas de discrepancia entre el diario católico y los ediles, el resultado de la votación fue favorable a la municipalidad y, al día siguiente, *El Pueblo Manchego*, consciente de la derrota que su posición había sufrido en las urnas, se quejó de que la derecha de la ciudad, cuando llegaba el momento de la verdad, era incapaz de actuar unida.

A pesar de lo demostrado en el referéndum, lo cierto era que Noblejas y Maestro actuaban como la cabeza visible de dos núcleos de poder enfrentados, que ambos presumían de hablar y actuar en representación de muchos y que los dos eran capaces

Portada de la Prisión Provincial de la calle Ruiz Morote,
frente a la Iglesia de San Pedro

de usar sus «palabras como puños». Pasar del verbo al músculo
era simplemente una cuestión de tiempo.

El detonante fue una información vertida en *El Pueblo Manchego*, en la que se pedía abiertamente la dimisión del alcalde, después de que la Prisión Provincial se quedara sin suministro de agua el 4 de julio y se produjeran en ella algunos momentos de tensión.

Maestro, en una entrevista al periódico, afirmó que no contar con el apoyo de la prensa no le llevaría, en ningún caso, a renunciar a su cargo, pero Noblejas le señaló que la petición no era por una simple cuestión de confianza hacia su persona, sino por la evidencia de que había sido incapaz de resolver un asunto tan trascendental como el del suministro de agua.

El consistorio consiguió que 45 reclusos, de los 116 que se encontraban ese día en la institución, firmaran un manifiesto en el que declaraban que en la Prisión Provincial no se produjo ningún conato de plante entre los internos y que el agua tan solo faltó en el edificio durante dos horas. Cuando recibió ese documento Maestro, contradiciendo su convicción de no responder al diario católico, remitió la carta al director para que rectificara la información, pero este, lejos de hacerlo como pretendía el alcalde, escribió el 7 de julio:

> ... lo repugnante del caso está en el proceder de don José Maestro San José... que ha necesitado laboriosas gestiones, por lo visto, para no lograr, a la postre, más que esta carta que es la esquela mortuoria de su propia estimación... Jamás creímos que la soberbia herida ante los propios indefendibles fracasos pudiera aconsejar procedimientos tan bajos...

Esa noche Maestro, muy molesto por la situación, buscó personalmente a Noblejas, lo encontró en la plaza de Cervantes (actual plaza del Pilar), le entregó varios documentos, entre ellos una carta del director de la Prisión, que quitaba gravedad a lo sucedido en la cárcel, y charlaron durante unos minutos; pero, al día siguiente, el domingo 8 de julio, sobre las diez de la noche, Noblejas y el alcalde se encontraron a la salida del domicilio de este, en la calle Pablo Iglesias (María Cristina). Ambos se encararon, iniciaron una discusión y, tras zarandearse mutuamente, Maestro le propinó dos bofetadas al director del diario que, ofuscado, sacó entonces del bolsillo trasero de su pantalón una pistola con la que apuntó al edil de forma amenazadora, aunque sin llegar a dispararle.

Según lo publicado en *El Pueblo Manchego* del 9 de julio, Noblejas acordó con el alcalde, cuando se vieron el sábado, y a la luz de los documentos que este le facilitó, investigar realmente la forma en que se habían recogido las afirmaciones del director de la Prisión. Averiguó que las primeras declaraciones de este confirmaban los hechos que había relatado el diario, pero que después, por conducto no oficial, pidió que «... fueran retiradas... para evitar, sobre todo, que su nombre y su cargo intervinieran en la cuestión...» y, ante esto, decidió que la información no debía ser rectificada. Cuando el domingo se dirigía al cine, al pasar por la casa de Maestro, dio la casualidad de que este salía con su esposa a pasear; se acercó para decirle que no podía enmendar la noticia y entonces fue cuando se produjo la agresión del alcalde. De cualquier forma, tras la reyerta y el pequeño tumulto que se organizó, el periodista fue detenido e ingresó en prisión, donde permaneció por espacio de dos días y fue procesado, aunque, tras apelar, consiguió que se le revocara el procesamiento y logró, finalmente, que el caso fuera sobreseído el 10 de noviembre.

Lo sucedido era la previsible culminación de un proceso que, en ese momento, fue calificado por la minoría socialista del Ayuntamiento como un acto de pistolerismo, que certificaba su idea de que un determinado grupo se estaba armando en la capital. El 15 de julio los socialistas, en línea con este planteamiento, repartieron por la ciudad una hoja en la que acusaban a *El Pueblo Manchego* de ser «gánsteres del jesuitismo» y de preparar nuevas agresiones contra otros miembros de su partido en un ambiente de guerra civil en la que, si se les atacaba, ellos se defenderían.

En ese ambiente de crispación, el agua volvió a faltar en los días siguientes en Ciudad Real y las críticas del diario contra el Ayuntamiento y su alcalde no cesaron. Pero todo lo ocurrido sirvió para movilizar a aquellos que se encontraban a la expectativa y, el 24 de julio, Francisco Morayta Martínez, diputado a Cortes por el Partido Radical, comunicó que había pedido a su compañero de partido, el gobernador civil Alejandro Pérez Moya, maestro de origen valenciano que había sido nombrado para el cargo hacía menos de un mes, que cubriera las vacantes existentes en el consistorio municipal. Tres días después, el nuevo gobernador convocaba un pleno extraordinario del consistorio, para comunicar a los dieciséis ediles que se mantenían en su puesto el nombramiento de ocho nuevos concejales, que completarían los veinticuatro que debía tener el municipio.

El Sr. Alcalde Presidente convoca nuevamente su protesta por el nombramiento de Concejales interinos, por estimar que,
aparte de la desconsideración que implica para el Ayuntamiento, máxime tratándose del de la capital de la provincia,
constituye un atentado a la autonomía municipal, la cual
queda por el suelo al cercenar la libertad que deben tener los
Pueblos para elegir sus representantes, entiende diciendo
que esto es volver a los tiempos pasados en que se realizaban
todo género de maniobras y trapelías políticas como la come-
tida en este caso por los señores "Morayta", causante de los nom-
bramientos, que mandan a esta casa una grupo de amigos

Actas municipales, 27 de julio de 1934

Maestro expuso, en el pleno del 27 de julio, su protesta como alcalde e insistió en que lo que se hacía constituía un atentado a la autonomía municipal y en que, para eso, no merecía la pena haber traído la República.

El momento debió de ser bastante tenso, pues en la sala, donde el calor era insufrible a mediodía, había numeroso público (más de cien personas, en su mayoría obreros), que daban vivas al socialismo e increpaban a Morayta como causante de la situación. Maestro y todos los concejales socialistas y radical socialistas abandonaron el pleno en protesta, saludando con el puño en alto al público. *El Pueblo Manchego* no perdió la ocasión para manifestar que su petición de cubrir las vacantes por fin había sido satisfecha.

La campaña insistente de Noblejas y su diario contra José Maestro San José había concluido con éxito, pues este, y todos los concejales de izquierda de la corporación, presentaron la dimisión irrevocable de todos sus cargos en la sesión extraordinaria del 3 de agosto, y el Ayuntamiento quedó en manos de los radicales.

La soberbia de un individuo, de un grupo, había prevalecido sobre la soberbia de un personaje carismático y la del círculo ideológico que lo sustentaba. Si unos se consideraban hombres de limpio historial político, otros pensaban que solo ellos serían capaces de mostrar a los electores de Ciudad Real que era posible, sin alardear por eso, engrandecer la capital.

Mientras tanto, la mayoría de los ciudadanos, simplemente, contemplaba el espectáculo. Nadie podía prever, entonces, lo que acabaría ocurriendo en tan solo dos años.

En agosto de 1936, Manuel Noblejas Higueras estaba escondido en casa de su amigo José Donado Adán, en la calle Camarín n.º 3, a la espera de que Antolín Díaz Pinés le facilitara unos mapas con la posición exacta de las tropas franquistas, para poder huir de la ciudad y pasarse al bando nacional. El 8 de septiembre, cuando ya tenía esa información en su poder, se disfrazó de mujer y a última hora de la tarde salió a la calle para alejarse lo más pronto posible de Ciudad Real. Sin embargo, cuando llevaba recorridos unos pocos metros, fue descubierto y detenido por milicianos de Unión Republicana que patrullaban el entorno de la catedral. Le condujeron de inmediato a la checa instalada en el edificio del seminario diocesano, en la calle Alarcos, y allí los miembros del Comité de Defensa le sometieron a durísimos interrogatorios en los que quedó de manifiesto, para sus «jueces», que había conspirado junto a otros contra la República. Su suerte estaba echada y fue fusilado la noche del 17 al 18 de ese mes en el puente de Alarcos.

Justo un mes antes, el 18 de agosto, las autoridades nacionales habían fusilado en Valladolid a su íntimo enemigo: el socialista José Maestro San José.

Las figuras contrapuestas de Noblejas y de Maestro ejemplifican muy bien cómo en aquellos años la soberbia, ese afán desmedido por obtener distinción, por tenerse en mayor consideración o sentirse más capacitado que el contrario, condicionó el diálogo entre los dirigentes sociales y provocó que interpretaran la realidad que afectaba a los ciudadanos de una manera absolutamente diferente en función de sus intereses individuales o de clase.

Para profundizar

- ALÍA MIRANDA, F. (1994), *La Guerra Civil en retaguardia. Ciudad Real (1936-1939)*, Ciudad Real, Biblioteca de Autores Manchegos.

- BELLO LANDROVE, F. y LÓPEZ CAMARENA, M. (2010), *José Maestro San José, un gran alcalde para Ciudad Real*, Ciudad Real, Diputación Provincial.

- BUITRAGO OLIVER, J.C. (2022), *Purgar al vecino: Soberbia, codicia y venganza. La represión en una capital de provincia durante la Guerra Civil y la posguerra. Ciudad Real 1936-1944*, Toledo, Almud Ediciones.

- *El Pueblo Manchego*, digitalizado para esos años en Centro de Estudios de Castilla-La Mancha, Biblioteca Virtual de Castilla-La Mancha.

- *Libros de Actas del Ayuntamiento de Ciudad Real*, Archivo Histórico Municipal de Ciudad Real.

15. CIUDAD REAL — Calle de Caballeros

Postal de principios del siglo XX con la fotografía del Palacio
del Obispado de Ciudad Real, en la calle Caballeros.
(José Domingo Delgado Bedmar)

13 | Tras las rejas del Palacio Rojo

Una guerra civil en la Guerra Civil

(marzo de 1939)

Juan Carlos Buitrago Oliver

Los más de treinta y dos meses de Guerra Civil resquebrajaron los frágiles cimientos del Frente Popular, una organización política que, constituida por una parte de la burguesía y del proletariado, agrupaba a un variopinto conglomerado de partidos y de sindicatos (Unión Republicana, Izquierda Republicana, Partido Socialista Obrero Español, Partido Comunista y Unión General de Trabajadores, principalmente), que compartían el objetivo de oponerse a la derecha y ganar las elecciones de febrero de 1936.

Cuando en julio de ese año se produjo el golpe de Estado, todos los esfuerzos republicanos se centraron en intentar sofocarlo y, con ese objetivo, los integrantes de ese entramado político en Ciudad Real organizaron, unidos, un grupo de más de quinientos milicianos que, en la madrugada del 30 al 31 de julio, salió hacia la provincia de Cáceres para frenar al fascismo.

El contingente, envuelto en un ambiente de completa euforia creado meticulosamente desde la propaganda frentepopulista, parecía que más que para la guerra se preparaba para asistir a un evento de exaltación marxista. Sin embargo, la realidad bélica les confrontó en la localidad extremeña de Miajadas con las expertas tropas africanas sublevadas y el bautismo de fuego de los ciudadrealeños supuso un auténtico desastre en el que, en medio del desconcierto, sufrieron oficialmente doce bajas y veintiún heridos, aunque fueron muchas más (Buitrago, 2022, *Purgar al vecino...* ,p. 203). El afán publicitario con el que se organizó la expedición impidió reconocer abiertamente su fracaso; Benigno Cardeñoso Negretti, el líder socialista que lideró militarmente la

Benigno Cardeñoso Negretti
de uniforme militar y de paisano

operación, no se libró en aquellos días de las agrias críticas de los dirigentes de otras organizaciones del Frente Popular.

En septiembre, el socialista Largo Caballero insistió desde la presidencia del gobierno en que el objetivo primordial del Frente Popular era la victoria en la lucha armada y en que, para hacer posible ese objetivo y luego emprender multitud de reformas, era primordial conseguir la auténtica cohesión marxista. Los socialistas ciudadrealeños, alineados con esta estrategia, dedicaron una de las ponencias más importantes a la cuestión de su unificación con el Partido Comunista en el Congreso Provincial que celebraron en enero de 1937. Fruto de ese deseo de un destino común, nació el Comité Provincial Unificado de ambos partidos que, el 1 de marzo de 1937, editó *Avance*, diario marxista, como una plataforma desde la que difundir el pensamiento del proletariado.

Pero esta forzada unidad, que ficticiamente se intentaba construir, estalló en mil pedazos tan solo unos meses después, cuando, en mayo, tras la caída del gobierno de Largo Caballero y su sustitución por el de Negrín, la cordialidad cedió paso a un abierto enfrentamiento. Desde ese momento, la desconfianza en la capital entre socialistas y comunistas, a pesar de que pudiera aparentarse lo contrario en alguna situación puntual, fue una constante y, cuando la guerra estaba ya perdida, el filocomunismo de Negrín era algo tan indudable para los socialistas y para el resto de integrantes del Frente Popular ciudadrealeño que, inmediatamente, cerraron filas en torno a Segismundo Casado cuando este, el 5 de marzo de 1939, encabezó un golpe de Estado contra el gobierno de la República.

El objetivo de esta sublevación, que se justificó, como la franquista, en la necesidad de frenar la inexorable llegada del comunismo, no era detentar el poder, sino, paradójicamente, cederlo a Franco para conseguir así una rendición negociada. Su preparación fue un secreto a voces desde muy pronto, pero se hizo evidente desde que, el 16 de febrero, en una reunión celebrada en el aeródromo de Los Llanos (Albacete), Juan Negrín exigió a los principales responsables militares republicanos continuar con la guerra, a pesar de que estos le habían insistido en que ya era inútil resistir.

Por eso, en Ciudad Real, en cuanto se produjo el golpe, se movilizaron de inmediato algunos contingentes militares con mandos de ideología comunista, un buen número de militantes y los dirigentes provinciales del partido, para intentar mantener la legalidad gubernamental y oponer resistencia al Consejo Nacional de Defensa que, presidido por el general Miaja y con Casado como responsable de defensa, se había hecho con el poder.

La lectura del voluminoso sumario que se incoó para juzgar aquellos sucesos (Archivo Fundación Pablo Iglesias, AASM, 520-3) no deja lugar a dudas sobre la planificación comunista de una trama civil y militar que asegurara la permanencia de Ciudad Real, uno de los pocos territorios que le quedaban a la República, bajo dominio gubernamental.

Días antes de que Casado materializara su proyecto, los dirigentes comunistas de la provincia ya se habían reunido con el gobernador civil, el cenetista David Antona Domínguez, para transmitirle su impresión de que otros partidos del Frente Popular pretendían aniquilarlos política e incluso físicamente, y esa fue la sensación que flotó constantemente en el ambiente durante las reuniones que, entre el 3 y el 5 de marzo, se celebraron en la sede del Partido Comunista, el Palacio Rojo, el que fuera

Palacio Episcopal, para designar una nueva comisión ejecutiva provincial.

El imponente edificio de ladrillo rojo que hoy sigue, junto al Casino, engrandeciendo una de las aceras de la calle Caballeros, la calle Francisco Adámez durante la guerra, fue, como veremos, el lugar donde se concretó el asalto final a la República en Ciudad Real.

El sábado, día 4, por la mañana, había salido de Valencia con dirección a Piedrabuena, donde debía presentarse ante el general Escobar –máximo responsable del ejército de Extremadura– un consejero ruso a cuyas órdenes debía quedar la 200 división de Guerrilleros que, aunque tenía su base en Almadén, había acuartelado algunas fuerzas en el Balneario de Fuensanta, a muy pocos kilómetros de Ciudad Real capital. Cuando esa tarde el Ruso se presentó a Escobar en su centro de mando, ubicado en la finca El Gargantón, el general tenía ya muy claro que el golpe contra el gobierno de Negrín era inminente.

A primera hora del día siguiente, el delegado soviético se desplazó a Ciudad Real, a la sede del Partido Comunista, y allí se encontró con uno de sus principales subordinados, el comandante de la 200 de Guerrilleros –José Cerveró Ruiz– que, junto al Comisario de la misma unidad –Vicente Estévez Blasco– había llegado de Almadén el día anterior para participar como orador en las conferencias que se celebraban en el Palacio Rojo. Pasaron juntos el día y con Crescencio Sánchez-Ballesteros, secretario provincial del partido, elaboraron un plan de acción por si los rumores que corrían sobre un posible levantamiento se concretaban. Cuando oyeron por la radio, al iniciarse el parte de noticias de las 00:00, la alocución que desde el ministerio de Hacienda de la madrileña calle de Alcalá, confirmaba la sublevación contra Negrín, para no levantar sospechas y pasar lo más desapercibidos posible, decidieron volver a sus bases sobre las dos de la mañana y se marcharon el Ruso a Piedrabuena y Cerveró a Almadén. Los militares acordaron verse al día siguiente en su base de la ciudad minera, dando tiempo así, como sugería el secretario provincial del partido, Sánchez-Ballesteros, a que llegaran noticias oficiales del Comité Central comunista mientras que recababan cuanta información les fuera posible.

Hervideros de la Fuensanta (ca. 1900).
Vista general del complejo y acceso principal, (CECLM)

Hervideros de la Fuensanta (ca. 1900).
Instalaciones, (CECLM)

Desde primera hora de la mañana del lunes, día 6, los elementos civiles del comunismo provincial se pusieron en marcha en busca de cualquier noticia que les pudiera servir de referencia ante el silencio de sus líderes nacionales. A las seis ya estaba Román Sánchez Acevedo, director de *Unión*, el periódico que el partido editaba en sus locales, contactando con el comandante militar de Ciudad Real, Leopoldo Bejarano Lozano, con la excusa de consultarle si autorizaba o no la publicación del manifiesto de la Junta en el ejemplar de ese día. Durante esa larga mañana, el desconocimiento de la situación, con el nerviosismo que eso generaba, seguía siendo tan grande que el propio Crescencio fue, sobre la una, a visitar de nuevo a Bejarano para ver si podía enterarse de algo, pues la radio no decía, en ningún momento, que el Partido Comunista se opusiera al Consejo Nacional de Defensa, pero tampoco que participara en él. Al mismo tiempo, otro dirigente local del partido, Marcos Torres Cabanillas, se entrevistaba con los líderes de la Confederación Nacional del Trabajo y de Unión Republicana, para conocer cuál era la postura de los otros partidos del Frente Popular con respecto a la Junta que, como le confirmaron, era de apoyo incondicional.

Mientras tanto, el Ruso se había dirigido al amanecer desde Piedrabuena al Balneario de Fuensanta para entrar en contacto con esa parte de sus tropas y, desde allí, volvió a Almadén para encontrarse, como tenía previsto, con el comandante Cerveró. Nada más llegar, le informaron de que el diputado comunista Pedro Martínez Cartón, que estaba en la localidad realizando gestiones en la Agrupación del mayor Nilamón Toral Azcona, se había puesto de acuerdo con este, a primera hora de la mañana, para asegurar las dos ciudades mineras de la provincia: Almadén, que había sido rodeada por un batallón de ametralladoras para defenderla; y Puertollano, que, al permanecer en poder de militares casadistas, se había sitiado para cortar cualquier comunicación con la capital, al fijar el grueso de las tropas comunistas en Argamasilla de Calatrava y desplazar también tropas hacia Calzada de Calatrava. Cuando comía con su comandante, el soviético recibió una llamada, a la que respondió en ruso, en la que se le certificaba que en el nuevo Consejo se había prescindido de los comunistas y que debían participar en la lucha por recuperar el poder.

A lo largo de esa mañana, se empezó a desplegar también la unidad de blindados de Daimiel, que se hizo con el control de esa localidad, cortando así la comunicación por carretera entre la capital y Madrid.

Escobar, consciente de la situación, intentaba frenar la insurrección que se había iniciado en el seno de sus tropas y llamó a Martínez Cartón, a Toral, al Ruso, a Cerveró y a otros jefes, para que acudieran de inmediato al cuartel general de Piedrabuena. Martínez Cartón y el Ruso, conscientes de su inmunidad, acudieron a El Gargantón, pero no lo hicieron ni Toral ni Cerveró porque tenían la certeza de que iban a ser detenidos. Desobedeciendo la orden, Nilamón continuó en su puesto, mientras que el comandante de la 200 de Guerrilleros se trasladó al Palacio Rojo de Ciudad Real, donde llegó de madrugada.

Simultáneamente, en la capital, las autoridades provinciales intentaban controlar la situación y, por la tarde, el gobernador militar -el coronel Leopoldo Bejarano- y el gobernador civil -David Antona- se reunieron en el Gobierno Civil y decidieron enviar un agente de policía a la sede del partido comunista para que designaran un representante con el que poder dialogar. Acudió, como era de esperar, Sánchez-Ballesteros, al que comunicaron que conocían, gracias a la labor de espionaje del Servicio de Investigación Militar, toda la estrategia diseñada junto a Cerveró y al Ruso: conseguir con el apoyo de los guerrilleros de Fuensanta y los blindados de Daimiel el control de la Comandancia Militar, del Gobierno Civil y de otros edificios públicos, como Correos o Telégrafos, y hacerse con el poder en la ciudad. Aunque el líder comunista negó tener ninguna noticia a ese respecto, le hicieron saber que habían adoptado todas las medidas necesarias para que no les fuera posible realizarlo y le recomendaron encarecidamente que reconsiderara llevar a cabo cualquier tipo de acción.

Aun siendo conscientes de que la trama había sido descubierta, los comunistas decidieron no cancelar sus planes y sobre las 11:00 del martes, día 7, Cerveró salió de la sede del partido y se dirigió al Balneario de Fuensanta, donde se reunió con la oficialidad para informarles de que en Ciudad Real se temía un levantamiento de la «quinta columna» y, después, arengando a la tropa formada, les insistió en que ellos, como guerrilleros, tenían

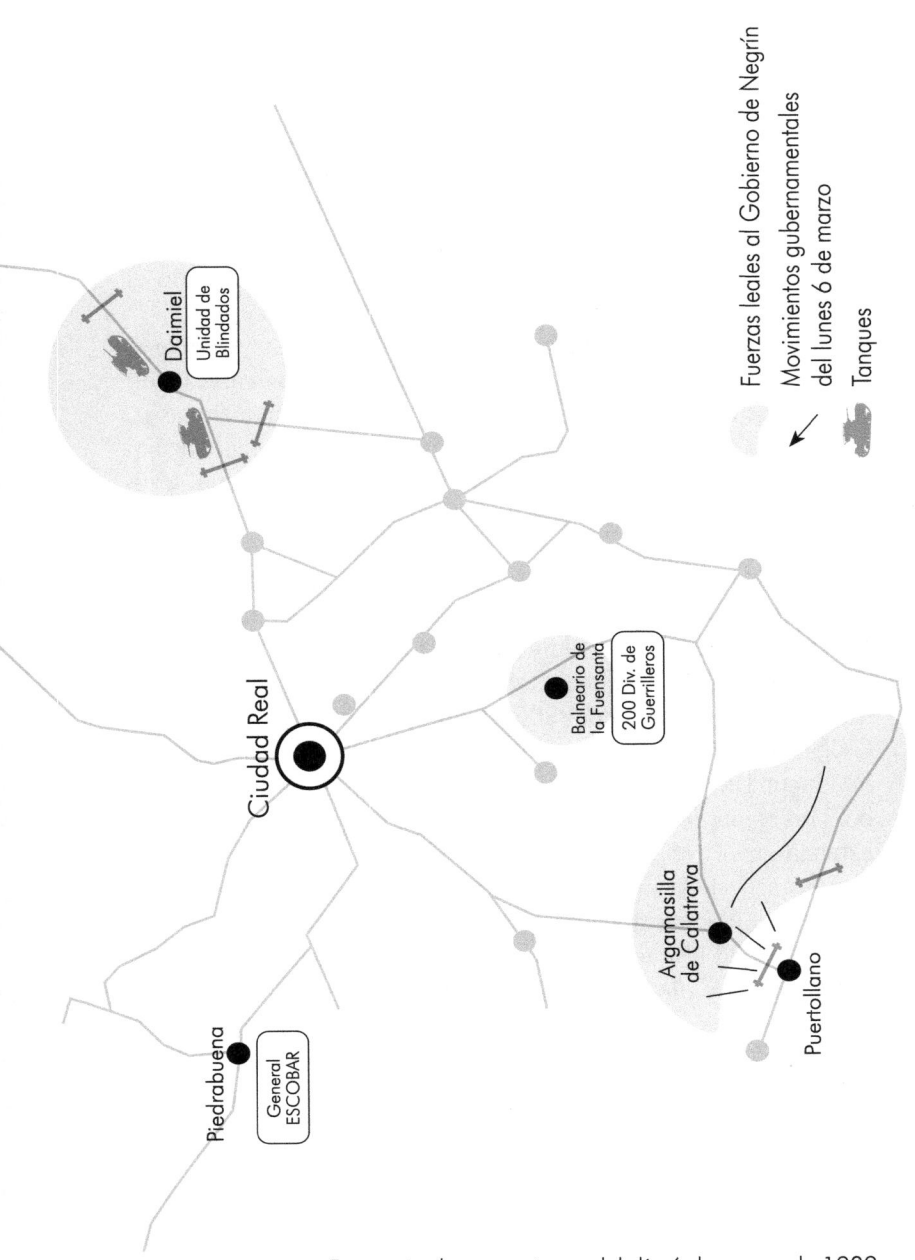

Fuerzas leales al Gobierno de Negrín

Movimientos gubernamentales del lunes 6 de marzo

Tanques

Daimiel

Unidad de Blindados

Ciudad Real

Balneario de la Fuensanta

200 Div. de Guerrilleros

Argamasilla de Calatrava

Puertollano

Piedrabuena

General ESCOBAR

Escenario de operaciones del día 6 de marzo de 1939 durante el golpe de Casado. (Elaboración propia)

puesto precio a sus cabezas por Franco y debían resistir en la lucha hasta el final. Esa mañana, en formación, simulando unas maniobras, iniciaron su camino hacia la capital, distante unos 12 kilómetros. Nada más comer, sobre las tres, Cerveró regresó a Ciudad Real y se instaló en la sede del partido. Muy poco después llegaron allí su enlace, el soldado Francisco Rafael Rivelles, y el sargento conductor, Enrique Cardano Gómez, chófer del comandante, que se habían quedado en Fuensanta reparando el vehículo oficial.

Los altos cargos civiles y militares de la provincia estaban, a esas alturas, francamente preocupados, pues estaba cortada, en Daimiel, la comunicación con Madrid, y también, en la zona sur, el contacto con Puertollano y Almadén; además, tropas en formación de guerrilleros estaban procediendo a cercar la capital y, en la sede del Partido Comunista, se habían ido congregado un buen número de afiliados.

Ante una situación tan comprometida y habiendo recibido orden de la Junta de cortar de raíz la resistencia comunista, decidieron convocar a una reunión en el Gobierno Civil a todos los representantes del Frente Popular, excepto a los comunistas. Acudieron a la reunión, por el PSOE, Carlos García Benito; por la UGT, Gregorio Quílez de la Cruz; por la CNT, Antonio Menchén Bartolomé; por UR, Juan Blanco Gallardo y por IR, Arturo Gómez-Lobo. Tras relatarles la situación y certificarles que los guerrilleros estaban envolviendo Ciudad Real para proceder a tomarla el día 8, a las seis de la mañana, (información concreta que les había proporcionado un comisario socialista de la 200 división, que había desertado al intuir lo que se proponía Cerveró), decidieron comisionar a Quílez y a Blanco para que fueran a Piedrabuena a pedir refuerzos urgentes al General Escobar.

Sorteando el cerco que se estaba realizando, consiguieron llegar a El Gargantón y, tras relatarle la situación al general, este les garantizó el inmediato envío de tropas y dio orden expresa para que se pusiera en marcha hacia Ciudad Real la 198 Brigada Mixta, adscrita a la 71 División, dirigida por el comandante Juan Mayordomo Moreno. Mientras tanto, en el Gobierno Civil averiguaron, por un confidente, que entre los guerrilleros que se desplegaban y la unidad blindada de Daimiel usaban por radio la

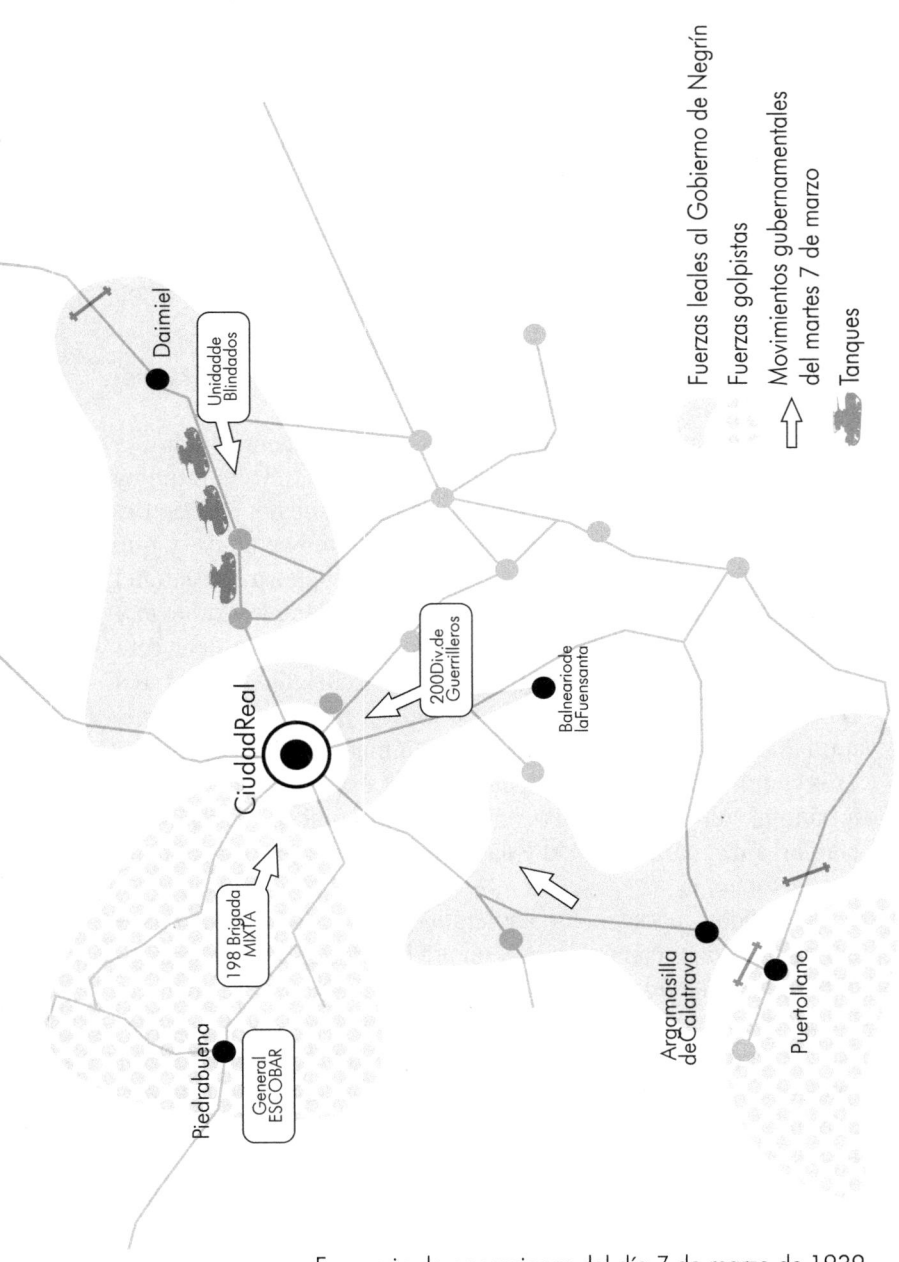

Fuerzas leales al Gobierno de Negrín

Fuerzas golpistas

Movimientos gubernamentales del martes 7 de marzo

Tanques

Daimiel

Unidad de Blindados

200 Div. de Guerrilleros

Balneario de la Fuensanta

CiudadReal

198 Brigada MIXTA

Piedrabuena

General ESCOBAR

Argamasilla de Calatrava

Puertollano

Escenario de operaciones del día 7 de marzo de 1939 durante el golpe de Casado. (Elaboración propia)

contraseña «Moscú número tres» para coordinarse e intervinieron sus comunicaciones.

Al ser descubiertos, Cerveró ordenó que un camión con una unidad de guerrilleros armados de bombas de mano y naranjeros (subfusiles Schmeisser MP-28) acudiera a la sede del Partido Comunista, para defender de forma más eficiente el edificio, y que su comisario, Manuel Rodríguez Insua, se desplazara a Daimiel para entrar en contacto con el comisario de blindados Beneyto y pedirle que viniera a Ciudad Real a fin de poder planificar conjuntamente la actuación de sus unidades. Rodríguez Insua fue a Daimiel y regresó con el comisario, no sin que antes este ordenara que tres tanques se dirigieran de inmediato hacia la capital. Tras reunirse en la sede del partido con Cerveró, Beneyto volvió a Daimiel, aunque llegó otro comisario de su unidad, Eulogio García Carranza, para, desde el Palacio, colaborar en el desarrollo de las operaciones.

Su salida prácticamente coincidió con la visita al «Obispado» del médico valenciano Cándido Roque López Peñaranda, comandante de Sanidad y presidente del Tribunal Médico Permanente del ejército de Extremadura, y del prestigioso coronel de infantería y jefe del CRIM n.º 3, Julio Mangada Rosenörn. La hicieron por iniciativa propia, viendo el cariz que iban tomando los acontecimientos, con el objetivo de evitar una confrontación que parecía inminente, y así se lo hicieron saber a Sánchez-Ballesteros, al diputado Adriano Romero y a algún otro dirigente comunista, a los que garantizaron que, si todo quedaba como estaba y no iba a más, intentarían que no se abriera ningún tipo de expediente ni se derivara de todo aquello ninguna responsabilidad.

Aproximadamente a la misma hora, volvían de su misión en Piedrabuena Quílez y Blanco que, al igual que ocurrió con las primeras unidades de la 198 Brigada Mixta, que venían a liberar la capital, fueron retenidos pacíficamente, durante algún tiempo, por las fuerzas de guerrilleros, a un kilómetro escaso de Ciudad Real.

Informado Cerveró de la situación envió de nuevo a Insua a fin de que le ratificara la llegada de tropas para liberar la capital y, cuando volvió el comisario a la sede del partido comunista, tuvo ya claro que la parte militar de la intentona había fracasado. A lo largo de esa madrugada, el envío de tropas y las detenciones efectuadas por Escobar desvanecieron el desafío de sus subordinados.

Ese intenso martes concluyó con un toque de queda, emitido por Bejarano, por el que nadie podía circular por las calles entre las 00:00 y las 08:00 del miércoles día 8, lo que hizo que algunos militantes que habían acudido a la sede del partido sin otro objetivo que recabar información, se vieran sorprendidos por la orden y tuvieran que permanecer en el edificio. Los dirigentes comunistas, decididos a continuar en el Palacio Rojo hasta que se les garantizara su seguridad personal y su libertad política, previeron que el encierro podía ser largo y Cerveró ordenó al chófer militar Enrique Mira Navarro que, en cuanto que se le permitiera la salida, fuera a Fuensanta y cargara su vehículo con todos los víveres posibles para aprovisionar la sede del partido. Muy poco después de su vuelta, a las 10:00, las autoridades ordenaron que nadie entrara ni saliera del edificio y 115 personas quedaron recluidas definitivamente en su interior: 71 hombres, 39 mujeres y 5 menores.

Desde ese momento, el antiguo palacete del obispo, en la calle Francisco Adámez (Caballeros), sede del Partido Comunista, conocido en la provincia desde agosto de 1936 como el Palacio Rojo, dejó de ser vigilado y pasó a ser sitiado por fuerzas militares de la 198 Brigada Mixta. La idea era continuar con las negociaciones, pero las autoridades oficiales de la República, partidarias de la Junta, no tenían ya la misma urgencia, pues sabían que habían desbaratado la intentona militar comunista y pensaban que era una cuestión de horas que los encerrados decidieran deponer su actitud y propusieran algún tipo de encuentro.

Pero no contaban con algo: los comunistas, como en algún momento de sus interrogatorios dejaron traslucir tanto el diputado Romero como el secretario general Sánchez-Ballesteros, estaban convencidos «...de que tendrían que morir lo mismo si se entregaban a las autoridades que si se resistían dentro del edificio y que, (por tanto, estaban dispuestos a) ...elegir esta última resolución...». Durante todo el miércoles, el gobernador civil y el gobernador militar esperaron la iniciativa comunista, pero como esta no se produjo, sobre las 23:00 h. accedieron a que la cúpula socialista intentara un acercamiento y se convocó una reunión en la sede del diario *Avance* en la que Carlos García Benito y Calixto Pintor Marín se encontraron con Romero y Sánchez-Ballesteros. García Benito trató de convencerlos de que, tras la huida de Negrín, la única intención de la Junta era «no dejar el poder en medio de la calle» mientras se llegaba a una paz honrosa, pero no se consiguió que aceptaran abandonar pacíficamente el palacete.

Seguía pesando la orden de Wenceslao Carrillo, responsable de Gobernación, de terminar con aquella situación usando los medios que fueran necesarios y, tras meditarlo durante la madrugada, poco después de las 07:00 del jueves 9, el gobernador militar Bejarano, llamó a la sede comunista con un ultimátum que transmitió a Crescencio: tenían hasta las ocho y media para desalojar el edificio, porque a esa hora, él daría orden de iniciar el fuego contra esa posición; y añadió que, si pensaban persistir en su decisión, dejaran, al menos, salir a las mujeres y a los niños. El diputado Romero, que estaba junto al teléfono, se lo arrebató al secretario y, enardecido, contestó al coronel a voz en grito «... que a la primera bomba lanzada contra el sitio donde ellos estaban responderían desde todas partes lanzando... muchas más bombas y que correría la sangre en abundancia...» e inmediatamente colgó.

Cuando todo estaba dispuesto para el asedio, el gobernador civil recibió, a las 08:25, un telegrama de Carrillo en el que se le pedía que resolviera la situación sin recurrir a la violencia. El asalto se suspendió inmediatamente y se limitaron a cortar a los comunistas la luz, el teléfono y el agua.

Nada más ocurrió en el exterior del Palacio durante el resto del jueves, pero, en el interior, empezaron a afanarse en la colocación de colchones en las ventanas, en la fabricación de sacos

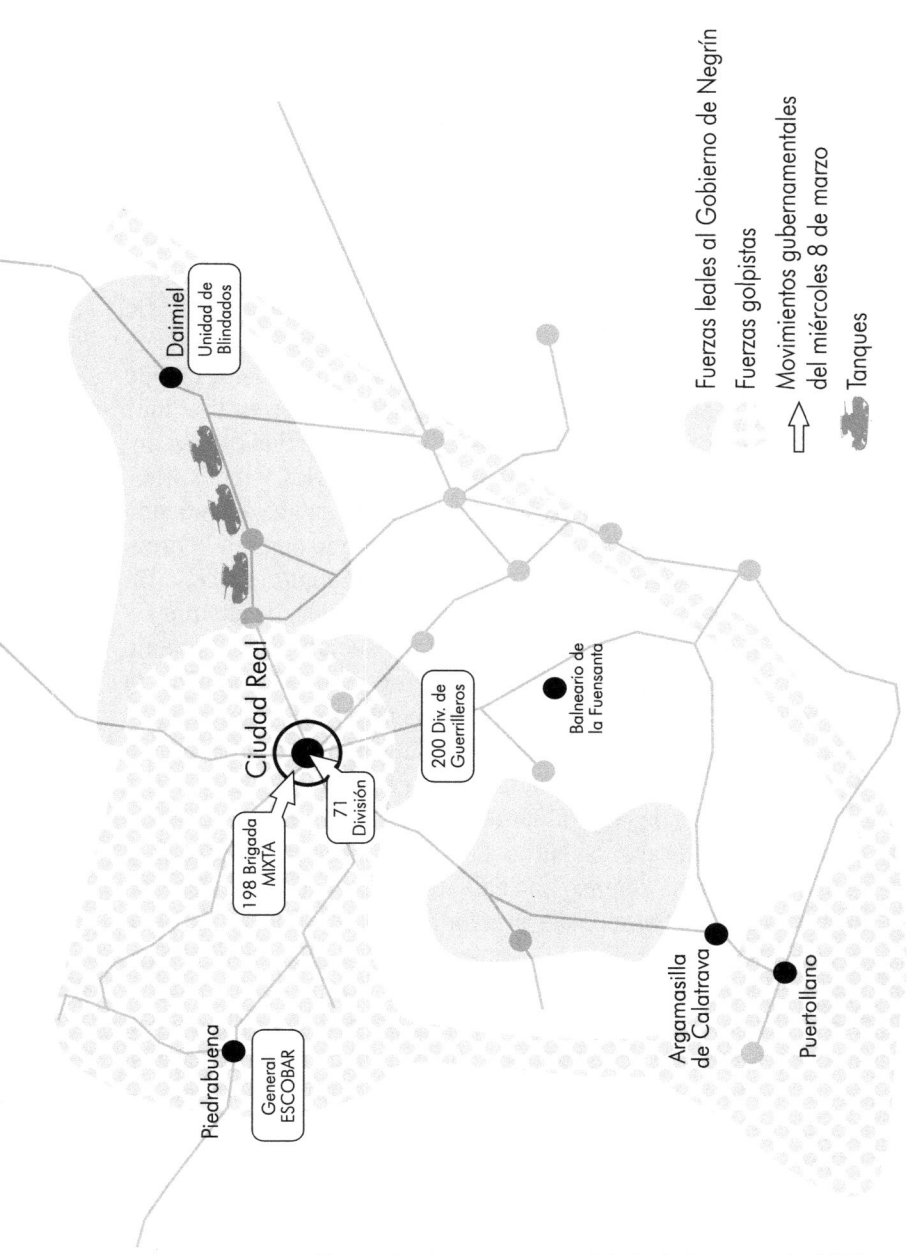

Escenario de operaciones del día 8 de marzo de 1939
durante el golpe de Casado. (Elaboración propia)

terreros usando cortinas, en la construcción de parapetos con las placas de metal obtenidas de la imprenta o en la colocación de grandes piedras que impidieran la entrada por la parte trasera de la edificación.

Era evidente que los dirigentes comunistas estaban convencidos de que la ocupación que ese día no había sucedido podía ocurrir en cualquier otro momento y, por eso, a las 11:00 del viernes 10, se convocó una reunión del secretariado de la ejecutiva provincial del partido (Crescencio Sánchez-Ballesteros, secretario general; José Sánchez de La Torre, responsable de organización; y Angelines Mora Boix, responsable femenina) con el diputado Adriano Romero Cachinero, en la que acordaron reunirse más tarde con el resto de los militantes fiables del partido que se encontraban en la sede, con objeto de tranquilizarles y motivarles, elaborar un informe exhaustivo de todo lo que estaba sucediendo y, ante todo, redactar un manifiesto para hacerlo llegar a la prensa e intentar contactar con la calle mediante algún enlace, a fin de saber cuál era la realidad de la situación, pues, desde que les cortaron la luz y no podían oír la radio, estaban absolutamente incomunicados con el exterior. Decidieron también organizar la defensa del edificio, realizar una nómina de los que estaban en el interior e informar de todo lo acordado al comandante Cerveró, a Soria y al comandante de infantería Julián Pérez Marín.

Poco después de las 17:00, reunieron a todos los militantes de cuya adhesión estaban seguros y les comunicaron la situación y la planificación de defensa que habían acordado; también leyeron el manifiesto elaborado que pretendían hacer público. En él se insistía en varios puntos: que estaban sitiados en su domicilio social, sin haber cometido ningún delito; que la intención inexplicable de las autoridades era acabar con el partido comunista y con sus representantes; que su único objetivo era la lucha antifascista en el contexto del Frente Popular, y que ellos no atacarían en ningún caso si antes no eran atacados, declinando así cualquier responsabilidad sobre lo que pudiera suceder. El tono en que estaba escrito era claramente populista

... se nos intima para que nos rindamos. ¿Por qué delitos hemos de dejarnos llevar a la cárcel o al patio de ejecución? ¿Qué hemos hecho que no sea en favor de la independencia de España? Se quiere derramar nuestra sangre por el delito de ser comunistas y contra esto hemos de rebelarnos... (que) este monstruoso afán de liquidar nuestro Partido por parte de los que hasta hace unas horas se decían colaboradores nuestros, (esté) encendiendo una guerra civil dentro de otra de invasión es a lo que contestamos los comunistas... (Archivo Fundación Pablo Iglesias, AASM, 520-3)

Todos los reunidos se mostraron de acuerdo en mantener el encierro cuando, además, Adriano Romero les garantizó que el avituallamiento estaba completamente garantizado.

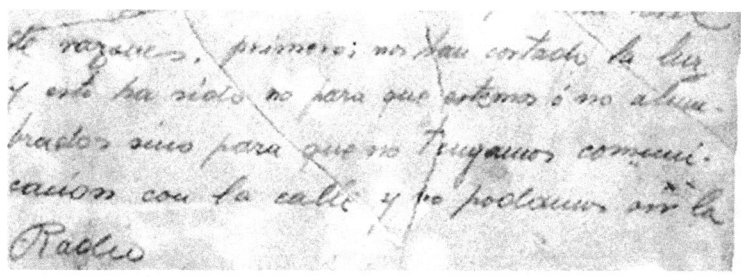

..., primero; nos han cortado la luz y esto ha sido no para que estemos ó no iluminados sino para que no tengamos comunicación con la calle y no podamos oir la Radio. Reconstrucción (parcial) del documento de una reunión (Archivo Fundación Pablo Iglesias. AASM, 520-3)

Antes de las 19:00, caminando, rompieron el cerco el comandante Máximo Franco Cavero, jefe de la 71 División a la que pertenecía la 198 Brigada Mixta, y Piñero, su comisario, que habían venido hasta Ciudad Real a supervisar la operación; por un lateral, penetraron en el patio del antiguo obispado y pidieron que saliera alguien a parlamentar. Saltó por una ventana Aquilino Fernández Roces y luego salió también el diputado Romero e iniciaron una conversación tan abierta al entendimiento que, poco después, «... dicho comandante acompañado de otros jefes y oficiales penetró en el local manteniendo una conversación cordial, descorchándose inclusive una botella de coñac...». Les pidió y recomendó que mandaran una delegación a hablar con las autoridades civiles y militares, porque era una pena tener que utilizar finalmente la fuerza, cuando era algo que, con voluntad, se podía resolver fácilmente mediante el diálogo. Los comunistas aceptaron la propuesta y a las 20:00 acudieron Crescencio Sánchez-Ballesteros y Aquilino Fernández Roces al Gobierno Civil para entrevistarse con el coronel Leopoldo Bejarano, con David Antona y con los responsables últimos de la operación militar, Máximo Franco y Piñero.

Durante más de tres horas las dos partes cruzaron argumentos. Los comunistas, como habían acordado, demandaban una vuelta a la «normalidad»: para ellos se concretaba en la libertad absoluta de todas las personas que estaban en el interior, incluidos los militares, que debían reincorporarse a sus unidades sin ningún tipo de represalia; y en la equiparación del partido comunista con el resto de los que integraban el Frente Popular. Las autoridades, por su parte, exigían que todos los encerrados en el Palacio fueran detenidos preventivamente, para tomarles declaración e incoar un proceso en el que se depurara la responsabilidad de cada individuo en los hechos. Crescencio y Aquilino pidieron volver a su sede para poner las condiciones de las autoridades en conocimiento de sus compañeros y quedaron en regresar con su respuesta.

Eran las 02:30 de la madrugada cuando los dirigentes comunistas volvían a entrar en el Gobierno Civil para exponer que sus camaradas no estaban de acuerdo con lo que exigían las autoridades, y entonces, Máximo Franco, cansado de una negociación que no parecía llegar a ningún lado, intervino con una inesperada vehemencia y...

... manifestó ante el Gobernador y el Comandante Militar que la cuestión era ya de su competencia... ordenando al dicente (Crescencio) y a su acompañante Aquilino, en tonos de extraordinaria violencia, ponerse de pie con los brazos en alto haciendo pasar dos guardias o soldados a los cuales ordenó se mantuvieran apuntando con el fusil al dicente y al mencionado Aquilino durante el tiempo en que se realizó la operación de cacheo dando después, de una manera autoritaria, y en presencia del Gobernador y del Comandante Militar, la orden a la fuerza de que se nos llevara a fusilar a las tapias del cementerio... (Archivo Fundación Pablo Iglesias, AASM, 520-3)

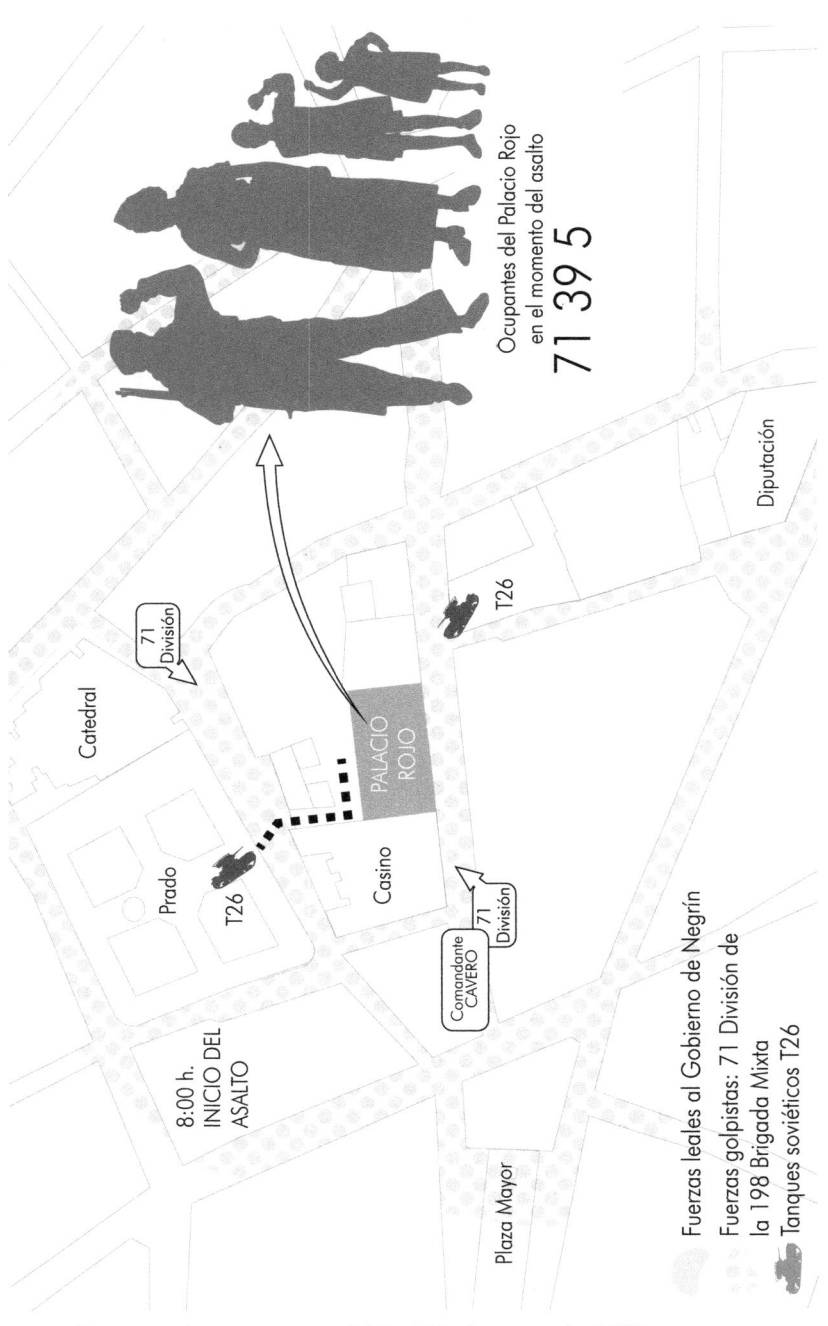

Escenario de operaciones del 9 al 11 de marzo de 1939
durante el golpe de Casado. (Elaboración propia)

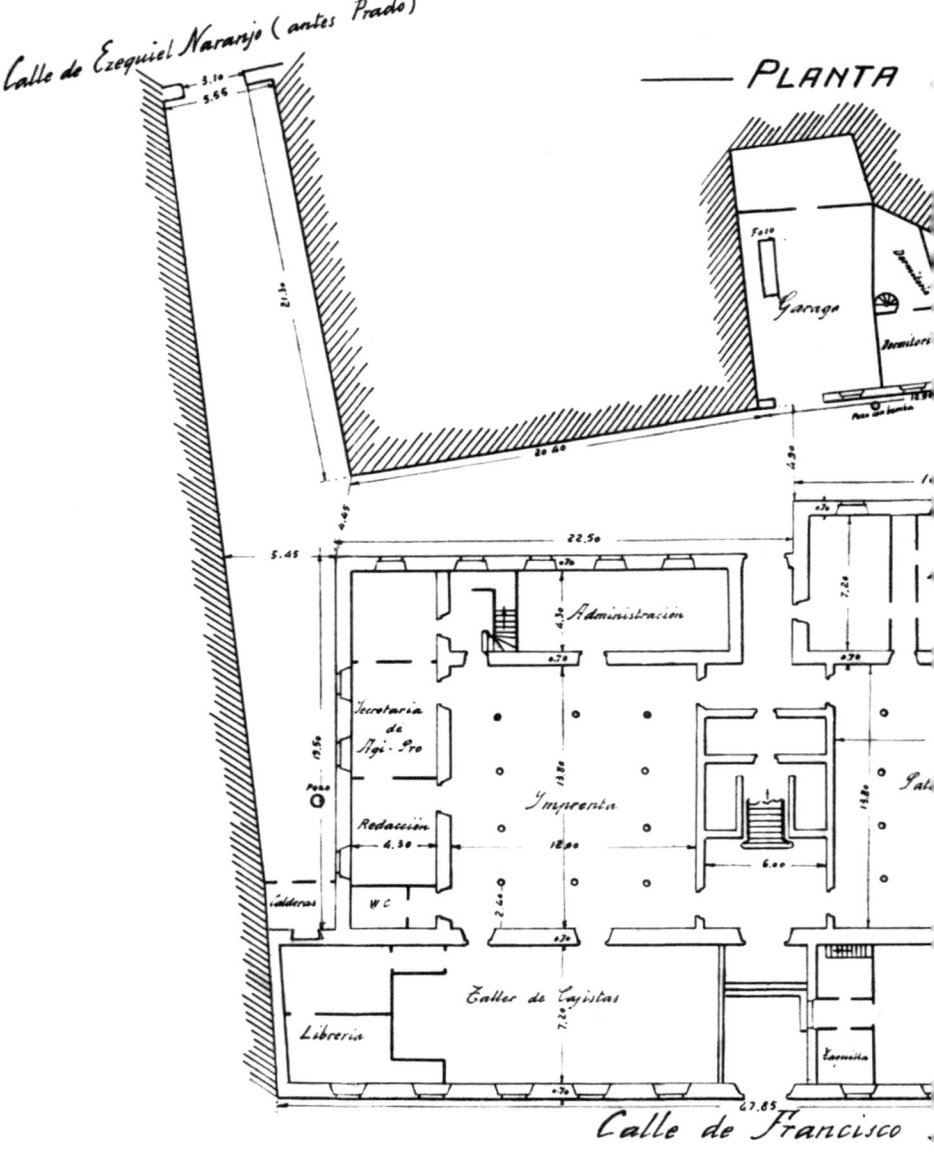

Plano de distribución de la planta baja del Palacio Rojo. Sumario del Golpe de Casado en Ciudad Real. (Archivo Fundación Pablo Iglesias. AASM, 520-3)

ESCALA = 1:200

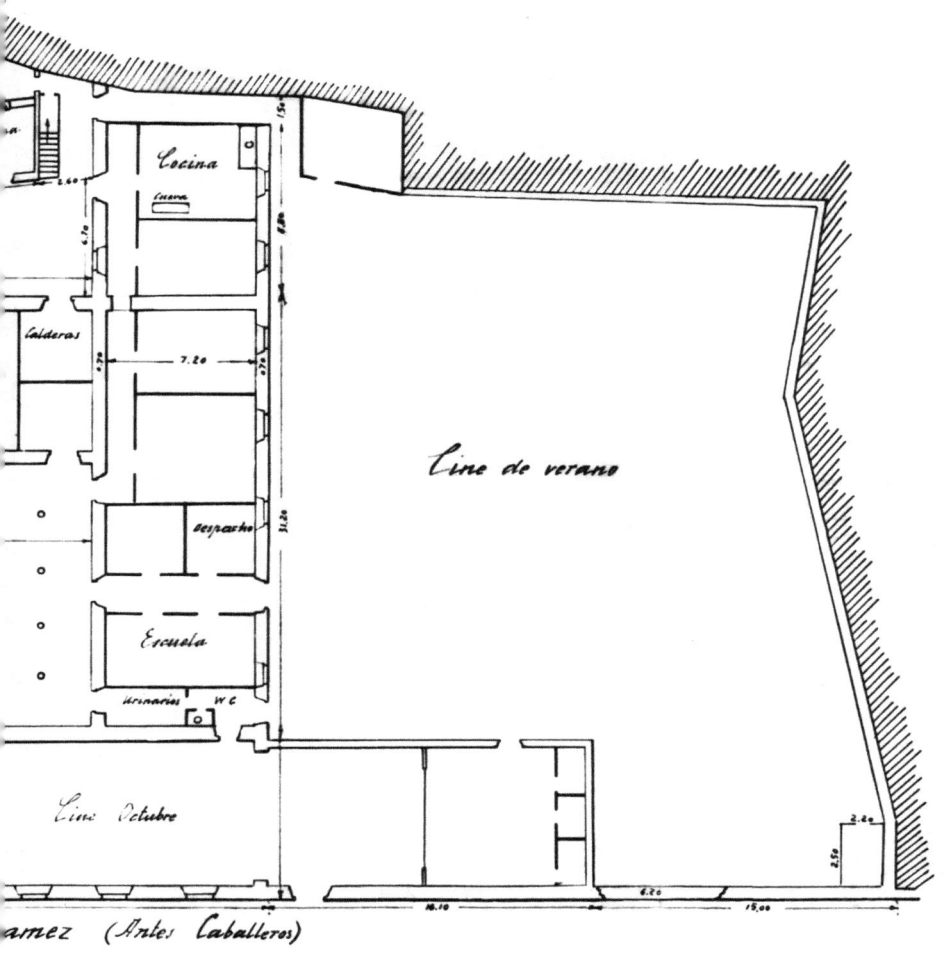

Cocina

Cueva

Calderas

7.20

Line de verano

Despacho

Escuela

urinarios   W C

Line Octubre

2.20

2.50

18.10   6.20   15.00

amez (Antes Caballeros)

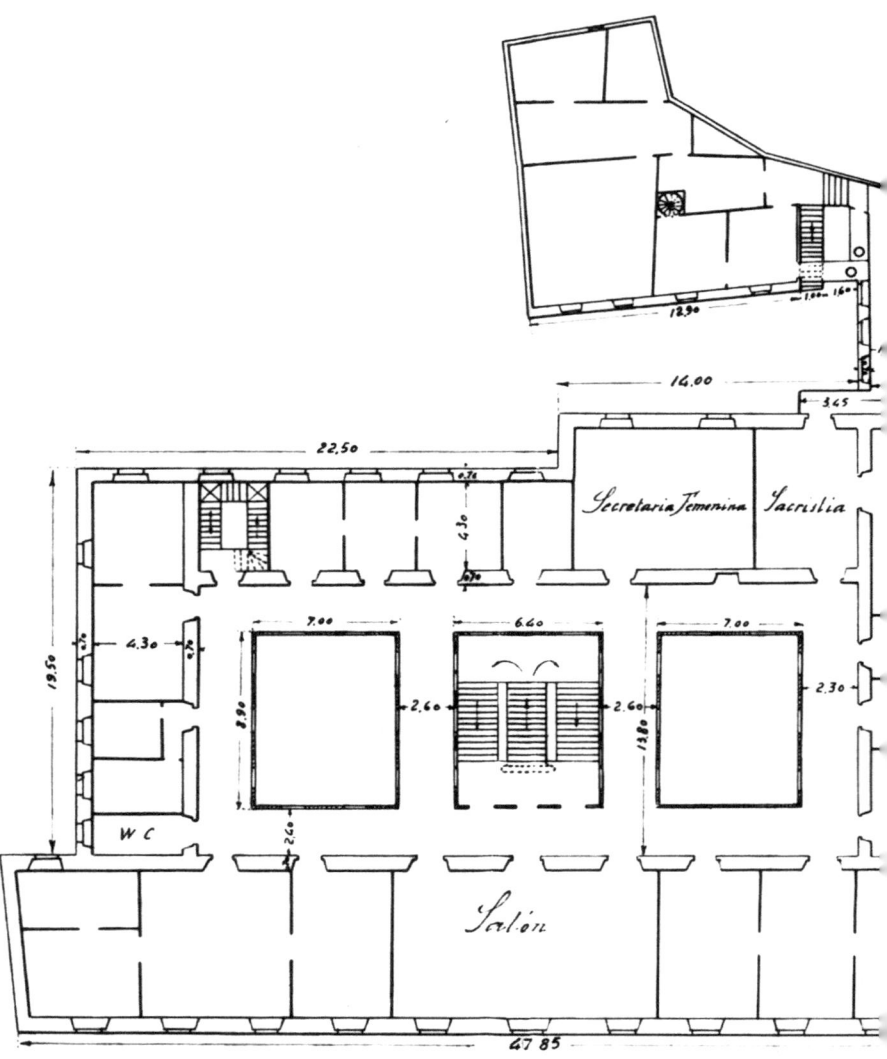

Plano de distribución de la planta alta del Palacio Rojo. Sumario del Golpe de Casado en Ciudad Real. (Archivo Fundación Pablo Iglesias. AASM, 520-3)

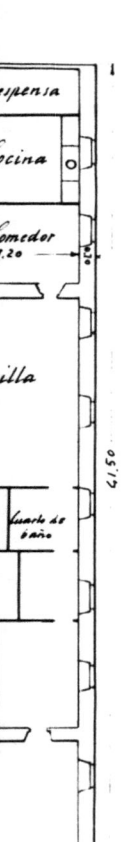

Ciudad Real 19 de Marzo de 1939

Los Peritos

Ingeniero de Caminos   Ayudante de Obras Públicas

Tanque de fabricación rusa modelo T-26, como los dos utilizados en el asalto al Palacio Rojo. Modelo expuesto en el Museo de Medios Acorazados MUMA BRI XII, base militar El Goloso, Madrid

La suerte estaba echada. Máximo Franco ordenó inmediatamente al comandante de la 198 Brigada Mixta, Juan Mayordomo Moreno, que planificara y realizara el asalto al edificio a las 08:00 del día siguiente.

Su declaración describe perfectamente cómo se desarrollaron los hechos:

> ... se inició la operación a las ocho horas sin que por parte de los recluidos en dicho edificio hubiera precedido ataque a las fuerzas asaltantes limitándose a defenderse y repeliendo la agresión con bombas de mano, fusiles ametralladores de los conocidos con el nombre de naranjeros, fusiles y pistolas, pudiendo afirmar el deponente que los comunistas no tenían ametralladora.
>
> Que a la hora y media aproximadamente de iniciado el ataque los asaltados se ofrecieron a parlamentar, cesando inmediatamente el fuego. Que el declarante cuando le comunicó uno de sus subordinados, capitán, que los recluidos deseaban parlamentar le dio concretamente la orden de que no admitía parlamentos sino entrega concediendo un plazo para iniciar la misma de diez minutos. Ante esta comunicación del declarante los recluidos en el domicilio social del PC accedieron inmediatamente a la entrega...
> (*Archivo Fundación Pablo Iglesias*, AASM, 520-3)

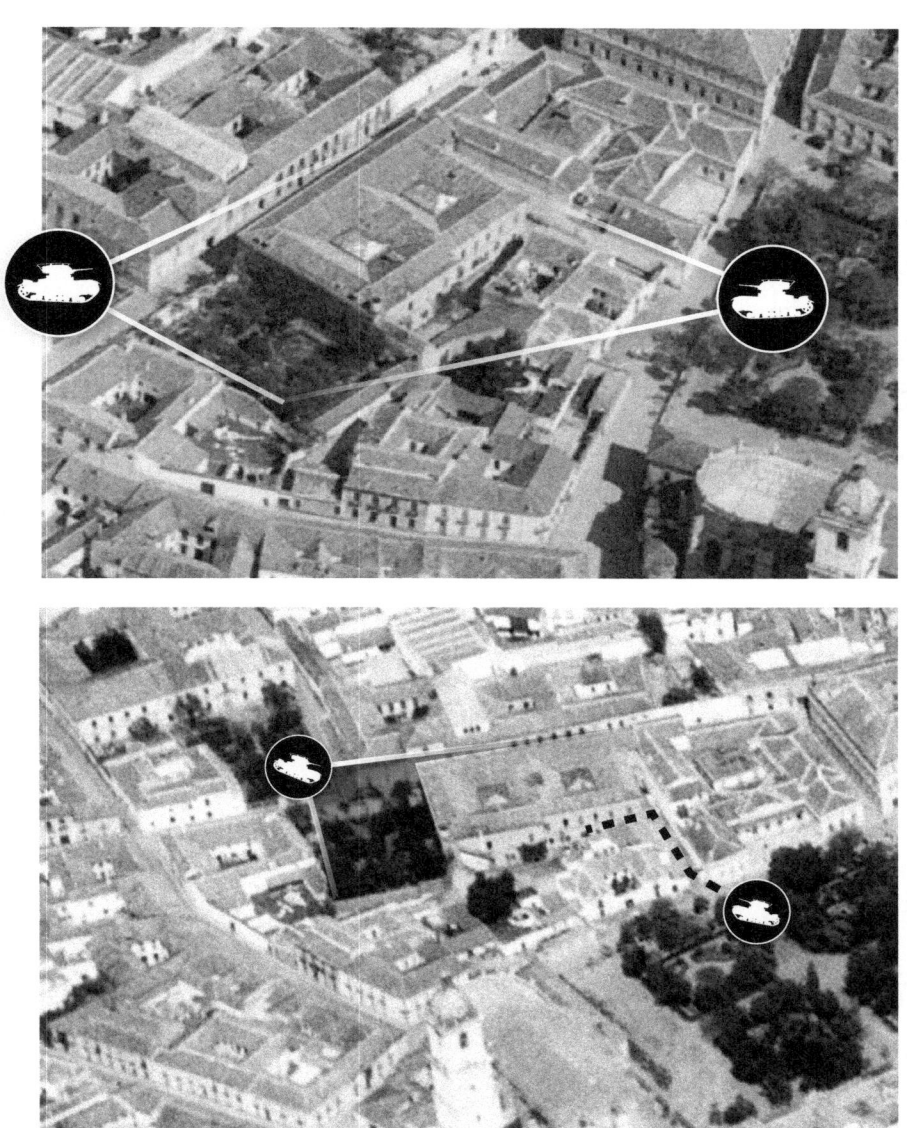

Las dos unidades T-26 se colocaron estratégicamente para poder batir el 100 % del Palacio. Una en la esquina de la plaza de los Mercedarios con la calle Caballeros y la otra, la que penetró en el recinto, en los jardines del Prado. (Fotografías base: Mittelholzer, 1928)

Los atacantes usaron dos tanques y no parece que instalaran ninguna ametralladora en la torre de la catedral, pues su estrategia se basó en la actuación artillera de los dos T-26, carros de combate soviéticos, que «... abrieron brecha en el local antes citado por donde se introdujeron las fuerzas de infantería que redujeron a los sediciosos...» Los daños fueron cuantiosos, pues los técnicos encargados de evaluarlos los cifraron en casi 25.000 pesetas, según los precios que estaban vigentes en 1936. La ocupación costó la vida de cinco personas y hubo nueve heridos, alguno de ellos grave. Todos los ocupantes fueron inmediatamente detenidos y el edificio, registrado minuciosamente en busca de cualquier indicio que pudiera servir posteriormente en la investigación; se recuperaron, incluso, documentos hechos pedazos que se reconstruyeron para ser usados durante el proceso judicial.

Ese mismo día, a las siete de la tarde, se reunían los consejeros municipales en el consistorio de la capital, en sesión ordinaria, y el alcalde, Antonio Vargas Giménez, antes de iniciar la sesión, propuso que se aprobaran dos proposiciones: el apoyo del Ayuntamiento al Consejo Nacional de Defensa y su incompatibilidad absoluta con el Partido Comunista. Ambas propuestas obtuvieron la aprobación por unanimidad de los concejales.

La mal conocida como «sublevación comunista» supuso la represión de los afiliados más reconocibles del partido. En el interior del palacio, pues recordemos que la madrugada anterior ya habían sido retenidos Crescencio y Aquilino, había, en el momento del asalto, 113 personas, de las que dos fallecieron y 111 fueron inmediatamente detenidas.

Pero la depuración no se quedó ahí porque, además, otros 82 individuos, si tenemos en cuenta a Sánchez-Ballesteros y a Fernández, fueron arrestados, entre el 6 y el 18 de marzo, cuando estaban tranquilamente en sus casas, iban por la calle o se encontraban en su trabajo, sin que, evidentemente, hubieran cometido o participado en ningún delito. Muchos de ellos eran simples afiliados, pero la redada se extendió también al ejército (fueron enviados a la prisión militar 8 miembros del destacamento de Guerrilleros de Fuensanta y 7 de la unidad blindada de Daimiel-Torralba) y, sobre todo, a la policía, donde un tercio de sus funcionarios (13 de 38) fueron encarcelados.

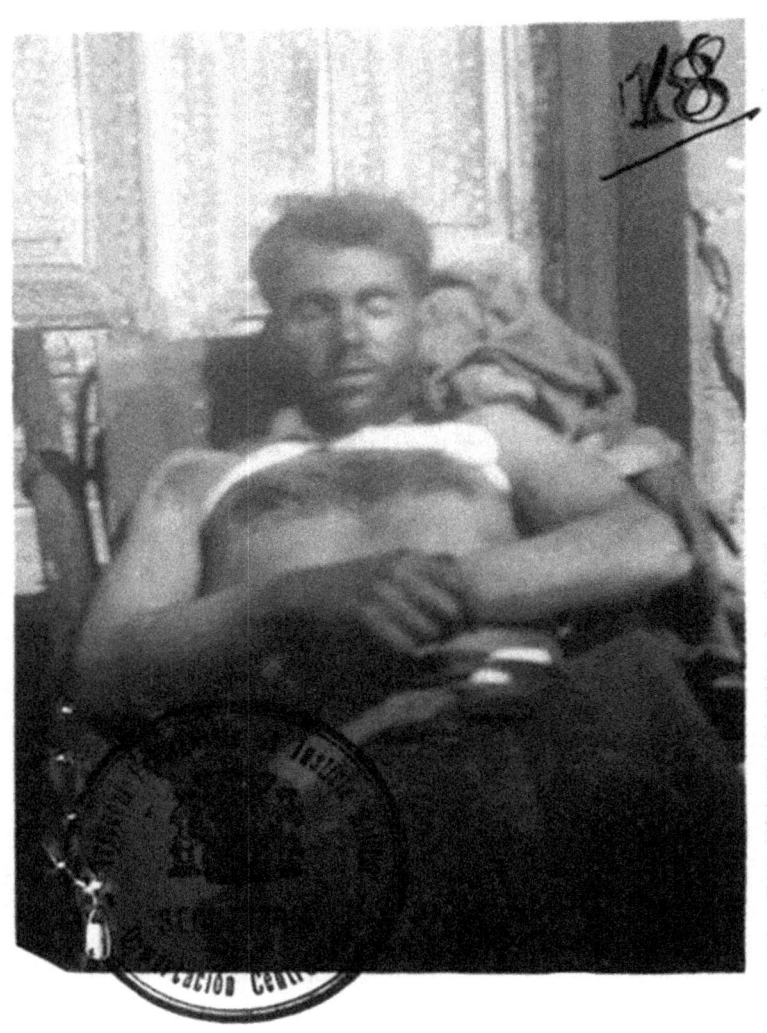

Fotografía del cadáver del soldado Juan Moreno Cáceres, miembro de 198 Brigada Mixta, que falleció en el asedio (Archivo Fundación Pablo Iglesias, AASM, 520-3). Además de este soldado, murieron en el asalto el sargento Rafael Pablos García y el soldado Antonio Sánchez Torregrosa, de su misma unidad; por parte de los comunistas perdieron la vida el sargento Tomás Paz Jiménez y el soldado Diego Castillo García, de la 200 de Guerrilleros. (Buitrago 2022, *Purgar al vecino...* , p. 350)

La existencia de esta célula comunista en el seno de la policía y su misión durante el asedio del edificio fue muy bien documentada por el grupo de agentes que no pertenecían a ella. Hasta el día 8, fecha en la que se bloqueó la entrada y salida del edificio, los policías afines al Partido Comunista, aun no teniendo servicio asignado, permanecían por parejas en la comisaria y, si se producía alguna noticia de transcendencia, salían con cualquier excusa a comunicarlo a la sede de su organización. También dificultaron algunas detenciones e incluso llegaron a amenazar al resto usando frases como «...esto no es nada para la que se va a armar...» o «...esta noche a lo mejor va a haber tiritos y le quitamos la careta a más de cuatro...».

Por tanto, la intentona de los comunistas, para frenar el golpe de Casado en Ciudad Real, supuso la detención de 190 personas, si no consideramos a los menores, entre civiles y militares, y la apertura de dos procesos: uno, por rebelión militar, el 134 de 1939; y otro, por adhesión a la rebelión, el 156 de 1939.

A los que fueron detenidos fuera del palacio rojo, se les retuvo e interrogó en comisaría o en las dependencias militares en función de su condición; y solo tres civiles (Ángel González González, Conrado Cuevas López y Ángel Rodríguez Martínez, si no incluimos ni a Sánchez Ballesteros ni a Fernández Roces) que no estaban en la sede comunista ingresaron en la Prisión Provincial, como consecuencia de aquella operación policial.

Sin embargo, a los que fueron capturados en el edificio del partido, se les condujo directamente a la Comisaría de Investigación y Vigilancia para que prestaran declaración, pues, el mismo día del asalto, el Tribunal Permanente de Justicia Militar inició los trámites del sumario 134 de 1939 y empezó a interrogar a los procesados tras seis días de estancia en esas dependencias, hacinados en las pocas celdas de que se disponía allí, comenzaron a ingresar en prisión: los civiles, en la Prisión Provincial; y los militares y miembros de las fuerzas de seguridad, en la Prisión Militar, ubicada en las instalaciones del SIM, en el antiguo palacio del marqués de Treviño, en la c/ Reyes, n.º 2.

Aunque la huella documental de las detenciones a militares es, por desgracia, imposible de rastrear, no ocurre lo mismo con la de los civiles, ya que, de los 68 que estuvieron en el interior del edificio, si incluimos a Crescencio y Aquilino, se conserva el expediente penitenciario de 48, y su análisis puede ayudarnos a entender la dimensión de los arrestos y también a confirmar o desmentir una cuestión que siempre pesó sobre los hombros del último gobernador civil republicano de la provincia, el cenetista David Antona Domínguez: si facilitó la represión franquista, al dejar a los comunistas ciudadrealeños en prisión cuando emprendió su huida hacia Alicante.

Lo que dejan claro los expedientes es que, tras ingresar el 17 de marzo en prisión, todos volvieron a ser interrogados allí por Luis González Ramos, el secretario relator instructor del caso, que, a partir de esa segunda declaración, decidió el grado de imputación de cada uno de ellos y procedió a ratificar su permanencia en prisión o a iniciar los trámites para su puesta en libertad. El día 23, liberó a casi todos los hombres que no habían tenido nada que ver con los hechos, como los alumnos de la escuela de cuadros o los cinco trabajadores de la imprenta que estaba claro que no pertenecían al partido y que fueron retenidos contra su voluntad. Dos días después, ordenó liberar a las trabajadoras de la sede del partido (cocineras, limpiadoras) y a las alumnas de la escuela de cuadros. Parece evidente, por tanto, que el instructor dejó en prisión tan solo a los que consideró responsables directos de los hechos y a aquellos que, en su opinión, poseían información suficiente como para poder esclarecerlos.

Esto nos hace pensar que, a la llegada de las tropas franquistas, permanecían encarcelados en la Prisión Provincial, tan solo, los seis imputados en el proceso 134 de 1939 y, a lo sumo, otras cinco personas; y, en las dependencias del SIM, los cuatro militares inmersos en el proceso 134 y los trece afectados por el proceso 156 de 1939.

A la vista de estos datos, la felonía de la que acusó a David Antona el diputado Romero Cachinero, a pesar de haber sido mantenida durante mucho tiempo, no parece tener una base sólida en la que sustentarse, puesto que los que se encontraban en la cárcel lo estaban por orden del auditor presidente del Tribunal Permanente de Justicia Militar de la demarcación centro-sur y, por tanto, fuera de la jurisdicción del gobernador civil; y, además, porque los datos que ofrece Romero cuando afirma «... yo

El cenetista David Antona Domínguez, último gobernador civil de la República en Ciudad Real (www.serhistorico.net)

fui detenido por secuaces de la Junta en Ciudad Real y el día 28 de marzo me entregaron en la prisión a los fascistas, en unión de unos sesenta compañeros más...» son, si es que se refiere a los retenidos como consecuencia de la «sublevación comunista», completamente inexactos.

De cualquier forma, si algo deja claro este acontecimiento es que la República se enfrentaba a su agonía, que ya no había resistencia posible y que solo quedaba, para aquellos que de una u otra forma la habían defendido, huir o esconderse.

Para profundizar

- ALÍA MIRANDA, F. (2015), *La agonía de la República: el final de la Guerra Civil española (1938-1939)*, Barcelona, Crítica.
  - *La Guerra Civil en Castilla-La Mancha (1936-1939). Historia y Memoria* (coord. Francisco Alía Miranda), «El final de la Guerra en Castilla-La Mancha». (En prensa).
- BUITRAGO OLIVER, J.C. (2022), *Purgar al vecino: Soberbia, codicia y venganza. La represión en una capital de provincia durante la Guerra Civil y la posguerra. Ciudad Real 1936-1944*, Toledo, Almud Ediciones.
- *Archivo Fundación Pablo Iglesias*, AASM, 520-3

Los restos del asalto de la 71 División aún son visibles.
Huellas de los disparos de los T-26 en las rejas del Palacio del Obispado
de Ciudad Real en la calle Caballeros

Julián Alonso en 1962

14 La casa de Alonso, la ciudad del cronista

(1963 / 1984)

José Rivero Serrano

Los veinte años transcurridos entre 1963 –año de la muerte del cronista local de Ciudad Real[1] Julián Alonso Rodríguez, en Cádiz en el mes de mayo– y 1984 –año del protocolo final de la partición de los bienes relictos de su hermana Mariana Alonso Rodríguez, superviviente, y a la vez, heredera universal de Alonso– componen el tránsito exacto de las transformaciones urbanas que se desarrollan en la ciudad natal de Alonso, como una guía ajustada al paso del tiempo severo y destructor, contra el que se había manifestado, con éxito escaso, en ocasiones anteriores. Y componen también, el enrevesado asunto –como un enredo costumbrista y con toques castizos locales–, a propósito de la interpretada y alterada voluntad del cronista –nunca mejor dicho lo de interpretada voluntad del cronista– sobre el destino de su casa familiar de la calle Estación Vía Crucis 3, de Ciudad Real.

Casa estimada en el citado documento de partición con una superficie, «cabida aproximada» dice el documento, de 300 metros cuadrados en el apartado de la exposición IV; y ello pese que «su superficie no resulta de los títulos reseñados en el cuaderno que me entregan», por lo que el notario Cano Reverte, acomete el cálculo impreciso de la superficie de la finca y propiedad, siguiendo la senda del Reglamento Hipotecario, artículo 51, para concluir con esa vaguedad de la «cabida aproximada». Cuando lo oportuno y procedente habría sido peritar la superficie, con un simple levantamiento de la realidad física de la casa y del solar para conocer su exacta dimensión y cerrar toda incertidumbre. Circunstancias superficiales, las señaladas antes, que más parecen referirse al completo solar de la finca, como queda claro en el relato del *Inventario y Avalúo* –apartado D, epígrafe 41–, que deja clara la circunstancia de «que no consta su extensión ni superficie». Lo que sí resulta cierto es su configuración constructiva y arquitectónica en ese tipo de propiedades inmobiliarias, procedentes de finales del XIX y principios del siglo XX. Dispositivos habitacionales levantados con muros paralelos a fachada con separaciones o luces entre 3 y 3,5 metros, compatibles con las realidades constructivas de los forjados realizados con viguería de madera y entramado de ladrillo y yeso, definiendo las dos crujías habitables, que arrojarían un fondo máximo de 7 metros. Crujías accesibles desde el pasillo central, al que se accede desde la puerta exterior central, y desde el que se acomete a la escalera del fondo que sirve al piso superior y franquea el paso al espacio posterior de jardín, corral y cuartos diversos. Por las características tipológicas y dimensionales señaladas –vivienda de doble crujía con paso central y piezas laterales, con acceso externo posterior a la planta primera– pueden deducirse unas medidas superficiales que oscilarían entre los 96 y los 128 metros cuadrados en ambas plantas. Pudiéndose imputar el resto de superficie a los espacios traseros agrupados entre patios, corrales, carboneras y cuadras.

El argumento sostenido durante años por bocas interesadas –y parcialmente desconocedoras del fondo real del asunto– sobre el incumplido mandato testamentario de Julián Alonso, merece algunos comentarios. En la medida en que tales argumentos torcidos tratan de conectar el papel de la denuncia urbana –particularmente la pieza publicada en *Lanza* del 18 de enero de 1962 «¿Qué queda ya?»– de Alonso en sus últimos momentos de vida, con el incumplimiento del invocado mandato testamentario, del *Museo Histórico Artístico y Sentimental de la provincia de Ciudad Real*. El fracaso manifiesto, en la preservación de la citada casa de la Torrecilla, en la que se había empleado Alonso, desde 1958[2], hasta en tres ocasiones[3], unido al hundimiento del Torreón del Alcázar, abrieron las desavenencias con la Comisión Provincial de Monumentos en 1959, a la que se dirige en exclusiva a final de ese año[4], donde deja ver, entre otras cosas, el termómetro real de las destrucciones patrimoniales:

Interior de la casa de Julián Alonso en 1948.
Legado Julián Alonso, Archivo General de la Diputación de Ciudad Real

Yo recordé enseguida nuestra casa de la Torrecilla, nuestra encantadora Plaza Mayor antigua y destrozada, nuestras murallas fenecidas, la Puerta de Toledo mustiada, el artesonado oculto de Santiago, la morería en ruinas, los escudos nobiliarios arrancados, perdidos y picados, ... y el mal gusto imperante campando por sus respetos y con frecuencia mezclando –y con frecuencia suplantando– lo dulce por lo amargo y agrio. Y pensé en lo poco, que al presente podríamos mostrar del pasado bello, artístico, sentimental de nuestra ciudad y cuan poco valioso de lo actual... Y sentí pena, vergüenza e ira... Y no quise pensar si un día, porque vamos dejando de merecerlo, nos pueden quitar el nombre glorioso de nuestro fundador en el rótulo de una calle y sustituirlo por otro que diga, hueco e indiferente, «calle de mañana ayunará Juan». No, no es un disparate[5].

Piénsese que el enfrentamiento de Julián Alonso[6] con la Comisión Provincial de Monumentos, estaba adquiriendo un tinte polémico y levemente político; en la medida en que la citada Comisión –de claro carácter político institucional– estaba presidida de forma honoraria por el gobernador civil y por el presidente de la Diputación, y de forma efectiva por el director del Instituto de Estudios Manchegos, Martínez Val. Contando, además, con la presencia del alcalde de Ciudad Real –o de los alcaldes que estuvieran afectados por algún acuerdo en su municipio–, con los arquitectos municipales y provinciales, el académico de la Historia Maldonado Cocat y la directora de la Biblioteca Provincial Pérez Valera[7]. Representantes, en suma, del aparato cultural del momento que respondían de las tesis del oficialismo cultural. La reiteración –testaruda, a juicio de algunos de los observadores– de Alonso en la defensa de lo que se va perdiendo, le van colocando en una posición marginal y lateral, como muestra su persistencia en los temas del debate urbano y civil, tanto en el del Torreón del Alcázar amenazado, como en el de la casa de la Torrecilla en abandono. Así lo muestra la pieza del mes de julio «Paseo que remata la Torrecilla»[8]. En 1960, vuelve al debate ciudadano, ya con la demolición sentenciada[9], y concluirá un año más tarde, con la severa pieza de 1962 «¿Qué queda ya?», que se formula con el hundimiento definitivo del Torreón del Alcázar y constituye un alegato contra la desidia municipal y cultural -en relación a la pieza repetida de la casa de la Torrecilla, procedente del legado testamentario del sacerdote e historiador Inocente Hervás y Buendía-, si no de la ciudad en su conjunto. Como muestra la pieza citada antes:

Una vez se hizo el milagro en *artículo mortis*, por manos beneméritas, de rescatar el único torreón que queda del Alcázar, pero desdichadamente, no se prodigan, para nuestra pobreza, los favores de altruismo, ni indolencia se trueca en entusiasmo por lo nuestro, por lo que nuestros antecesores nos legaron y estamos obligados a conservar, a levantar, a dejarlo a los que nos sucedan so pena de que nuestra memoria será maldecida por ellos. ¿Verdad casa de la Torrecilla no más pobretona que el Portalón vitoriano[10], también secular, como tu; modesto como tú; de ladrillo como tú; orgullo de una capital provinciana como tú eres y debes seguir siendo pese a todo los pesares?... Porque a ti te vencerán, pero no te rindes. Habrán de derribarte si el maleficio se empeña, pero no le darás la disculpa de desmoronarte. Habrán de derribarte de alero a cimientos, ladrillo a ladrillo y en ellos, al acometerlos la alegre y cruel piqueta devastadora, producirán airados y acusadores gemidos de vergüenza. Y levantarás polvareda de sonrojo que perpetuamente flotará sobre tu solar y encenizará lo que de él nazca[11].

Conecta Julián Alonso con piezas parecidas, publicadas por Emilio Bernabéu años antes, como «Las Torres»[12], donde deja ver las alteraciones severas e injustificadas experimentadas en la ciudad. Y así matiza:

No vamos a tratar las torres de nuestras iglesias. Ni de las ciento cuarenta que de trecho en trecho o entre cortina y cortina de la muralla que circunvalaba Ciudad Real, a manera de bastiones o revellines para su defensa, que hemos conocido no hace mucho, de las que ni quedan más que dos frente al cementerio o necrópolis, sin contra las que unidas forman la severa y fortísima Puerta de Toledo. Ni la llamada Torreón del Alcázar con su venerable arco, que amenaza ruina y que era la entrada al Palacio Real primitivo de esta ciudad.

Para proseguir con un recuento de piezas fortificadas por la geografía provincial y concluir con el lamento: «Las torres que desprecio al aire fueron, a su gran pesadumbre se rindieron». Aseveración que se plasmaría en la serie que, sobre «Las portadas», realiza en ese mismo año.

¿Qué va quedando del Ciudad Real antiguo? Nada o casi nada. Algunas puertas de edificios viejos; algunas portadas de grandes clavos que con pulidos aldabones o llamadores de hierro... tal cual reja, pocos escudos o blasones que aún campean en las piedras claves de los arcos y dinteles de piedra carcomida por la mano destructora del tiempo, y la del hombre más dañina todavía; *pulvis, cineri, nihil*, polvo, ceniza, nada[13].

Conectando, por tanto, las preocupaciones de Bernabéu con las mantenidas, posteriormente, por Alonso tras la muerte de aquel. Y visualizando el proceso destructivo de los años sesenta –auténtica termita urbana, como puede rastrearse en algunos trabajos disponibles sobre esos años que aureola la conmemoración de los XXV Años de Paz– con la incapacidad de los años ochenta –restablecidos ya los Ayuntamientos democráticos, pero incapaces de detener la ola del centro[14]– para sentar el pulso de la ciudad y levantar, como un oxímoron, el repetido *Museo Histórico Artístico y Sentimental de la provincia de Ciudad Real*. Las dos cuestiones nucleares –que, en este asunto, omiten las bocas interesadas– tienen que ver, pese a todo, con el fondo y con la forma.

El fondo del asunto es que el testamento de Julián Alonso –otorgado en Cádiz el 31 de julio de 1941– no muestra ninguna disposición para la creación de tal institución del invocado *Museo Histórico Artístico y Sentimental*... Dispone, solamente, como heredera universal de todos sus bienes, a su hermana Mariana Alonso Rodríguez. Solo en el supuesto de un fallecimiento anterior de la heredera universal, entrarían en juego y funcionamiento otras cláusulas y beneficios para diferentes instituciones religiosas, como las iglesias de San Francisco y las Concepcionistas franciscanas de Cádiz y al Convento de Carmelitas Descalzas, a las Concepcionistas Franciscas y a la Parroquia de Santa María del Prado-La Merced, todas ellas de Ciudad Real; sin mención expre-

Casa de Julián Alonso en 1948, en la calle Estación Vía Crucis 3.
Legado Julián Alonso, Archivo General de la Diputación de Ciudad Real

sa al controvertido asunto del museo, esgrimido por las bocas interesadas como infidelidad al recuerdo alonsiano. Es, por tanto, el testamento de la hermana de Julián, Mariana Alonso Rodríguez, otorgado en Cádiz el 19 de junio de 1963 –un mes y una semana posterior a la muerte de Julián Alonso– el que introduce los aspectos novedosos y con grandes dificultades interpretativas. Tales como haber declarado «heredera universal a su alma» –II apartado de la Exposición y III apartado de las Normas de Sucesión– y la disposición VI de las repetidas Normas de Sucesión, que establecen la finalidad de destinar el inmueble de la calle Estación Vía Crucis al repetido museo. Museo, prosigue el apartado VI, que debe...

> (...) llevar el nombre de su hermano Julián, y conservando dicha casa sin modificación apreciable en cuanto a la habitación y muebles que integran la sala en memoria de sus padres y hermanos, montando en una habitación los muebles, libros, colecciones de fotos, así como cuadros de valor, reloj y el busto de talla de D. Quijote, haciendo de todo ello donación a la Diputación; dispone asimismo la inajenabilidad del inmueble, así como la no modificación sus-

tancial de la traza del inmueble en función de las razones que la propia disposición testamentaria contiene.

De todo ello -del condicionante de la cesión del inmueble a la Diputación para los fines fijados antes-, «se dio traslado el 29 de mayo de 1979, sobre la aceptación del legado».

Habían pasado dos años desde el fallecimiento de Mariana, el 9 de junio de 1977, y dieciséis de la muerte de Julián Alonso. Mientras tanto, se habían producido algunos saqueos del inmueble y su contenido -falto de control y vigilancia-, acelerando el deterioro que cumple todo abandono de forma imparable. De ello da cuenta, finalmente, el expediente abierto sobre la declaración de ruina del edificio, por acuerdo municipal del 27 de diciembre de 1982. Junto a todo -se anota en la descripción del inmueble del protocolo particional- el «retranqueo obligatorio», fruto de la nueva alineación de la calle, que se adjunta según la certificación municipal del 28 de abril de 1984 y que alteraría e imposibilitaría, en el límite, el mantenimiento de las trazas básicas de la edificación.

Es decir, en 1984, veintiún años después de la muerte de Julián Alonso, nos encontramos con la imposibilidad material de dar salida al condicionado establecido por su hermana -en su propio testamento de 1963- sobre el repetido *Museo Histórico Artístico y Sentimental de la provincia de Ciudad Real*. Y ello, básicamente, por la situación de ruina del inmueble, según consta en el citado acuerdo de diciembre de 1982. Tal circunstancia, unida al requisito del «retranqueo obligatorio», según la normativa urbanística municipal vigente en la calle de Estación Vía Crucis, haría de imposible cumplimiento lo fijado en el protocolo: «conservando dicha casa sin modificación apreciable en cuanto a la habitación y muebles», y junto al requisito cedente:

(...) haciendo de todo ello donación a la Diputación; dispone asimismo la inajenabilidad del inmueble, así como la no modificación sustancial de la traza del inmueble en función de las razones que la propia disposición testamentaria contiene.

Si el dispositivo superficial y distributivo de la casa en origen, tal y como se ha expuesto antes, ya complicaba la idoneidad para un desarrollo expositivo como el pretendido por la donante última, ya que se advierte que:

Por las características tipológicas y dimensionales señaladas -vivienda de doble crugía con paso central y piezas laterales, con acceso externo posterior a la planta primera- pueden deducirse unas medidas superficiales que oscilarían entre los 96 y los 128 metros cuadrados en ambas plantas,

se presume, claramente, la dificultad de transformar un ámbito espacial doméstico de escala reducida, en otro espacio expositivo, abierto al público y con requisitos de funcionalidad, accesibilidad y dotación de servicios, inexistentes en el inmueble originario. No todo sirve para los fines pretendidos, y menos el dispositivo edificatorio residual de la calle Estación Vía Crucis 3. La otra consideración de fondo vista desde la entidad cualitativa del legado otorgado -conocido en los archivos de la Diputación Provincial, como *Legado Julián Alonso*, formado por documentos y expedientes de diverso interés- es la de la importancia material del hipotético contenido de las colecciones que se apuntan como parte de sus fondos: «los muebles, libros, colecciones de fotos, así como cuadros de valor, reloj y el busto de talla de D. Quijote». Y ello a pesar de que se haya manifestado la importancia del legado en un blog local:

Entre este legado se encontraba mobiliario de varios siglos, una colección de bastones, relojes y abanicos de varios siglos de gran valor, cuadros, joyas, esculturas entre la que se encontraba el busto del Quijote de Coronado y una gran biblioteca formada por libros de texto de varios siglos, escritos suyos, periódicos, revistas y su gran colección fotográfica etnológica y patrimonial sobre Ciudad Real[15].

Sin que todo lo citado anteriormente, fuera objeto de inventario y ponderación alguna, más allá del listado, estrictamente inventarial y notarial, obrante en el Protocolo de partición -apartado C del Inventario y Avalúo, donde cabe todo, estuches de nácar, cámara fotográfica, mantón de manila, diversidad de abanicos, el lote de libros estimados en 5.000 pesetas o la imagen de la Virgen del Prado atribuida a López Salazar- y la pieza más valiosa en su estimación económica -300.000 pesetas- del busto del Quijote atribuido a García Coronado.

Tales circunstancias son las que originan el acuerdo final de la Diputación Provincial de 24 de enero de 1984, consistente en proponer al señor Obispo[16] «Construir un nuevo edificio y en dicha edificación dejara una habitación en la que se recogerían los libros, colecciones y muebles del hermano de la testadora». Con lo que el pretendido Museo Histórico Artístico y Sentimental de la provincia de Ciudad Real, quedaría reducido a un ámbito tan minorado como «una sola habitación», tan disminuido como imposible de gestionar. Emparentando, indirectamente, el Museo Histórico Artístico y Sentimental de la provincia de Ciudad Real pretendido, con la propuesta realizada por Julián Alonso en el texto de 1962 «¿Qué queda ya?»: «montarse una exposición con algunas fotos de ayer retrospectivas; de mi ciudad y de las que soy autor». El proceso ulterior se fue desviando de lo pretendido, ya muy alterado en el protocolo particional de 1984. Ni la Diputación construyó un nuevo edificio en el solar resultante de la demolición del inmueble, ni se destinó una sala para recoger los bienes citados antes en el hipotético museo.

La ciudad del cronista

Sobre tales circunstancias, urbanas y ciudadanas, tengo escrito el texto de 2002, «1962 La ciudad de Alonso en tres toques» -más tarde, apareció publicado y corregido, en 2015, en la serie de artículos «Las piedras de la memoria», en el digital *Miciudadreal*-. Toques considerados a la manera del juego de campanas, que representan diferentes momentos de la vida de la ciudad y de sus habitantes. Toque de Gloria, de Agonía y de Muerte, como un triduo final de un proceso destructor. Del primero de ellos, «**Toque de gloria**», anoté: ¿Qué queda ya?, esa era la pregunta que formulaba atónito y dolorido Julián Alonso el 18 de enero de 1962[17], ante el hundimiento del Torreón del Alcázar el primer día del mes del año recién estrenado. Si en tal año, hace ya 40 del momento en que escribo -y 62 de la actual escritura revisada-, se podía

Torreón del Alcázar, fotografiado por Alonso en 1958.
Legado Julián Alonso, Archivo General de la Diputación de Ciudad Real

aún, ingenuamente, preguntar ¿qué queda ya?; hoy no es que no podamos contestar al requerimiento del profesor y cronista, sino que, tal vez, no seamos capaces ni de preguntar lo que queda, o lo que va quedando de la ciudad histórica.

Habían transcurrido tan solo siete años de las celebraciones del centenario de la fundación de la ciudad, que jaleaban una efemérides retórica y complacida y faltaban, tan solo, dos años para volver a celebrar los triunfales *XXV Años de Paz* que también jalearon otra efemérides victoriosa y triunfal. Ambas ocasiones, 1955 y 1964, dieron lugar para ensayar en diferentes estilos las más diversas reflexiones sobre la ciudad. La ciudad que pudo haber sido, si el impulso fundacional del rey Alfonso, hubiera sido otro[18]; y la ciudad que, materialmente, se estaba construyendo en los veinticinco años de paz dilatada[19]. San Martín, en su trabajo, opta por una construcción análoga, tributaria de la recreación de Emilio Bernabéu «Un Rey en Ciudad Real»[20]. La visita del rey fundador Alfonso, hacia 1952, necesitaba de esa suerte de lazarillo o de cicerone que era el propio Bernabéu, para combatir la desorientación real y para entender todo lo que el tiempo diluye y aún asola y desbarata. San Martín opta por esa vía de interrogar al pasado: ¿qué habría sido, si todo hubiera transcurrido de forma diferente en Alarcos? Veríamos una ciudad otra y diversa:

La magnificencia de los edificios, la amplitud de las plazas y jardines, los lujosos comercios que veía a mi alrededor, eran elocuentes signos de una próspera y populosa urbe. Un gran río cruzaba por mitad la población y colosales puentes de piedra unían ambas orillas.

La ciudad era, sin duda, Alarcos, que era a su vez capital de una provincia llamada Calatrava y contaba con un monumento a Alfonso VIII, vencedor en la batalla del mismo nombre. «Nadie sabía de la existencia de Ciudad Real. Subsistía eso sí, el arrabal del Pozuelo de Don Gil, cuya anexión se disputaban tanto Alárcos como Miguelturra». Frente al mal sueño o, tal vez, pesadilla de San Martín, Ramírez Morales, optaba por la musculatura de la imagen inflada como argumento contundente. Y así, dar cuenta de las realizaciones plurales del régimen, con el autobombo requerido por el momento. En ese contexto optimista de llegada triunfal, habría que interrogar los antecedentes escritos disponibles.

Del segundo, «**Toque de agonía**», anoté su paralela. Los trabajos periodísticos de Julián Alonso, con la ciudad al fondo, que se publicaron a lo largo de la década de los cincuenta, tienen una sutil evolución y una significativa inflexión. Evolución que se colmata de sentido hacia 1955, aniversario de la fundación de la ciudad, y que se quiebra posteriormente en el final de la década. Los primeros trabajos periodísticos de Alonso navegan entre el tipismo castizo[21] y el sentimentalismo patriótico[22]. Son notas y reflexiones que tratan de fijar lo que se va, lo que se está yendo y se pierde de manera insensible. En este cometido de dar cuenta de lo que se desvanece, Julián Alonso participa de los mismos desvelos que mueven a un hombre mayor que él -y con el cual va a coincidir en varios frentes- como era Emilio Bernabéu. La ciudad, algunos aspectos de la ciudad, habían nutrido las notas sueltas que en estos años editan tanto Julián Alonso como Emilio Bernabéu. Aspectos históricos, callejones olvidados y mohosos, rincones costumbristas, paisajes del alma o portadas viejas, componen parte de los jalones de este recorrido de los dos cronistas sin título, como los denominó García Pavón en un memorable artículo de 1954[23]. La mirada y la pluma de Alonso evolucionan y fijan su atención de manera progresiva en la ciudad, aparcando suavemente ese tipismo castizo que el progreso material rompe, rasga y simplifica, unificando la mirada consentidora y complacida de la prosperidad material. Aunque la conclusión sea similar, desaparecen, no solo, ciertas tradiciones y personajes, sino también las calles y las plazuelas que las albergaban; como si su destino final fuera, justamente, ese desaparecer y extinguirse.

Pese a ello, pese a la vocación urbana de muchos de sus trabajos -«Viajes por el Pilar», «Callejeros Florales», «Las calles con nombres botánicos y vegetales», «La Plaza Mayor» o «visiones de la Catedral»-, no hay en Julián Alonso una teoría de la ciudad articulada y cerrada, ni siquiera un texto programático como algunos de los producidos por otros colegas de la pluma[24]. Hay, eso sí, un relato pormenorizado de plazas y calles, de plazuelas y rincones, de memorias y recuerdos que componen una peculiar *recherche du temps perdue*. Junto a esa divulgación del pasado y junto a esa divagación por el pasado -que comparte con Bernabéu- hay en Alonso una extrema incapacidad -¿o tal vez un extremo rechazo?- para entender el proceso de transformación en marcha. Junto a esta incapacidad -confesada o no- late en Julián Alonso otra dificultad, como es la de su oposición a los valores formales de la arquitectura moderna, a la que tacha de cubista y germánica. Alonso que es un conservador y un tradicional, se ve forzado a asumir el papel de un moderno, y, aún más, de un heterodoxo que critica y cuestiona el presente. Son las oposiciones formales a la Delegación de Hacienda que vino a sustituir a la antigua Cárcel de la Hermandad; sus dudas sobre la idoneidad formal del Banco Español de Crédito, erigido sobre el enclave del Círculo de la Unión, por Mateo Gayá Prado; su rechazo al ayuntamiento de Tomelloso, que coexiste con el casticismo de la Posada de los Portales. Si Julián Alonso duda de las transformaciones en marcha y desconfía del lenguaje formal en que se verifican dichas transformaciones, ¿qué le quedaba?, ¿La ciudad petrificada y el pasado como estampa? Le quedaba un raro olfato de mirón sentimental y el descubrimiento, tardío, del valor de la historia en la ciudad.

En este sentido Alonso supo captar, anticipadamente y con un discernimiento moderno, las diferencias entre el valor estilístico y el valor histórico. La permanencia de la ciudad no podía estar dictada por la excelencia formal y por las cualidades estilísticas del repertorio edificado; debía de prevalecer, antes que nada, el valor histórico de los elementos. Frente a los que se inhiben ante la desaparición del pasado, desde su modestia estilística[25], Julián Alonso entiende la permanencia de la ciudad desde otros valores que no son los estrictamente estilísticos. En ese proceso de transformación acelerada de la ciudad que dictan los tiempos nuevos, el papel desempeñado por los fragmentos históricos está condenado a la extinción, pese a quien le pese y muy a pesar de ellos. Alonso creyó en la viabilidad de su permanencia, pero no supo ver las reglas de juego que se desplegaban en el tablero del nuevo orden ciudadano y en la nueva lógica del urbanismo oficial. Similar error de perspectiva advertimos en Bernabéu, cuando salda el debate sobre el Torreón del Alcázar con un panegírico que denominó «Hemos triunfado»[26], sin advertir que la fecha de la celebración y festejo del triunfo se producía un día de los Santos Inocentes en que se bromeaba con lo que se destruía y con lo que se construía. No hubo triunfo porque no podía haberlo, por mucho que le pareciera y por mucho que se apetecieran tales victorias en vísperas de las celebraciones del Centenario. Frente a la Historia conmemorada, los hechos cotidianos marcaban otra forma de entender la Historia; pese a los esfuerzos clarificatorios de algunos trabajos[27]. La ciudad de Emilio Bernabéu, y la ciudad de Julián Alonso, es un deseo por reconocer el pasado como cosa presente; pero es un deseo imposible, ya que el pasado se di-

Soportales de la Plaza Mayor de Ciudad Real, en la zona de las primeras
Casas Consistoriales). Fotografía de Julián Alonso, 1951.
Legado Julián Alonso, Archivo General de la Diputación de Ciudad Real

suelve poco a poco, como un azucarillo en un vaso de agua, en el tráfago productivo moderno, en los *tiempos modernos*. Esa es la captura final –casi un lamento personal sustitutorio–, que realiza Pérez Fernández, en el obituario de Alonso[28]:

> (...) la más exaltada cualidad de Julián Alonso era su ciudarrealeñismo [sic] auténtico, apasionado, sin trampas ni claudicaciones. Le dolía Ciudad Real a Julián Alonso. Lo amaba –o la amaba– hasta en sus defectos: en sus callejas, hebreas o moriscas, postizadas [sic] por la leyenda; en sus rincones, rejas y portadas; en sus plazuelas, en la heráldica de sus escudos, en la ruina de sus murallas, en sus piedras y en sus casas decrépitas. El habría querido una Ciudad Real progresiva, sí, dinámica y remozada, ¡cómo no!, pero también estática y firme, clavada en su tradición de siglos, respetuosa con su estampa clásica de pueblo manchego. Algo muy difícil era lo que quería el bueno de Julián para Ciudad Real.

Difícil, como iremos viendo, a medida que nos acerquemos a los años sesenta como filo del precipicio.

La defensa de la ciudad histórica era vista, en la perspectiva del progreso autárquico, como un síntoma ramplón y pueblerino de un pasado que había que extirpar.

> Habrá quien añore con sus razones la vida pasada, habrá quien censure, también con las suyas la vida actual. Lo que no puede sostenerse es el criterio del inmovilismo de nuestra ciudad. En el centro y en las calles de acceso, el ruido del tráfico de motor es constante. Por la noche no cantan los serenos, pero nos despiertan las masas que salen de los cines[29].

Frente a la ciudad del silencio expuesta años atrás por Bernabéu[30], Antonio Ballester, que llegaría a ser cronista local en 1963, como los citados Alonso y Bernabéu, y de los que llega a anotar en un recuerdo:

> Pero mientras don Emilio era más dado a los hechos históricos y a las leyendas; don Julián era más apegado a lo concreto y castizo:

Julián Alonso en 1958.
Legado Julián Alonso, Archivo General de la Diputación de Ciudad Real

al folklore, a los tipos pintorescos, a los nombres de las calles (...)
Todos recordamos su insistencia por la pandorga; su deleite el año
que la reverdeció con singular esplendor[31].

Pero ocurre que la óptica urbana de Ballester nace en parte de
haber detentado el poder de la alcaldía entre 1953 y 1960, y opta,
por ello, por la nueva realidad transformadora del ruido que
acompaña al tráfico, a las masas liberadas y al ocio triunfante.
Frente al silencio bonancible que añorara Bernabéu, surge la realidad ruidosa de unas transformaciones imparables.

La euforia expansiva de unos años, que se encaminan al Plan
de Estabilización de 1959, concluye con un inusitado fervor económico y con una fuerte apuesta de renovación material de la
ciudad. Más allá de las realizaciones que se glosan como éxitos
indubitables del Régimen, comienza a asentarse toda una estrategia del sentido –o del sinsentido– de la ciudad que se verifica entre las visitas de los ministros Arrese en 1958 y Sánchez Arjona
en 1962. Estrategia que requiere una puesta a punto de los meca-

nismos productivos del suelo y una ordenación adecuada de sus rentas. Frente al tornasol agridulce del pasado, los rapsodas del progreso urbanizador oponen la música productiva de la transformación del espacio y la conquista de una imagen de progreso material a tono con la capitalidad de la ciudad. Hasta 1958, pese a todo, Julián Alonso había creído en la buena fe de los turiferarios del progreso y había compartido con ellos, tal vez, algunas intenciones sentimentales y estrategias patrimoniales. El debate que se origina con la demolición de la casa de la Torrecilla a lo largo de 1958 y 1959, le permite entender que –muerto Bernabéu en marzo de 1958– se encuentra solo. Solo ante el poder, solo ante la Comisión de Monumentos[32] y solo ante el destino pavoroso de destrucción incontrolada e incontestada. Por eso resulta patético el lamento de su trabajo «Viajero que a Ciudad Real llegas»[33]. «Te diré, como final, viajero amigo, que equivocada, pobre o rica, guapa o fea, trabajadora, dolorosa quiero a mi ciudad y que nadie la toque...» compone ya, más que un lema de acción, un epitafio del miedo.

El otro epitafio es el que él mismo propone en su texto del 18 de enero de 1962 en contestación al trabajo de Pérez Valera[34].

Un paso más y quedó demostrado a las venideras generaciones el respeto que han merecido a nuestra época las piedras que encierran páginas de la Historia de Ciudad Real. Total, cambiar su demostraremos, por mí quedó demostrado, y nada más, y, ¡cuánto más, sin embargo¡

El testigo mudo y abatido que es ya Alonso, solicita:

(...) si no fuera crueldad manifiesta, sitio en la casa de la Cultura para montarse una exposición con algunas fotos de ayer retrospectivas; de mi ciudad y de las que soy autor. Al pie de cada una pondría una leyenda pertinente y, al lado, la vista actual. De todos modos, no estaría completa la colección, pues muchas cosas escaparon al objetivo de mi cámara.

Si la perspectiva desde 1962 es tan elocuente como fija Alonso, ¿qué habría que entender tras el cambio vertiginoso que tanto se ensalza ya dese 1959? Es la operación piqueta[35], también la honda transformación en veinte años[36] o el crecimiento vertical[37].

Frente a las celebraciones gloriosas que se producirían años después[38], Julián Alonso se conforma con erigir

> (...) sobre esa montonera, un obelisco pétreo, con, en una cara y como memoria perpetua, la relación esculpida de todo lo enterrado, y en otra, la lista de las realizaciones que merezcan la pena y que sería bien concisa, para que así el respeto que le han merecido a nuestra, época las piedras que encierran las páginas de la Historia de Ciudad Real le aprecien generaciones venideras que, no hay duda, airadas habrán de pedir cuentas a la nuestra, porque el patrimonio que recibimos y teníamos obligación de conservarlo y legarlo, no lo hemos mantenido siquiera. Lo hemos aniquilado, porque ¿qué queda ya?

El final del «**Toque de muerte**», lo compone una clara descomposición urbana, desacompasada y alterada. Y es que la visión de Julián Alonso, de la ciudad diezmada y abandonada, no era la visión general de los que aceptaban la evolución y la progresiva mejora de los acontecimientos. Como Dulce Ramírez[39], quien fijaba:

> Ciudad Real ha cambiado en unos años de forma tal que los que ahora la visitan, después de larga ausencia, se dan cuenta de su transformación. Y no obstante se está empezando; son muchas las posibilidades que le ofrece el futuro. Tiene para ello iniciado su resurgir urbano –bien compensado su perfil entre el rincón monumental o histórico con la moderna torre o embrión de rascacielos–.

Sin duda había futuro, había mucho futuro, frente al raquitismo del pasado el trabajo de las máquinas y de las piquetas era ingente. Como se hacía ver, años más tarde aún como muestra de persistencia del mal, con la demolición de la casa de Vicente Rubio en 1974:

> Al fin, el derribo, tan ansiado por temor a una desgracia personal que pudo ocurrir en cualquier momento, dada la situación en que

se hallaba la finca, comenzó estos días. La tan polémica casa número 3 de la calle Alfonso X el Sabio, donde otrora estuviera la popular fotografía Rubio, ha comenzado a irse al suelo, gracias a la piqueta que todo lo sana. Ya el peligro está siendo conjurado. Dentro de unos días, pocos, un hermoso solar se extenderá donde hoy aún se alza, aunque sólo sea muñón, la hermosa finca. Herrera Piña captó ayer las obras de demolición que se llevan a cabo en virtud de una acertada acción municipal. El derribo, según nos dicen, ha de hacerse con extremo cuidado, pues los materiales, y la situación del inmueble, son y están en tan mal estado que parece milagroso que no se hubiera venido abajo. Al fin, respiramos[40].

· AL FIN, DERRIBOS ·

Noticia de *Lanza* recogiendo el hundimiento de la casa-estudio del fotógrafo Vicente Rubio

«Piqueta que todo lo sana», «hermoso solar», «Al fin respiramos» como argumentos del debate de la renovación a toda costa, con independencia del valor que pudiera tener el inmueble abatido y de las posibilidades de rehabilitación o reforma. Solo el peligro del desprendimiento y el temor a una desgracia caída de los cielos. Con independencia de las posibilidades de recuperar algo del patrimonio en cuestión y que no dejaba de crecer. Como fijaba Alonso:

(...) sobre esa montonera, [levantar] un obelisco pétreo, con, en una cara y como memoria perpetua, la relación esculpida de todo lo enterrado, y en otra, la lista de las realizaciones que merezcan la pena y que sería bien concisa.

En este caso concreto, se trataba de un proyecto de Daniel Rubio, similar al levantado en Albacete conocido como casa de Hortelano, hoy museo de la cuchillería.

La edición del 11 de junio de 1914, de la revista ilustrada *Vida Manchega*, abría con una fotografía de la «recién construida» casa-estudio del fotógrafo Vicente Rubio

Abajo. Casa de Hortelano (hoy Museo de la Cuchillería) de Albacete, otro proyecto de Daniel Rubio, arquitecto de la casa de Vicente Rubio. Fotografía: Yolanda Oliver Méndez

El suelto del 17 de mayo del mismo año[41] 1967, en primera página del diario *Lanza*, daba cuenta de lo expuesto y de la potencia enorme del futuro.

> Hora es ya de que las viviendas antihigiénicas y sin ninguna de las condiciones que la sanidad exige hoy sean sustituidas por otras de varias plantas, alegres, cómodas, dotadas de todos los adelantos modernos; hora es también, de que todos esos espacios vacíos sean edificados. Pero todo ello hay que hacerlo dentro del casco urbano y no fuera... En la foto se recoge la actuación de la moderna maquinaria efectuando el desmonte y destrucción de lo viejo, que buena falta hace.

Con la confusión querida y empleada hasta la saciedad por todos los exégetas de turno, se mezclaban los permanentes problemas de la vivienda -no resueltos ni en los imperiales y gloriosos XXV años de Paz-, la demanda de la nueva salubridad y el higienismo, la ordenación de la ciudad, el nuevo ornato y la permanencia de sus partes. El tono justiciero, que elogia a la máquina que aplana y limpia y demuele se aplicaba a una actuación desgraciada - como tantas otras-, como fue el hundimiento del convento de las

Dominicas de Altagracia que produjeron el lamento y la extrañeza del siempre apacible Carlos López Bustos[42]. ¿Cómo admitir el equilibrio predicado días después por Ramírez Morales[43], ¿era cierto aquello de «Ciudad Real mantiene el justo equilibrio entre su pasado y su presente»?, ¿quién dictaba la sanción y fijaba el equilibrio? No existieron inconvenientes para el sonrojo, al citar:

Personalidades que siempre se expresaron, al referirse a esta capital, como la ciudad española y castellana en que la compensación histórica a través de los tiempos mejor se conservaba. Frente al necesario, imprescindible resurgimiento y renovación, con nuevas calles y avenidas, y edificios que sobrepasan los límites de una racional altura, están los barrios antiguos de la Judería y de la Morería...

¿Qué se expresaba con esta teoría extraña de la compensación, que ejemplificaba la ciudad?, ¿a qué personalidades se aludía?, ¿a la Baronesa de Sansaldo que había producido un extraño trabajo[44] en el que introducía el pintoresco concepto de «un moderno inteligente»?

Frente al mandato imperioso de ese resurgimiento y de esa renovación, ningún papel jugaba la conservación de fragmentos singulares o el mantenimiento de zonas precisas, salvo una coartada ya ensayada por Antonio Ballester[45]: mantener partes antiguas como evocación y reliquia, a la manera de una escenografía virtual y castiza.

Ahora estamos en otros tiempos en los que también se nace, se espera, se cree y se muere. Pero han surgido nuevos estilos, otros modos. En consecuencia, la fisonomía de las ciudades, pueblos y aldeas se transforma. A esta ineludible transformación hay quien se enfrenta con una postura de radical oposición e inmovilismo; hay quien por el contrario adopta una actitud de radical renovación que pretende empezar por el solar resultante de la desaparición de lo anterior.

La transformación que dicta Ballester no solo es ineludible, sino que es moderna y radical, al oponerla al inmovilismo de los pretéritos y melancólicos tales como los repetidos Julián Alonso o el mismo Emilio Bernabéu, incluso Carlos López Bustos. Al captar la crudeza de su aserto, introduce el bálsamo curativo, consistente en una peculiar propuesta conservadora.

Los pueblos que tienen una historia, una tradición, los pueblos no cuneros, no pueden hacer tabla rasa de su pasado, de sus antecesores, por pobres y humildes que sean, porque la tradición es un título de nobleza, y la nobleza obliga a muchas cosas, y entre ellas, a ser fieles a recuerdos y a cosas pasadas.

La teoría ballesteriana del recuerdo y de la nobleza produce el resultado de un organismo injertado por aplicaciones visuales del pasado.

Y así conviene pensar si en el irreversible proceso de transformación de nuestra ciudad entre otros criterios que lo rijan, no habría de establecerse uno, conforme al cual se delimitara una zona del viejo Ciudad Real, que conserve más o menos intacta su típica fisonomía, en la cual, sin perjuicio, o mejor dicho, además de una urbanización adecuada, se mantuviera externamente el aspecto tradicional en edificios, calles y rincones.

La teoría del *ghetto* melancólico y troceado, no deja de producir sentido y de reflejar la falsa conciencia de los rectores –Ballester fue, como hemos dicho, alcalde y también cronista local[46]– que tratan de justificar las transformaciones, que, al ser irreversibles, hay que aceptar. El mismo Ballester que elogiaba los alaridos de las masas al salir del cinematógrafo y se emocionaba con el insurgente ruido del naciente tráfico, realiza una propuesta sentimental, digna de un parque temático del pasado. La dignidad del pasado no es un valor castizo y recreable en simulacros zarzueleros y en permanencias folclóricas; la dignidad del pasado, de lo ido, es justamente su capacidad de generar nuevas percepciones sobre toda la Historia.

La serie del ya repetido Ramírez Morales[47] sobre diversos documentos históricos, concluía su argumentación: «El camino queda preparado, y no permita Dios que se pierda en lo sucesivo, ningún documento de los que constituyen el patrimonio histórico de Ciudad Real». Desde esta perspectiva, parece claro que el legado edificado no tenía aún –o, aún para ellos no lo tenía– ese carácter de patrimonio histórico, ni de bien patrimonial que se tutela, se protege y se defiende. Prevalecía el interés de un legajo, más que el de una estructura edificada; como si esta no fuera parte vital y crucial de ese patrimonio histórico. Su carácter –para ellos– radicaba más, en el de elementos físicos que impedían una adecuada renovación formal de la ciudad y que, por tanto, había que remover y demoler. Si no se puede consentir la pérdida de un acta del siglo XVII, ¿cuáles serán las razones que permitan aceptar la pérdida de un artesonado del XVI o de un convento del XVII, sin mayores problemas? Aquí late, o bien, un problema de ópticas y de perspectivas de la Historia y sus sentidos, o bien, una connivencia cruda con las apuestas productivas del suelo, que no precisan más aval que la bendición administrativa. Ese conglomerado de fuerzas político-administrativas, de intereses económicos y de bendiciones y parabienes del sanedrín cultural de la ciudad, componen el magma preciso sobre el que cabalga la nueva ciudad y las imágenes que ella genera. ¿Cómo entender los elogios recibidos en los medios de comunicación, por edificaciones banales y zafias –que solo aportan su carácter de construcción reciente y costeada[48]–, frente al silencio ante tanta destrucción de piezas significativas?[49].

Pese a la desaparición, siempre cabe la justificación de ello, por prohombres del periodismo, al amparo de razonamientos oblicuos –tono y empaque de gran ciudad, seguridad por lo nuevo por venir, elogio del confort material– que no esconden un claro desapego de los valores urbanos.

Cabe pensar que la entidad constructora no escatimará medios y que hará un edificio noble y señorial, que dé tono y empaque de gran ciudad a nuestra capital, dotando a las viviendas de las comodidades hoy en uso en esta clase de construcciones, incluso con aire acondicionado. ¿Que esto costará no poco? De acuerdo, pero no se olvide que cuando se empezaron a realizar hace unos años, las primeras construcciones de bloques o casas modernos, los eternos agoreros pronosticaron que en Ciudad Real eso no tendría éxito y la realidad ha venido a demostrar cuán equivocados estaban[50].

En un sentido parecido se manifestaba Ramírez Morales.

El Cinema Proyecciones va a desaparecer, para en su solar construir un edificio de «campanillas», de doce plantas... Volviendo al Cinema Proyecciones recordamos también que su edificio fue fotografiado como uno de los de más prestancia en la capital y aparecía en los folletos de Semana Santa y Feria. Esto nos hacía sentirnos muy orgullosos y enviábamos las guías mencionadas a todos nuestros familiares y amigos que vivían fuera de la capital... Nos duele, porque no confesarlo que desaparezca el Proyecciones, aunque sea con tan noble fin como edificar una casa con rango y categoría[51].

Pura justificación disuasoria de los cambios dictados por la ley universal de la piqueta, por más sentimientos encontrados que se deslicen entre el pasado yerto y el presente ruidoso. ¿Cómo aceptar, sin sonrojo, esas declamaciones enfáticas como las de «Metrópoli del espíritu»[52] y de todas las diferentes producciones ideológicas del sentimentalismo urbano? Dicha posición conceptual, del sentimentalismo urbano, está cruzada por una sombra visible y una cicatriz rajada en la carne edificada. Los que alaban las transformaciones de la ciudad provinciana en la ciudad urbana, tratan de introducir un factor de corrección ante el pavor que lo urbano implica para todo el pensamiento conservador; no en balde «el aire de la ciudad hacía libres a las gentes» y de aquí el entroncado aserto guevariano del *menosprecio de la corte y alabanza de la aldea,* que había que invertir y amplificar. Lo urbano contemporáneo introduce, peso a todo ello, elementos de abstracción y de impersonalidad que los apologetas del sentimentalismo urbano captan, y por ello tratan de limar la rudeza de sus formas, con ciertos tópicos frecuentes que apuntan a la permanencia de, los así llamados, aspectos tradicionales[53].

La ciudad moderna es democrática, populosa, innovadora, industrial, abstracta, uniforme y laica; valores todos ellos de difícil encaje en el entramado ideológico del Movimiento Nacional y del Nacionalcatolicismo del momento central de esos años de plomo.

Demolición del edificio de la Audiencia Provincial, 1978. Archivo del autor

Por ello es más convincente como argumento, la aldea jerarquizada, despoblada, conservadora, agrícola y religiosa. Ocurre que dicho argumento –que como emblema es perfecto para esos fines del conservadurismo agrarista– no es compatible con las determinaciones económicas puestas en marcha con la salida de la Autarquía y el Plan de Estabilización.

La búsqueda de los equilibrios entre lo antiguo y lo moderno, con esas hipótesis de fragmentos conservados como si fueran las viejas joyas familiares en una casa de un polígono exterior a la ciudad, de edificaciones seriadas y monótonas, es el exorcismo realizado ante la voracidad visual y abstracta de la ciudad moderna; es la ofrenda ante la modernidad temida y es el gesto sacrificial del pasado. Y es esa la única tutela y defensa del patrimonio edificado: su valor canjeable, como un talismán capaz de frenar las iras abstractas y democrátizadoras de la ciudad moderna. Es ese el citado equilibrio entre lo antiguo y lo moderno[54]: «una ciudad ponderada, que sin perder su rango –mediante la necesaria evolución, no-revolución– llegue a coronar esa armonía que merece la capital de la Mancha»[55]. Armonía imposible e impensable, pero proclamada –como una letanía vacía– a los cuatro vientos. Esa moderación no es el camino que trazara, años después, el falangista y delegado de Educación Nacional, Marciano Cuesta Polo, en su trabajo de corte poetizante y ruralista *Elogio y justicia de las ciudades medianas*[56].

¿Menosprecio de la corte y alabanza de la aldea? Simplemente no. Menosprecio y desconsideración de los supernúcleos urbanos, y, más alabanza y defensa de las ciudades razonables, de las villas y pueblos proporcionados y valientes, sencillamente vivos. Meditación, a propósito, sobre la probable infelicidad de las macrociudades; y brindis y justicia, por los pueblos, villas o ciudades de modesta estatura. Por esas comunidades no complicadas que, afortunadamente, conservan aún, con sus verdaderas ganas de vivir, su castidad; en las que andar por las calles puede ser todavía una delicia; ciudades no drogadas, villas que tienen salvación en la modernidad, pueblos sin sobresaltos inhumanos.

Todo un programa de virtudes –valentía, alegría, castidad– que oponer al resultado evidente del sobresalto construido, por los hermanos ideológicos del poeta doliente que cierra su trabajo con precisión. «Hacen falta unas cuantas razones poderosas / para el cambio de la tierra por cemento, / para instalarse en bosques/ de árboles de metal impunemente. / Hace falta tener muy pobre el alma». Las poderosas razones del cambio, sin duda no eran ignoradas por Cuesta, pero eran silenciadas, en esa acusación al pueblo demente que se instalaba caprichosamente en una periferia mortuoria. Este era el fruto contradictorio de las visiones de la ciudad: de la exaltación al enmudecimiento. Enmudecimiento que expresa el conflicto no tanto entre lo rural-tradicional y lo urbano-moderno, como entre el pasado reconocible y el presente, aún sin definir y que se desboca y no se controla. En esa tesitura, el pensamiento conservador opta por una amalgama de conceptos difusos que toleren la transformación sin quebranto de su ideología.

Aceptar la transformación productiva de la ciudad moderna requiere, pese a todo, construir un nuevo universo de valores y símbolos que hagan tolerable la permuta. Desde aquí lo histórico se identificará con lo viejo, con lo inservible, con la rémora para el cambio que es preciso remover. Y, por tanto, se dictará su extinción o su desaparición, en aras de un orden nuevo que definirán como la ciudad moderna y urbanizada; sin que el resultado obtenido sea moderno ni urbanizado, ni tampoco ciudad. Plazas sin nombre, calles abiertas en canal, periferias labradas en ladrillo y edificaciones sin sentido; irán sustituyendo al entramado antiguo de plazas nombradas, calles calladas y edificaciones que desvelan el sentido perdido. Ni palacios, ni murallas, ni conventos, ni alcázares reales, ni casas solariegas, ni esquinazos mudos, ni modernos cinematógrafos, tendrán ya sentido en el nuevo orden emergente de abstracción urbanizadora y de asepsia edilicia. Por ello, y desde ello, todo está condenado a su extinción porque representa un pasado desaparecido. Aunque, también el presente que se descubre y se conquista resultará irreconocible años después. Si las desapariciones denunciadas por Julián Alonso - Torreón o Casa de la Torrecilla- son altamente significativas de un sentido inaugural, ¿qué habría dicho de haber visto lo que se avecinaba y que no llegó a contemplar? ¿Qué exposición habría que haber realizado –«sobre esa montonera, un obelisco pétreo, con, en una cara y como memoria perpetua, la relación esculpida de todo lo enterrado, y en otra, la lista de las realizaciones que merezcan la pena y que sería bien concisa»-, y qué obelisco pétreo habría que haber armado como recuerdo y como olvido de lo que ya no es, ni existe pero que tiene nombre?, ¿qué podemos decir hoy y ahora que podemos nombrar lo que ya no existe? Y, ¿cómo nombrarlo?, ¿cómo nombrar la lacra?

El mejor epitafio alonsiano, podía considerarse a mi juicio, que se producía con la publicación de la nota relativa al funeral ofrecido por los amigos de Julián Alonso Rodríguez, «el próximo día 17 de julio de 1963, en la santa Iglesia Prioral». Juntamente con el duelo -humo, polvo y cenizas-, se producía la gloria efímera -júbilo, bronce y pompa- de las inauguraciones celebrativas del momento inaugural del Régimen -ahora que se aproximaba la efeméride del XXV Años de Paz-, en una rara yuxtaposición del viaje político -azulado, franquista y bélico- con la conquista del bienestar social -electrificado, levemente acomodado y desarrollado-. Así lo reflejaba el anticipo informativo de las inauguraciones previstas en la semana del 18 de julio: «Pasado mañana miércoles, varias inauguraciones en la capital, con motivo de la semana conmemorativa del 18 de julio»[57], dando cuenta del recorrido -no solo del verificado desde 1936- sino del cortejo inaugural y séquito de autoridades y comparsas. Inauguraciones entre las que destaca, por el énfasis aplicado, la plaza de la Provincia y su fuente monumental, trazada por el arquitecto municipal, Fernando Bendito, y la aportación escultórica -en relieves y en esculturas- de Joaquín García Donaire. Y así se hacía constar que:

Esta nueva Plaza, la más hermosa y bella de la capital, dedicada a la provincia que representa. No se trata de una simple diferencia, ni de un gesto más o menos grandilocuente, sino de un efecto, sentido y compartido, del que todos estamos satisfechos. Y del que no pueden deducirse más que bienes, dentro de un sentido comunitario de unidad que es la característica de lo español en nuestro tiempo... Ha de ser, por ello, una importante jornada la de pasado mañana, para los anales de Ciudad Real, que sigue mejorando y embelleciéndose.

Demolición del Garaje Ford, 1977. Archivo del autor

En las mismas páginas se daba cuenta -en esa ilación de la técnica y la política- de la inauguración del sistema de tracción eléctrica en la línea Alcázar-Madrid por parte del ministro de Obras Públicas, Jorge Vigón. Igualmente se publicaba -como otra referencia oblicua- la reseña del estreno *Los valientes andan solos*, de David Miller, por parte de DURAMO, acrónimo del periodista Ramírez Morales. Título que podría haber servido para fijar las posiciones finales de Julián Alonso en el debate ya citado. De igual forma -en esa prolongación de las transformaciones en curso, y no solo las trasformaciones urbanas-, aparecía la publicación[58] de Luis Martínez Gutiérrez -próximo alcalde de la ciudad en 1966 y procurador en Cortes- que escribía en su condición de presidente de la Cooperativa Provincial del Campo, sobre *La industrialización del campo*. Ya no bastaba con las estructuras tradicionales agrarias, que había experimentado, en esos años, un proceso de mutación de mano del Instituto Nacional de Colonización[59], pasando del absentismo anterior al marco productivo impuesto por las nuevas realidades socioeconómicas que abrían los Planes de Desarrollo Económico y Social. Marco productivo que también acampaba en la ciudad, en donde se comienzan -aunque de manera velada- a plantear los aspectos productivos del suelo y por ende de la ciudad. Y ese carácter de reflexión avanzada de Martínez Gutiérrez volvía a aparecer, el 3 de agosto con la propuesta alternativa de *La financiación del campo por el campo. Las Cajas rurales Cooperativas*.

De la misma forma que el acto de toma de posesión de Martínez Gutiérrez[60] como alcalde, aparece plagado de alusiones a un tiempo nuevo (¿...?), y era, de hecho, el punto de partida de transformaciones significativas sobre el cuerpo de la ciudad.

> No somos partidarios de primeras piedras, sino de remate de obras e inauguraciones, y por ello no vamos a exponer una programación, con unas directrices de gestión, que a buen seguro corresponde determinar al Organismo rector y colegiado del Municipio[61].

Pese al matiz de las «primeras piedras»[62] si se dejaron ver en él, nuevas pretensiones, como fueron la aprobación del Plan de Alienaciones, la aprobación de Plan de Reforma del Casco Interior a

Rondas y la suspensión temporal de construir fuera de rondas.

Todo ello, ya aparecía en las palabras del gobernador civil, Julio Rico de Sanz, en el citado acto, quien, en un evento pleno del franquismo sociopolítico -Martínez Gutiérrez, toma posesión con camisa azul-, desplegaba argumentos sobre la acción municipal entre la «Perspectiva bifronte del concejo; la Masa y la minoría; y el Equilibrio entre mando y obediencia». Para fijar posteriormente: «Vosotros señores, del Concejo, constituís la minoría selecta de esta capital al servicio de la masa que constituye la población ciudarrealeña». Alusiones que seguía adornando con el verbo habitual del momento:

Señor Alcalde, no se os oculta a vuestra formación profesional, cultural y moral, que al otorgaros el Excmo. señor ministro don Camilo Alonso Vega, la Vara de esta Alcaldía, no os da con ello honores o privilegios, sino muy al contrario trabajo, dedicación y grave responsabilidad. Tenemos el convencimiento de que haréis honor a la confianza, que en vos depositamos y que seréis fiel guardián, en vuestra conciencia del juramento íntegro que habéis prestado, ante Dios, ante Ciudad Real, y ante la Patria.

El detalle de las palabras inaugurales de Martínez Gutiérrez, afloraban en la entrevista sostenida en el citado numero del *BIM*, al ser preguntado por los aspectos fundamentales de su gestión:

Para mí lo más fundamentales son los siguientes: Urbanización, industrialización y potencialización económica... Es evidente que el problema urbanístico es grave, y preciso es atajarlo con resolución y firmeza. La disgregación urbana, con una población del 10 por 100 fuera de la ronda de circunvalación, cuando el primitivo casco urbano está hueco y cuajado de solares, produce inexorablemente una distensión de los servicios, y con ello un deficiente cumplimiento de los mismos, todo ello agravado con cargas contributivas que ha de soportar el contribuyente sin la compensación de un mejor servicio público. Comprendemos que es mucho más fácil construir fuera de ronda y más barato también para el que construye, pero muy caro, carísimo para el resto del vecindario, sobre cuyas espaldas han de cargarse los desorbitados gastos correspondientes a los servicios de agua, luz, pavimentación, policía municipal, etc., etc. Yo ya sé que atajar este desbarajuste urbanístico llevará a la Corporación y a su alcalde a enfrentarse con torpes egoísmos, cuando para evitar este mal endémico de Ciudad Real haya necesidad de utilizar la ley en beneficio del bien común.

El Ayuntamiento no ha dudado un momento, sin una sola voz discrepante, en solicitar la revisión del Plan de Ordenación Urbana, para prohibir edificaciones que no sean de tipo industrial fuera del perímetro que circunvala la ronda, fijando a su vez zonas de ampliación industrial, recabando del Ministerio de la Vivienda, que utilice como ciudad piloto nuestra capital, a efectos de cumplimiento de la Ley del Suelo, eliminando con ello la posible especulación que pueda producirse al concentrarse las edificaciones residenciales dentro del casco urbano referido... Estoy convencido plenamente que las grandes obras, las que dejan huella, son aquellas que se realizan por un equipo de hombres con vocación y entrega. Este equipo eficiente y resolutivo para bien de Ciudad Real y mío como alcalde que los preside, lo tengo sin duda alguna en la totalidad de los componentes de la Corporación.

Con Martínez Gutiérrez, se daba la vuelta de tuerca necesaria al agotamiento de suelo –el combate contra los solares– interior, que se veía reforzado por la citada suspensión temporal de licencias que se aprobaría definitivamente, en el Pleno de febrero de 1968[63]. En paralelo a la acción administrativa municipal, habría que señalar las aportaciones de índole teórica producidas en ese tiempo y en el repetido número 20 del *Boletín de Información Municipal*, erigido para la ocasión en auténtica plataforma de acción. Donde destacaba la pieza de Gutiérrez Ortega, –director de *Lanza*–, «Política urbanística», con su análisis de largo recorrido –fue publicada en el *BIM* del mes de julio y en *Lanza*, y republicada el 13 de agosto de 1966– y que compone, a mi juicio, el trabajo más clarificador del momento; todo ello, con un diagnóstico que no esconde las deficientes derivas urbanísticas producidas entre 1939 y 1966.

Las consecuencias son que el desarrollo urbano de Ciudad Real no se ha realizado con arreglo a determinadas técnicas en la ma-

Calle Zarza. Fotografía de Julián Alonso, 1950.
Legado Julián Alonso, Archivo General de la Diputación de Ciudad Real

teria y ha sido dejado más bien al instinto de cada cual, lo que motiva que existan tres zonas urbanas claramente diferenciadas: a) La que pudiéramos llamar parte vieja, de edificaciones de una sola planta, húmedas y antihigiénicas, grandes huecos sin edificar y calles desatendidas, porque muchas veces es casi imposible transitar. Comprende más de un setenta por ciento de la superficie urbana. b) La parte nueva, que tiene como centro la plaza de Cervantes y cuya arteria principal es La Avenida del Rey Santo. c) Las barriadas fuera del casco urbano, la principal de ellas, la de Pío XII, cuyo censo humano se aproxima a las tres mil personas y donde se ha construido la Residencia Sanitaria de la Seguridad Social.

Donde ya anticipa un mapa de culpabilidades entre el centro antihigiénico y sombrío, y las periferias soleadas y luminosas. Nótese la diferencia con la tesis sostenida por Antonio Ballester -alcalde entre 1953 y 1960- que defendía en diciembre de 1965 -solo unos meses antes- la permanencia de «fragmentos históricos de la ciudad»[64] como parte de las estrategias urbanísticas del presente.

Y así conviene pensar, si en el irreversible proceso de transformación de nuestra ciudad entre otros criterios que lo rijan, no habría de establecerse uno conforme al cual se delimitara una zona del Viejo Ciudad Real, que conserve más o menos intacta su típica fisonomía, en la cual se mantuviera externamente el aspecto tradicional en edificios, calles y rincones. Esta zona podría ser una zona del barrio de Santiago, con centro en su plazuela.

Frente al carácter balsámico de unos pasajes edificados a conservar, la visión de la necesidad del higienismo ordenancista y de estirpe volumétrica de Gutiérrez Ortega:

Esta falta de una política municipal inteligente y enérgica en el orden urbanístico, ha producido, además, los siguientes males: 1. Calles mal alineadas, con edificios salientes, a los que no se les ha exigido guardar la debida alineación al efectuar obras en ellos. Últimamente se han suprimido dos estrechamientos en una calle importante, lo que no resta valor a la afirmación anterior, pues es una política que no se ha seguido con la suficiente firmeza. 2. Extensas zonas dentro del casco urbano sin edificar, lo que hace de nuestra capital un verdadero «colador», con una extensión parecida a la Valencia de hace diez años, pero con la décima parte de su población. 3. Amplitud desproporcionada de los servicios municipales de agua, luz, alcantarillado, pavimentación, limpieza, etc., propios de una población de trescientos mil habitantes con unos ingresos municipales de cuarenta mil. 4. Construcciones en el exterior, fuera del casco urbano, como consecuencia de la especulación de solares dentro del mismo, lo que viene a agravar las consecuencias anteriores. La enumeración no es exhaustiva, pero creemos que en ella se resumen los males que ocasiona la falta de una política urbanística definida y sin claudicaciones.

Como se ve, una exacta coincidencia[65] de posiciones de los medios escritos locales y las determinaciones expuestas por Martínez Gutiérrez desde el momento inicial de su andadura. Por ello, prosigue Gutiérrez Ortega, incluyéndose en el plural como parte del mando -«que estamos trazando planes a largo plazo»-:

¿Soluciones? La solución no es fácil, porque además los efectos beneficiosos de una buena política urbanística no se observan de

Comienza el derribo para el ensanche de la calle de la Paloma

Cumpliendo las manifestaciones del alcalde de la capital, señor Rodríguez Velasco, de que las obras de derribo para el ensanche de la calle de la Paloma en su confluencia con Carlos Vázquez comenzarían tan pronto pasasen las fiestas navideñas, ayer tuvimos ocasión de comprobar que se ha iniciado la demolición de uno de los inmuebles. No podemos por menos de congratularnos de ello, pues la verdad es que esa zona ganará mucho con el ensanche proyectado y facilitará enormemente el tráfico, en uno de los puntos que podemos considerar de los más concurridos por vehículos y peatones.

Derribos por ensanches, *Lanza* 01.07.1966

momento. Tienen que transcurrir muchos años para que éstos se muestren claramente al hombre de la calle. Siempre es más cómodo realizar determinadas reformas, cara al Público, de efectos inmediatos, de esas que entran por los ojos -también necesarias- pero que no resuelven el problema en su totalidad ni entran siquiera en el fondo del mismo. Ahora parece que el problema. se va a acometer en toda su amplitud. El alcalde, señor Martínez Gutiérrez y la Corporación que preside, está dispuesto a dar la batalla y a ganarla. La visita realizada recientemente por el director general de Ordenación Urbana y los proyectos que se estudiaron, así lo indican. Hay que romper con la tendencia de las ciudades no excesivamente pobladas, a considerar como zonas céntricas un número muy limitado de calles, donde se acumulan el comercio, los bancos, los organismos oficiales, los locales de espectáculos, etc., con abandono del resto, circunstancia que crea importantes problemas de todo orden. Para evitar esto nada mejor: que trazar nuevas y amplias avenidas, pavimentándolas, acerándolas y dotándolas de todos los servicios. Esto ya será un atractivo poderoso para los constructores, pero si además se les ofrecen otras facilidades (solares baratos, exención de determinados impuestos municipales etc., etc.), se incrementará esa atracción para que en las edificaciones construidas se asienten establecimientos comerciales, cafés, bares y otros de muy diversa índole.

Aquí ya aparece la sintonía con la actual Corporación, como si se hubiera llegado a algún acuerdo previo...

Téngase, además en cuenta que estamos trazando planes a largo plazo, pues es un programa muy ambicioso que escapa de la vida de una Corporación municipal y que tendría que ser programa de gobierno de las muchas que se sucedieran. ¿Pero qué son veinticinco, treinta o cincuenta años en la vida de un pueblo? Absolutamente nada. Si Ciudad Real se industrializa, y su población se duplicara en un período de quince o veinte años estos planes que ahora esbozamos se convertirán en una necesidad inaplazable. ¿Nos encontramos ya ante estas perspectivas? Así parece ser. Sí lo es, manos a la obra porque el aplauso del pueblo no ha de faltar.

En este proceso agregado de construir razones para el cambio urbano, habría que anotar las declaraciones del concejal de Urbanismo, Calahorra Pérez, quien manifestaba en la entrevista titulada «Al Ayuntamiento le preocupa la Ordenación Urbana»[66] nuevas aportaciones:

Hay que distinguir dos factores principales en relación con la ordenación urbana: el suelo y el vuelo, planta y el alzado de la ciudad. En cuanto a la planta de la ciudad, el Ayuntamiento viene realizando en el estudio de alineaciones, partiendo de la red viaria existente y teniendo en cuenta la ordenación del tráfico, no solo actual sino futuro. Para la realización del Plan de remodelación interior, es decir, del casco actual, se está confeccionado un plano de la población, con todos los detalles necesarios para el estudio de todas la alineaciones y ordenanzas que han de regir encada zona. En relación con el alzado, hemos de decir que está íntimamente ligado con la planta, pues la altura de los edificios debe ser función de los anchos de calle y, por tanto, fijados en las ordenanzas del Plan de remodelación. La gestión municipal, para mejorar el aspecto urbanístico de la ciudad, parte de la realidad de la existencia dentro del caso, de casi un centenar de solares. Libres de habitantes y con superficies y condiciones óptimas para poderse edificar.

Junto a todo ello -el magma del higienismo, la lucha contra los solares vacantes, el ornato capitalino, las nuevas alineaciones, la inversión de cierta lógica del crecimiento centro versus periferia y la crítica a gestiones anteriores ineficientes- aparecía el mandato de un futuro esplendoroso. Por ello, se fijaba el largo plazo -ya lo había Gutiérrez Ortega-:

> Esta labor no es a corto plazo pero estimo que si los ciudarrealeños colaboran, renunciando al egoísmo y a las ganancias desorbitadas e injustas y mirando al bien común y al engrandecimiento de nuestra ciudad, el plazo tampoco sería excesivamente largo.

Si las desapariciones denunciadas por Julián Alonso -Torreón o Casa de la Torrecilla- fueron altamente significativas de un sentido inaugural, el proceso abierto -cuatro años más tarde- era ya imparable. En donde sólo cabría para fijar la memoria de Alonso las dos proposiciones formuladas por Pérez Fernández[67]: publicar un libro con sus crónicas y notas locales, y «mantener su recuerdo perpetuado en una lápida que dé nombre a una calle». Que, obviamente, tampoco se cumplieron.

Notas

1 Alonso adquiere la condición de cronista local en 1954, juntamente con Emilio Bernabéu Novalbos. Todo ello merced a la iniciativa puesta en marcha por Francisco García Pavón, que había señalado la anómala circunstancia de «Una ciudad sin cronista». Les otorgaron la medalla de tal condición el 8 de septiembre de

Cronistas oficiales de Ciudad Real

Arriba: un momento del acto celebrado ayer en el Ayuntamiento.
Abajo: El alcalde impone las medallas de cronistas oficiales de Ciudad
Real a don Julián Alonso y don Emilio Bernabeu. (Información en
página segunda). (Fotos Núñez).

1954. García Pavón recibe alborozado el nombramiento, con su texto «Dos cronistas con título». *Lanza*, 01.10.1954.

2 Alonso, J., «La casa más antigua de Ciudad Real no puede desaparecer», *Lanza*, 19.04.1958.

3 *Ibidem*, «La casa de la Torrecilla», *Lanza*, 18.06.1958.

4 *Ibidem*, «Una cláusula testamentaria», *Lanza*, 25.08.1958.

5 *Ibidem*, «La Comisión provincial de Monumentos», *Lanza*, 17.12.1959.

6 *Ibidem*, «La Comisión provincial de Monumentos», op. cit.

7 Enfrentamiento que Alonso realiza en solitario, una vez desaparecido Emilio Bernabéu en 1958. Y ello, a pesar de que Bernabéu había sido miembro de la citada Comisión en 1955; Sesión de la Comisión provincial de Monumentos, *Lanza*, 10.12.1959.

8 Alonso, J., «Paseo que remata la Torrecilla», *Lanza*, 28.07.1959.

9 *Ibidem*, «Como no quiso caerse, la tiraron», *Lanza*, 30.01.1960.

10 Alonso alude con ello, a la rehabilitación de El Portalón de Vitoria. Realizada con el apoyo de la Caja de Ahorros Municipal de Vitoria. Información extraída del semanario *Blanco y Negro*.

11 Alonso, J., «La Comisión provincial de Monumentos», op. cit.

12 Bernabéu, E., «Las Torres», *Lanza*, 13.08.1954.

13 Bernabéu, E., «Portadas viejas (III). La casa de los Corcheros», *Lanza*, 29.06.1955.

14 Rivero, J., «La ola del centro histórico, por supuesto», *Lanza*, 27.12.1988.

15 *El sayón*, 22.01.2015.

16 La intervención del Obispo, lo es desde la declaración de la testadora de «declarar como heredera universal a su alma» y reconocer su profesión de fe católica.

17 Alonso, J., «¿Qué queda ya?», *Lanza*,18.01.1962.

18 San Martín, C. M.ª, «Villa Real, clave y destino», *Lanza*, 25.05.1955.

19 Ramírez Morales, D., «Ciudad Real en XXV años de Paz», *Lanza*, 14.08.1964.

20 Bernabéu, E., «Un Rey en Ciudad Real», *Lanza*, 07.01.1954.

21 Alonso, J., «La vieja de la procesión», *Lanza*, 15.08.1950.

22 *Idem*, «La pandorga en la calle», *Lanza*, 29.07.1954.

23 García Pavón, F., «Dos cronistas sin título», *Lanza*, 17.08.1954.

24 Ballester, A., «Nuestra vieja ciudad», *Boletín de Información Municipal*, n.º 19, 1965.
Gutiérrez Ortega, J., «Planificación de ciudades», *BIM*, n.º 22, 1966.

25 Es el caso de Carlos M.ª San Martín en su trabajo: «Último estertor de la casa de la Torrecilla», *Lanza*, 06.02.1960.

26 Bernabéu, E., «Hemos triunfado», *Lanza*, 28.12.1954.

27 VV. AA., «Ciudad Real, su historia y la moderna urbanización», *Lanza*, 13.08.1959; Pérez Valera, I., «La Historia de Ciudad Real: El Torreón», *Lanza*, 24.03.1960.

28 Pérez Fernández, F., «La ciudad sin cronista», *BIM* n.º 10, 08.08.1963

29 Ballester, A., «Cambios en Ciudad Real», *BIM*, n.º 14, 1964.

30 Bernabéu, E., «Ciudad del silencio», *Lanza*, 29.12.1955.

31 Ballester, A., «Cronistas de la ciudad». *Lanza*, 14.08.1963.

32 Alonso, J., «La Comisión Provincial de Monumentos», *Lanza*, 17.12.1959., op. cit.

33 *Idem*, «Viajero que a Ciudad Real llegas», *Boletín de ferias*, 1958.

34 Pérez Valera, I., «El Torreón del Alcázar», *Lanza*, 03.01.1961.

35 «Operación piqueta», *Lanza*, 06.07.1957.

36 «Honda transformación de Ciudad Real en los últimos veinte años», *Lanza*, 01.04.1959.

37 Arjona, E., «Crecer por lo alto», *Lanza*, 12.03.1962.

38 López Pastor, C., «Asombrosa transformación de Ciudad Real en el aspecto urbano», *BIM* n.º 14, 1964; Ramírez Morales, D., «Ciudad Real en los XXV años de paz»; *Ibidem*, Ballester, A., «Cambios en Ciudad Real».

39 Ramírez Morales, D., «Ciudad Real. Rango y evolución de la capital de la Mancha», *Hoja del Lunes*, 08.05.967.

40 «¡Al fin derribos!», *Lanza*, 27.09.1974.

41 «Promoción de viviendas dentro del casco urbano», *Lanza*, 17.05.1967.

42 López Bustos C., «El muro de la calle de Altagracia», en *Un madrileño recuerda la Mancha*, Instituto de Estudios Manchegos, 1976.

43 Ramírez Morales, D., «Ciudad Real, equilibrio entre lo antiguo y lo moderno», *Lanza*, 25.05.1967.

44 Baronesa de Sansaldo, «Ciudad Real: Aquí Don Quijote», *BIM*, n.º 14, agosto 1964.

45 *Vid.* Nota 24.

46 En la obra de J. M. Segura, *Ciudad Real en la pluma de cinco cronistas*, BAM, 2016, aparece Ballester junto a los citados Bernabéu y Alonso, a los que se agregan Pérez Fernández y López Pastor.

Julián Alonso en 1963

47 Ramírez Morales, D., «La historia de Ciudad Real a través de sus archivos», *Lanza*, 10-11.05.1967.

48 El caso más significativo es el aplicado a la conocida como Torre del Pilar o edificio Cervantes, promovido por ICALSA. Como ejemplifica la crónica-anuncio con el título mareantes. El edificio Cervantes categoriza Ciudad Real, *Lanza*, 18.02.1969. Donde puede leerse: «con una concepción práctica, según la técnica, de lo que debe ser hoy una ciudad, con edificaciones altas y poderosas... es esta una decisión que aplaudimos sin reserva a las autoridades urbanísticas». Que enlazará con la sostenida, tiempo después, por un destacado periodista de «la imposible lucha contra el torrismo».

49 El más revelador es el relativo a la demolición del cinema Proyecciones, obra de Luis Labat Calvo de 1935 que representaba la mejor experiencia del racionalismo arquitectónico.

50 López Pastor, C., «Adiós al cinema Proyecciones», *Lanza*, 05.01.1966.

51 Ramírez Morales, D., «Réquiem por un Cinema», *Lanza*, 08.01.1966.

52 Martínez Val, J. M.ª, «Ciudad Real. Metrópoli del espíritu», *Boletín de Ferias*, 1958.

53 Ramírez Morales, D., «La Arquitectura de ayer y de hoy en la Mancha», *Hoja del lunes*, 04.01.1971.

54 *Vid.* Nota 24.

55 Ramírez Morales, D., «Ciudad Real. Rango y...», op. cit.

56 Cuesta Polo, M., «Elogio y justicia de las ciudades medianas», *20.000 Km²* n.º 3, Otoño 1975.

57 «Inauguraciones en la capital», *Lanza*, 15.07.1963.

58 Martínez Gutiérrez, L., «La industrialización del campo», *Lanza*, 23.074.1963.

59 J. Rivero, J. y Peris, D., *El Instituto Nacional de Colonización en Ciudad Real. Análisis y documentos*. BAM, 2014.

60 «Toma de posesión del nuevo alcalde, Sr. Martínez Gutiérrez», *Lanza*, 25.03.1966

61 «Toma de posesión del nuevo alcalde Martínez Gutiérrez». *BIM*, n.º 20.07.1966.

62 Ese carácter critico de «las primeras piedras» entra en conflicto en el mismo número de *BIM*, con la presencia de Franco en la inauguración de la Residencia sanitaria del Seguro de Enfermedad Nuestra Señora de Alarcos.

63 La portada de *Lanza*, del 16.02.1968, destacaba más asuntos secundarios -apertura de calle entre avenida de los Mártires y Rey Santo; ejecución de la revisión del PGOU- que la debatida suspensión de licencias fuera de rondas.

64 Ballester, A., «Nuestra vieja ciudad», *BIM*, op. cit.

65 A la que agregar la posición defendida por Cecilio López Pastor, en su texto «Alineaciones», *BIM* n.º 20, 1966: «Confesamos que el tema nos tienta, cuando de escribir de cosas urbanas se trata. No descubrimos nada nuevo si achacamos buena parte de los problemas que han de resolver los Municipios a la secuela de años y de siglos pasados, cuando se circulaba a pie o en carruajes tirados por tracción de sangre —humana o de la otra— o,

más recientemente, se iniciaban los balbuceos del motor, pero sin prever la expansión del mismo y el espacio vital que precisa».

También por Dulce Ramírez Morales con su pieza «Los solares y el urbanismo», *Lanza*, 03.02.1967.

66 «Al Ayuntamiento le preocupa la Ordenación urbana», *Lanza*, 29.11.1966.

67 Eres Fernández, F. P., «A la memoria de Julián Alonso», *Lanza*, 12.05.1966.

Nevada en la Plaza del Generalísimo. Portada del *Boletín Infromativo Municipal* n.º 25, diciembre de 1967.
Centro de Estudios de Castilla-La Mancha (CECLM-UCLM)

15

Eppur si muove en Ciudad Real
De la apatía a la movilización
(1967 / 1983)

Ángel Ramón del Valle Calzado (UCLM)

Siempre se ha considerado a Ciudad Real una ciudad sin un alto grado de movilización social. Sus habitantes, como los manchegos, se tienen ganada una mala fama de apáticos y pasivos, que solo saben que sus únicos derechos y deberes como bien dijo Julio Senador en *Castilla en escombros* son «obedecer, pagar, sufrir y callar». En definitiva, una sociedad temerosa de cualquier protesta ante el miedo a las posibles consecuencias y represalias. Mientras en el resto de España otros muchos ciudadanos se movilizaban para terminar con la dictadura y colaborar en la instauración de un régimen democrático, la sociedad capitalina permanecía silente, desconectada, asustada, cuando no en franca colaboración con los elementos más continuistas del régimen.

Pero, aunque la tendencia general fuera la ya mencionada y frente a lo que pudiera parecer, no todo fue inercia y desmovilización, dado que ciertos sectores de la ciudad sí se organizaron en diferentes movimientos sociales y fueron una herramienta valiosa para la llegada de la democracia. Intelectuales, estudiantes, profesores, sanitarios, mujeres y obreros abanderaron diferentes iniciativas sociales para crear una ciudad más libre y democrática.

Pese al crecimiento demográfico, Ciudad Real tenía en esos momentos, en 1981, algo más de 50.000 habitantes. Una pequeña capital de provincia sin actividad industrial relevante, cuya principal fuente de riqueza provenía de los funcionarios y del poder de atracción que ejercía sobre la provincia con el desarrollo de un comercio local. Era una sociedad cerrada, clasista y conservadora con una vida monótona y aburrida marcada por las celebraciones

Establecimiento Ferrari, calle Carlos Vázquez, 4 (Ciudad Real) en el
momento de su bendición e inauguración. Enero de 1956.
Fotografía: Esteban Salas Abad (CECLM)

religiosas. Además, el crecimiento urbanístico que sufría la con-
vertía en una ciudad fea, sin interés.

> Es una de las capitales que más puede entristecer al viandante,
> todo cruje, todo está fuera de sitio, todo es de pésimo gusto, hasta
> los quijotes que adornan sus plazas parecen muñecos o caricatu-
> ras... (Pillet, 1984: 638)

En este contexto algo comienza a moverse en esta ciudad desde finales de los sesenta para ir aumentando progresivamente
con el paso de los años. Los primeros síntomas de cambio y renovación surgieron de las acciones de algunos estudiantes universitarios que se habían movido en los círculos universitarios
madrileños. En los años finales del franquismo y en los de la
Transición, en la tranquila y pacífica Ciudad Real asomaron tiempos de movilización y conflictividad.

Actos de celebración de la festividad de Santa Teresa, en el patio de la Jefatura Provincial del Moviento, de la Sección Femenina de FET y de las JONS. *Boletín Infromativo Municipal* n.º 25, diciembre de 1967. (CECLM)

Cultura
y movilización antifranquista

Hasta mediados de la década de los sesenta el régimen, con la inestimable ayuda de la Iglesia Católica, controlaba todos los resortes de la ciudad. En relación con la juventud contaba con el Frente de Juventudes y la OJE para los chicos y la Sección Femenina para las mujeres. A mediados de los sesenta intentaron modernizar sus organizaciones y darle un barniz más atractivo y tolerante. Es el caso del Círculo Cultural Medina de la Sección Femenina que venía funcionando desde 1955 (*Lanza*, 09.05.1955, p. 3), al que se dotó de un espacio funcional, pero sus actividades no se salían de los estrechos límites ideológicos del régimen. En todos esos años la dictadura solo toleraba las asociaciones cercanas a la Iglesia Católica como Acción Católica, la HOAC o las JOC, y a ellas se van a aferrar los jóvenes más comprometidos de Ciudad Real.

Un grupo de estudiantes universitarios cercanos a Acción Católica, bajo el paraguas del obispado, aunque independiente de él al aparecer como obra apostólica seglar, se propusieron crear una asociación juvenil, que llamarán **Club de la Juventud Manchega (Club Juman)**. Nace, finalmente en junio de 1967, y a partir de ese momento y hasta 1975 desarrollarán una intensa labor cultural y recreativa, que animará la vida tediosa, hasta entonces, de la capital con un club de debate, otro de Teatro, una Coral, una tuna, un grupo literario, de fotografía y de cine, y hasta llegaron a publicar un periódico: *Boletín de Información Juman Club*. En fin, un enorme esfuerzo cultural y recreativo para la Ciudad Real de aquellos años. Además, eran jóvenes con «inquietud social» que, de manera paulatina, se habían ido alejando de los postulados de la dictadura. Las autoridades del régimen la miraron siempre con recelo, pues se escapaba de su control directo al negarse sus miembros a integrarse en la Delegación de Juventudes. Primero intentaron entorpecer su creación y, una vez puesta en marcha, la sometieron a una estrecha vigilancia, con policías infiltrados en muchos de sus actos. Hubo también, por parte de un grupo de comunistas de la ciudad, un intento de acercamiento que fue rechazado de manera clara. La Asociación pervivió justo hasta la muerte de Franco en 1975, aunque el Cine Club gracias a la labor de Francisco Badía tuvo una vida mucho más larga, hasta 1991 (Juman, 2017).

Pocos años después y pasado muy poco tiempo de la muerte del dictador, dos librerías se van a convertir en centros no solo de cultura sino de oposición al régimen, primero, y de movilización, después, de los sectores más progresistas de la ciudad. Nos referimos a **Oretum** y **Tartessos**. Ambas tuvieron una trayectoria similar y coinciden en las fechas de su corta existencia, 1976-1984, justo los años de la Transición. La primera, con sede en la entonces avenida del Rey Santo fue fundada en principio por José Ramón Aragón, Antonio Pascual, Miguel Ángel León Badía y José Antonio García Rubio, militantes del Partido Comunista. Además de su línea tradicional de negocio, la librería se convirtió en un referente cultural con tertulias, conferencias y exposiciones, «desde la inaugural de cerámica en 1976, pasando por otras muestras de Barbadillo o Hilton Bastos» (Rivero, 2022: 113). Tartessos fue una iniciativa de las hermanas Tapia (Charo y Carmina) y el profesor del Colegio Universitario, Rafael García

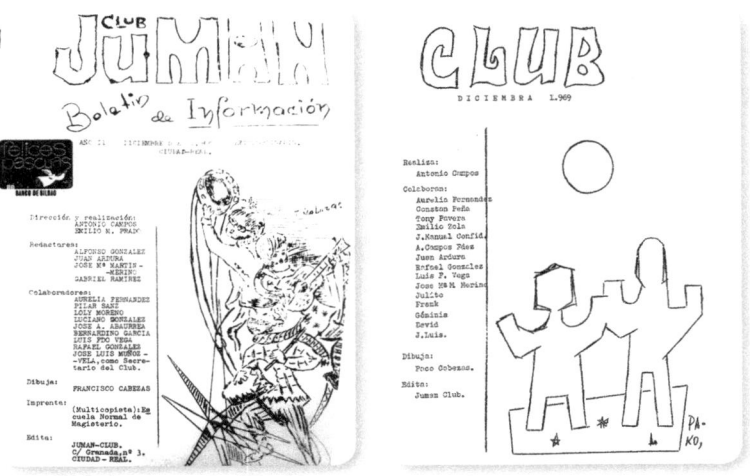

Miembros de JUMAN y dos ejemplos de ediciones en ciclostil.
https://ancamfer.wordpress.com/2017/06/15/cincuentenario-de-juman-
club-22/. Fuente: El blog de Campos

Charo Tapia en su librería.
Mancha-Ciudad Real, n.° 6, 1984. Fotografías: Romero

Exposición *Decálogo para
la Democracia*, José Ortega.
Librería Oretum.
BPCR, depósito legal

JOSE
ORTEGA

EXPONE

DECÁLOGO PARA
LA DEMOCRACIA

Inauguración: día 28 a las 19 horas
Exposición: del 28 de febrero al 15 de marzo

LIBRERIA ORETUM
Avda. Rey Santo, 26 Teléfono 21 V 47
CIUDAD REAL

Decálogo para la Democracia, José Ortega. Librería Oretum.
BPCR, depósito legal

Serrano, en pleno centro de la ciudad, en la plaza entonces del Generalísimo. Se hizo conocida por las presentaciones de libros que trajeron a la ciudad escritores importantes como Rosa Chacel o Ana María Matute. En esta librería y en torno a sus actos nacieron otras asociaciones del movimiento feminista, ecologista y pacifista. Ambas librerías organizaron la muestra en febrero de 1977 del pintor José Ortega «Decálogo de la democracia».

Vecinos, sanitarios, profesores y estudiantes en la calle

El movimiento vecinal fue, sin duda, una parte importante para avanzar en la democratización, contribuyendo en gran medida a acrecentar el desprestigio de las corporaciones franquistas. Los problemas de los vecinos se colocaban en el centro, y no para ser olvidados. En Ciudad Real sabemos que ya en 1976 existía la

Creación de la Asociación de Vecinos de las barriadas de Oriente, Ntra. Sra. de los Angeles y San Vicente Paúl

Recibimos la siguiente nota:

"El pasado día 27 de enero se celebró una asamblea de vecinos de las barriadas de Los Angeles, Oriente y San Vicente de Paúl, en el salón de actos del Colegio Nuestra Señora del Prado (Marianistas), con el fin de constituir definitivamente la Asociación de Vecinos de estos barrios y aprobar sus estatutos.

En primer lugar tomó la palabra Maribel Torres, quien destaco la importancia de dicha asociación para estas barriadas y el beneficio que puede significar para mejorar las condiciones de vida en los mismos y la convivencia entre todos los vecinos. La Asociación se propone mejorar la dotación en servicios de estas barriadas: colegios, guarderías, zonas verdes, así como contribuir a la elevación cultural de los vecinos en general, mediante la realización de actos culturales y de información. Como primera actuación se elevó una protesta al Ayuntamiento por el corte del siministro de agua potable, siendo arreglado el problema a las pocas horas.

Fue elegida la junta directiva provisional, resultando elegidos como presidente, Maribel Torres Suárez; vicepresidente, Francisco de la O y Santiago; secretario, Antonio Marchán Palomo; vicesecretario, Eduardo Vals Barrera; tesorero, Casimiro Marchán Palomo; vocales, Francisco Esteban, Vicente Díaz Esteban Serrano, Isabel Valero, Dolores Alonso y Patricio Calzado.

Asistió a la reunión como asesor jurídico, el abogado del Colegio de Ciudad Real don José Luis López de Sancho.

En el transcurso de la reunión se hizo un llamamiento a todos los vecinos de estas barriadas para incorporarse a nuestra asociación, que quiere ser de todos."

Lanza, 3 de febrero de 1978, p. 3

Asociación de Vecinos de Nuestra Señora de los Ángeles (*Lanza*, 27.04.1976, p. 4), aunque en 1978 aparece una nota de prensa en la que se informa de la creación de una más amplia, que englobaba las barriadas de Los Ángeles, Oriente y San Vicente de Paúl. Se proponía mejorar la dotación en servicios de estas barriadas con colegios, guarderías, zonas verdes, así como contribuir a la elevación cultural de los vecinos en general, mediante la realización de actos culturales y de información. Fue elegida entonces la junta directiva provisional, siendo una mujer, Maribel Torres Suárez, su primera presidenta, que un año después iría de candidata a concejal por el PCE (*Lanza*, 03.02.1978, p. 3). Ese mismo año aparece también la de los barrios de Pío XII, Santa María y Barriada de Alarcos presidida por Alejandro Isasi (*Lanza*, 18.07.1978, p. 3). Y un año después la del barrio Juan de Ávila (1979). Ciudad Real no es el erial desmovilizador que pensábamos.

Uno de los sectores que más se movilizó en el Ciudad Real de estos años fue el sector educativo en su conjunto. En 1976 comenzaron a surgir los primeros focos de protesta estudiantil en las Escuelas Universitarias y los institutos de la capital. Aparecieron células del PCE en la Escuela de Enfermería, en la Escuela Universitaria de Ingeniería Técnica Agrícola, en la Escuela de Magisterio y en el Instituto Juan de Ávila. En ellas confluían los profesores penenes y parte del alumnado (González y Martín, 2008: 142-143). Se formó una Junta de Profesores y una Asamblea de Estudiantes del Colegio Universitario. En febrero de 1976 un grupo de estudiantes se manifestaron en la plaza del Pilar gritando «Amnistía y Libertad» (*Lanza*, 24.02.1976, p. 3), pero el gran acontecimiento fue la manifestación de diciembre de 1977 para conseguir que el entonces Colegio Universitario se convirtiera en el embrión de una Universidad regional y se construyera un edificio bajo el lema «Sin colegio universitario no habrá Universidad». La presión estudiantil concitó la adhesión de todos los partidos y sindicatos, y la manifestación fue todo un éxito (*Lanza*, 24.12.1977, portada).

La movilización estudiantil siguió estos años y se reactivó fuertemente en los primeros meses de 1979. Entre los meses de marzo y abril los estudiantes reanudaron las protestas, con huel-

LANZA

DIARIO DE LA MANCHA

DIRECTOR: Carlos María San Martín.—**EMPRESA:** Fundación Diario LANZA

CIUDAD REAL, miércoles, 21 D E DICIEMBRE 1977.—AÑO XX XIV.—N.º 11.042.—DEPOSITO LEGAL: C. R.

VARIOS MILES DE PERSONAS EN LA MANIFESTACION PRO - COLEGIO UNIVERSITARIO

- **Completa normalidad en su desarrollo por las calles de nuestra ciudad**
- **Estudiantes y parlamentarios entregaron un escrito de peticiones al presidente del Patronato del centro**

Tuvo lugar ayer tarde la anunciada manifestación pro-Colegio Universitario y, en concreto, para crear conciencia sobre la construcción de un edificio propio que permita solucionar las limitaciones en que se encuentra el alumnado. Conforme a lo previsto, la comitiva se puso en movimiento poco después de las seis de la tarde para finalizar alrededor de las siete y media ante el palacio provincial.

Encabezaba la manifestación, junto a un coche patrulla municipal, una representación de parlamentarios compuesta por los señores Calatayud, López Facios y Camacho (de UCD) y Marín y Morales (del PSOE), así como representantes de Padres de Alum-

provisto de altavoz, daba las consignas que eran coreadas por los manifestantes.

Con absoluta normalidad, sin ningún tipo de incidentes ni gritos ajenos al motivo de la manifestación, la comitiva discurrió, ante la presencia del público que ocupaba

fachada del edificio de Correos para colocarse frente al palacio provincial. En ese momento, uno de los organizadores leyó por los altavoces el escrito que posteriormente entregaría al presidente de la Corporación y del Patronato del Colegio Universitario, don Miguel Sánchez Maroto. Los párrafos más

(Pasa a la página tercera)

Arriba: Los organizadores de la manifestación presentan su escrito al presidente de la Diputación, que se hallaba acompañado del alcalde de Ciudad Real y de los parlamentarios asistentes al acto. Abajo: Aspecto parcial de los manifestantes en la Plaza de José Antonio, ante el Palacio Provincial. (Fotos Herrera Piña)

nos, estudiantes, partidos políticos y centrales sindicales.

El grueso de la manifestación estaba compuesto por estudiantes y padres de familia, así como miembros de todos los partidos políticos y fuerzas sindicales, que portaban pancartas con diversas leyendas en número de dos docenas. La abría una con el siguiente texto: "Sin Colegio Universitario no habrá Universidad". En otra se leía "La primera piedra ya está puesta, las demás, ¿cuándo?". En otras se pedía la democratización del Patronato y la autonomía universitaria. También había una pancarta colectiva de todas las fuerzas sociales.

Un coche de los organizadores,

las aceras, por las calles de la Mata, General Rey, Ruiz Morote, Carlos Vázquez, Plaza del General Aizpuru, María Cristina, Toledo y Plaza de José Antonio.

El servicio de orden, que cumplió su cometido perfectamente —y sin complicaciones— lo componían cerca de cuatrocientos alumnos del C.U. y otros estudiantes venidos de Puertollano en autobuses.

EN EL PALACIO DE LA DIPUTACION

Poco antes de las siete y media de la tarde, hora fijada por la autorización gubernativa para disolver la manifestación, sus componentes llegaron a la plaza de José Antonio dando una vuelta por la

Lanza, 24 de diciembre de 1977, portada

Oleada de huelgas en Ciudad Real. *Lanza*, 19 de abril de 1978, p. 3

gas de hambre incluidas, en Magisterio y Colegio Universitario. Y cercanas las navidades la movilización estudiantil en la calle y en los centros obligó a la policía a realizar una fuerte y dura represión con invasión de los edificios universitarios (*Lanza*, 03.05.1979, p. 4; 19.12.1979, p. 4; 20.12.1979, p. 3 y González, 2008: 121-122).

Pero los estudiantes no estuvieron solos, los profesores de los diferentes niveles se estaban movilizando también. En noviembre de 1976 se produjo un paro generalizado de los profesores de EGB en los centros educativos de la ciudad. A principios de 1977 comenzaron las movilizaciones de los profesores no numerarios (los conocidos como penenes) en los Institutos, que protagonizaron una huelga de un mes de duración. En abril de 1978 volvieron a la carga los profesores de EGB, y lo volverían a hacer en 1980 (González, 2008: 121-122).

Al personal educativo se le sumó en diferentes fases el personal sanitario. A modo de ejemplo el personal laboral del Hospital Psiquiátrico de la Atalaya se puso en huelga para conseguir su equiparación salarial en abril de 1978 o la de las trabajadoras de Telefónica en septiembre de 1977 reclamando guarderías para sus hijos. Que Ciudad Real no era una balsa lo demuestra la página de *Lanza* de abril de 1978 donde en una misma página aparecen noticias sobre la huelga de profesores, de sanitarios y de mineros (*Lanza*, 19/4/1978, p. 3).

Feministas y ecologistas

La librería Tartessos se convirtió en un referente de los núcleos progresistas de la ciudad. Allí germinaron dos importantes movimientos sociales, el feminista y el ecologista. El primero, nacido de la organización en 1980 de una Semana dedicada a la Narrativa de Mujeres, dio paso e impulsó una de las primeras asociaciones feministas de la región y la primera en la provincia, la **Asociación Democrática de Mujeres Manchegas**, que nació en 1981 y durante los siguientes años lideró numerosas iniciativas en pos de la igualdad entre hombres y mujeres, entre ellas y quizás las más significativas, la creación del Centro Asesor de la Mujer y de la Casa de Acogida de Mujeres Maltratadas (Valle, 2024).

En esos mismos años, a principios de 1983, se conoció la probable instalación de un campo de tiro en Cabañeros, en los Montes de Toledo. La oposición al mismo dio lugar al nacimiento del movimiento ecologista en la ciudad. Al calor de las protestas contra el campo de tiro nació el **Grupo Ecologista Masiega**, que se integrará en el Comité en Defensa de Cabañeros, con sede en la misma librería. Desde allí y con el impulso también del movimiento feminista se organizaron las protestas, como la manifestación de

Fuente: Valle, 2024

15 de abril de 1983 (*Lanza*, 16.04.1983, portada y p. 16), la ocupación en mayo de la Casa de Cultura primero, de la que fueron desalojados, y, después, de la misma finca con apoyo de otras organizaciones ecologistas nacionales, o la gran manifestación de octubre de 1983 en Alcoba de los Montes (*Lanza*, 25.10.1983, p. 6).

Ciudad Real, por lo tanto, no fue el erial desmovilizado que todos imaginamos, sino que en su seno encontramos ecos nacientes de diferentes movimientos sociales, más allá de los tradicionales partidos y sindicatos.

La oposición antifranquista

En Ciudad Real, aunque no con la fuerza de Puertollano, también se crearon focos de resistencia antifranquista en la clandestinidad. A finales de 1974 se forma en París «la Junta Democrática de España», un conglomerado de fuerzas antifranquistas entre las que destaca el Partido Comunista de España, el Partido Socialista Popular, El Partido del Trabajo de España y el sindicato Comisiones Obreras. Es importante subrayar cómo muy pocos meses después, en octubre de 1974, mediante la publicación de un Manifiesto, aparece en Ciudad Real una filial de la «Junta Democrática». En febrero de 1975 comenzaron a editar un periódico clandestino llamado *La Verdad Provincial*.

Su actividad fue muy efímera puesto que en junio de 1975 la mayor parte de sus miembros fueron detenidos y puestos a disposición judicial. Se le incautaron ejemplares de su periódico y de *Mundo Obrero*, carteles del partido comunista español y portugués, y dos máquinas de escribir. Esta filial contaba con dos células, una en la Escuela de Enfermería y otra formada por estudiantes de los centros educativos de la capital. Estaba coordinada por el profesor de la Escuela de Magisterio José Antonio García Rubio, que hacía poco tiempo había llegado de Madrid. En total fueron detenidas 27 personas tanto en la capital como en Puertollano, de las que ocho eran mujeres (*Lanza*, 18.06.1975, p. 4). Todos ellos pasaron varios días en comisaría, algunos meses en prisión en espera de juicio, aunque este no llegaría a celebrarse, al beneficiarse del primer decreto de amnistía.

Nota de la Jefatura de Policía

SOBRE LA DESARTICULACION DE LA DENOMINADA "JUNTA DEMOCRATICA DE CIUDAD REAL" Y VARIAS CELULAS COMUNISTAS

Máquinas de escribir y material de propaganda que fueron intervenidos por la Policía

La Jefatura de la Comisaría de Policía de Ciudad Real, nos remite la siguiente nota:

"Por los servicios correspondientes de la Comisaría de Policía de esta capital ha sido desarticulada una titulada "Junta Democrática de la provincia de Ciudad Real", de la que forman parte representantes del Partido Comunista de España, Partido Comunista Internacional, Partido Socialista Popular y otras personas a título personal, como "demócratas", sin filiación política. Esta Junta publicó en el mes de octubre del pasado año un manifiesto con la declaración de su constitución y, a partir de febrero último, un periódico clandestino, titulado "La Verdad Provincial".

Ha sido intervenida gran cantidad de propaganda del último número de este periódico clandestino, dedicado íntegramente a las elecciones sindicales. También se han intervenido numerosos ejemplares de "Mundo Obrero", órgano del Partido Comunista de España, de distintas fechas, otra propaganda diversa, dos poster del Partido Comunista portugués y dos máquinas de escribir utilizadas en la confección de clichés.

Ha sido desarticulada igualmente, con la Junta Democrática, la organización que en esta capital y Puertollano había conseguido formar el Partido Comunista de España, del que ha resultado ser "coordinador provincial" el profesor de la Escuela Universitaria del Profesorado de Enseñanza General Básica, José Antonio García Rubio, quien contaba, además de la célula coordinadora, con otras dos, una en la Escuela de Enfermeras de la Seguridad Social y otra de estudiantes, integrada por representantes de los distintos centros de la capital.

Han pasado a disposición judicial, además del citado José Antonio García Rubio, Francisco Manuel Piqueras Lozano, María de los Angeles Tamadriz Gallego, Francoise Hemonnet, súbdita francesa, José Moreno Benito, Estanislao Salazar Espinosa, José Díaz-Pintado Hilario, Santiago Ramón García Rubio, Jesús Rodolfo Izquierdo Mayordomo, Francisco Granados Caiero, Javier Paulino Pérez, Rosa María Mancebo Prado, Concepción Sánchez Cruz, Miguel Angel León Badía, José María Ramos Sánchez-Escobar, Eutimio Ruiz Moreno, Antonio Fernández Gómez, Virgilio Burgos García, Pilar Sierra Tapiador, Felipe Calvo Martín, Jesús Burillo Jareño, José Andrés Fernández Bellón, Julián Díaz Sánchez, María Luisa Simancas Cabrera, María Concepción Sánchez Miret, Adela de la Fuente Ferreras y María Rosa Núñez Moreno con las diligencias instruidas, como presuntos implicados en estas actividades».

Buena parte de ellos procedían del entorno del Partido Comunista como el coordinador, José Antonio García Rubio, que, en aquel entonces, era profesor de pedagogía en la Escuela Universitaria de Formación del Profesorado. Pasó tres días en comisaría, tres meses en la cárcel y el fiscal solicitó 12 años de prisión para él. Con él también fue detenido su hermano Santiago García Rubio y su mujer, Françoise Hemonnet, que más adelante participó en la creación de la Asociación Democrática de Mujeres Manchegas y ocupó la secretaría de la mujer en Comisiones Obreras. Otro de los detenidos más significados fue el psiquiatra Miguel Ángel León Badía, muy conocido en la ciudad. También muy conocidos en la ciudad eran los miembros detenidos del PSP, Francisco Granados Calero y Javier Paulino Pérez. Al primero le pidieron 6 años de reclusión por «asociación ilícita en grado de dirigente» y ambos fueron importantes políticos del PSOE en la provincia en años posteriores. Como elemento significativo observar el importante papel de la mujer en la lucha antifranquista. Fueron detenidas como miembros de la Junta, las mujeres Ángeles Taladrid Gallego, Rosa María Mancebo Prado, Concepción Sánchez Cruz, Luisa Simancas Cabrera, Concepción Sánchez Miret, Adela de la Fuente Ferreras, Rosa Nuñez Moreno y la ya citada Françoise Hemonnet.

Valoración final

A lo largo de estos breves apuntes hemos podido comprobar como en el tardofranquismo y en la Transición hubo movimientos de acción colectiva en la capital y existieron grupos sociales que quisieron ser participes y ciudadanos con palabra. En Ciudad Real, aunque fuera pequeña, existieron ciudadanos activos y movilizados, y, además de movimientos sociales más politizados, nacieron, entre otros, el movimiento feminista y el ecologista.

Para profundizar

- GONZÁLEZ MADRID, D. A. (2008), «Los trabajadores de Ciudad Real frente a la dictadura franquista», en M. Ortiz Heras (coord..), *Movimientos sociales en la crisis de la dictadura y la Transición: Castilla-La Mancha, 1969-1979*, Ciudad Real, Almud, pp. 83-136.

– (2012), «Ciudadanía y democracia en el mundo rural manchego (1977-1979)», *Alcores*, n.º 14, pp. 117-138.

– y MARTÍN GARCÍA, Ó. J. (2008), «Desde abajo y en la periferia del desarrollismo. Cambio político y conflictividad social en La Mancha, 1962-1977», en D. A. GONZÁLEZ MADRID (coord.), *El franquismo y la transición en España*, Madrid, Catarata, pp. 123-153.

- RIVERO SERRANO, J. (2022), «Librerías en Ciudad Real capital. Unas notas», en I. Sánchez, J. Rivero y A. G.-Calero, *Librerías de Castilla-La Mancha. Ayer y hoy*, Toledo, Almud ediciones, pp. 89-122.

- VALLE CALZADO, Á. R. DEL (2024), *La Asociación Democrática de Mujeres Manchegas*, Ciudad Real, Serendipia, 2024.

- VARIOS (2017), *Juman club. Un grito de libertad (1967-1017)*, Ciudad Real, Juman Club.

Melias en el Rectorado de la Universidad
de Castilla-La Mancha (Ciudad Real)

16 | El viaje de las melias
y la cantera de las calizas
(2001)

Diego Peris Sánchez

Los terrenos de la ciudad van cambiando de uso con el paso de los años. Nuevas calificaciones urbanísticas, actuaciones de particulares e instituciones van decidiendo y levantando edificios que modifican la realidad urbana. Pero son lugares testigos del paso del tiempo e informadores, en ocasiones, de los cambios y presencias que tuvieron lugar en los mismos. En esos espacios es posible ir descubriendo cómo ha trascurrido el tiempo, cómo han sido ámbitos del trascurso de actividades comunes y cómo reciben las nuevas actividades y construcciones del tiempo actual.

Las canteras de caliza y los rellenos del ferrocarril

Se trata de unos terrenos en el borde de la ciudad, entre la ronda y el recorrido del ferrocarril, que fueron denominados *las Terreras* por estar destinados a la extracción de piedra para la construcción de diferentes edificios en el casco urbano. Toda la zona norte, incluidos los márgenes exteriores de la ciudad, son terrenos con una costra calcárea de espesor variable que proporciona un material calizo de buena calidad en algunas de las áreas. La explotación se debió realizar de forma irregular buscando los espacios donde la caliza era mejor y tenía espesores suficientes para rentabilizar su extracción. Canteras que eran fuente de suministro del material que se utilizaba para la construcción de edificios históricos o su restauración. Muchos edificios históricos de nuestra ciudad acumularon entre sus paramentos rocas extraídas de estas canteras, en su construcción y / o restauración.

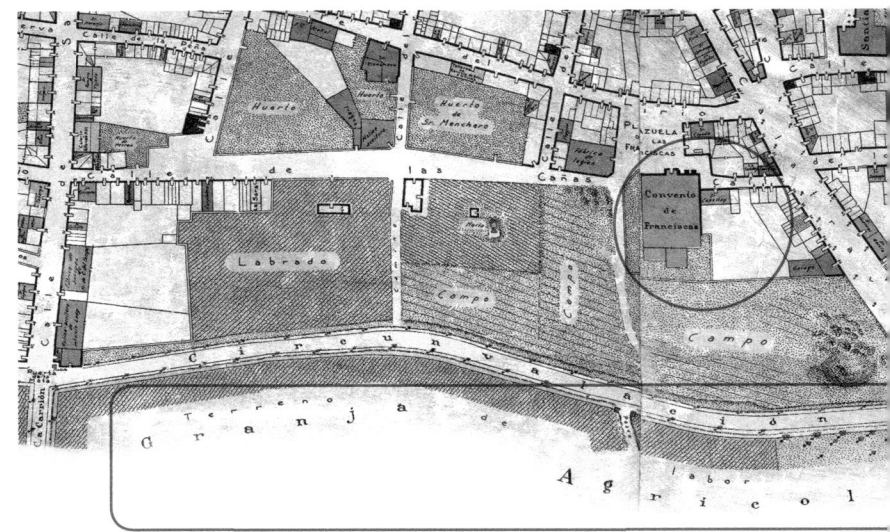

En ambas páginas. Plano de Sofí, 1925, sobre el que hemos remarcado los terrenos de la Granja Agrícola y el covento de las Terreras en esta página, y el de la Calera y el Polvorín en la siguiente

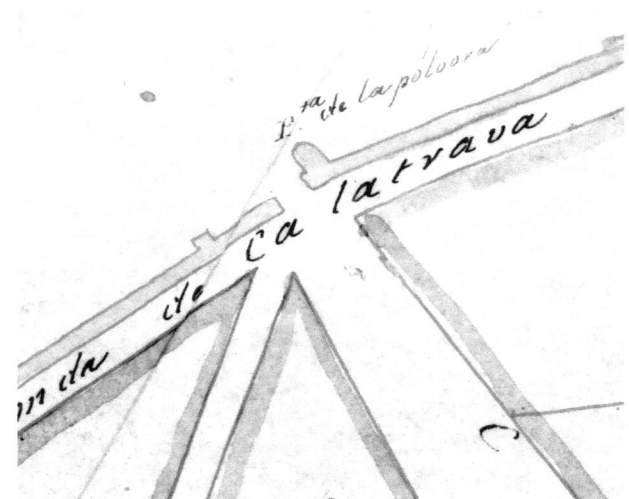

Localización del polvorín de Ciudad Real, al exterior de la puerta de Calatrava (puerta de la Pólvora), 1819 (copia de 1848). Ministerio de Defensa. Instituto de Historia y Cultura Militar. Archivo Cartográfico y de Estudios Geográficos del Centro Geográfico del Ejército

468

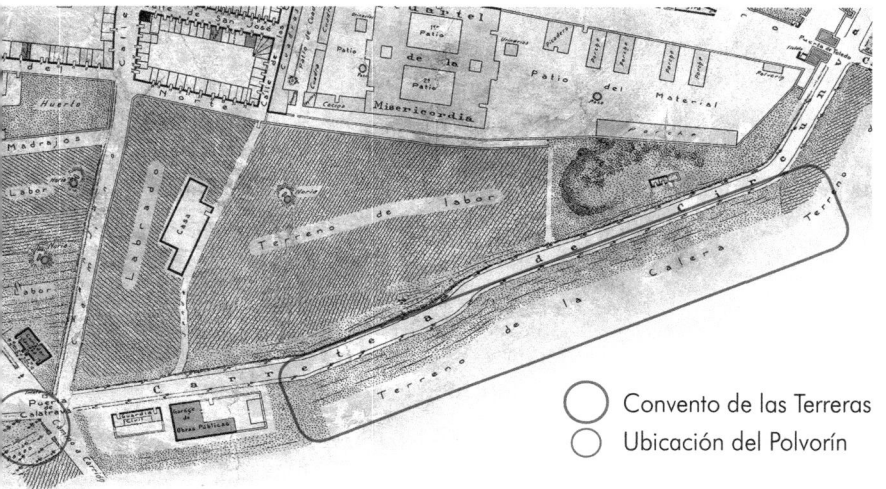

○ Convento de las Terreras
○ Ubicación del Polvorín

Las zonas de explotación, abandonadas y convertidas en char-
cas, representaban un grave problema para la salud. En algunas
partes de esta amplia superficie incluso se practicaba el baño.
Durante años, muchos de los monumentos de Ciudad Real extrajeron la piedra caliza de estas canteras, así, en el plano de
Coello de 1850, se rotulaba, junto a la puerta de Calatrava, un
pequeño edificio denominado «polvorín»; en el plano de Martín
Sofí Heredia se indica en este espacio un área, al sur de la calle
Calatrava hasta la calle Sauco Díaz (antes y hoy calle de la Mata)
con la denominación de Granja Agrícola y otra al norte denominada Terreno de la Calera. El resultado de las extracciones fue la
creación de grandes espacios que se convirtieron en lugares de
acumulación de agua que, estancada, era causa de enfermeda-
des para muchas personas; las fiebres tercianas y cuartanas eran
muy frecuentes y causaban gran mortandad. El convento de las
Terreras (Concepcionistas) tenía ese nombre, popularmente, por
estar próximo a las lagunas que así se denominaban.
    Con la llegada del ferrocarril a la ciudad, se consiguió una
actuación singular con la derivación de un ramal de ferrocarril
cuyos vagones transportaron material para rellenar los terrenos,
que quedaron convertidos en una zona verde con abundante arbolado: el Campo de la Libertad. Las compañías acordaron, para

compensar a la ciudad por su presencia, crear este ramal con el objetivo de colmatar las balsas existentes. Posteriormente serán los terrenos donde se instalará la granja pecuaria. En 1963, Antonio Fernández Alba y Julio Cano Lasso realizaron un proyecto de ordenación urbana, para la construcción de viviendas en esta zona, que quedó sin ejecutar. Un aprovechamiento del espacio que, en diferentes momentos, se ha visto como una oportunidad para el desarrollo de Ciudad Real. Años después comenzaría su ocupación con diferentes proyectos educativos. En el plano del ayuntamiento de 1985 aparecen reseñados aquí el Colegio Universitario, el Instituto Politécnico, el Instituto Juan de Ávila y el cuartel de la Policía, en la continuación de la calle Calatrava.

La primera ubicación de la Universidad

Cuando se planteó construir el campus universitario de Ciudad Real, los servicios técnicos de aquel momento realizaron una propuesta de ubicación en una franja de terreno paralela a la zona industrial del margen izquierdo de la carretera de Carrión. Una superficie de terreno con un desarrollo longitudinal que tendría acceso por un punto desde la carretera de Carrión, salvando la zona consolidada de naves industriales que se estaban, poco a poco, levantando en la zona próxima a la carretera.

El plano estaba firmado por el aparejador de la Universidad José Manuel González Fernández y el delineante Francisco Blanco Mena. Una estructura lineal con un gran eje ajardinado con fuentes en puntos singulares y edificios que se localizaban a ambos lados de este acceso. Un amplio viario separaba esta banda de la zona construida, o prevista, de las naves de la carretera de Carrión. Se llegó a adquirir alguna parcela en la zona, por parte del Ayuntamiento, para prever las construcciones planteadas por el Ministerio de Educación.

La prensa recogía la noticia diciendo: «El Ayuntamiento presentó el proyecto del futuro campus universitario». El Ayuntamiento ofertaba los terrenos con un proyecto de plan plurianual que fue considerado por el rector Isidro Ramos Salavert y se comprometía a hacer las modificaciones necesarias en el Plan General de Ordenación Urbana, para hacer viable que la zona

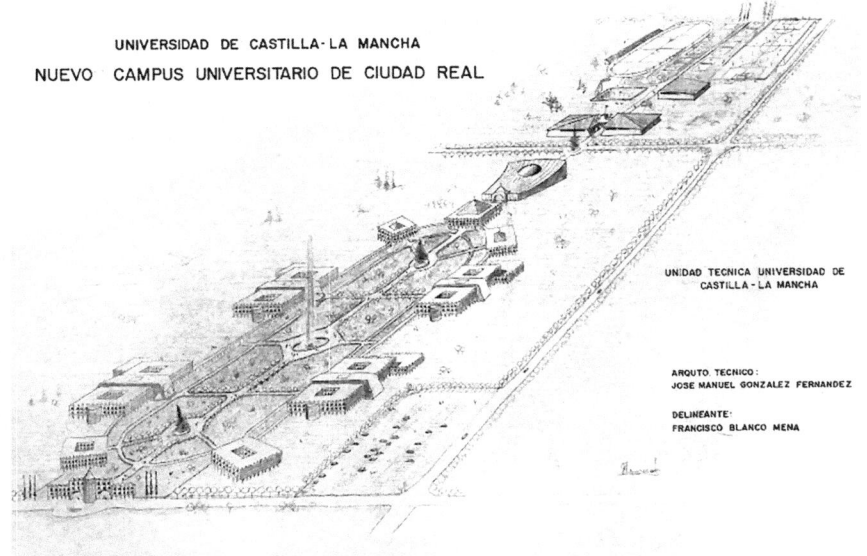

UNIVERSIDAD DE CASTILLA-LA MANCHA
NUEVO CAMPUS UNIVERSITARIO DE CIUDAD REAL

UNIDAD TECNICA UNIVERSIDAD DE
CASTILLA-LA MANCHA

ARQUTO. TECNICO:
JOSE MANUEL GONZALEZ FERNANDEZ

DELINEANTE:
FRANCISCO BLANCO MENA

Dibujo de la primera propuesta para
el campus universitario de Ciudad Real

permitiese la edificación de las nuevas construcciones universitarias. Ya se habían previsto treinta millones de pesetas aunque, finalmente, serían necesarios entre 350 y 500, más los costes de urbanización, decía la información de la prensa de la época. Unos momentos iniciales del campus universitario en los que las diferentes ciudades, en las que estaba prevista su ubicación, aportaban solares y comprometían presupuestos para garantizar la presencia de nuevas titulaciones.

El campus de Fernández Alba

Pero esta ubicación se replantearía poco tiempo después. El Ministerio de Educación acordó, en una reunión con representantes de la Universidad y del Ayuntamiento, acercar el campus a la ciudad y se abandonó el proyecto de la zona paralela a la carretera de Carrión.

Una parcela paralela al trazado del ferrocarril, con forma alargada, en la que Fernández Alba situó los edificios localizando

471

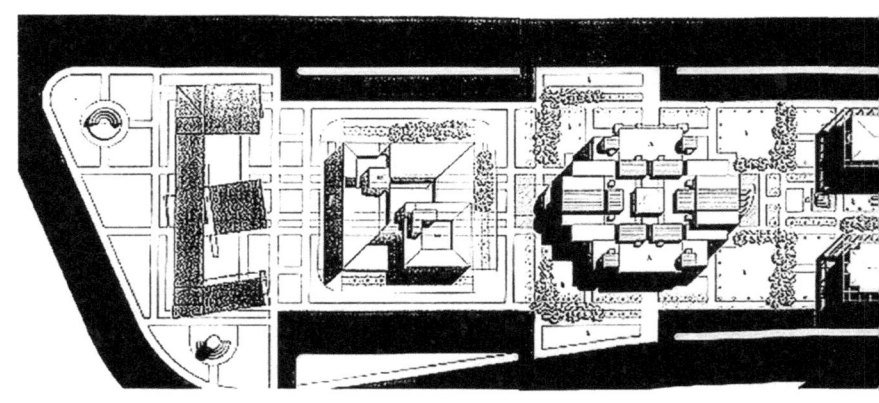

Ordenación general del campus universitario de Ciudad Real.
Antonio Fernández Alba

una secuencia de las instalaciones previstas en ese momento. El solar tenía 650 metros de longitud y una anchura de 130 metros. En el extremo derecho del solar, que acababa en forma triangular, localizaba un auditorio al aire libre y una zona de aparcamiento con arbolado en sus líneas horizontales. En la otra parte, la secuencia lineal de los edificio universitarios: CICAT, Facultad de Químicas, aulario, biblioteca y Facultad de Humanidades. Una ordenación clásica con un eje central que se abría en dos volúmenes en la zona del aulario y que volvía a cerrar la perspectiva con el edificio de Humanidades. A este esquema se incorporará el edificio del CEJE (Centro de estudios jurídicos) y ya, fuera del solar, la residencia universitaria Francisco Nieva.

Poco a poco los edificios se fueron construyendo y, desde el CICAT, realizado en ladrillo rojo, a los edificios de Química, aulario, biblioteca y Humanidades, realizados en hormigón blanco, se fue consolidando el campus que, con sus estudiantes, llenaba de vida la ciudad. Sobre un suelo de 76.711 metros cuadrados se han levantado edificios con 54.633 metros cuadrados de superficie. Un conjunto que tiene la unidad de su diseño inicial y de materiales uniformes en la zona que llega desde la Facultad de Químicas hasta el edificio Politécnico.

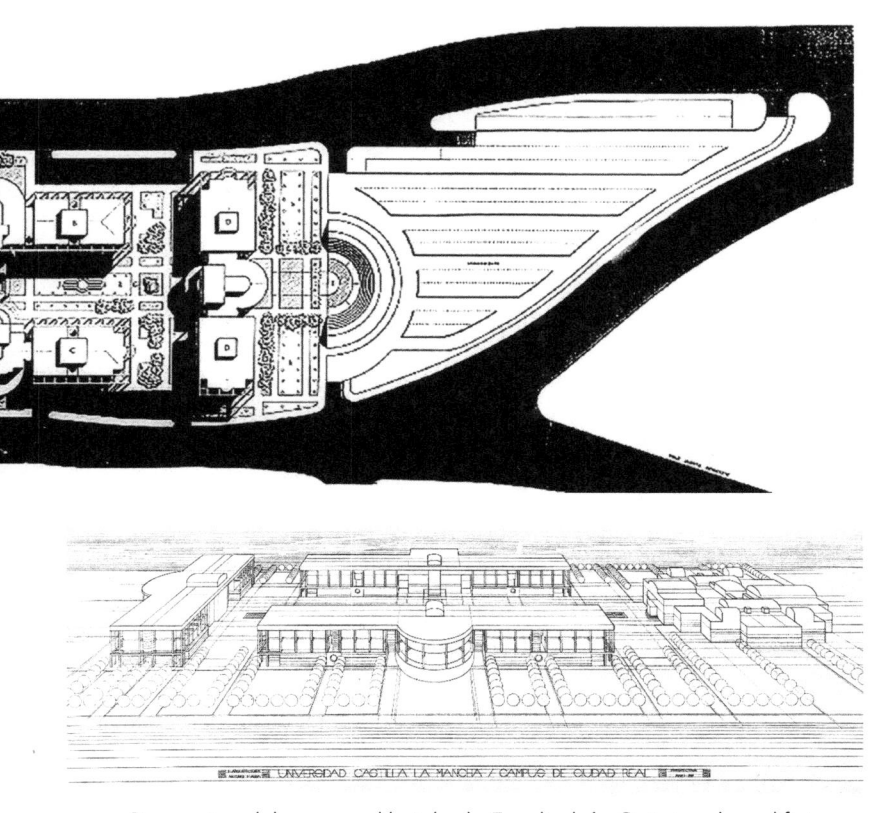

Perspectiva del campus dibujaba la Facultad de Química, los edificios del aulario y la biblioteca y el edificio de Humanidades.
Antonio Fernández Alba

A las antiguas enseñanzas de Magisterio, Enfermería, Ingeniería Técnica Agrícola, se fueron incorporando nuevas titulaciones y el número de alumnos aumentó, año a año, convirtiéndose en un recurso esencial para la ciudad y la provincia.

Las melias

La zona triangular que cerraba el campus universitario se pensó como zona ajardinada que convivía con los aparcamientos. Y, por ello, se plantaron una serie de melias que durante años fueron desarrollando su porte, conformando una zona verde de calidad.

473

Plano de Ciudad Real, 1993. En el círculo, la plantación de melias que cerraba el espacio universitario por el sur

El crecimiento de los árboles manifestaba la existencia de un suelo idóneo para los cultivos y su presencia cerraba el conjunto del campus universitario. La melia es denominada popularmente como cinamomo, agriaz, picoha o canelo y, en ocasiones, árbol del paraíso. Es originaria del sureste asiático y se extendió a otras zonas por su carácter ornamental, con una ancha y frondosa copa.

Es un árbol caducifolio de tamaño medio, de 8 a 15 m de altura, con el tronco recto y corto; la copa alcanza de 4 a 8 m de diámetro, en forma de sombrilla. Las flores, pentámeras y de color púrpura o lila, se organizan en panículas terminales de hasta 20 cm de largo, muy fragantes. El fruto es una drupa de 1 cm de diámetro y forma globosa, de color verde y amarillo pálido en la maduración. El olor intenso de su floración es motivo de alergias para algunas personas.

Se utiliza en jardinería como árbol de sombra y por su abundante y aromática floración. Los huesos de las semillas se perforan fácilmente y se usan como cuentas para fabricar rosarios. En España se planta desde hace mucho tiempo: habla de él Abú

Zacaría en el siglo XIII (Al-Awwam), en su *Libro de agricultura andalusí*. Las hojas sirven para teñir telas y Abú Zacaría escribió que se usaban para teñir de negro y fortalecer el cabello, aunque «no conviene abusar pues oscurece hasta la piel». En aparcamientos crea importantes zonas de sombra, con árboles intercalados cada dos vehículos.

En los planos de 1993 estaban ya señaladas las melias, conformando 5 filas de 22, 18, 14, 10 y 6 árboles, que llenaban de vegetación este espacio triangular de 14.000 m^2 de superficie. A lo largo de los años, en ese terreno, las melias fueron adquiriendo porte y conformando un espacio verde de amable presencia. Un espacio que, en pocos años, se consolidó como un cierre natural de las construcciones del campus universitario.

El traslado de las melias

Pero surgió la necesidad de buscar una ubicación para construir el Edificio Politécnico en el que se iban a situar las enseñanzas de Ingenieros de Caminos, Ingenieros Industriales y parte de las enseñanzas de Informática. Un edificio de grandes dimensiones que demandaba un solar también de amplia superficie. La financiación europea permitió la construcción, que representaba una oportunidad para la ciudad, al aumentar la oferta de estudios en áreas técnicas de especial importancia.

El espacio ocupado por las melias era un lugar perfecto, por sus condiciones y su proximidad al resto de los edificios del campus. La primera dificultad se encontraba en la normativa urbanística, que había calificado el espacio como zona verde. Fue necesario cambiar el uso de esa zona considerando la superficie de este espacio verde en la zona posterior al aulario.

Y, en ese momento, era también necesario decidir qué hacer con las melias, que ya tenían un porte y unas condiciones excelentes. Se organizó «el viaje de las melias» para trasladarlas a un lateral del edificio rehabilitado del Rectorado. Grandes máquinas arrancaron volúmenes importantes de tierra, con los árboles incluidos, para garantizar su supervivencia. Volúmenes que, en su conjunto -tierra y árbol-, tenían un peso de 1.500 kg por unidad. Las máquinas cargaron cada uno de ellos en un camión

El campo de melias en la actualidad (en el centro), entre el edificio del rectorado y el de Servicios Informáticos

que emprendió viaje camino al Rectorado. Allí se habían preparado hoyos de 1,5 x 1,5 m y 1 de profundidad, para recibirlos. El proceso se hizo de forma ordenada completando un espacio de 100 metros de longitud, los que tiene la fachada longitudinal del edificio del Rectorado, por 45 de ancho: el nuevo espacio de vida de estos árboles.

A lo largo de varios días, los camiones trasladaron los pesados bloques de tierra, con sus respectivos árboles, ofreciendo una imagen peculiar a los ciudadanos. Colocados en líneas continuas, se dejaron los espacios interiores necesarios para el aparcamiento de vehículos, coches que conviven con una vegetación que atenúa su presencia y crea una capa protectora del sol del verano. Los árboles se han adaptado a su nueva localización y mantienen un excelente porte, conformando una zona verde entre el edificio del Rectorado y la nueva construcción de Servicios Informáticos, situada en el borde de los terrenos universitarios.

La geología y la historia del solar

La primera actuación necesaria, como hemos dicho, fue revisar el Plan General para permitir la construcción en la zona verde que habían ocupado varios años las melias. Fue necesario reubicar la zona verde y tramitar la aprobación con toda su complejidad administrativa.

Liberado el espacio para la posible ubicación del edificio de la Politécnica era necesario confirmar la geología del lugar para establecer las condiciones constructivas de la edificación. Y aquí la geología nos ofreció una lección de historia. Prácticamente la totalidad de la superficie de la zona tenía mala resistencia en una profundidad de unos cinco metros. El resto del campus universitario tenía en el subsuelo una capa de buena caliza con una resistencia adecuada para el apoyo de las estructuras de cada uno de los edificios, pero, el suelo de esta zona triangular, era un espacio de relleno en su mayor parte, lo que nos recordaba que pudo utilizarse como cantera de extracción de material.

El Estudio geológico del solar decía:

La capa superficial está formada por rellenos de todo tipo que colmataron en su día una explotación de calizas que alcanzó los 5-6 m de profundidad. Esta capa de rellenos tiene 5,60 m de espesor máximo, incluyendo en la misma una capa de limos flojos; todo este gran espesor de material está seco, no tiene nivel freático ahora (Julio 98), y desde el punto de vista de comportamiento mecánico es malo.

El suelo natural de la parcela estudiada se puede dividir en dos zonas:

Zona 1: consta superficialmente de una capa inconsistente formada por rellenos tierra vegetal y limos blanquecinos flojos. Por debajo de este nivel aparece una costra cementada de carbonato (caliche) de 3 metros de potencia y con un comportamiento de caliza. Por debajo aparecen arcillas de color rojizo que pasan a otras de color marrón.

Zona 2: consta superficialmente de una capa inconsistente formada por rellenos, tierra vegetal y limos de color blanquecino flojos, que según se va profundizando pasan a ser margas de color blanco duras. Por debajo de estos niveles aparecen unas arcillas de color rojizo que van evolucionando a otras de color marrón. Las dos son duras.

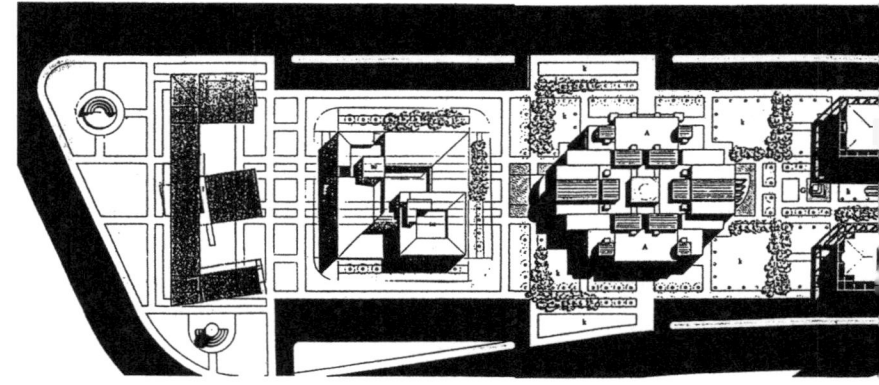

Ordenación general del campus universitario de Ciudad Real, incluyendo el edificio de la Politécnica. Antonio Fernández Alba

Los sondeos realizados en toda la superficie triangular presentaban una mala resistencia y estaban formados en una capa de más de cinco metros por rellenos. El Campo de la Libertad se hacía presente en este espacio de la ciudad.

Esa situación exigía replantear la cimentación del edificio. Una gruesa losa de hormigón serviría de base al conjunto superior. El lugar guardaba en su suelo la memoria del tiempo transcurrido en ese espacio. Canteras, rellenos posteriores y plantaciones de arbolado, estaban grabados en la geología de este espacio de la ciudad.

La Politécnica

La losa de hormigón, que cimenta el edificio, tiene un metro de espesor, lo cual supone que fueron necesarios 8.000 m^3 de hormigón para rellenar toda la superficie. El hierro de sus armaduras supone un total de 400.000 kg, es decir 400 toneladas de armaduras para consolidar la estructura de la losa. Durante días un movimiento continuo de cubas de hormigón, procedentes de las centrales próximas, fue rellenando la superficie de terreno que sirvió de base al edificio.

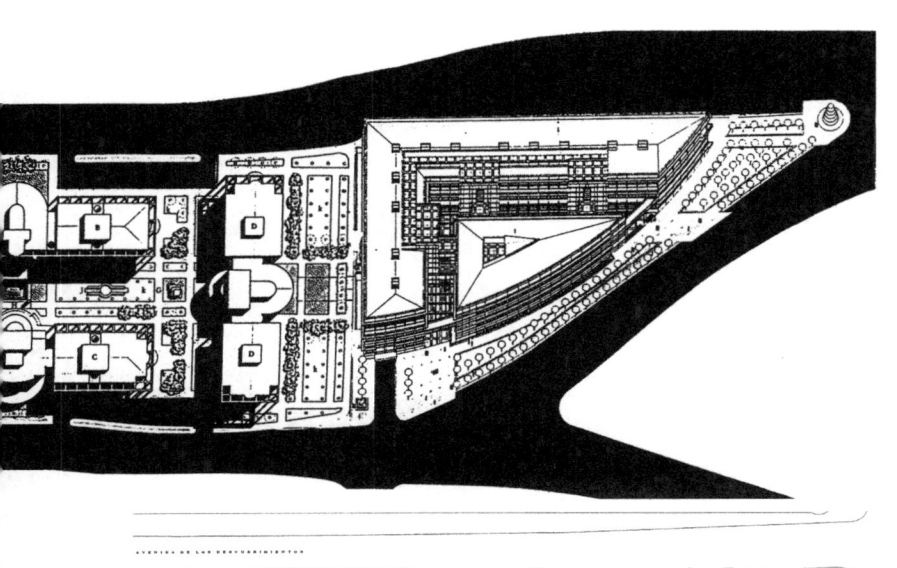

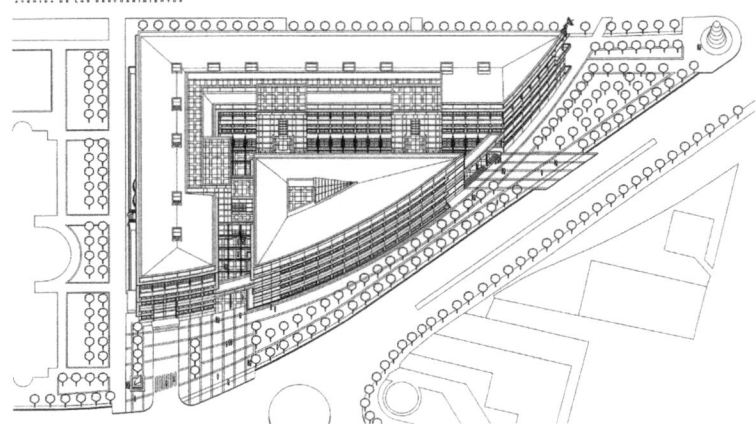

Proyecto del edificio de la Politécnica. Antonio Fernández Alba

El solar donde se criaron las melias durante varios años ahora alberga un edificio universitario de 14.000 metros cuadrados de superficie con laboratorios, aulas y zonas departamentales para las enseñanzas de Ingeniería de Caminos, Industriales e Informática.

La forma general definida por las condiciones del contorno urbano se aprovecha para la organización del edificio en planta.

Campus universitario de Ciudad Real. Abajo, el edificio de la Politécnica. Arriba, localización actual de las melias que ocuparon el solar de la Politécnica

Una gran L configura un volumen destinado a laboratorios y despachos de profesores. La L, con brazos de, aproximadamente, 140 y 80 metros, se divide interiormente en espacios de 50 metros, entre los cuales se sitúan los núcleos de accesos y comunicaciones verticales. La entrada principal lleva al centro de la L donde se organiza el centro de acceso y distribuciones en el edificio. Los otros dos núcleos articulan las posibles comunicaciones y establecen referencias en un edificio de grandes dimensiones.

Interiormente, el edificio se organiza a partir del espacio de encuentro de los dos brazos de la L que sirve de punto de partida a los recorridos en toda su longitud. Un pasillo interior recorre todo el edificio con dependencias a ambos lados para los diferentes laboratorios o necesidades de uso. En la planta baja y primera los espacios de ambos lados son laboratorios de la Escuela de Caminos y de Industriales con diferentes usos y tratamientos singulares de acuerdo con sus necesidades de funcionamiento. La estructura de pilares marca el ritmo de la secuencia de este recorrido interior, que se ve interrumpido en los lugares en los que se hace presente el núcleo de comunicaciones vertical. En la planta superior el recorrido se hace más complejo, existiendo dos galerías laterales que recorren el edificio, dejando un espacio interior que se resuelve con patios internos, a los que se asoman algunos de los despachos situados en esta planta.

La fachada mantiene una cierta unidad con los edificios construidos anteriormente en el campus pero con las peculiaridades del programa planteado. Tiene una composición que evidencia la división interior separando las plantas baja y primera de la segunda destinada a despachos. En las bajas los grandes huecos permiten una iluminación y ventilación de los espacios destinados a Laboratorios y la planta superior se retranquea ligeramente dejando la estructura de pilares vista y desarrollando el cerramiento de la carpintería de aluminio continuo en toda su superficie. Las marquesinas horizontales en las diferentes plantas protegen el edificio del soleamiento y refuerzan el juego de volúmenes en el conjunto de la construcción. La superior refuerza el carácter singular de esta planta con un recorrido en toda su longitud que se rompe en los extremos con elementos más bajos realizados en otro material. Las inferiores se rompen en los

Ampliación del edificio de la Politécnica.
Aulario de Diego Peris Sánchez y Diego Peris López, 2010

intervalos marcados por los puntos de acceso al edificio en los que sobresale la puerta de entrada y los balcones de las galerías superiores. El gran plano de la fachada a la avenida de los Descubrimientos se estructura en esa composición horizontal que refuerza la dimensión de la composición que termina en la quilla final del conjunto.

El edificio se inauguró el año 2001. En el solar donde hubo una cantera de piedra caliza, el «Campo de la libertad», y florecieron durante unos años las melias, ahora se ubica el nuevo edificio universitario en un espacio que recuerda la presencia de los árboles que un día viajaron al Rectorado de la Universidad.

Autoridades y público esperan la llegada de la ministra de Cultura,
Soledad Becerril, para proceder a la inauguración del
Museo de Ciudad Real (15.03.1982).
Archivo fotográfico del Museo de Ciudad Real-Convento de la Merced

17 | Breve reseña historiográfica
para el estudio de Ciudad Real

Alfonso Caballero Klink

La conmemoración, en el año 2020, del VI centenario del otorgamiento por parte del rey Juan II de Castilla, en 1420, del título de ciudad a Villa Real, fue el momento perfecto para que se diera a conocer, de una vez por todas, la Historia de Ciudad Real capital. O por lo menos, la actualización que en estos momentos teníamos de las distintas etapas culturales y cronológicas que conforman Ciudad Real. Esta conmemoración se concretó, además de en una exposición en el Museo Municipal Manuel López Villaseñor, como todos recordarán, en un ciclo de conferencias organizado por el Excmo. Ayuntamiento de Ciudad Real en colaboración con el Instituto de Estudios Manchegos, que recorrió la historia de la ciudad, y contó con una serie de investigadores especialistas en cada una de las etapas en que se dividió el programa.

Si algo quedó claro al ojear la espléndida publicación de las conferencias, que sirvió de colofón a la conmemoración, es que los tópicos que tradicionalmente han marcado a Ciudad Real, «la capitaleja» entre otros, respondían a un desconocimiento del tema por falta de una investigación científica, que ha traído consigo tradicionalmente la aceptación de que Ciudad Real ha pasado sin pena ni gloria por la Historia y que sus habitantes eran meros espectadores.

Esta realidad se ha mantenido hasta los años '80 del siglo pasado en la que tres acontecimientos vinieron a reactivar y a sacar de su letargo la historia de nuestra ciudad. El primero de ellos es la creación de Museo de Ciudad Real, de ámbito provincial que, aunque se creó oficialmente en 1976, con las secciones de Arqueología, Bellas Artes y Etnografía, hubo que esperar hasta el 15 de marzo de 1982 para que abriera sus puertas al público. La desidia de la Administración General nos relegó a la última provincia en contar con esta institución cultural. Solo se conservaba una pequeñísima colección de arqueología en la Casa de Cultura, por lo que los numerosos hallazgos y descubrimientos que se habían producido a lo largo de los siglos habían desaparecido, o sido destruidos, o bien habían salido de nuestra provincia para no volver. La configuración del Estado de las Autonomías, que surge dentro del Estado Español a partir del año 1981, va a traer consigo un cambio radical de mentalidad que irá, poco a poco, germinando en un concepto de orgullo local, de identidad. Ahora cualquier tema nos pilla más próximo, más cercano, estaban presentes, pero no los conocíamos o no los valorábamos. Los nuevos interlocutores forman parte de nuestra sociedad, están entre nosotros, ya no es la entelequia de «todo Madrid».

El tercer acontecimiento que va a contribuir al conocimiento de nuestra realidad histórica ha sido la Universidad de Castilla-La Mancha creada por ley de 30 de junio de 1982. Creemos que este es el factor que más ha favorecido este despertar, el elemento humano. Hasta esa fecha, nuestros jóvenes marchaban a estudiar a las universidad más próximas a Ciudad Real, fundamentalmente a la Universidad Complutense de Madrid, (el Colegio Universitario de Ciudad Real dependía de dicha institución académica), sin olvidar Granada, Sevilla o Valencia. Gran parte de este componente humano se quedaba en dichas ciudades sin que sus conocimientos revirtieran en Ciudad Real.

Como he dicho, a partir de esa fecha, y basándonos en esos tres acontecimientos que hemos citado, la ciudad adquiere una nueva dimensión.

En primer lugar, la modernización y digitalización de nuestros archivos, empezando por el Archivo Histórico Provincial, institución que se crea definitivamente en el año 1934, instalándose en dependencias de la Audiencia Provincial de Ciudad Real, donde se conservan los protocolos de más de cien años de antigüedad existentes en el distrito de Ciudad Real. El nuevo edificio construido en 1985 alberga numerosa documentación administrativa, así como documentación referente a las órdenes militares de Calatrava, San Juan de Jerusalén y Santiago.

Inauguración y cartel anunciador de la exposición *La orden militar de Calatrava. Documentos y cultura material*, en la sala de exposiciones del Archivo Histórico Provincial de Ciudad Real (07.06.2019). AHPCR - Museo de Ciudad Real-Convento de la Merced.
Fotografía: Sobrino comunicación gráfica

El Archivo General de la Diputación Provincial, ubicado en el antiguo Hospital Provincial, institución imprescindible para el conocimiento de la ciudad desde mediados del siglo XIX hasta la actualidad. El Archivo Municipal de Ciudad Real, custodiado en el Museo López-Villaseñor, cuyo fondo documental contiene documentos en pergamino y papel de los siglos XI al XIX. Y, por último, el Archivo Histórico Diocesano de Ciudad Real, que, junto a los archivos parroquiales, guarda las fuentes históricas que conserva la Iglesia.

La segunda institución que ha contribuido de manera extraordinaria al estudio, descubrimiento y divulgación de los distintos avatares que vivió nuestra ciudad son las bibliotecas. En la actualidad y gracias al desarrollo de internet se están creando distintos repositorios digitales de acceso libre y público. Muchos documentos históricos conservados en estas instituciones están digitalizados y pueden ser consultados libremente. En Ciudad Real contamos con la Biblioteca Pública del Estado Isabel Pérez Valera que, después de un largo periplo que se inicia allá por 1843 con el depósito de los libros de más de cincuenta conventos de la provincia, hoy día tiene sede en un espléndido edifico inaugurado en 2010, ubicado en la avenida del Ferrocarril, dentro de la zona de esparcimiento y descanso del Parque de Gasset.

Ya hemos comentado anteriormente la creación e inauguración del Museo de Ciudad Real, aspiración legítima sobre la que se venía luchando muchos años. Curiosamente Ciudad Real contó mucho antes con la figura de un director del Museo que de la realidad física de un edificio construido y dotado para tal fin. Junto con el Museo de Ciudad Real, el Ayuntamiento de Ciudad Real se embarcó en dos proyectos museísticos que dotan a la ciudad de nuevos espacios culturales y lúdicos, y que a su vez han servido para recupera y evitar de la piqueta a dos inmuebles históricos. El Museo Municipal López Villaseñor ocupa, frente a la catedral, una magnífica casa manchega construida a inicios del siglo XV, edificio que ya había sido declarado en ruinas y prevista su demolición. El Museo Municipal Elisa Cendrero se localiza en un edificio que data de 1917, museo de ambiente donado por la persona que lleva su nombre, incluye no solo el edificio, sino también muebles de época, colección de pintura, etc.

Fachada principal del Museo Municipal Elisa Cendrero

Y por último contamos con el Museo Diocesano de Ciudad Real, instalado en la planta baja del Palacio Episcopal, edifico construido en 1887. El Museo fue inaugurado en el año 1989 y exhibe piezas y ornamentos litúrgicos de la Diócesis de Ciudad Real.

Ya que se trata de una publicación dedicada exclusivamente a Ciudad Real capital, vamos en primer lugar a citar las fuentes de ámbito general que de alguna manera aportan información genérica sobre la ciudad.

Siglo XVI

- DE MEDINA, Pedro (1493-1567), *Libro de las grandezas y cosas memorables de España.*
- *Relaciones Topográficas de Felipe II (1575-1578).* Mandadas realizar por el rey Felipe II, es una fuente documental sobre nuestra provincia, aunque desgraciadamente no se conservan las referentes a Ciudad Real.

Siglo XVIII

- SOMODEVILLA Y BENGOECHEA, Zenón de –marqués de la Ensenada,1702-178– (1751), *Catastro del marqués de la Ensenada.*
- *Los pueblos de la Provincia de Ciudad Real a través de las descripciones del Cardenal Lorenzana* (1782).
- LARRUGA BONETA, Eugenio –1747-1803–, *Memorias políticas y económicas sobre los frutos, comercio, fábricas y minas de España, con inclusión de las órdenes, disposiciones y reglamentos expedidos para su gobierno y fomento (1787-1800).*

Siglo XIX

- MIÑANO Y BEDOYA, Sebastián de –1779-1845–, *Diccionario geográfico-estadístico de España y Portugal: provincias de Cuenca, Guadalajara, La Mancha, Madrid y Toledo, Arzobispado de Toledo, Obispados de Cuenca y Sigüenza (1826-1829).*
- MADOZ E IBÁÑEZ, Pascual –1806-1870–, *Diccionario geográfico-estadístico-histórico de España y sus posesiones de Ultramar (1845-1850).*

- QUADRADO NIETO, José María -1819-1896- (1853), *Recuerdos y bellezas de España. Castilla la Nueva.*

- MUÑOZ Y ROMERO, Tomás -1814-1867- (1858), *Diccionario bibliográfico-histórico de los antiguos reinos, provincias, ciudades, villas, iglesias y santuarios de España.*

Pasamos a continuación a comentar las también escasas fuentes bibliográficas durante la Edad Moderna que tratan de la provincia de Ciudad Real y que igualmente hacen referencias al ámbito local.

Para paliar, en parte, esta sequía investigadora y divulgadora, el Ayuntamiento de Ciudad Real publicó en el año 1986 la transcripción de la obra inédita titulada *Singular idea del sabio Rey Don Alonso, dibujada en el fundación de Ciudad Real 1663-1707*, cuyo autor fue el maestro D. Joseph Díaz Jurado (finales siglo XVII-principios siglo XVIII). La edición de esta obra, editada dentro de la colección Fondo Editorial, fue preparada por Ángel Vázquez Morcillo y Francisco Ruiz Gómez, con introducción de Francisco Ruiz Gómez y prólogo de Rafael Ramírez de Arellano. Esta obra es vital para el estudio de Ciudad Real capital por el gran número de documentos que utiliza, muchos de ellos desaparecidos en la actualidad.

Escrito en silvas, o versos, se imprime en Ciudad Real en 1870 el manuscrito titulado *Compendio de la Historia de Ciudad Real*, escrito por Sebastián Almenara (1752-1811). Este clérigo, párroco de la iglesia de Santiago, recogió los temas más conocidos sobre la historia provincial, con hechos puntuales como la aparición de la Virgen, la historia de Calatrava la Vieja, Calatrava la Nueva y Oreto. Por lo que respecta a Ciudad Real capital se detiene en la descripción de las parroquias de Santa María con la Virgen del Prado, San Pedro y Santiago, así como en los conflictos con la Orden de Calatrava o el cambio de nombre a Ciudad Real por Juan II. Sus aportaciones alcanzan la época de Carlos IV, época en la que vivió.

En el siglo XIX se produce una serie de acontecimientos como avances técnicos, nuevos descubrimientos geográficos, un gran desarrollo comercial y cultural que configurarán el pensamiento ilustrado de este período (creación de bibliotecas, archivos, museos, Reales Academias, etc.).

La primera obra que citamos en este siglo XIX, aunque referida principalmente a la provincia, es la titulada *Consideraciones sobre el estado económico, moral y político de la provincia de Ciudad Real,* publicada por Diego de Medrano y Treviño (1784-1853) en 1843. Sus descripciones sobre el estado lastimoso de la instrucción pública, o la nula presencia de industrias en la provincial, etc., pueden extrapolarse a la capital.

Ese mismo sentimiento catastrofista, que respiran las descripciones de Medrano, se manifiesta y reproduce en el prólogo introductorio del volumen correspondiente a Ciudad Real de la obra *Crónica de la provincia de Ciudad Real. Crónica General de España, o sea, Historia ilustrada y Descriptiva de sus Provincias, sus poblaciones más importantes de la Península y de Ultramar,* escrito por José de Hosta en 1865. Este volumen forma parte de un ambicioso proyecto editorial titulado *Crónica general de España* dirigido por Cayetano Rosell y López. Y como ya era habitual, nuestro autor relata los temas más conocidos y ya publicados en obras anteriores: la Hermandad en Pozuelo de Don Gil, Calatrava la Vieja o Alarcos. Se detiene en las descripciones sobre Ciudad Real, sus pocos edificios notables, sus parroquias, los conventos y las aldeas, despoblados y caseríos.

Un año más tarde salía a la luz la obra titulada *Compendio de la Historia de Ciudad Real y de su patrona la Virgen del Prado,* del escritor y político Agustín Salido y Estrada (1818-1891). Mucho más importantes fueron sus numerosas obras de infraestructura en la capital, como la desecación de la charca de los Terreros, que su aportación histórica sobre la misma, deteniéndose sobre todo en la aparición de la imagen de la Virgen del Prado.

No podemos decir lo mismo de la obra titulada *Guía de Ciudad Real* publicada en 1869 y escrita por Domingo Clemente (1837-1905). Esta amena guía dedicada a Enrique de Cisneros, gobernador y alcalde-corregidor en 1858, nos describe en primer lugar los orígenes y avatares de Alarcos y la creación de las tres Hermandades. Posteriormente se detiene en la fundación de Ciudad Real por Alfonso X, sus constantes enfrentamientos con la Orden de Calatrava y el otorgamiento de ciudad a la villa de Ciudad Real. Igualmente nos enumera los nombres de algunas de las calles actuales de la ciudad. Finaliza su obra con la descripción detallada

Guía de Ciudad Real de Domingo Clemente, 1869

de numerosos aspectos de la ciudad, como las puertas o entradas, el número de edificios, el carácter de sus habitantes, las calles, plazas y plazuelas, etc.

En el año 2010 se publicó en facsímil el manuscrito titulado *Historia de la Ciudad de Ciudad Real. Y Estracto* (sic) *histórico de España y lista de sus Reyes, casamientos y muertes.* Esta obra fue escrita hacia 1890 por el escritor y político Joaquín Gómez Fernández. Dedica un capítulo a la Historia de Ciudad Real, centrando sus primeras páginas a la creación de Villa Real, a las

Hermandades y a los acontecimientos que afectaron la vida de Ciudad Real durante los siglos XV al XVII con el establecimiento del tribunal de la Inquisición en 1483 y la Real Audiencia y Chancillería en 1494. Igualmente hace referencia al progresivo deterioro que ha sufrido la ciudad durante el siglo XVIII, sin fábricas, establecimientos y tribunales, fruto de todo ello fue la ruina de sus murallas y del Alcázar de los reyes de Castilla. Termina su trabajo describiendo las puertas, sus conventos y parroquias.

A caballo entre el s. XVIII y el XIX

La información que se va conociendo sobre Ciudad Real alcanza uno de sus puntos más álgidos en el cambio de siglo de la mano del cordobés Rafael Ramírez de Arellano y Díaz de Morales (1854-1921). Este Académico de la Real Academia de Córdoba y miembro fundador de la Real Academia de Bellas Artes y Ciencias Históricas de Toledo, nos legó las siguientes obras para el conocimiento de Ciudad Real: *Ciudad Real artística; estudio de los restos artísticos que quedan en la capital de la Mancha* (1893), *Memorias manchegas, históricas y tradicionales* (1911) y *Al derredor de la Virgen del Prado Patrona de Ciudad Real* (1914). Las dos primeras obras han sido publicadas, en edición facsímil, por la Biblioteca de Autores Manchegos, en el año 2016 y se incluye un nuevo trabajo de este autor titulado *Paseo artístico por el campo de Calatrava* (1894).

Amigo personal de los grandes escritores sobre Ciudad Real que citaremos a continuación (Hervás y Buendía, Blázquez y Delgado Aguilera y Delgado Merchán), tuvo una producción muy fructífera. En su primera obra citada, *Ciudad Real Artística*, Ramírez de Arellano recopila una serie de artículos que ya se habían publicado en el periódico *La Tribuna*, en los que enumera y describe los monumentos más importantes de Ciudad Real (el Torreón del Alcázar, las puertas de Toledo y de Alarcos, etc.), algunos de ellos ya desaparecidos, sin olvidar las puertas o arcos de entrada de la calle del Lirio y de la calle Pozo del Concejo, ambas conservadas actualmente en el Museo de Ciudad Real. La última parte de este trabajo la dedica a la descripción de las tres iglesias, el hospital y el hospicio, para terminar con Alarcos y su ermita.

Edición facsimilar del manuscrito de Joaquín Gómez Fernández, *Historia de la Ciudad de Ciudad Real y Estracto (sic) histórico de España y lista de sus Reyes, casamientos y muertes*, JCCM - Ayuntamiento de Ciudad Real, 2010

La segunda obra que vamos a enumerar, *Memorias manchegas*, responde igualmente a la recopilación de pequeños artículos de variados temas, como nuevamente Alarcos, los castillos de Salvatierra y Calatrava la Vieja o la victoria de Las Navas de

Tolosa. Termina narrando la leyenda de La Cruz de los Casados, la Inquisición de Ciudad Real y comentarios sobre la techumbre mudéjar de la iglesia de Santiago.

En los últimos años del siglo XIX van a destacar en Ciudad Real dos historiadores, cuyos estudios van a formar, por derecho propio, parte de la historiografía sobre Ciudad Real y su provincia. Antonio Blázquez y Delgado Aguilera (1859-1950), fue un historiador geógrafo con una intensa actividad dentro de las Academias de Geografía y de Historia. Cronista oficial de la provincia de Ciudad Real, Blázquez nos presenta en su primera obra titulada *Apuntes para la Historia de la provincia de Ciudad Real* (1888), una serie de datos dispersos como preámbulo y preparación para su gran obra sobre la *Historia de Ciudad Real* (1898). En este primer trabajo nuestro autor recoge los acontecimientos que más nos afectan de la *Crónica del Rey D. Juan II*, atribuida por algunos autores a Fernán Pérez de Guzmán y cuya primera versión se publicó en 1779.

Unos años más tarde publica su *Historia de la Provincia de Ciudad Real, desde los tiempos más remotos hasta la invasión de los árabes* (1896), pero será con su obra *Historia de la provincia de Ciudad Real* (1898), cuando este almadenense pase a formar parte de los estudios sobre la historia de nuestra provincia. La primera parte de esta obra la dedica al estudio de las fuentes antiguas de la región oretana, sus ciudades romanas y límites, así como los acontecimientos militares que aquí se desarrollaron. Finaliza esta primera parte con la historia eclesiástica visigoda de la provincia con sus dos sedes: Oreto y Mentesa. La segunda parte del libro se centra en la época árabe, detallando la derrota de Alarcos, la extensión de la Orden de Calatrava y los lindes que la separan de las órdenes de Santiago y de San Juan.

La segunda persona que va a sobresalir en estos años de cambio de siglo, y que alcanzará aún más popularidad, es Inocente Hervás y Buendía (1842-1914). Este clérigo nacido en Torraba de Calatrava obtuvo numerosos cargos académicos como correspondiente de la Real Academia de la Historia, de la de Ciencias, Bellas Letras y Nobles Artes de Córdoba, o miembro de la Comisión de Monumentos Históricos y Artísticos de la provincia de Ciudad Real. Su obra *Diccionario Histórico, Geográfico, Biográfico y Bibliográfico de la Provincia de Ciudad Real* tuvo tres ediciones (1890, 1899 y 1918), así como una edición facsímil del Tomo I de la tercera edición publicado en 2002 por la Biblioteca de Autores Manchegos, con un completo estudio introductorio a cargo del historiador Fidencio Márquez Ruiz de Lira. El capítulo sobre Ciudad Real comienza con la descripción de la fundación de Villa Real por Alfonso X en Pozuelo de don Gil, para continuar con las constantes luchas con la Orden de Calatrava.

A partir de este punto y sin ningún criterio cronológico, Hervás y Buendía cita una serie de acontecimientos sucedidos en Castilla, pero referenciados a Ciudad Real, como la invasión francesa, la presencia de los musulmanes invitados por Alfonso X o el título de ciudad. Igualmente va haciendo referencia a las Casas Consistoriales, la Audiencia, la Inquisición y las milicias. Continúa con la descripción de los edificios sobresalientes como el pósito, la parroquia de Santiago, catedral y San Pedro. Prosigue con breves apuntes sobre los conventos existentes en la ciudad, muchos de ellos ya desaparecidos: convento de Santo Domingo, convento de Dominicas, convento de La Merced, convento del Carmen, convento de Carmelitas y convento de Franciscas. Igualmente hace mención a los hospitales de la ciudad: Hospital de San Antón, Hospital de la Concepción, Hospital de la Pedrera y Hospital de San Blas.

En esta extensa y completa obra Hervás y Buendía no olvida citar a la industria, destacando como principal la de los paños. Y, ya para finalizar, en el capítulo dedicado a la capital, el autor hace referencia a los personajes ilustres oriundos de Ciudad Real.

Siglo XX

Sin poder marcar las diferencias generadas por el cambio de siglo, la primera mitad del siglo XX, viene a ser una continuidad de ese espíritu de regeneración de la sociedad española. Y quién mejor para reflejar esa nueva mentalidad que la figura de Delgado Merchán.

El canónigo, doctor en Teología y vicepresidente de la Comisión Provincial de Monumentos de Ciudad Real, Luis Delgado Merchán (1842-1909) se inicia en el mundo de la Historia con una serie de artículos publicados en el periódico local *El Labriego* en 1887, que en gran parte van a ser la base de su principal obra: *Historia Documentada de Ciudad Real. La Judería, La Inquisición y la Santa Hermandad* (1893). Una segunda edición, mucho más ampliada, aparece el 1907, compuesta por cuatro libros y cuarenta y cuatro capítulos. Y una nueva última edición, esta vez en edición facsímil, aparece en 2011 realizada por la Editorial Maxtor.

Podemos afirmar que la obra de Delgado Merchán es el trabajo más extenso sobre la Edad Media de Ciudad Real por la utilización de las fuentes documentales del Archivo Municipal y del Archivo General de la Diputación Provincial. Inicia su obra con el estudio de la Carta Puebla y los primeros documentos que demuestran la existencia de la aldea de Pozuelo de D. Gil, para seguir con la descripción del urbanismo de los barrios de moros y judíos, la situación de las calles, los monumentos y las parroquias.

Pero el grueso de su trabajo lo va a dedicar a los tres factores que condicionaron, bajo su punto de vista, la vida de esta pequeña ciudad manchega. Al apartado de la Judería, Delgado Merchán le dedica los últimos nueve capítulos del Libro I, destacando la importancia de judíos en la ciudad, la opulencia que alcanzó la aljama y por ende el cada vez mayor recelo por parte de los cristianos, y por último, la evolución que experimentaron los desencuentros durante los siglos siguientes hasta su expulsión.

El Libro III, compuesto por doce capítulos, está dedicado a la instalación del Santo Oficio o Inquisición en Ciudad Real por los Reyes Católicos, en el año 1483, y su traslado a Toledo dos años más tarde. Dedicó esta parte al funcionamiento interno de la Inquisición, los autos celebrados en Ciudad Real, número de reos, los absueltos, procesados, etc.

Delgado Merchán comienza su Libro IV con la documentación existente sobre la creación de la Chancillería en Ciudad Real, instalada igualmente por los Reyes Católicos en 1494 y que se mantuvo hasta 1505, momento en que se trasladó a Granada. Posteriormente se centró en la Santa hermandad, con referencias documentales sobre su origen y creación, la inseguridad en toda La Mancha después de la victoria de Las Navas con numerosos actos vandálicos, etc. Dicha institución fue denominada Real, por san-

Historia documentada de Ciudad Real

(La Judería, la Inquisición y la Santa Hermandad)

POR EL PRESBÍTERO

D. LUIS DELGADO MERCHAN

Arcipreste de la S. I. Prioral de las Ordenes Militares, Profesor del
Instituto General y Técnico de Ciudad Real,
Doctor en Teología, Licenciado en Cánones y en la Facultad
de Filosofía y Letras, correspondiente de la R. Academia de la Historia,
individuo de la Comisión provincial de Monumentos, etc., etc.

(Segunda edición)

(Con licencia de la autoridad eclesiástica)

CIUDAD REAL

ESTABLECIMIENTO TIPOGRÁFICO DE ENRIQUE PÉREZ
CABALLEROS, 4
1907

Portada de la obra de Delgado Merchán.
Reedición de Caja Rural-Ñaque, 2005

ción de la Corona; Vieja por su antigüedad; y Santa, por la Bula del papa Celestino V, dejando de existir por Real Decreto de 7 de mayo de 1835. Aportó el autor, como testimonio de sus estudios, un apéndice final con las fuentes documentales consultadas.

Centrados ya en la primera mitad del siglo XX, contamos con dos nuevas obras sobre las investigaciones de Ciudad Real y su provincia.

El primero de ellos lleva por título *Tratado geográfico-estadístico y descriptivo de la provincia de Ciudad Real*, cuyo autor fue Leandro Florentino Niño y Fernández-Izquierdo (1857-1930). De esta obra, que fue impresa en Ciudad Real, se hicieron tres ediciones: 1897, 1905 y 1917. El autor, profesor de Instrucción Pública y Caballero de la Real Orden de Isabel la Católica, después de hacer numerosas referencias geográficas, políticas y administrativas sobre la provincia, se centró en la capital, comenzando con el nacimiento de Villa Real y los numerosos privilegios que recibió hasta convertirse en Ciudad con Juan II. La aportación más interesante para nuestro trabajo se centra en los datos que nos proporciona en la fecha que fue editado, 1905: la población que tenía Ciudad Real ese año, los anejos, la antigua y mal conservada muralla con sus siete puertas, la pestilente e infecciosa laguna de Los Terreros ya desecada, etc.

El último estudio que vamos a tratar es el titulado *Catálogo Monumental artístico-histórico de España: Provincia de Ciudad Real* (1917), escrito por Bernardo Portuondo y Loret de Mola (1872-1933). Esta obra permaneció, desde el año 1917, depositada en el Instituto Diego Velázquez de Madrid, hasta que el Instituto de Estudios Manchegos la publicó en 1972. En el año 2007 la Biblioteca de Autores Manchegos editó una edición facsímil completa en un solo volumen e incorporando la totalidad de la parte gráfica, lo que no fue posible en la edición anterior. La obra de este autor, como no podía ser de otra manera ya que no era de Ciudad Real y vivía en Madrid, muestra un claro conocimiento de los autores anteriormente citados como son Hervás y Buendía, Ramírez de Arellano, Delgado Merchán y el propio Antonio Blázquez. Con todo y debido a la afición y conocimiento que tenía de la fotografía, su obra aporta un gran material gráfico de monumentos y bienes muebles muy interesantes, algunos de ellos desgraciadamente desaparecidos durante la Guerra Civil.

Y al igual que los autores citados, comienza su trabajo sobre el origen de Villa Real, el encuentro del rey Fernando III y su Madre en esta localidad, y los enfrentamientos con la Orden de Calatrava.

Portada del «Portuondo». Edición facsimilar de Biblioteca de Autores
Manchegos - Diputación de Ciudad Real, 2007

Describe a continuación los edificios más importantes de la ciudad, sus puertas, la Casa Consistorial, las iglesias y conventos. Termina su aportación a la historia de la ciudad haciendo reseña del Hospital del cardenal Lorenzana y de las puertas mudéjares de la capital.

La primera mitad del siglo XX aporta pocas referencias para la historia de nuestra ciudad. Los acontecimientos bélicos que se estaban produciendo, primero fuera de España y a continuación en nuestro territorio, así como las convulsiones políticas, no contribuyeron a una época de estabilidad y prosperidad.

A mediados del siglo XX se percibe una incipiente inquietud histórica que se traduce en la aparición de artículos de divulgación. A ello contribuyó notablemente la creación en el año 1947 del Instituto de Estudios Manchegos, institución dedicada, entre otras muchas actividades, al estudio de la historia de la provincia.

Como hemos apuntado al comienzo de este trabajo, será a partir de la década de los 80 del siglo pasado cuando se producirán, a nivel nacional, una serie de acontecimientos que marcarán un nuevo camino. Nos referimos a la creación del Estado de las Autonomías, con las transferencias de Cultura a la recién creada Comunidad Autónoma de Castilla-La Mancha, y cómo no, a la también puesta el valor de la universidad castellanomanchega, cuyo embrión, el Colegio Universitario, ya estaba dando sus frutos. Y si a todo ello le añadimos las nuevas líneas editoriales del Ayuntamiento de Ciudad Real y de la Diputación Provincial, la puesta en funcionamiento del Centro de Estudios de Castilla-La Mancha o los numerosos congresos organizados por las distintas instituciones, vemos como el panorama cambió radicalmente.

Y por último, no podemos olvidar el esfuerzo realizado por el Ayuntamiento de Ciudad Real y el Instituto de Estudios Manchegos en la organización del ciclo de conferencias y su posterior publicación, para conmemorar el VI centenario del otorgamiento por parte del rey Juan II de Castilla, en 1420, del título de ciudad a la villa de Villa Real. En esta obra se recogen las once comunicaciones que abarcan las distintas épocas que conforman la historia de Ciudad Real, desde sus primeros asentamientos humanos próximos a las cuencas de los ríos hasta la actualidad.

Creemos que en este punto podemos concluir los breves comentarios que hemos ido realizando de las fuentes historiográficas referidas total o parcialmente a Ciudad Real. En dichas fuentes se podrá obtener cuanta información sea precisa no solo para profundizar en el conocimiento histórico, sino también como información y divulgación de los lugares, nombres y monumentos que todavía quedan en nuestra ciudad y que ya estamos convencidos que la concienciación social será la mejor ley para protegerlos y salvaguardarlos para nuestros descendientes.

Sinceramente creemos que ese concepto tan peyorativo que se ha tenido sobre Ciudad Real ha pasado a la historia y nunca mejor dicho. La realidad actual, y evitando los triunfalismos demagógicos, es que nuestra ciudad ha avanzado muy rápidamente, me atrevería a decir, que vertiginosamente, alcanzado una calidad de vida muy aceptable. Puede que en ello y ya que hablamos de velocidad, tenga algo que ver la llegada y parada del AVE a nuestra ciudad y la proximidad a las grandes ciudades sobre todo a Madrid, pero también a Córdoba, Sevilla o Valencia. Ello nos ha permitido ir dejando atrás el presumible aislamiento que se tenía, lejos de las vías tradicionales de comunicación.

Queda todavía mucho trabajo que hacer, muchos logros que conseguir, pero creo que en estos últimos años se han dado pasos de gigantes. Aunque como prehistoriador miro hacia atrás, no me impide que siga apostando y colaborando en el desarrollo de mi ciudad, en la pequeña parcela que me ha tocado vivir.

Para profundizar

- ALMENARA, Sebastián de (177?-1850?): *Compendio de Historia de Ciudad Real: en verso* (manuscrito) / Sebastián de Almenara. Consultado en http://bidicam.castillalamancha.es/bibdigital/archivo_de_la_imagen/es/consulta/registro.cm-d?id=11054
- BLÁZQUEZ Y DELGADO AGUILERA, A. (1888), *Apuntes para la historia de Ciudad Real*. Tomo primero. Ciudad Real, Imprenta del Hospicio. Consultado en http://bidicam.castillalamancha.es/bibdigital/bidicam/es/catalogo_imagenes/grupo.cmd?path=1026400

   -(1896), «Historia de la Provincia de Ciudad Real, desde los tiempos más remotos hasta la invasión de los árabes». *Boletín de la Sociedad Geográfica de Madrid*. Tomo 38, pp. 7-48. Madrid. Consultado en https:// www.google. com/url?sa=t&rct=j&q=&esrc=s&source=web&cd=&ve-

d=2ahUKEwjDkLHmjJ7vAhWFDmMBHY-BWCfAQFjAAeg-
QIAhAD&url=http%3A%2F%2Frealsociedadgeografica.com%-
2Fboletines%2FTOMO%2520XXXVI-II%2520%25201896.
pdf&usg=AOvVaw1cdmtG3QmVPMWD5MzFACUQ

–(1898), *Historia de la provincia de Ciudad Real*, Ávila, Tipografía de Cayetano González Hernández. Consultado en https://bibliotecadigital.jcyl.es/i18n/consulta/registro.cmd?id=17185

– CABALLERO KLINK, A. (2023), «Fuentes históricas para el estudio de Ciudad Real», pp. 285-340. En VV. AA., 2023, *Vía Civitas. Una Ciudad en la Historia Ciudad Real Juan II. 1420-2020.* Ayuntamiento de Ciudad Real e Instituto de Estudios Manchegos.

– CLEMENTE Y LÓPEZ DEL CAMPO, D. (1869), *Guía de Ciudad Real.* Ciudad Real: Establecimiento Tipográfico de Cayetano C. Rubisco. Reimpresión: Instituto de Estudios Manchegos, 1977

– MIÑANO Y BEDOYA, S. de, (1826), *Diccionario geográfico-estadístico de España y Portugal: provincias de Cuenca, Guadalajara, La Mancha, Madrid y Toledo, Arzobispado de Toledo, obispados de Cuenca y Sigüenza.* GARCÍA FRAILE, J. L. y LAGUNA RUBIO, J. A. (Comps.) (2001), Sigüenza, Ediciones de Librería Rayuela.

– DELGADO MERCHÁN, L. (1893), *Historia Documentada de Ciudad Real. La Judería, la Inquisición y la Santa Hermandad.* Ciudad Real, Imprenta del Comercio de José María Vera. Consultado en http://bidicam.castillalamancha.es/bibdigital/bidicam/es/catalogo_imagenes/grupo.cmd?path=1026302

– (1893), *La Judería y la Inquisición de Ciudad Real.* Ciudad Real, Imprenta del Comercio de José María Vera. Consultado en http://bidicam.castillalamancha.es/bibdigital/bidicam/es/catalogo_imagenes/grupo.cmd?path= 1026377

– (1907), *Historia Documentada de Ciudad Real. La Judería, la Inquisición y la Santa Hermandad.* Ciudad Real, Imprenta Enrique Pérez. Consultado en http://bidicam.castillalamancha.es/bibdigital/bidicam/i18n/catalogo_ imagenes/grupo.cmd?path=1026173

– (1907), *Historia Documentada de Ciudad Real. La Judería, la Inquisición y la Santa Hermandad.* Edición facsímil (2011), Valladolid, Maxtor Editorial.

- DÍAZ JURADO, J. –1663-1707– (1986), *Singular idea del sabio Rey Don Alonso, dibujada en la fundación de Ciudad Real.* Edición preparada por Ángel Vázquez Morcillo y Francisco Ruiz Gómez. Introducción, Francisco Ruiz Gómez. Prólogo, Rafael Ramírez de Arellano. Ayuntamiento de Ciudad Real, Fondo Editorial, n.º 7.

- GÓMEZ FERNÁNDEZ, J. (ca. 1890), *Historia de la Ciudad de Ciudad Real y Estracto* (sic) *histórico de España y lista de sus Reyes, casamientos y muertes.* Manuscrito. Manuel López Camarena (Dir.). Edición facsímil. Ciudad Real, Junta de Comunidades de Castilla-La Mancha y Ayuntamiento de Ciudad Real, 2010.

  - HERVÁS Y BUENDÍA, I. (1899, 1918), *Diccionario Histórico, Geográfico, Biográfico y Bibliográfico de la Provincia de Ciudad Real,* F. Márquez Ruiz de Lira (Introducción). Edición facsímil (2002), Ciudad Real, Biblioteca de Autores Manchegos - Diputación Provincial de Ciudad Real.

  - (1918): *Diccionario Histórico, Geográfico, Biográfico y Bibliográfico de la Provincia de Ciudad Real,* Ciudad Real. Talleres Tipográficos de Mendoza, ciudad Real y Valdepeñas. 3.ª edición. Consultado en http:bidicam.casti llalamancha.es/bibdigital/bidicam/es/catalogo_imagenes/grupo.cmd?path=1026171

- HOSTA, J. de (1866), *Crónica de la provincia de Ciudad Real. Crónica General de España, o sea, Historia Ilustrada y Descriptiva de sus Provincias, sus poblaciones más importantes de la Península y de Ultramar,* Cayetano Rossell (Dir.), Madrid, Ronchi y Compañía (Eds.). Consultada en http://bidicam.castillalamancha.es/bibdigital/bidicam/es/consulta/registro.cmd?id=11422

- LARRUGA BONETA, E. (1787-1800), *Memorias políticas y económicas sobre los frutos, comercio, fábricas y minas de España, con inclusión de las órdenes, disposiciones y reglamentos expedidos para su gobierno y fomento,* tomos XVII y XVIII, Madrid. Consultada en el repositorio digital del Banco de España: https://repositorio. Bde.es/browe?type=autor&-value=Larruga+Boneta%-2C+Eugenio+%281747-1803%29

- MEDRANO Y TREVIÑO, D. (1843), *Consideraciones sobre el estado económico, moral y político de la provincia de Ciudad Real.* Madrid, edición facsímil (1972), Instituto de Estudios Manchegos.
- MUÑOZ Y ROMERO, T. (1858), *Diccionario bibliográfico-histórico de los antiguos reinos, provincias, ciudades, villas, iglesias y santuarios de España,* Madrid, Rivadeneyra. Consulta en http://bdh.bne.es/bnesearch/CompleteSear.do?s-howYearItems=&-field=todos&advanced=false&exact=on&textH=&complete Text=&tom%c3%a1s+mu%c3%b1oz+y+romero&pageSize=1&pageSizeAbrv=30&pageNumber=6
- NIÑO Y FERNÁNDEZ-IZQUIERDO, L. F. (1897), *Tratado geográfico-estadístico y descriptivo de la provincia de Ciudad Real,* Imprenta La Enseñanza
  - (1905), *Tratado geográfico-estadístico y descriptivo de la provincia de Ciudad Real,* Ciudad Real, Casa editorial de Sucesores de J. M. Ruiz Morote.
- MADOZ, P. (1845-1850), *Diccionario geográfico-estadístico-histórico de España y sus posesiones de Ultramar.* 16 Tomos. Edición digital a partir de la 2.ª ed. Madrid, Est. Literario-Tipográfico de P. Madoz y L. Sagasti. Consultada en htttp://www.cervantesvirtual.com/obra/diccionario-geograficoestadisticohistorico-de-espana-y-sus-posesiones-de-ultramar-tomo-1-abaalicante-0/
  - MADOZ, P. (1846), *Diccionario geográfico-estadístico-histórico de España y sus posesiones de Ultramar. Castilla-La Mancha.* Edición facsímil (1987), con estudio introductorio de Isidro Sánchez Sánchez, Valladolid, Ámbito Ediciones, 2 volúmenes.
- Porres, J., Rodríguez, H. y Sánchez, R. (1985), *Los pueblos de la provincia de Ciudad Real a través de las descripciones del Cardenal Lorenzana* (1782), (Grupo Al-Balatitha), Toledo, Caja de Ahorro de Toledo - Obra cultural, 43.
- PORTUONDO Y LORET DE MOLA, B. (1917), *Catálogo Monumental de la provincia de Ciudad Real.* Ciudad Real, Instituto de Estudios Manchegos (1972). Consultada en https://ceclmdigital2.uclm.es/results.vm?q=id:0000328052&lang=es&view=libros
  - (1917): *Catálogo Monumental de la provincia de Ciudad Real.* P. Molina Chamizo (Introducción). Biblioteca de Au-

tores Manchegos. Ciudad Real-Diputación de Ciudad Real. 2007.

– (1917). *Catálogo monumental artístico-histórico de España (Manuscrito): Provincia de Ciudad Real* (Catálogo monumental de España original), tomo 1. Consultado en http:aleph. csic.es/imágenes/mad01/0010_CMTN/html/001359470_ V01T.html#page/1/mode/2up

– (1917) *Catálogo Monumental artístico-histórico de España: Provincia de Ciudad Real*, tomo 2 (parte gráfica). Consultado en http://aleph.csic.es/imagenes/mad010010_CMTNhtml/0013599470_VO1F.html#page/1/mode/2up

– QUADRADO NIETO, J. M.ª (1853), *Recuerdos y bellezas de España. Castilla la Nueva*, Madrid. Consulta en Biblioteca Nacional de España. http://catalogo.bne.es/uhtbin/cgisirsi/?ps=OfVc-KUDNrk/BNMADRID/89580802/9

– RAMÍREZ DE ARELLANO Y DÍAZ DE MORALES, R. (1914), *Al derredor de la Virgen del Prado, patrona de Ciudad Real*, Ciudad Real, Imprenta del Hospicio Provincial. Consultado en https:// www.google.com/url?sa=t&rct=j&q=&esrc=s&source=web&cd=&ved=2ahUKEwjL_ZmAvJzvAhWVmFwKHQOHBlQQF-jAAegQIAxAD&url=https%3A%2F%2F-2Fceclmdigital.uclm.es%-2Fhigh.raw%3Fid%3D0001993019%26name%3D00000001. original.pdf%26attachment%3D0001993019.pdf&usg=AOv-Vaw2Ft6lUW3n0gewFAkl_6isX

– (1893), *Ciudad Real artística; estudio de los restos artísticos que quedan en la capital de la Mancha*. Ciudad Real, Imprenta del Hospicio Provincial. Consulta on-line en http://bidicam.castillalamancha.es/bibdigital/bidicam/es/consulta/registro.cmd?id=11093

– (1911), *Memorias manchegas, históricas y tradicionales. Ciudad Real*, Diputación.

– (1911), *Memorias manchegas, históricas y tradicionales. Ciudad Real*, Diputación Provincial, Establecimiento Tipográfico del Hospicio Provincial. Consulta on-line https://www.google.com/url?sa=t&rc-t=j&q=&esrc=s&source=web&cd=&-cad=rja&uact=8&ved=2ahUKEwjX7cyNtZzvAhV0SEEAHdS-

7Cg4QFjAAegQIARAD&url=https%3A%2F%2Fceclmdigital2.
uclm.es%2Fdetails.vm%3Fq%3Did%3A0001993023%261lan-
g%3Den%-26view%3Dlibros&usg=AOvVaw36fGMeTnZDVl423vNu-
v2dc

– (1893, 1894, 1911), *Ciudad Real artística. Paseo artístico por el Campo de Calatrava y Memorias Manchegas*, edición facsímil (2016), J. Sánchez Lillo (Prólogo), Ciudad Real, Biblioteca de Autores Manchegos - Diputación Provincial de Ciudad Real.